本书的研究与出版受以下项目资助：国家社会科学基金重大项目"逻辑真理论的历史源流、理论前沿与应用研究"，华南师范大学哲学社会科学优秀学术著作出版基金，一流师范大学特色发展学科建设专项经费（哲学）。

逻辑真理论研究

胡泽洪 熊 明等 著

科学出版社
北 京

内 容 简 介

本书是关于逻辑真理论的历史考察与理论研究。全书试图根据历史与逻辑相统一的原则，通过考察传统真理论、紧缩真理论的发展历程，较为全面系统地梳理逻辑真理论的历史源流；通过对语义真理论与公理化真理论等形式真理论的研究，全面深入探讨逻辑真理论的重大前沿问题；尝试通过对真理论悖论的创新性研究探寻逻辑真理论研究的应用价值。

本书的第1章至第5章沿着传统真理论—紧缩真理论—语义真理论—公理化真理论的研究进路分别探讨了传统真理论、紧缩真理论、语义真理论、真理论悖论、公理化真理论，鉴于这些真理论明示或隐含的一元真理论预设，第6章介绍与讨论了多元真理论。

本书可供哲学、逻辑学的研究者和爱好者使用，也可作为相关专业研究生、本科生的学习参考书目。

图书在版编目（CIP）数据

逻辑真理论研究 / 胡泽洪等著. -- 北京 : 科学出版社, 2025. 6.
ISBN 978-7-03-081375-6

Ⅰ. B81

中国国家版本馆 CIP 数据核字第 2025Z660H6 号

责任编辑：郭勇斌　邓新平 / 责任校对：张亚丹
责任印制：徐晓晨 / 封面设计：义和文创

科 学 出 版 社 出版
北京东黄城根北街 16 号
邮政编码：100717
http://www.sciencep.com

北京华宇信诺印刷有限公司印刷
科学出版社发行　各地新华书店经销

*

2025 年 6 月第 一 版　开本：720 × 1000　1/16
2025 年 6 月第一次印刷　印张：18 3/4
字数：290 000
定价：148.00 元
（如有印装质量问题，我社负责调换）

目　　录

第 0 章　导言 …………………………………………………………… 1
　0.1　真与真理论 ………………………………………………………… 1
　0.2　真理论研究的多维路径 …………………………………………… 3
　0.3　"逻辑真理论研究"的广义与狭义 ………………………………… 9
　0.4　本书的结构 ………………………………………………………… 13
第 1 章　传统真理论 …………………………………………………… 15
　1.1　符合真理论 ………………………………………………………… 15
　　1.1.1　真之载体：何物为真？ ……………………………………… 16
　　1.1.2　真之定义：何谓为真？ ……………………………………… 18
　　1.1.3　真之检验方法：如何为真？ ………………………………… 22
　　1.1.4　约定符合论：一种新的符合论 ……………………………… 25
　1.2　融贯真理论 ………………………………………………………… 28
　　1.2.1　"融贯"与"系统"：融贯真理论的基本概念 …………… 28
　　1.2.2　融贯论面临的批评与可能的辩护 …………………………… 33
　　1.2.3　融贯论与符合论的竞争与互补 ……………………………… 38
　1.3　实用主义真理论 …………………………………………………… 41
　　1.3.1　皮尔斯：真的信念在于取得满意的效果 …………………… 42
　　1.3.2　詹姆士：真即有用 …………………………………………… 45
　　1.3.3　杜威：真即工具 ……………………………………………… 48
　　1.3.4　实用主义真理论总体上是一种语用真理论 ………………… 51
第 2 章　紧缩真理论 …………………………………………………… 56
　2.1　冗余真理论 ………………………………………………………… 56
　　2.1.1　真之载体是有命题指称的信念 ……………………………… 57
　　2.1.2　信念"p"是真的当且仅当 p ……………………………… 58
　　2.1.3　谓词"真的"是多余的 ……………………………………… 59
　　2.1.4　进一步的思考 ………………………………………………… 60
　2.2　去引号真理论 ……………………………………………………… 65
　　2.2.1　蒯因的去引号论 ……………………………………………… 65
　　2.2.2　菲尔德的纯去引号论 ………………………………………… 69

2.3 代语句真理论 ... 72
2.3.1 代语句真理论产生的缘由 ... 72
2.3.2 理论阐释 ... 75
2.3.3 对代语句真理论的质疑 ... 80
2.4 极小主义真理论 ... 90
2.4.1 理论基础：等值模式 ... 90
2.4.2 真之定义 ... 94
2.4.3 真之性质 ... 96
2.4.4 真之意义 ... 100

第3章 语义真理论 ... 106
3.1 概述 ... 106
3.1.1 塔斯基的理论 ... 106
3.1.2 克里普克的理论 ... 111
3.1.3 古普塔、贝尔纳普与赫兹伯格的理论 ... 117
3.2 语句网与悖论 ... 123
3.2.1 语句网 ... 124
3.2.2 悖论 ... 126
3.3 形式语义视角下的真与悖论 ... 129
3.3.1 真之不可定义性 ... 130
3.3.2 不动点 ... 134
3.3.3 修正序列 ... 138

第4章 悖论及其构造方法 ... 146
4.1 布尔悖论及其构造 ... 146
4.1.1 布尔悖论 ... 146
4.1.2 布尔悖论的构造 ... 152
4.1.3 同步的布尔悖论 ... 157
4.2 古普塔极限规则的细化 ... 162
4.2.1 细化之缘由 ... 162
4.2.2 细化之效果 ... 166
4.3 无穷悖论及其构造 ... 170
4.3.1 赫兹伯格语句 ... 170
4.3.2 麦吉形式 ... 178

第5章 公理化真理论 ... 185
5.1 概述 ... 185
5.1.1 为什么要公理化真理论？ ... 185

5.1.2	公理化真理论的"出发地"	189
5.1.3	基底理论和记法约定	190
5.2 类型的公理化真理论		192
5.2.1	去引号理论	192
5.2.2	组合理论	194
5.2.3	层级理论	198
5.3 无类型的公理化真理论		200
5.3.1	去引号理论	200
5.3.2	弗里德曼和希尔德理论	204
5.3.3	克里普克和费弗曼理论	213
5.4 公理化真理论的应用		222
5.4.1	模态与真的相互作用	224
5.4.2	基于公理化真理论的模态理论	227

第6章 多元真理论 … 237

6.1 多元真理论的理论动机		237
6.1.1	从真之一元论到真之多元论	237
6.1.2	从真之紧缩论到真之实质论	240
6.2 不同版本的多元真理论		244
6.2.1	话语多元论	245
6.2.2	二阶功能主义	248
6.2.3	显现功能主义	252
6.2.4	确定多元论	255
6.2.5	析取多元论	259
6.3 多元真理论面临的问题		261
6.3.1	混合复合问题	261
6.3.2	实质性问题	267

参考文献 … 271
索引 … 283
后记 … 291

第0章 导　　言

0.1　真与真理论

真与真理，与其对应的英文均为 truth，我国学界一般翻译成"真理"。关于真理，《中国大百科全书（哲学卷）》的解释是"认识主体对存在于意识之外、并且不以意志为转移的客观实在的规律性的正确反映"[①]。可以看出，传统哲学认识论所理解的真理主要是指对客观事物及其规律的正确认识，是由正确的认识所组成的理论体系。

应该说，在逻辑学与西方哲学研究中，truth 与我国传统哲学认识论所理解的"真理"是有一定偏差的：诸如"雪是白的""铁是导电的""马克思是犹太人""5 大于 3"之类的真语句或真命题，都是逻辑学或西方哲学意义上的典型的 truth，但很显然不是我国传统哲学认识论意义上的"真理"。

正是基于这一考虑，王路在国内学界对 truth 的翻译较早提出了质疑："直观地说，西方人在自然语言中所说的'true'和'Wahr'与我们所说的'真的'的意思是一样的。这里的问题是，西方哲学中所探讨的'truth'（或'Wahrheit'）与我们所探讨的'真理'的意思是不是一样的？或者说，西方哲学中关于'truth'（或'Wahrheit'）的讨论是关于'真'的还是关于'真理'的？"经过分析，他认为，"真与真理是两个概念，西方哲学家所讨论的'truth'或'Wahrheit'是'真'，而不是'真理'。……应在'真的'这种意义上重新翻译和理解西方经典著作中的'truth'（或'Wahrheit'）"。"在现代哲学特别是分析哲学和语言哲学中，'真'（truth）是一个十分重要的概念。围绕它的讨论主要是从弗雷格（G.Frege）、罗素（B.Russell）等人的思想，特别是从塔斯基（A.Tarski，又译塔尔斯基，在本书中，此两种译名通用）的思想产生的。它的核心是探讨自然语言中的'这是真的'（It is true）中的'真的'（true）

[①] 转引自王路：《论"真"与"真理"》，《中国社会科学》1996 年第 6 期，第 113-125 页。

是什么意思。'真的'（true）这个词的抽象名词就是'真'（truth）。"①

对于王路的这一观点，我们表示赞成。至少，从逻辑学、分析哲学与语言哲学的角度，将 truth 译成"真"而非"真理"是十分恰当的：真（truth）就是指其值为真的语句、命题、信念或断定，简言之，真就是（一个个的）真语句、真命题、真信念或真断定。在这种理解或解释下，我们可以将逻辑学与西方哲学中的"真"（truth）与我国传统哲学认识论中的"真理"作一如下的比较：前者一般把一个个具体的真命题或真语句称为 truth，后者则倾向于将真理看作由许多真命题或真语句组成的理论体系，因此，在前者的语境下说某一命题或语句是 truth 是很平凡的，而在后者的语境下说某一理论或思想是"真理"则是比较非凡的；前者对 truth 的分析是静态的、抽象的、不考虑语境的，后者对"真理"的分析则是动态的、具体的、把某一真理放在具体的语境之中的。因此，也可以说，前者主要是语形与语义的研究，后者主要是语用的研究。

众所周知，逻辑学是关于推理和论证的科学，推理与论证是由命题组成的，逻辑学对命题最关注的就是其真值——真或假，同时，现代逻辑的主流——演绎逻辑其本质就是推理的有效性，而有效性也即保真性：前提真能否确保结论必定真，或者说，真前提能否必然推出真结论。鉴于此，我们说，真是逻辑学的核心概念。

真也是现代哲学特别是语言哲学与分析哲学的核心概念。尽管对于语言哲学与分析哲学的定义与范围等问题，学者们众说纷纭、莫衷一是，但认为"哲学的主要任务就是语言分析，而语言分析的工具就是逻辑"这一观点是语言哲学或分析哲学的共识则基本上是无争议的。确实，在语言哲学与分析哲学中，语言成为哲学研究的对象，语言分析成为哲学研究的主要方法，语言分析有各种各样的理论，但其主要理论是意义理论，意义理论要探讨语言的运作，必然涉及真这个问题②。

逻辑与哲学都关注对真的研究。传统上，关于真的研究主要包括：可以

---

① 王路：《论"真"与"真理"》，《中国社会科学》1996 年第 6 期，第 113-125 页。
② 王路：《逻辑方圆》，北京大学出版社 2009 年版，第 319-333 页。

言说真假的是语句、命题、信念还是断定？说一个语句、命题、信念或断定为真是什么意思？用什么样的办法去检验一个语句、命题、信念或断定的真？这三个问题其实质也就是关于真之载体、真之定义与真之检验方法。到了现当代，关于真的研究不断技术化、逻辑化，除了上述传统的关于真的研究内容，至少还包括："是真的"是不是一个实质性的谓词？"是真的"作为谓词用来修饰一个语句、命题、信念或断定是否是多余的？真是否是不可定义或不需定义的？如何用现代逻辑的方法定义真谓词？能否用公理化方法研究真？真与悖论之间具有什么样的关系？围绕着上述问题，逻辑学家和哲学家进行了各种关于真的研究，形成了关于真的各种理论，这些理论我们统称为真理论，也叫真之理论，其对应的英文表示为 theory of truth 或 theories of truth。

0.2 真理论研究的多维路径

如上所述，真理论是关于"真"或"是真的"的理论研究，从理论上讲，这种研究可以是任何学科层面的，事实上，除了哲学与逻辑学，语言学、计算机科学、数学等学科也都从不同角度关注真的研究，并且这些研究也与哲学和逻辑学的研究时有交叉和重合。从研究历史来看，关于真理论的研究主要集中在哲学与逻辑学层面，哲学家与逻辑学家对真的研究从来就兴趣盎然。哲学家哈克（S.Haack）从逻辑哲学的角度将历史上的真理论分为五种，即融贯论、实用论、符合论、语义论与冗余论，并用图 0.1 表示它们之间的关系[①]。

应该说，就上述五种真理论而言，哈克的分析是非常到位的，不足的是，哈克的分类只涉及了我们一般所说的实质真理论、紧缩真理论与语义真理论，公理化真理论及 20 世纪 70 年代以来一些新兴的真理论她并没有涉及。

我们认为，从逻辑哲学与哲学逻辑的视角出发，根据真理论的研究历程，可以按传统真理论—紧缩真理论—语义真理论—公理化真理论的路径进行梳理。

[①] 转引自苏珊·哈克：《逻辑哲学》，罗毅 译，张家龙 校，商务印书馆 2003 年版，第 108 页。

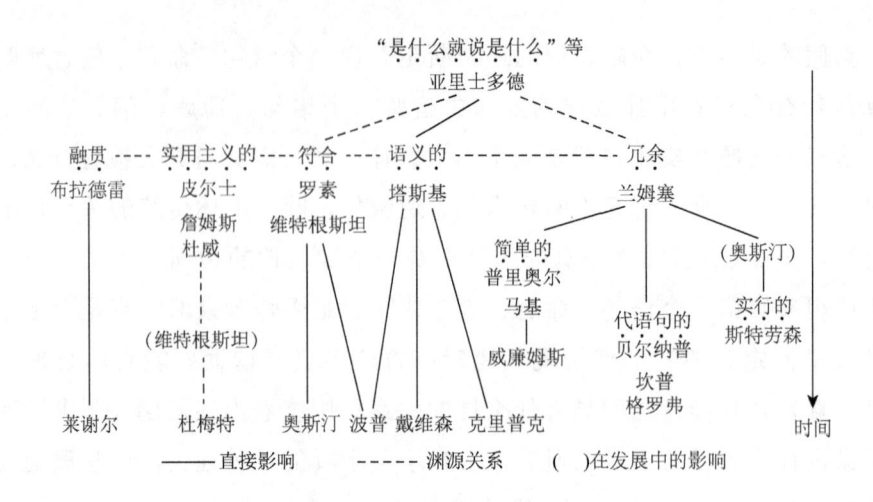

```
                          "是什么就说是什么" 等
                                亚里士多德
         ┌──────┬──────┬──────┬──────┬──────┐
        融贯   实用主义的  符合   语义的           冗余
        布拉德雷  皮尔士    罗素   塔斯基          兰姆塞
               詹姆斯   维特根斯坦
               杜威
                                    简单的
                                    普里奥尔      (奥斯汀)
              (维特根斯坦)             马基         实行的
                                    威廉姆斯      斯特劳森
                                              代语句的
                                              贝尔纳普
                                              坎普
                                              格罗弗
        莱谢尔   杜梅特   奥斯汀 波普 戴维森 克里普克              时间
              ——— 直接影响    ----- 渊源关系    (  )在发展中的影响
```

图 0.1　五种真理论之间的关系

"真"是否有本质？说一个语句、命题、信念或断定"是真的"是否给该语句、命题、信念或断定增加了某种实质的性质？对这一问题的肯定或否定回答，构成了实质真理论与紧缩真理论两大分类。

传统真理论也可以称为实质真理论，其研究主要涉及真之载体、真之定义与真之检验方法，围绕这三个问题，传统真理论主要有符合论、融贯论与实用论三种类型。简言之，符合论认为，一个语句或命题的真在于它与世界的关系，即它与事实或事态的符合。亚里士多德（Aristotle）关于"真"的名言"是什么不说是什么，不是什么说是什么，这是假的；是什么说是什么，不是什么说不是什么，这是真的"[①]，被认为是符合论的最早源头。罗素和维特根斯坦（L.Wittgenstein）则是现代符合论的主要代表人物，英国当代著名的语言哲学家奥斯汀（J.L.Austin）提出的约定符合论可以看作符合论在当代的新的变体。融贯论认为，真的载体是信念或判断，一个信念或判断的真假依赖于它是否与系统中的其他信念或判断相融贯，所以，真就是信念集合中的融贯关系，一个信念为真就在于它与整个信念集的融贯性。融贯论可以追溯到古代的柏拉图（Plato），17 世纪的笛卡儿（R.Descartes）、莱布尼茨（G.W.Leibniz）和斯宾诺莎（B.de.Spinoza），19 世纪初的黑格尔（G.W.F.Hegel），

---

① 转引自苏珊·哈克：《逻辑哲学》，罗毅 译，张家龙 校，商务印书馆 2003 年版，第 109 页。

其主要代表人物则是 19 世纪末的布拉德雷（F.H.Bradley）和当代的布兰沙德（B.Blanshard），一些逻辑实证主义者比如纽拉特（O.Neurath）、亨普尔（C.G.Hempel）等，也持有融贯论思想。实用论的主要代表人物是詹姆士（W.James）、皮尔斯（C.S.Peirce，也译为皮尔士，在本书中，两种译法通用）和杜威（J.Dewey），其独到之处是将符合与融贯两种因素结合起来，强调行动、行为、实践在哲学中的决定性意义，认为真的信念就在于取得满意的效果，真即有用，真即工具。

与传统真理论或实质真理论相对应的是紧缩真理论（也叫收缩真理论）。传统真理论或实质真理论认为"真"是一种实质性的属性或性质，说一个语句、命题、信念或断定为真，就是赋予了该语句、命题、信念或断定一种为真的本质。紧缩真理论不赞同传统真理论的这一看法，认为"真"并不表达某种性质或属性，主张将对"真"的分析从本体论的层面收缩到语言层面。因此，如果说符合论等传统真理论的焦点是在"真"的实质和作用上，则紧缩论的焦点是在"真"这个词（比如"真的"）的实质和作用上。

紧缩真理论的诞生与现代逻辑密不可分，其起源可以追溯到现代逻辑创始人弗雷格，塔斯基的所谓 T-模式也与其紧密相关。一般认为，紧缩真理论的理论基础是真之冗余论，冗余论的主要代表人物是兰姆塞（F.P.Ramsey），其基本观点是，说某一个命题、语句或信念为真，就是肯定该命题、语句或信念，因此，"真"这一谓词是多余的。以冗余论为基础，紧缩论还包括去引号论、代语句理论和极小主义理论。去引号论的基本观点就是"真即去引号""在把真归于一个给定的句子时，真这一谓词是多余的，你可以仅仅说出这个句子"[①]；代语句理论认为如同有代词一样，也有代语句比如"那是真的"或"它是真的"，这些代语句指称一个个具体的语句，除了这些代语句，其他语句中出现的"是真的"这一谓词都是可以消除的；极小主义理论认为，真只具有概括和表示无限合取与析取的语义功能，在形而上学中没有什么意义，因此，要把真概念紧缩到尽可能小的程度，以寻找现代哲学家共同接受的最小公约点。去引号论的主要代表人物有蒯因（W.V.O.Quine，也译奎因，在本

---

① 奎因：《真之追求》，王路 译，生活·读书·新知三联书店 1999 年版，第 71 页。

书中这两种译法通用）、菲尔德（H.Field），代语句理论的主要代表人物是格罗弗（D.Grover）、贝尔纳普（N. Belnap）和坎普（J.Camp），极小主义理论的主要代表人物是霍维奇（P.Horwich）。

冗余论、去引号论、代语句理论和极小主义理论构成了紧缩真理论的比较成熟的理论，可以称为传统的紧缩论。20 世纪 90 年代之后，又出现了稳健的紧缩论、反紧缩论、弱紧缩论、双面真的紧缩论等新的紧缩论，可以认为，它们代表了紧缩论的新兴但并不成熟的发展方向①。

如果说传统真理论与紧缩真理论是介于哲学与逻辑之间的真理论研究，20 世纪 30 年代由著名逻辑学家哥德尔（K.Gödel）和塔斯基共同开创的语义真理论研究则是一个纯粹的现代逻辑领域，20 世纪 70 年代之后，在克里普克（S. Kripke）等的努力下，语义真理论获得新的发展动力，一路高歌猛进，至今已发展为哲学逻辑的核心领域之一②。

语义真理论的主体包括塔斯基的语义真理论及其后续理论——归纳构造理论和修正理论等③。

塔斯基的语义真理论大体上包括其逻辑语义学、塔斯基定理以及语言层次理论三部分，其主要思想包含在其 1935 年发表的长篇著名论文《形式化语言中的真概念》中，在该论文中，塔斯基证明了"真之不可定义性定理"，即塔斯基定理，提出了著名的真之定义即 T-模式或 T-等值式，即（T）：X 是真的，当且仅当 P。这里的"P"可以代入在其中给真下定义的语言中的任何语句，"X"则可代入"P"所代入的语句的名称，典型的例子就是："雪是白的"是真的，当且仅当雪是白的。

归纳构造理论的创始人则是克里普克，在其 1975 年发表的《真理论概要》一文中，他一般性地建立了真谓词的一种归纳构造过程，使得形式语言能够容纳它自身。克里普克的真理论获得了空前成功，但其中对谓词的构造以放弃语义的经典性为代价，这引起了一些学者的不满，由此，赫兹伯格（H. G. Herzberger）和古普塔（A. Gupta）各自独立地对克里普克的理论进行了改造，

---

① 李娜，孙新会：《紧缩真理论的多元化发展》，《重庆理工大学学报（社会科学）》2016 年第 3 期，第 7-12 页。
② 熊明：《算术、真与悖论》，科学出版社 2017 年版，前言。
③ 熊明：《塔斯基定理与真理论悖论》，科学出版社 2014 年版，第 15-64 页。

于同一时间建立了几乎相同的新真理论，因其中对真谓词的构造类似归纳构造过程，故这一理论被称为半归纳构造理论，也叫修正理论。

语义真理论有两个源头：其一是哥德尔的不完全性定理，这个定理的证明中包括了在形式语言中构造悖论语句的对角线方法；其二则是塔斯基的不可定义性定理，这个定理指明了按塔斯基模式去定义真谓词必须面对的悖论问题。因此，真理论悖论的研究与解决也构成了语义真理论的重要内容。真理论悖论是语义悖论的重要种类，它们的产生与语句的真假直接相关，其形式异常简单，但其起因却令人无比困惑。比较典型的真理论悖论包括以下几类：说谎者悖论及卡片悖论；雅布鲁悖论及其他形式的悖论；麦吉悖论和超穷赫兹伯格悖论；等等。

可以看出，传统真理论与语义真理论都是一种定义的真理论，它们都试图给"真"下一个定义，但定义的真理论很容易走向无穷倒退的困境。为了克服这一困境，一些逻辑学家提出了一种新的研究思路，即把"真"视为不加定义或不需要定义的初始谓词，然后通过一组公理和规则具体加以规定，这就促成了公理化真理论的产生和发展。

公理化真理论兴起于20世纪80年代，主要有类型真理论与无类型真理论两大类。戴维森（D.Davidson）是其早期的支持与实践者，弗里德曼（H. Friedman）、希尔德（M. Sheard）、费弗曼（S. Feferman）、哈尔巴赫（V. Halbach）、霍斯顿（L. Horsten）、藤本健太郎（K. Fujimoto）等学者都做了大量的推进工作，建立了各自的公理化真理论。

从上面对真理论研究进路的梳理可以看出，第一，无论是传统真理论研究、紧缩真理论研究、语义真理论研究还是公理化真理论研究，都包含有哲学的研究与逻辑学的研究，从偏重来看，传统真理论的研究更侧重哲学，语义真理论与公理化真理论的研究更侧重现代逻辑，而紧缩真理论的研究则近乎介于二者之间。当然，对真理论做传统真理论、紧缩真理论、语义真理论与公理化真理论这种区分，也只是学理上的，事实上，这几种真理论的研究有时是互相渗透和重叠的。还要说明的是，无论是语义真理论及其后续理论，还是公理化真理论，都可以称为形式真理论：从研究方法来看，公理化真理论的研究方法与语义真理论及其后续理论一样，都是以现代逻辑或者符号逻辑为基础，以形式化作为研究方法。第二，在各种真理论中，符合论是最基本和最符合人们的直观的，也是历史最悠久的，是其他真理论的理论源头与基础，但符合论本身不够清晰明白，一些概念不够确定和精致，细究起来难免出现很多问题，面临一些理论挑战。第三，语义真理论与公理化真理论是当代真理论研究的理论前沿，它代表了现代逻辑对真的最新研究。

应该说，上述关于传统真理论—紧缩真理论—语义真理论—公理化真理论的路径，是真理论研究最为典型也最具有学理性的研究路径。除了这一路径，也还可以有其他的分析路径。比如，关于语用真理论的研究，是与语形真理论和语义真理论的研究相对应的；关于多元真理论（truth pluralism; alethic pluralism; pluralist theories of truth）的研究，则是与一元真理论的研究相对应的。

如前所述，真理论研究的对象是真命题、真语句、真信念或真断定。尽管在真之载体是命题还是信念或断定方面，不同的真理论有不同的说法，但下面一点是无疑的：无论是命题、信念还是断定，都必须通过其语言表达式——语句表达出来，因此，从这个意义上说，真理论的研究对象是真语句。对真语句的研究，可以有三个层面：语形层面、语义层面、语用层面。相对于一个语句，如果不需要分析该语句的具体意义而只需要考虑其语言符号本身或形式结构便可以确知其为真，这种真我们谓之语形真；如果一个语句的真必须通过分析其意义才能确定，谓之语义真；如果必须联系语句的具体使用语境才能确定其真，则谓之语用真。就这三种真而言，它们为真的程度也是不同的：语形真最高，语义真次之，语用真最低，同时，语形真与语义真是对"真"的静态的、抽象的研究，语用真则是对"真"的动态的、具体的研究。

从真理论的研究进路看，在前述的传统真理论—紧缩真理论—语义真理论—公理化真理论的研究中，除实用主义真理论因为把真归结为一种效用而不可避免地渗透了语用因素外，其他的研究主要是语形与语义的，不涉及语用。随着20世纪七八十年代分析哲学与语言哲学的所谓"语用学转向"，对"真"的研究也出现了语用化趋势，一些哲学家、逻辑学家和语言学家认为，必须联系语句出现的具体语境，通过语句的具体使用来研究"真"，他们还针对"强化说谎者悖论",提出了语境主义解悖方案。这种真理论研究,我们称为语境真理论或语用真理论。可以认为,语形或语义真理论的研究是真理论研究的主流,语用真理论则构成了真理论研究的一种新走向。

无论是传统真理论、紧缩真理论,还是语义真理论、公理化真理论甚至语境真理论,都明确地或隐含地主张只有一个真概念、真谓词与真性质,寻找对"真"给出统一的定义与解释,这种观点或理论我们谓之一元真理论或真之一元论。毫无疑问,真理论研究的主流是一元真理论。与一元真理论相对的则是多元真理论或真之多元论,多元真理论产生于20世纪90年代,主要代表人物有赖特(C.Wright)和林奇(M.Lynch)等,其基本观点是:真不是一元的,存在不同种类的真,命题可以有不同的成真方式。可以看出,多元真理论是与一元真理论相对的关于真之本质的形而上学理论。

0.3 "逻辑真理论研究"的广义与狭义

何谓逻辑真理论?从真理论的研究历史和现状出发,我们认为,逻辑真理论可以有广义与狭义之分,相应地,逻辑真理论研究也有广义与狭义之分。

毫无疑问,逻辑真理论研究的广义与狭义,与对逻辑的理解是分不开的,也即与逻辑的广义与狭义是分不开的。什么是逻辑?要清楚明确地回答这一问题,要将各种各样冠以"逻辑"的学科都统一在一个明确清晰的"逻辑"的定义之下,这是很困难的,甚至是不可能的。

逻辑学家莱谢尔(N.Rescher)在谈到现代逻辑的发展时,给出了一幅关于现代逻辑应用于各个领域及学科的"现代逻辑地图"[①]:

一、基本逻辑

(一)传统逻辑:1.亚里士多德逻辑:(1)直言命题理论(2)直接推理 (3)三段论逻辑 2.其他的发展:(1)中世纪的后件理论 (2)唯心主义逻辑与思维规律的讨论

[①] Rescher N, *Topics in Philosophical Logic*. Dordrecht: Reidel Publishing Company, 1968, pp.6-9.

（二）正统现代逻辑：1. 命题逻辑　2. 量化逻辑　3. 谓词逻辑　4. 关系逻辑

（三）非正统现代逻辑：1. 模态逻辑：（1）真理逻辑（2）物理逻辑（3）义务逻辑（4）认识逻辑　2. 多值逻辑　3. 非标准蕴涵系统：（1）严格蕴涵（2）直觉主义命题逻辑（3）限定与相关蕴涵（4）联系蕴涵　4. 非标准量化系统

二、元逻辑

（一）逻辑语形学

（二）逻辑语义学：1. 基本语义学　2. 模型论　3. 特殊论题：（1）定义理论（2）词项理论（3）描述理论（4）同一性理论（5）存在理论（6）信息与信息处理逻辑

（三）逻辑语用学：1. 逻辑语言学及自然语言的逻辑理论　2. 修辞分析　3. 语境蕴涵　4. 非形式的错误理论　5. 逻辑的非正统应用

（四）逻辑语言学：1. 结构理论　2. 意义理论　3. 有效性理论

三、数学发展

（一）算术方面：1. 算法　2. 可计算性理论　3. 计算机程序设计

（二）代数方面：1. 布尔代数　2. 格论逻辑

（三）函数论方面：1. 递归函数　2. λ 转换　3. 组合逻辑

（四）证明论

（五）概率逻辑

（六）集合论

（七）数学基础

四、科学发展

（一）物理学应用：1. 量子逻辑　2. "物理"或"因果"模态的理论

（二）生物学应用：1. 伍杰式发展　2. 控制论逻辑

（三）社会科学应用：1. 规范逻辑　2. 评价逻辑　3. 法律应用

五、哲学发展

（一）伦理应用：1. 行为逻辑　2. 义务逻辑　3. 命令逻辑　4. 优先与选择逻辑

（二）形而上学应用：1. 存在逻辑　2. 时序逻辑　3. 整体与部分的逻辑　4. 列斯涅夫斯基的本体论逻辑　5. 构造主义逻辑　6. 本体论

（三）认识论应用：1. 问题逻辑　2. 认识论逻辑　3. 假设逻辑　4. 信息与信息处理逻辑　5. 归纳逻辑

（四）归纳逻辑：1. 证据与确证、接受的逻辑　2. 概率逻辑

逻辑学家哈克在《逻辑哲学》中谈到逻辑的范围时认为，逻辑是一个十分庞大的学科群，其分支主要包括如下[①]：

"传统逻辑"——亚里士多德的三段论
"经典逻辑"——二值的命题演算与谓词演算
"扩展逻辑"——模态逻辑
　　　　　　时态逻辑
　　　　　　道义逻辑
　　　　　　认识论逻辑
　　　　　　优选逻辑
　　　　　　命令句逻辑
　　　　　　问题逻辑
"异常逻辑"——多值逻辑
　　　　　　直觉主义逻辑
　　　　　　量子逻辑
　　　　　　自由逻辑
"归纳逻辑"

[①] 苏珊·哈克：《逻辑哲学》，罗毅 译，张家龙 校，商务印书馆2003年版，第12页。

在这里，哈克所谓的"扩展逻辑"（extended logic），是指在经典的命题演算与谓词演算中增加一些相应的公理、规则及其新的逻辑算子，使其形式系统扩展到一些原为非形式的推演，由此而形成的不同于经典逻辑的现代逻辑分支；至于"异常逻辑"（deviant logic），则是指其形成过程一方面使用与经典逻辑相同的词汇，但另一方面，这些系统又对经典逻辑的公理与规则进行了限制甚至根本性的修改，从而使之脱离了经典逻辑的轨道的那些现代逻辑分支。

从莱谢尔和哈克关于逻辑的分类可以看出，"逻辑"的范围是十分广泛的，逻辑学的发展是多层面的：依据逻辑学的不同发展阶段，可以把逻辑分成传统逻辑、经典逻辑与非经典逻辑；从逻辑学兼具理论科学与应用科学这一性质入手，可以把逻辑分成元逻辑、理论逻辑与应用逻辑；从逻辑学对表达式的研究是语形的、语义的还是语用的，可以把逻辑分成语形逻辑、语义逻辑与语用逻辑。确实，"逻辑"是有不同的涵义的，因此，逻辑的范围是有宽有窄的：第一，逻辑指经典逻辑，即二值的命题演算与谓词演算，这是最"标准"、最"正统"的逻辑，也是最狭义的逻辑；第二，逻辑还包括现代非经典逻辑，也叫哲学逻辑，即哈克所讲的扩展逻辑与异常逻辑；第三，逻辑还包括传统演绎逻辑，它是以亚里士多德逻辑为基础的关于非模态的直言命题及其演绎推理的直观理论，其主要内容一般包括词项（概念）、命题、推理、证明（特别是三段论）等。此外，逻辑还可以包括归纳逻辑、逻辑哲学、语用逻辑等。可以认为，将逻辑局限于经典逻辑、非经典逻辑，这就是狭义的逻辑，将逻辑包括传统逻辑、归纳逻辑、逻辑哲学、语用逻辑等，则是广义的逻辑。以这一标准为取向，狭义的逻辑基本上可以对应于"逻辑是研究推理有效性的科学，即研究如何将有效的推理形式从无效的推理形式中区分开来的科学"这一定义，广义的逻辑则基本上可以对应于"逻辑是研究思维形式与思维基本规律的科学"这一定义。

与逻辑的狭义与广义相对应，狭义的逻辑真理论研究，其主体是形式真理论研究，主要包括语义真理论与公理化真理论。如前所述，语义真理论由塔斯基与哥德尔共同开创，它主要利用数理逻辑方法研究哲学核心概念"真"在形式语言中的可定义问题，同时探究和分析与真的可定义性问题密切相关的悖论问题。语义真理论的基本问题和基本方法导源于数理逻辑最基本也是最重要的两个定理：哥德尔的不完全性定理和塔斯基的不可定义性定理。形式真理论研究的主要工作，就是通过各种现代逻辑方法，对真谓词进行定义，而定义真的方法，则不外乎语义的方法与公理化方法，前者试图在合适的赋值模式下，对真谓词给出一种合理的解释以使之最大限度地满足塔斯基的 T-模式，这一方法的典型即为语义真理论研究，后者则认为真是一个原始谓词，可以用一组公理和推理规则来规定它，即通过合适的公理理论来最大限度地表达出真谓词的基本逻辑原则，这一工作构成了公理化真理论的研究。值得注意的是，塔斯基本人不但开创了从语义学的角度对真谓词进行规定这一先河，而且也是公理化真谓词的始祖[①]。事实上，是塔斯基最早提出了公理化真理论的思想，虽然随后他很快就放弃了这一道路。

广义的逻辑真理论研究，则是建立在对逻辑的广义理解基础之上。可以认为，从逻辑的视角或用逻辑的方法对真理论进行的研究都可以是广义的逻辑真理论研究。因此，对真与真理论的研究视角与方法既可以是现代逻辑或传统逻辑层面的，也可以是哲学逻辑或逻辑哲学层面的，还可以是语用逻辑层面的。从这一考虑出发，无论是实质真理论还是紧缩真理论的研究，甚至语用真理论的研究以及真之一元论与多元论的研究，都可以归入广义的逻辑真理论研究。

0.4 本书的结构

本书是 2017 年度国家社会科学基金重大项目"逻辑真理论的历史源流、理论前沿与应用研究"的最终成果之一。该项目由胡泽洪担任首席专家，已于 2023 年顺利结项并获"良好"等级。全书试图根据历史与逻辑相统一的原则，通过考察传统真理论、紧缩真理论的发展历程，较为全面系统地梳理逻辑真理论的历史源流；通过对语义真理论与公理化真理论等形式真理论的研究，全面深入探讨逻辑真理论的重大前沿问题；尝试通过对真理论悖论的创新性研究探寻逻辑真理论研究的应用价值。

[①] 参见熊明：《算术、真与悖论》，科学出版社 2017 年版，第 1-7 页。

如前所述，逻辑真理论的研究既可以是狭义的，也可以是广义的，从现代逻辑的观点看，狭义的逻辑真理论研究是逻辑真理论研究的主线或核心，而广义的逻辑真理论研究则是在狭义研究基础上的拓展，本书对逻辑真理论的研究正是沿这一思路展开的：以狭义逻辑真理论研究为中心，向前延伸至传统真理论与紧缩真理论，向后则拓展至多元真理论。

本书的第1~5章沿着传统真理论—紧缩真理论—语义真理论—公理化真理论的研究进路分别探讨了传统真理论、紧缩真理论、语义真理论、真理论悖论、公理化真理论，鉴于这些真理论明示或隐含的一元真理论预设，第6章介绍与讨论了多元真理论。正如前面所谈，多元真理论是与一元真理论相对的关于真之本质的形而上学理论，尽管它本身并不完善，还存在很多问题，但在当代分析哲学与逻辑哲学中已引起广泛关注与讨论，是真理论研究的一种新趋势和新方向，了解它，对于逻辑真理论研究十分必要。

第1章 传统真理论

对"真"的研究历史悠久,真理论也源远流长。毫无疑问,无论是形式真理论还是紧缩真理论,其理论来源和基础都是传统真理论。一般认为,传统真理论是关于"真"的经典研究,主要包括符合真理论、融贯真理论与实用主义真理论。本章将对它们进行介绍与分析,探讨它们之间的逻辑联系。

1.1 符合真理论

符合真理论,或称真之符合论,简称符合论,也叫真之对应论,其基本观点可以不严格地表述为:"一个命题的真不在于它与其他命题的关系,而在于它与世界的关系,即在于它与事实的符合关系。"[1]溯符合真理论之源,一般认为古希腊哲学家亚里士多德的名言"凡以不是为是,是为不是者,这就是假,凡以实为实,以假为假者,这就是真"可以看作符合论的最早表述,还有学者指出,亚里士多德在《范畴篇》中的如下表述更是表明了其总的方面的符合论基本立场:"某人的存在这一事实带来了他存在这个命题的真实性,……因为如果一个人存在,那么我们借以断定他存在的那个命题便是真的;……这个人存在这一事实的确看来以某种方式是那个命题之所以真实的原因,因为那个命题的真假依赖于这个人是否存在的事实。"[2]

符合真理论的主要代表人物是罗素与维特根斯坦。作为逻辑经验主义者和逻辑原子主义者,在关于真之载体、真之定义与真之检验方法等问题上,他们都提出了既具有经典意义又富有争议与挑战的观点,从而也构成了符合真理论的基本观点。

---

[1] 参见苏珊·哈克:《逻辑哲学》,罗毅 译,张家龙 校,商务印书馆2003年版,第107页。
[2] 参见格雷林:《哲学逻辑引论》,牟博 译,涂纪亮 校,中国社会科学出版社1990年版,第210页。

1.1.1　真之载体：何物为真？

真理论研究的前提之一就是回答何物为真即真之载体是什么的问题，这个问题简单而又直接的表述就是：能够谈话真假的东西是什么？对这个问题的回答，不同的真理论和不同的真理论研究者都有自己的看法，比如，有的认为是语句，有的认为是命题，有的认为是信念，有的认为是判断，等等，以此构成了关于真之载体观点上的语句说、命题说、信念说、判断说等。就符合论的主要代表人物罗素与维特根斯坦而言，一般都认为他们所理解的真之载体是命题。但要指出的是，除了命题，罗素与维特根斯坦所认为的真之载体也涉及信念、判断、语句等。

关于真之载体，罗素谈得比较多的是信念和命题，他曾指出："我们确定：'真的'和'假的'主要是信念的谓词；而且在派生的意义上，它们也是句子的谓词。"[1]一个真的与伪的信念之间的区别，正像一位太太与一位老处女的区别一样："真的信念有着与它有一定关系的一件事实，但是伪的信念就没有这样的事实。"[2]在这些论述中，罗素明确指出，真之载体是信念，这种信念是由句子表达的。那么，信念与命题是什么关系呢？罗素认为，信念的最完备形式表现在一个句子的肯定上，一个信念的内容就是一个句子所表达的命题。"人们所相信的东西必定总是我们通过命题所表达的那类东西，对于这一观点，我并不急于肯定或否定。人们所能相信的可能就是单个的简单意象。然而，就我们的目的而言，是要考虑重要的信念（即使它们不是唯一的信念），一旦它们被纳入精确的语言，它们就是一些采取如下命题形式的信念：A 是 B、x 对于 y 具有关系 R、所有的人都有死、类似'这'（this）的某个事物过去存在，或者其他所有的这类句子。"[3]"我们可以注意到，在其形式意义上，真和假最初不是信念的特性，而是命题的特性。由此我们推导出以下观点：当一个信念是相信一个真命题的时候，我们称这个信念是真

---

[1] 伯特兰·罗素：《意义与真理的探究》，贾可春 译，商务印书馆 2009 版，第 266 页。
[2] 罗素：《人类的知识》，张金言 译，商务印书馆 2003 年版，第 184-185 页。
[3] 伯特兰·罗素：《逻辑与知识》，苑莉均 译，张家龙 校，商务印书馆 1996 年版，第 374 页。

的；当一个不信是不相信一个假命题的时候，我们称这个不信是真的；'真的'和'假的'的最初的形式意义所适用的仅仅是命题。"①可以看出，罗素认为，从个体发生看，真与假是关于信念或判断的，信念或判断当然是通过语句表达的②。但是，由于信念或判断总是关于个人的，带有一定的主观性，因此，我们必须有关于信念或判断的一些共同的、公共的东西，而命题可以是一组语句共同表达的东西。正是从这一意义上，可以认为，罗素认为真之载体是命题。

不同于罗素，维特根斯坦似乎并没有特别明确指出过真之载体是什么，但是在其早期代表作《逻辑哲学论》中可以找到他关于真之载体的一些基本的表述。比如，他指出"被应用的，可思考的命题记号就是思想""思想是有意义的命题""命题的总和就是语言"③。"命题表明自己的意思。命题表明事情是怎样的，如果它是真的话。并且它说明事情是这样的。""要理解一个命题，意思就是要知道怎样一回事，如果命题是真的话。"④分析维特根斯坦的上述表述，可以看出他在真之载体问题上的基本看法：可以谓之真或假的是命题，命题之所以可以谓真假，是因为它是事实的逻辑形象，而"事实的逻辑形象就是思想"，因此，命题是表现事实的思想。

综上所述，可以看出，第一，在真之载体问题上，总体来说，符合真理论是持命题说，即认为命题是可以言说真假的东西。第二，符合真理论所持的命题说，并不排斥信念说、判断说、语句说等。事实上，在关于真之载体问题上，符合真理论的基本观点是命题、判断、信念、语句是相通的，它们之间是有内在的一致的：从公共、抽象的观点看，命题是真之载体，命题之所以可以言说真假，是因为它表达了信念、判断、思想这些私人产品的共同的东西，而无论是信念、判断、思想，都必须通过语句（陈述句）来表达。

---

① 伯特兰·罗素：《逻辑与知识》，苑莉均 译，张家龙 校，商务印书馆1996年版，第389页。
② 贾可春在《罗素意义理论研究》一书中认为，无论是前期还是后期，罗素始终把"信念"和"判断"当作同义词使用。我们同意这一观点。
③ 维特根斯坦：《逻辑哲学论》，郭英 译，商务印书馆1962年版，第37页。
④ 维特根斯坦：《逻辑哲学论》，郭英 译，商务印书馆1962年版，第40页。

1.1.2 真之定义：何谓为真？

在明确了真之载体是命题的前提下，符合论要回答的第二个问题是给真下一个定义，也就是要回答如下问题：说一个命题是真的是什么意思？

作为逻辑原子主义的代表，罗素认为，在一个语言的原子命题与原子事实之间存在着一种一一对应的关系，因此，对于每个原子事实都有一个相应的原子命题。在为维特根斯坦的《逻辑哲学论》一书所写的导论中，罗素指出："……，但是我们可以说事实是使命题或真或假的东西，以此来解释我们所指的是什么。"[①]他还指出："在较简单的一种命题的场合，即在我们称为'原子的'命题的场合，只有一个词表明一种关系，要证实我们的命题的对象——假定'不'字是不存在的——是由每个词或每个名词被所指的东西加以代替得来的，这个词或这个名词指一种关系，是由处于其他词或名词的意义中的这种关系代替的。例如，命题如果是'苏格拉底先于柏拉图'，证实它的对象出自用苏格拉底代替'苏格拉底'这个名词，用柏拉图代替'柏拉图'这个名词，用苏格拉底和柏拉图中间先于的关系代替'先于'这个词。这种进程的结果如果是一种事实，这命题是真的，如果它不是事实，这命题是假的。"[②]

维特根斯坦认为，命题是由基本命题或原子命题所构成的、作为真值函项的复合命题，而这些基本命题或原子命题本身又是通过对名称进行排列所构成的。这种结构反映出世界的排列方式：事实是由事态构造出来的，而事态本身又是由处于某种排列中的对象构成的，名称直接指称对象。因为基本命题是由按照对象在事态中的排列方式排列起来的名称所构成，所以基本命题是那些事态的"图像"。因此，由基本命题所构成的命题符合由事态构造出来的事实[③]。

可以看出，在真的定义问题上，罗素与维特根斯坦的基本观点是相同的：

[①] 维特根斯坦：《逻辑哲学论》，郭英 译，商务印书馆1962年版，第6页。
[②] 转引自弓肇祥：《真理理论：对西方真理理论历史地批判地考察》，社会科学文献出版社1999年版，第38页。
[③] 参见格雷林：《哲学逻辑引论》，牟博 译，涂纪亮 校，中国社会科学出版1990年版，第212页。

命题是反映事实的，如果一个命题与所反映的事实相符合，则该命题为真，反之为假。

应该说，用命题与事实之间的符合来定义真，这是最吻合人们关于"真"的直觉与常识的，也与人们对"真"的传统理解是一致的。但是，站在逻辑哲学的角度，分析符合论的真之定义，我们有必要注意如下几点。

第一，按符合论的定义，命题的真在于与事实是否相符合或一致，因此，"事实"是检验一个命题是否真的标准或条件。那么，什么是事实？关于事实，罗素也把其称作"证实者"："当一个经验的信念是真的时，它是通过我称为其'证实者'的某种现象而为真的。我相信恺撒是被暗杀的；这个信念的证实者是很久以前发生在罗马元老院的一个实际事件。""'证实者'被定义为我的断言因之为真（或假）的那种现象。"[①]从这个意义上讲，没有"事实"或"证实者"的真之定义是不完整的或非典型的符合论定义。在这里，我们不妨再回过头来审视一下前面所述的亚里士多德关于真的定义"是什么不说是什么，不是什么说是什么，这是假的；是什么说是什么，不是什么说不是什么，这是真的。"尽管有部分学者认为这是符合论的最早甚至经典表述，但我们以为，这一表述并非严格意义上的符合论。因为，它只是相当于说一个命题"符合就真，不符合就假"，它并没有明确指出命题与什么相符合。在该定义中"事实"或证实者一项是缺失的，因此，该定义最多只能算作宽泛意义上的符合论，也可称作语言符合论，从某种意义上讲，它的涵义更相似于塔斯基的T-模式或蒯因的"真即去引号"说。就这种表述而言，它有两种走向：如果再向前走，清楚地说明所谓符合是与事实相符合，那它就跨入了经典符合论；反之，如果往后退，则可能倒向紧缩论。

第二，理解符合真理论的关键概念之一无疑是"事实"。但实际上无论是罗素还是维特根斯坦，都没有给事实一个非常清楚明确的可操作性定义，罗素甚至明确指出："严格地说，事实是不能定义的。"虽然如此，但无论是罗素还是维特根斯坦关于事实的论述是很多的，我们不妨先来看看他们的观点。

罗素曾指出："当我谈到一个'事实'时，我不是指世界上的一个简单的

[①] 伯特兰·罗素：《意义与真理的探究》，贾可春 译，商务印书馆2009年版，第266，272页。

事物，而是指某物有某种性质或某些事物有某种关系。因此，例如，我不把拿破仑叫作事实，而把他有野心或他娶约瑟芬叫作事实。"①他又说："世界上的每一件事物我都把它叫作一件'事实'。太阳是一件事实；凯撒渡过鲁比康河是一件事实；如果我牙痛，我的牙痛也是一件事实……"②他还在为维特根斯坦《逻辑哲学论》一书所写的导论中写道："事实可以包含本身是事实的种种部分，也可以不包含这样的部分；比如，'苏格拉底是个聪明的雅典人'，由两件事实组成，'苏格拉底是聪明的'和'苏格拉底是雅典人'。一个事实，不包含有本身是事实的种种部分，维特根斯坦先生称之为 Sachverhalt。这同他称之为原子事实的东西是同一物。一个原子事实，虽然不包含本身是事实的种种部分，但是它包含着种种部分。如果我们可以把'苏格拉底是聪明的'看作一个原子事实的话，我们就会理解它包含着'苏格拉底'和'聪明的'这两个构成部分。"③

维特根斯坦在《逻辑哲学论》一开始就指出："世界就是所发生的一切东西""那发生的东西，即事实，就是原子事实的存在""世界是事实的总和，而不是物的总和""原子事实就是各客体（事物[Sachve]，物）的结合""对于物来说，重要的是它可以成为原子事实的构成部分""所有一切存在的原子事实的总和就是世界"④。

分析罗素与维特根斯坦关于事实的相关论述，可以看出，在罗素与维特根斯坦关于事实的论述中，事实、事物、世界等概念是紧密联系在一起的，就罗素而言，他有时把事实等同于事物，有时又明确指出事实不是事物而是指事物具有某种性质或某些事物具有某种关系，表述之间似有矛盾；就维特根斯坦来说，他明确认为世界上的事物或所谓的客体并非事实本身，而只是其构成部分，事实不同于事物，在这一点上较罗素要明确清楚。此外，尽管罗素与维特根斯坦都特别强调原子事实或基本事实，但他们关于原子事实或基本事实的理解并不完全一致，罗素强调的是，原子事实是个别事物、客体

---

① 伯特兰·罗素：《我们关于外间世界的知识》，陈启伟 译，上海译文出版社 2006 年版，第 39 页。
② 罗素：《人类的知识》，张金言 译，商务印书馆 1983 年版，第 176 页。
③ 维特根斯坦：《逻辑哲学论》，郭英 译，商务印书馆 1962 年版，第 6 页。
④ 维特根斯坦：《逻辑哲学论》，郭英 译，商务印书馆 1962 年版，第 22、25 页。

与其属性的结合,是断定事物具有某种性质或断定某些事物之间具有某种关系,而维特根斯坦强调的是,原子事实或个别事实是个别事物或客体的结合,而不是事物与其属性的结合①。

应该如何看待符合真理论的"事实"概念呢?我们认为,注意如下两点是必要的。

首先,如何说明和定义"事实"概念是符合论面临的一个难题。从罗素和维特根斯坦的论述来看,"事实"至少包含两个含义,一是指事物或实在本身,二是指事物所具有的性质或一些事物之间具有的关系。用通俗的话说,前者是指事物,后者则指事物的情况。那么,事实到底是指前者还是后者呢?如果是前者,那事实就是一种独立于人的认识之外的客观存在,在这种解释下,就要承诺或预设一个不依赖于人的主观的、独立的外部世界,从而导致主客二分②。又因为命题或语句所表述出的"事实"并不只这些,从而导致符合真理论的适用范围大大减小。鉴于此,我们认为,一方面,要承认事物情况即事物本身具有的性质或事物与事物之间的关系与事物本身是密不可分的,没有事物,就无所谓事物情况,事物情况是"凝聚"在某一事物或现象本身的,正由于此,罗素等对事物与事物情况没有严格区分也是可以理解的。但另一方面,从逻辑与语言层面来看,必须肯定"事实"指的应该是事物情况而非事物,即是说,符合真理论意义下的事实是指事物具有的性质或事物与事物之间的关系而非事物本身。因为,既然真之载体是命题或语句,命题或语句对应的就是事物具有的性质或事物之间的关系,如果认为是事物本身,即某一个事物,则其对应的语言或思维形式只能是概念或语词。作为真命题的"证实者"的事实,既不能是完全独立于人的认识之外的纯客观之物,也不能是纯主观的认识,必须是处于主体的认识之中的具有性质与关系的事物,必须是介于两者之间的桥梁。从这个意义上讲,马克思主义实践真理观为我们厘清"事实"概念提供了宏观上的理论指导。

其次,关于原子事实与分子事实或复合事实。我们同意罗素的观点,即

---

① 参见彭漪涟:《事实论》,广西师范大学出版社 2015 年版,第 109 页。
② 参见陈波:《理性的执着:对语言、逻辑、意义和真理的追问》,北京师范大学出版社 2014 年版,第 282 页。

除了原子事实，并不存在所谓的负事实、合取事实、析取事实等分子事实或复合事实。从本体论的角度看，世界是由个体组成的，个体所具有的性质及个体与个体之间的关系是最基本的事实，它们构成了所谓的原子事实，原子事实对应于逻辑上的直言命题与关系命题等原子命题，并决定其真假。世界是由原子事实组成的，所谓的分子事实或复合事实是不存在的，它们只是反映了种种不同的原子事实之间的逻辑关系而已，分子命题或复合命题的真假是由原子命题的真假及其逻辑关系决定的。很显然，这里涉及逻辑原子主义所持的"每一分子命题或复合命题的真假都可以还原为原子命题或基本命题的真假"这一原理，而无论是罗素还是维特根斯坦，都看到了其局限，认为不可能把所有命题都还原为原子命题。比如，罗素曾指出，诸如否定命题（比如"奥斯瓦尔德没有刺死肯尼迪"）、相信命题（比如"鲁比相信奥斯瓦尔德刺死了肯尼迪"）及表达认知态度的命题（比如"奥斯瓦尔德知道肯尼迪在达拉斯"）等都不可能还原为原子命题[①]。确实，还原论的局限意味着并非任何分子命题或复合命题都可以通过还原为原子命题而得到事实的确证。实际上，很多命题即使是简单命题或原子命题，其真假也并非都可以通过命题与事实之间是否符合来确定，而必须用其他的标准或途径。也就是说，符合真理论对命题或语句的真的处理并非完全的，也不可能是完全的，它只能处理它能操作的部分命题或语句。

1.1.3 真之检验方法：如何为真？

根据符合真理论的基本观点，一个命题是否为真，取决于其与所对应的事实是否相符合，因此，"符合"是检验一个命题为真的方法。那么，什么是"符合"呢？别人说"张三的头发是白的"，我站在张三面前看到张三的头发确实是白的，这是一种"符合"；有人说"H 大学面积是 3000 亩"，我通过实地测量计算确实如此，以此证明该命题为真，这也是一种"符合"；朋友拿一个水果对我说"这个苹果很甜"，我尝了一口确实甜，这也是一种"符合"吗？

---

① 参见斯蒂芬·里德：《对逻辑的思考：逻辑哲学导论》，李小五 译，张家龙 校，辽宁教育出版社 1998 年版，第 21 页。

超市的电脑购物指南上显示某种商品在二楼的某个货架上,我按图索骥确实在二楼的货架上找到了,这算不算"符合"?某人告诉我"珠穆朗玛峰的海拔是8848米",我通过查找权威的地理书籍确认它是真的,这算不算"符合"?如何通过"符合"来确认"李四是个好人"这一命题的真呢?

确实,如何界定和解释"符合"是符合真理论面临的又一难题。格雷林(A.C.Grayling)在《哲学逻辑导论》一书中介绍了皮彻(G.Pitcher)关于符合的两种解释——关联与和谐。所谓关联,是指宽泛意义或较弱意义上的符合,可以表述为"符合于……",比如账本上的一笔账目可以符合于一笔交易,陆军中的一个官阶可以符合于海军中的一个官阶;所谓和谐,是指严格意义上或较强意义上的符合,可以表述为"同……相符合",例如,一把钥匙可以同其他钥匙相符合,半张邮票可以同另外半张相符合[①]。贾可春把符合论分为关联论与再现论,其分法与皮彻的有一定类似,他认为,关联符合意味着载体(命题)与对象(事实)之间存在着一种对应规则,这种规则可类比于函数中自变量与因变量之间的对应规则,再现符合则意味着载体(命题)与对象(事实)之间存在着一种结构上的相同或相似。按他的分析,1910年前后的罗素主要是关联论,而1920年前后至晚年的罗素则主要是再现论[②]。

维特根斯坦指出:"命题是实在的图像。命题是实在的模型,这就像我们所认为的那样""留声机唱片、音乐思想、乐谱及声波,都彼此处于图像式的内在关系中,这如同存在于语言与世界之间的关系那样,它们都具有共同的逻辑结构"[③]。这比较集中地反映了维特根斯坦关于命题意义的图像说,即认为命题与事实是"同构的"。罗素深受维特根斯坦的影响,十分欣赏其观点,也特别强调命题和事实之间的"严格同构",认为"在一种逻辑上正确的符号表示中,在一个事实与事实的符号之间将永远存在着某种基本的结构同一性。而且,这个符号的复杂性非常准确地对应于它所标示的事实的复杂性"[④]。

[①] 参见格雷林:《哲学逻辑引论》,牟博 译,涂纪亮 校,中国社会科学出版社1990年版,第218页。
[②] 参见贾可春:《罗素意义理论研究》,商务印书馆2005年版,第220页。
[③] 转引自贾可春:《罗素意义理论研究》,商务印书馆2005年版,第230页。
[④] 伯特兰·罗素:《逻辑与知识》,苑莉均 译,张家龙 校,商务印书馆1996年版,第237页。

可以看出，以罗素和维特根斯坦为主要代表人物的符合真理论所讲的符合主体是和谐论或再现论，但是，作为和谐符合或再现符合，至少存在如下一些困境或难题。

第一，正如前面已经谈到的，罗素与维特根斯坦都用逻辑原子主义关于命题与事实"逻辑同构"的观点解释命题与事实的符合，认为原子命题对应于原子事实，分子命题或复合命题则由原子命题组合而成，但分子命题或复合命题是否有对应的分子事实或复合事实则是很成问题的。

第二，根据符合真理论的观点，能够与原子事实符合的原子命题严格地说只能是直言命题中的部分单称命题，即罗素所讲的由一个或多个殊相和一个共相所组成的命题，比如"肯尼迪是总统"，即使把表示个体对象之间关系的命题即简单关系命题也算上，这些命题一旦涉及性质、关系之类罗素以"奥卡姆剃刀原则"所反对的所谓抽象实体，比如，"张三是个坏人""3小于6"，则很难找出相符合的事实项。对此，"许多批评家已经注意到，符合论的困难在于它的关键概念即符合弄得不够清楚。甚至在最有利的情况下，所需要的在命题结构与事实结构之间的同构也遇到困难"。这一点，罗素本人也意识到了，比如命题"这只猫在这个人的左边"，其中的命题成分至少有三个，即这只猫、这个人、在……左边，但相应的事实成分则只有这只猫与这个人[①]。命题与事实相对应的成分都不一样，又谈何符合呢？

第三，并非所有命题的真都可以和需要通过与事实的符合来确定。比如，分析命题或逻辑真就不需要也不可能由事实来确定，而是通过逻辑与语义分析得到。即使是所谓的综合命题或事实真，也有很多是难以通过与事实的符合来确证其真的。

那么，如何解决因"符合"而导致的困境或疑难呢？应该说，这一困境或疑难是难以彻底解决的，给出一个能解决所有上述问题的关于"符合"的定义或解释是不可能的。虽然如此，在关于"符合"的理解与解释上明确如下两点是可取的。

首先，对"符合"作较为宽广的理解与解释，承认"符合"不只是照相

---

① 参见苏珊·哈克：《逻辑哲学》，罗毅 译，张家龙 校，商务印书馆2003年版，第114页。

式的或照镜子式的，而是多层次、多类型、多维度的。我国著名哲学家、逻辑学家金岳霖先生在其名著《知识论》中指出，符合不一定是照相式的符合，其他的符合关系也是说得通的。比如，榫头对榫，衣服合身，都是符合；提琴与钢琴合节也是符合，地图对于地域也是符合。金先生还特别谈到了目录式的符合：图书馆的目录，告诉我们什么样的书在什么地方，内容如何，每一卡片有一本相当的书，遵照卡片的指示，我们可以找到相当于它的书，这当然也是符合。正是基于上述分析，金先生认为，符合不必是照相式的，不必是图形式的，但符合应该有一一相应的情形。一一相应是符合的主要要求，当然，这里讲的一一相应可以只是关系上的，不必是性质上的[①]。我们认为，金先生的这一看法是完全正确的。事实上，真之符合论所讲的符合应该是广义的、多层次的，只有这样，才能一方面避免传统真之符合论的困境，另一方面也赋予真之符合论以宽阔的生存空间。

其次，要看到，并非所有的命题都可以用是否"符合"来检验其真假问题，事实上，检验一个命题是否为真的方法或途径并非完全单一的，而是多元的。

1.1.4 约定符合论：一种新的符合论

上面所介绍的符合真理论，包括命题（语句）、事实、符合等关键概念，其基本观点建基于命题或语句与外部世界或实在（事实）的"符合"关系，可以把这种符合论谓之经典符合论或事实符合论。与经典符合论不同，英国当代著名的语言哲学家奥斯汀在其基础上提出了一种新的符合论——约定符合论。

不同于经典符合论所认为的真之载体是命题或信念，奥斯汀认为，严格地说，真之载体只能是陈述（statememt）。何谓陈述？"一个陈述是做出的，它的做出是一个历史事件，是某些词（一个语句）的说者或写者就有关一个历史事况、事件或其他等向听者或读者所做的话语。""一个语句由

[①] 金岳霖：《知识论》，商务印书馆1996年版，第915-916页。

词组成，一个陈述则通过词做出。……陈述是被做出的，词或语句则是被使用的。……同一个语句（可以）被用来做出不同的陈述；同一个陈述（也可以）被用于两个场合或被两个人使用，只要该话语一定是关于同一场合或同一事件的。"①在这里，奥斯汀明确指出，陈述与语句不同，前者是私人的，即"我的"，是我个人做出的，后者是语言单位，是由语词组成的，是被使用的，具有公共性。由于"陈述"一词既可以指一种言语行为，即"陈述的做出"，也可以指某人所陈述的东西，即陈述的内容或陈述本身，奥斯汀认为，作为真之载体的"陈述"，它本身不是历史事件，它是言语的内容，是某人所陈述的东西，是有真假的东西，也可以用"断言""你所说的""你的话"等词来代替。至于"真的叙述""真的报道""真的命题"等表述，奥斯汀认为它们都是"真的陈述"的变种，说拥有真的信念其实就是相信一个陈述的真②。

一个陈述在什么时候为真呢？当然是"符合"，但是，不同于经典符合论，奥斯汀不是用命题与事实之间的同构关系来阐明符合关系，而是试图根据语词与世界之间纯粹的约定关系来解释符合关系："描述约定使语词（=语句）与从世界中所发现的一些境况、事物、事件等的类型相互关联；指示约定使语词（=陈述）与从世界中所发现的一些历史境况等相互关联。一个陈述，当其通过指示约定相关联的历史事态是通过描述约定相关联的、用语句做出的某一事态类型时，它就是真的。"③奥斯汀在这里提到了描述约定与指示约定，并试图通过两种约定之间的关系来确定一个陈述是否为真，对此，哈克进一步解释说，比如，在一个陈述中，s 在 t 时说"我正着急呢"，描述约定将这些语词与某人着急的情况相互联系起来，指示约定则将这些语词与 s 在 t 时的状态相互联系起来。如果通过指示约定与语词相互联系的特定情况具有

---

① Austin J L, "Truth", in Lynch M P. *The Nature of Truth: Classic and Contemporary Perspectives*, Cambridge MA: MIT Press, 2001, p. 27.
② 参见杨玉成：《奥斯汀：语言现象学与哲学》，商务印书馆 2002 年版，第 131-132 页。也可以参看王西华：《跳出古典符合真理论的窠臼：奥斯汀的"约定符合论"真理观》，《江南大学学报（人文社会科学版）》2013 年第 3 期，第 30-38 页。
③ Austin J L, "Truth", in Lynch M P. *The Nature of Truth: Classic and Contemporary Perspectives*, Cambridge MA: MIT Press, 2001, p. 28.

通过描述约定与语词相互联系起来的类型，那么该陈述就是真的[①]。

对于奥斯汀所提到的两种约定及事态、事态类型、陈述、语句等概念之间的关系，柯卡姆（R.L.Kirham）试图用图 1.1 表示。

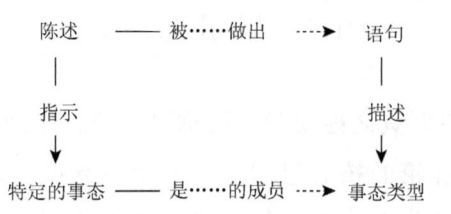

```
陈述  ——被……做出——▶  语句
 │                         │
指示                      描述
 ▼                         ▼
特定的事态——是……的成员——▶ 事态类型
```

图 1.1 两种约定及事态、事态类型、陈述、语句等概念之间的关系

如果图 1.1 中最后（右下部）的箭头不能到达，则一个陈述就是假的。那么，如果图 1.1 中的其他箭头不能到达，该陈述是否也是假的呢？按柯卡姆的分析，在奥斯汀的理论中，其他箭头任何时候都是一定能到达的，不存在其他箭头不能到达的可能。这也就是说，奥斯汀把通过某些指示约定做出一个陈述看得非常自然，以至于如果你不能成功地指示某一特定的事态，你就一定不能成功地做出一个陈述[②]。

可以看出，约定符合论在经典符合论关于语词（语句、命题）与世界的关系上，加上了语言约定，从而使得"符合"不是语词与世界的直接对应，而是语词与世界之间复杂约定的符合："真正的陈述（不是伪装的陈述）总是指向世界的，当我们做出一个陈述时，它依某种约定总是指示某个历史的事态，陈述有一个与之相对照的事态，但这个陈述是否为真还得考虑我们的语言上的约定，我们用于做出陈述的语句的涵义是依约定而'描述'对此标准的事态，只有在陈述所指示的事态足够像做出陈述的语句所描述的那些标准事态时，即我们在世界中实际找到的事态要足够像语句所约定的标准事态时，陈述才是真的。因此，一个陈述要为真，不仅要有与之相对照的事况，还要满足语言上的惯例或约定，它的所指要与语句的涵义一致。"[③]确实，约定符

[①] 苏珊·哈克：《逻辑哲学》，罗毅 译，张家龙 校，商务印书馆 2003 年版，第 115 页。
[②] Newman A，*The Correspondence Theory of Truth*. Cambridge：Cambridge University Press，2004，pp. 80-81.
[③] 杨玉成：《奥斯汀：语言现象学与哲学》，商务印书馆 2002 年版，第 136 页。

合论在某种程度上化解了经典符合论围绕"事实"与"符合"所带来的一些困境,也为我们前文中所谈到的对"符合"作宽广的解释与理解提供了一种新的思路。

1.2 融贯真理论

融贯真理论,也叫真之融贯论,简称融贯论。作为传统真理论的另一个重要分支,融贯真理论的核心思想是:一个信念或命题的真假依赖于它是否与系统中的其他的信念或命题相融贯,相融贯则为真,反之为假。换言之,融贯论也可以表述为:真在于一个信念或命题集中各个成员之间的相互融贯。

一般认为,融贯真理论的源头可以上溯至柏拉图。近代的笛卡儿、莱布尼茨和斯宾诺莎都可以归入融贯论者,现当代融贯论的主要代表人物则包括布拉德雷、布兰沙德、莱谢尔、沃克(R.C.S.Walker)、杨(J.O.Young)等。

1.2.1 "融贯"与"系统":融贯真理论的基本概念

融贯论者认为,一个信念或命题总是属于某一信念集或系统的,如果该信念或命题与信念集中的其他信念相融贯,则该信念为真,反之为假:"融贯论者认为,对一个命题来说,如果它与某一信念系统相融贯,它就是真的。这不仅意味着,它是真的,当且仅当它与那个系统相融贯,也意味着,真所包含,除了融贯没有别的东西。真的主要元素是融贯而不是其他东西,特别是,真不在于命题与实在的符合"[1]。

什么是融贯?说一个信念或命题与系统中的其他信念或命题相融贯是什么意思?关于融贯,不同的融贯论者有不同的说法,比如,布兰沙德认为,"融贯"并不简单地就是一致或相容,而是一个更丰富的概念,理想的状况是,一个融贯的系统是一个复杂的,或者包含所有"已知的事实"的系统,并且

---

[1] Walker R C S, "The coherence theory", in Lynch M P. *The Nature of Truth: Classic and Contemporary Perspective*, Cambridge MA: MIT Press, 2001, p.124.

假定了系统之间的每一个判断是相互衍推的："完全融贯的知识应该是这样的知识：在其中，每一个判断都与其他的判断相互衍推。"①"（在）一个完全令人满意的系统中……没有任何一个命题会是任意的，每一个命题都会被其他命题共同地、甚至独自地衍推出，没有任何一个命题会处于那个系统之外。"②沃克认为，如何理解"融贯"？一个信念系统应该是什么样的？对这些问题，并没有一个标准的回答："有时候，'融贯'被看成简单地同表示信念系统的特征的基本原则相一致；有时候，在极端的情况下，'融贯'被看成所有命题之间的相互衍推：p 同 q 和 r 相融贯仅当 p、q、r 每一个都相互衍推另一个。有时候，关于'融贯'的表述比较模糊。确实，我们并不能实际地确定'融贯'由什么构成，除非我们能确定哪一个信念系统是恰当的。"③

可以看出，融贯论者所谓的"融贯"，至少包括相容、一致、相互依赖、相互衍推等涵义，就这些涵义而言，相容与一致可以归为一类，相互依赖与相互衍推也可以归为一类，可以认为，前者是广义的或弱意义下的"融贯"，后者则是狭义的或强意义下的"融贯"。

就狭义的或强意义下的"融贯"而言，它要求系统内部的信念或命题之间相互衍推（entail），"衍推"是一个逻辑术语，一个信念或命题与信念集或信念系统中的其他信念或命题相互衍推，则意味着该信念集或信念系统中的每一个信念或命题都与其他命题相互推出，从逻辑上看，如果每一个信念或命题都相互推出，那就意味着该系统中的每一个信念或命题都与其他信念或命题等值，这样，整个系统不管大小最终就只包含一个信念或命题，这显然是不合常理和逻辑的，"由此造成的后果是：在一个融贯的判断系统中，每一个判断所断言的东西恰恰等同于所有其他判断所断言的东西。因此，不仅'亚历山大是马其顿的国王'这个真陈述衍推譬如说'我隔壁的邻居今天穿一件白内衣'这个陈述，而且后者衍推前者；而更糟糕的是，这两个陈述实际上

---

① Blanshard B, "Coherence as the nature of truth", in Lynch M P. *The Nature of Truth: Classic and Contemporary Perspective*, Cambridge MA: MIT Press, 2001, p.107.
② 转引自格雷林：《哲学逻辑引论》，牟博 译，涂纪亮 校，中国社会科学出版社1990年版，第196页。
③ Walker R C S, "The coherence theory", in Lynch M P. *The Nature of Truth: Classic and Contemporary Perspective*, Cambridge MA: MIT Press, 2001, p.127.

以某种方式变成等价的了"①。至于信念或命题的"相互依赖",由于"相互依赖"不是一个逻辑概念,很难对之精确地定义,一方面,如果把它还原成一个逻辑概念,则几乎可以与"相互衍推"等同;另一方面,按日常意义,如果某一系统中的信念或命题 p 的真依赖于 q,q 的真依赖于 r,r 的真依赖于 s,……则最终的结果是每一个信念或命题的真都是循环的,最终是无法确定的。很显然,这一结论也是真理论者难以接受的。

也许正是由于狭义的或强意义下的"融贯"带来的问题过于明显和不合逻辑,大多数的融贯论者关于"融贯"的涵义是取其广义,即相容或一致。从逻辑上讲,相容或一致即不矛盾,两个信念或命题相容或一致,即意味着它们可以在同一个系统中并存。应该说,取融贯之广义,认为信念或命题之真在于与系统中的其他信念或命题相容或一致,这是大多数融贯论者的策略。然而,要注意的是,此处的相容或一致,不只是一种逻辑一致性,它还应包容意义与内容上的相容或一致。也就是说,对于融贯,应该有比逻辑一致性更多的要求。两个命题或信念,只要不存在逻辑上的矛盾,比如"所有的天鹅都是白的"和"有的人是聪明的"是逻辑一致的,但却不能说一定是融贯的,要考察其是否融贯,必须将它们放入一个特定的、具体的语境或系统之中进行考察。

当然,对于以一致性来界定"融贯",有学者提出了异议。罗素就曾在对融贯真理论的批评中指出,如果把两个命题相互融贯解释为相互一致,则这里预设了不矛盾律等逻辑规律的真,但融贯论并没有说明不矛盾律等逻辑规律的真。对此,融贯论者回应说,不矛盾律,像所有的真一样,它之所以真,是因为它与一个信念系统相融贯。特别是,不矛盾律等逻辑规律是被这样一个信念支持的:除非每一个信念系统包含一些像不矛盾律这样的东西,否则,交际与推理将不可能。因此,任何融贯的信念集必定包含或预设了不矛盾律等逻辑规律②。我们基本同意融贯论者的这一回应,预设不矛盾律等逻辑规律的真并不是某一理论的致命缺陷,任何理论都可以也需要预设逻辑规律等

---

① 格雷林:《哲学逻辑引论》,牟博 译,涂纪亮 校,中国社会科学出版社1990年版,第196-197页。
② Young J O, "The coherence theory of truth", in Zalta E N, Nodelman U. *The Stanford Encyclopedia of Philosophy*, 2024, https://plato.stanford.edu/archives/sum2024/entries/truth-coherence/.

"自明之理"或公理作为基底。事实上,无论是以一致性还是衍推来定义"融贯",由于预设了不矛盾律,也预设了真,形成了所谓的循环。但要指出的是,这种循环并非恶性的,反而有时是无法避免的。因为,真理论所讨论的对象——真——是非常特殊的,它的特殊性可以由一个带有循环性的句子表现出来,即一个对真的定义是真的吗?也就是说,我们要判断或定义一个句子是否为真,我们需要先了解什么是真[①]。因此,从某种意义上讲,在真理论中,真这个概念是可以允许"在先的"。

根据融贯论者的观点,信念或判断的真在于与系统中的其他信念或命题相融贯,在这里,"系统"是一个非常关键的概念。所谓系统,也就是一个信念或命题的集合,它是一个信念或判断的"使真者"。那么,这个作为"使真者"的系统,必须具备什么特征?比如说,这个系统是不是必须足够大,能将所有的真的信念或命题都包含其中?是只有一个系统还是可能存在多个甚至无穷个相应的系统?对这些问题,不同的融贯论者有不同的回答。

布拉德雷认为,一个融贯的系统必须既具备一致性,又具备广博性,一致性不用多说,而广博性,就是系统要尽可能多地包含真的信念或命题。在布拉德雷看来,实在本质上是一个统一的、融贯的整体,与之相应的"真"也就是"宇宙的一种理想表达,这同时是融贯的和无所不包的"。这种作为整体的真也就是我们所追求的无所不包的、完全一致的信念集合。显然,这种作为信念集合的系统只有一个,且是完全的。但是,作为认识主体,我们并不能达到这种作为整体的真,而只能达到部分的真,部分的真永远都只能是整体的真的一个片断,是不完全的真[②]。正因为我们无法达到作为整体的完全一致的真而只能达到部分的真,因此,信念系统就不可能是唯一的和完全的,但我们要追求广博性——使系统中的真尽可能地多,使系统尽可能地丰富。

沃克认为,广义地看,信念系统被设想成是我们自己的,大多数人的信念是可能不一致的,它不能包括我们所相信的所有事物,所以,许多融贯论者心中的信念集都是我们一些信念的子集,也许,最大的子集是内在地一致

[①] 参见韩慧云:《真理论论证中的预设性谬误:以融贯论为例》,《自然辩证法研究》2021年第6期,第3-7页。

[②] 参见邵强进:《逻辑真》,复旦大学出版社2016年版,第122页。

的,也许,某些子集是基础性的,如逻辑规律、推理规则等①。这也就是说,基于信念的私人性、多样性,作为"使真者"的信念系统不可能是唯一的或完全的,它只能是某些特定的信念集,因此,存在着多个甚至无穷个系统,它们都是我们这个作为整体的真的子集,说某一信念或判断与某一系统中的信念或命题融贯,是指与某一特定的语境中的信念集融贯。

莱谢尔对融贯真理论有较为深入的研究,曾著有《融贯真理论》一书,在该书中,他谈到了对系统的要求:一致性与包容性。关于包容性,就是要求作为真的担保的信念集尽可能多地包含真信念或真命题,成为信念的"最大一致子集",他用英文缩写 m.c.s 表示。莱谢尔详细讨论了融贯性分析如何为确定"什么是真的?"提供了一个宽广的应用和非常有用的方法。他指出,在我们对周围世界的认识中,我们经常会涉及很多零散的或假设的信息或数据,它们可能是不完全的或不一致的,在信息或数据不完全或不一致的情况下,当我们必须通过竞争性的理论或解释对事物整理归类时,我们就必须尝试把一个最大地合理一致的故事放到一起,形成一个不一致信息或数据中的最大一致子集②。对这个最大一致子集,他是这样定义的:"对任何 S 的子集 S_i,如果 S_i 满足下列三个条件,则可以说 S_i 是 S 的最大一致子集:1. S_i 是 S 的一个非空子集;2. S_i 是 一致的;3.不是 S_i 的元素的 S 的其他任何元素没有一个能够加入 S_i 这个集合而不产生矛盾。"根据上述定义,他进一步得到了如下结论:"1.如果 S 是一致的,那么 S 只有一个最大一致子集 S_i,即它自身。2.在任何最大一致子集 S_i 中都不会出现自相矛盾的 S-元素。3.如果没有自相矛盾的 S-元素,那么 S 就是其最大一致子集的并。4.如果 S 是集合 S' 和 S'' 的并,其中 S'' 是一个命题集且其命题是相互矛盾的,那么,S 和 S' 的最大一致子集是相同的。5.如果一个 S-元素 P 是一个重言式,那么 P 出现于 S 的每一个最大一致子集中。"③

可以看出,就融贯论而言,选择一个合适的系统即命题或信念集是关键。

---

① Walker R C S, "The coherence theory", in Lynch M P. *The Nature of Truth*: *Classic and Contemporary Perspective*, Cambridge MA: The MIT Press, 2001, p.126.

② 参见 Johnson L E, *Focusing on Truth*. New York: Routledge, 1992, p.27.

③ Rescher N, *The Coherence Theory of Truth*. Oxford: Oxford University Press, 1973, p.78.

那么，如何选择或构建合适的命题或信念集呢？首先的一个选择是该集合应该是包含关于现实世界的命题或信念集合，最常见的选择就是目前我们所相信的信念或真的命题集，在此基础上，通过一致性或融贯性条件选择与之相一致或融贯的命题或信念来逐步扩充该集合，以尽量得到一个最大一致集。然而，备选的命题或信念集多种多样，有些集合之间甚至相互矛盾，因此，找出一个一致的、包含目前所有信念集的命题或信念集是不可能的[①]。所以，在实践中，系统一般是某一特定的、具体的命题或信念集。

1.2.2 融贯论面临的批评与可能的辩护

融贯真理论作为传统真理论的重要分支，在真之定义与真之检验方法问题上独具特色地提出了"真即融贯"的观点，这无疑是对符合真理论的发展与创新，也在一定程度上缓解了符合真理论在"事实"与"符合"概念上面临的一系列困境。然而，融贯论本身也并非完全能自圆其说，它也面临一系列批评。

对融贯论最常见、最主要的批评是，融贯论允许任何命题都是真的。因为，任何命题包括像"波士顿是密西西比的首府"这样的假命题都可能是某些融贯的信念集中的一员。这一批评的核心就是：根据融贯论的观点，一个命题或信念的真主要在于其与某一特定系统即某一特定的命题或信念集相融贯。那么，这一特定的系统如何选择或构成呢？从理论上讲，任何一个命题或信念包括明显为假的命题或信念都可以找到一个与之相融贯的特定的系统，从而宣称为真。

对融贯论的这一批评最早来自罗素。在其1907年发表于亚里士多德学会会刊的论文《论真之本性》中，他指出："对融贯论的反对意见在于：融贯论在构建一个融贯性整体的过程中，预设了'真'和'假'的一种更一般的意义，并且，这种更一般的意义虽然对于该理论而言是不可或缺的，但其本身却不能用该理论进行解释。例如，我们都知道，'斯坦布斯主教因为谋杀被绞

---

① 参阅贾承国：《融贯性作为真之定义的逻辑分析》，《贵州工程应用技术学院学报》2023年第5期，第77-83页。

死'这个命题与整个事情的真相或我们的经验是不融贯的。但是这意味着，当我们对它进行检验时，存在着某种我们已知的东西与该命题是不一致的，因此，与该命题不一致的东西必定是某种为真的东西。这就使得我们完全有可能去构建一个与假命题相融贯的整体，从而使得'斯坦布斯主教因为谋杀被绞死'这样的命题在其中会有自己的位置。总之，构成真的整体的那些部分，必定会是那些我们通常称之为真的命题，而不是那些我们称之为假的命题。但是，就融贯论而言，它并没有对'真的'与'假的'这两个词所表达的不同做出解释，也缺乏证据证明：一个假命题构成的系统，例如一部好的小说，可能不像真的整体这样的系统一样融贯。"①

对罗素的上述批评，杨概括为："罗素认为，真不能主要在于与某一命题系统相融贯，因为有任意多的可能相融贯的命题集，有一些可以是完全的小说或童话。我们很容易构造出一个包含与'斯坦布斯主教因为谋杀被绞死'这个命题的一致的命题集。然而，没有人会认为这个命题是真的。"②

对于这一批评，很多融贯论者进行了回应。回应的策略之一就是强调系统即命题或信念集的特定性。比如，沃克认为，融贯论所讲的是，真是指与事实上是或应该是的某些特定的信念集之间的融贯，而不是指与抽象谈论的命题之间的融贯，因此，对于融贯论者来说，并非一个任意的融贯的信念或命题集中的成员就一定真，只有与某些特定的信念集或命题集相融贯的成员才是真的③。格雷林也指出："融贯论为回答这里所隐含的批评所采取的唯一办法便是规定命题的一种实际的'目标域'，作为真理检验标准的融贯性应用于这种'目标域'的语境之中。这样一种目标域的主要候选对象是那种描述或报导我们的经验的命题集合。"④ 可以看出，强调经验与语境，强调真是与一个具体的特定的系统而非抽象的系统相融贯，这是这一回应的实质。按照这一观点，说某一个命题或语句为真，是因为其与某一特定的在一定语境中

---

① Russell B, "On the nature of truth", *Proceedings of the Aristotelian Society*, Vol.7, No.1, 1907, pp.33-34.
② Young J O, "A defence of the coherence theory of truth", *Journal of Philosophical Research*, Vol.26, 2001, p.93.
③ Walker R C S, "The coherence theory", in Lynch M P. *The Nature of Truth: Classic and Contemporary Perspective*, Cambridge MA: The MIT Press, 2001, p.129.
④ 格雷林：《哲学逻辑引论》，牟博 译，涂纪亮 校，中国社会科学出版社1990年版，第206页。

的系统相融贯，因此，该命题或语句的真就是在某一特定的系统中的真。问题是，既然一个命题可以与某一特定的系统相融贯，则该命题的否定也可以与另一个特定的系统相融贯。因此，这种回应并没有解决困境，反而有可能导致真的相对主义和怀疑主义，所以，这一回应是不充分的。对此，一些融贯论者在此基础上进行了补充论证："融贯论者并不相信命题的真主要在于同任何任意地选择的命题集的融贯，而是认为，真主要在于与信念集或被认为是真的命题集的融贯。没有人真正地相信包含'简.奥斯汀因为谋杀被绞死'那样的命题的命题集。"①根据这一说法，融贯论所说的系统即命题或信念集中的命题或信念必须是真的，一个命题或信念只有与一个真的命题或信念集相融贯才是真的。这一说法确实部分地化解了罗素的批评，但却引发了一个新的问题：融贯论在谈话什么是真的问题时却预设了"真"这一概念。关于这个问题，我们在前面实际上已经回应过，即认为在真概念或真理论的讨论中，可以允许预设真。此外，融贯论者也试图从理论自身的角度进行回应："融贯论者认为，真并非是与任意选择的命题集相融贯的命题，而是与某一信念系统相融贯的命题。说一个命题 p 是真的，也就是说，'p 被相信'是真的。但紧随而来的问题是，'p 被相信'是真的又是什么意思呢？融贯论者只能回答说'"p 被相信"是真的'的意思就是'"p 被相信"被相信'是真的。很显然，这将会产生无限倒退，也无法解释命题的真到底是什么意思。"②为了摆脱这种无限倒退的困境，一部分融贯论者试图部分妥协其融贯论立场而求助于符合论。比如，布拉德雷指出："从更好的观点看，……没有一个判断能够指称它自身之外的任何事物，因为在每一个判断中基本的现实是真实地存在的。另一方面，在任何判断中这个现实都是不完全的，所以，存在着的现实和在判断中实际地达到的真之间是有差异的。但是，这一差异留在对象之中，在对象之外谈论真或指称真都是不可能的"③"真必须是事实为真，并且这个事

---

① Young J O, "The coherence theory of truth", in Zalta E N, Nodelman U. *The Stanford Encyclopedia of Philosophy*, 2024, https://plato.stanford.edu/archives/sum2024/entries/truth-coherence/.

② Young J O, "A defence of the coherence theory of truth", *Journal of Philosophical Research*, Vol.26, 2001, pp.93-94.

③ Bradley F B, *Essays on truth and reality*. Oxford: Oxford University Press, 1914, p.331.

物不是真本身。"①在这里，布拉德雷在融贯论的基础上向符合论伸出了橄榄枝，他实际上表达了这样的观点：融贯不是证实真的最终标准，融贯必须被比融贯更为具体、更为现实的事物来证实。又比如，沃克指出，符合论与融贯论并非是完全排斥与竞争的，因为它们都是不完全的，一种理论，有可能将符合论和融贯论结合起来，对一些真给予符合论的说明，对另一些真作融贯论的说明，他把此种情况称为不纯的融贯论。就不纯的融贯论而言，实在的本质可能部分地由融贯的信念系统决定，也可能部分地由与它独立的某些事物决定，一个理论，它可能对关于我们的经验陈述的真提供了符合论的解释，而对于更多的理论陈述的真则提供的是融贯论的解释。又比如，一个理论，它对关于我们周围的世界的直观的"事实上的"真给出的是符合论的解释，但对某些评价性真，或者关于可能性与必然性的真等，则给出了融贯论的解释②。在这里，部分融贯论者实际上提出了一种关于真的混合解释：融贯论提供了所有命题的真值条件的最好说明，除了特定系统中的命题，符合论则可以对这些特定系统中的命题的真值条件提供最好的说明。当然，融贯论者的这一策略也受到了质疑，即认为如果对融贯论的辩护需要诉诸其竞争者——符合论，则融贯论本身是不融贯的。

如何看待融贯论者对罗素所提出的这一批评的回应或辩护？我们认为，总体看，这些回应与辩护是有一定道理的，也是比较务实的。在融贯真理论中作为融贯依据的系统是特定的、具体的而非抽象的命题或信念集，它们来自于人们的日常生活与科学实践之中，一般包括某一团体的说话者所采纳的信念集。这些命题或信念的真，与人们的直观与经验有很大的关联，所以，在对系统的最终说明中，有时需要采纳符合论的观点。事实上，融贯论与符合论一样，作为一种真理论，它们都不是完全自洽的。"融贯论并不能适用于所有的真，因为一定有一些真它决定融贯论自身的性质，所以它们的真不能由融贯论决定。真的融贯系统必须由人们的接受或认可——并且通过那些决定系统中的构成融贯的原则和推理规则来决定。所以，一定有一些真，这些

---

① Bradley F B, *Essays on truth and reality*. Oxford: Oxford University Press, 1914, p.325.
② Walker R C S, "The coherence theory", in Lynch M P. *The Nature of Truth: Classic and Contemporary Perspective*, Cambridge MA: MIT Press, 2001, p.128.

真是人们接受的，它们并不能包含在融贯中。一个纯粹抽象命题的融贯系统可能包含诸如'每个人都接受铅笔是奶酪制成的'、'每个人都接受每个人都接受铅笔是奶酪制成的'等等之类的命题。我们需要的不是系统自身宣称的信念、接受或规则，而是现实的信念、接受和实际生效的规则。……，系统也可以在其他的情况下决定真，但它不能决定它所依赖的真、关于被现实地接受的真以及被现实地当作规范的规则。融贯论不能提供这些真，这些真之所以为真是因为世界就是这样。"[1]

除了传统的融贯论，一种新的融贯论——实证主义融贯论也对上述问题提出了富于启发性与创新性的看法。一般认为，实证主义的认识论基础是经验论，其真理论的基础则是符合论，它不同于以观念论为认识论基础的融贯论。不同于纯实证主义，实证主义融贯论在坚持符合论的前提下采纳了融贯论，从某种意义上促成了符合论与融贯论的融合。比如，卡尔纳普（R.Carnap）和石里克（M.Schlick）都认为，存在有基本陈述或基始语句，它们是报告直接感觉经验的陈述，是不可更改和确定无疑的，因为它们直接地与事实相符合，其他陈述的真实性则能通过它们与基本陈述或基始陈述的逻辑关系来确定[2]。就"如何区分科学中的真的规约性陈述与童话故事中的假的陈述"这一问题，卡尔纳普与纽拉特都强调，科学中的规约性陈述与童话故事在形式和逻辑上并没有什么不同，但是，我们可以在经验上进行区分，经验或观察是最后的决定者。一般地说，我们称之为真的科学中的规约性陈述指称的是我们日常生活和科学中的事物，可以仅通过历史事实来表示其特征，它是真实地被人类特别是科学家所采用的系统，一般地说，这些真的陈述可以通过那些规约性陈述所真实采用的系统充分地支持。很显然，按实证主义融贯论者的观点，基本陈述或基始语句的真由是否与经验或事实相符合来证实，其他陈述的真则可通过它们是否与基本陈述或基始语句相融贯来确定，这当然可以说是一种新的融贯论，但从本质上讲，它仍然是符合论，其认识论基础也仍然是经验论，因为它认为真信念或真命题的最终的"使真者"是经验或事

---

[1] Walker R C S, "The coherence theory of truth", in Glanzberg M G. *The Oxford Handbook of Truth*, Oxford: Oxford University Press, 2018, p.225.

[2] 格雷林：《哲学逻辑引论》，牟博 译，涂纪亮 校，中国社会科学出版社，1990年版，第199页。

实，作为符合论，它也依然将面临符合真理论的相关困境。对于实证主义融贯论的这一观点，以观念论作为认识论基础的融贯论者做出了如此的解释："不是通过观察而被知道的某些经验陈述的经验事实是真的，而是那些作为我们的社会——科学文化一部分的经验事实是真的。……为什么我们接受科学家的解释而不接受巫医的解释？部分地是因为，科学家的解释更与观察的事实普遍地融贯。我们也可以考虑这一事实：因为各种原因，单个的观察性陈述是可修改的，我们必须评估它们如何与其他陈述相适合——与科学家或逻辑学家所宣称的。……其他的系统可能也是融贯的，但它们并不是切题的、中肯的。我们必须争取达到与经验现实的最大适合。虽然单个的观察陈述是可修改的，但一组经验或经验群则是一致的。我们可以以融贯为基础宏观地和完全地对陈述进行分类，但是，我们生活的这个世界是我们必须面对的，我们的真陈述是依赖于它的。"[①]

1.2.3 融贯论与符合论的竞争与互补

一般认为，融贯论与符合论是两种不同的具有竞争性的真理论。但事实上，我们认为，融贯论与符合论虽有竞争，但更多的是互补。

首先，就融贯论与符合论来说，符合论具有基础性地位。符合论的基础性地位至少表现在如下两点：第一，符合论强调命题、语句或信念的真在于与事实的符合，强调认识的真在于与外部世界的关系，这最符合我们"主观反映客观"这一认识的直观，也是与我们的日常思维相吻合的。第二，符合论之外的其他真理论不仅不完全否定符合论，而且或多或少地以符合论作为讨论的基础或者多少预设了某种程度的符合论。以融贯论为例，从前面的论述可以看出，即使是布拉德雷、布兰沙德等经典融贯论者也没有否定符合论，反而在某种意义上走向了符合论，至于莱谢尔，他曾指出，关于真之检验方法，应该区分保证性标准和授权性标准两种，就这两个标准而言，只有前者是完全可靠的，后者只在很大程度上可靠，但后者更易于应用。用"符合"

---

① Johnson L E, *Focusing on Truth*. New York: Routledge, 1992, pp.32-33.

定义的真提供的是一个保证性标准，虽然这个标准很难直接应用，相反，作为授权性标准的"融贯"则在实践中是非常有用的，如果在某些场合我们不能把融贯作为真的标准，我们就有理由相信，对真来说，有比融贯更多的东西，尽管在很多场合融贯可能是非常有用的授权性标准[1]。上述种种，均说明了融贯论者对符合论的部分接纳与运用，也显示了符合论在其他真理论之间的基础性地位。

其次，融贯论与符合论对真之定义及真之检验方法均做出了自己的回答。有人提出要把真之定义与真之检验方法区分开来：前者给出真的涵义，后者提出检验一个语句或命题是否为真的方法，并进一步按此标准区分如下问题：是需要把融贯论与符合论看作对立的，而人们不得不在二者之间进行选择呢？还是需要把这两种理论看作相互补充的——符合论提供定义、融贯论提供标准？[2] 就融贯论者来说，"融贯"到底是真之本性即真之定义还是检验真之标准抑或二者兼而有之呢？不同的融贯论者对此有不同的看法，比如，布拉德雷认为融贯主要是真的标志、检验，而不是真的定义，布兰沙德则坚持真就在于融贯，融贯既是真的定义，也是真的标准[3]。沃克也坚持融贯论是关于真之本性（真之定义）的理论，认为融贯论主要在于说明真的定义[4]。

我们认为，尽管在理论上可以将传统真理论讨论的主要问题划分为真之载体、真之定义与真之检验方法或标准三个方面，但在实际的论述与分析中，每一个真理论都或多或少地涉及到了这三个问题，很难说哪个真理论谈的是真之定义，哪个真理论谈的是真之检验方法或标准。事实上，即使是就某一个具体的真理论而言，也很难把上述三个问题的讨论截然分开，特别是关于真之定义与真之检验方法或标准，这两个问题是紧密结合在一起的。基于这一考虑，我们不同意关于符合论提供定义、融贯论提供标准的说法，事实上，无论是融贯论还是符合论，它们都对真之定义和真之检验方法给出了自己的回答。就符合论来说，"与事实相符合"既是真的定义，也是真的标准，尽管

---

[1] 参见 Johnson L E, *Focusing on Truth*. New York: Routledge, 1992, pp.26-27.
[2] 苏珊·哈克：《逻辑哲学》，罗毅 译，张家龙 校，商务印书馆2003年版，第109-110页。
[3] 苏珊·哈克：《逻辑哲学》，罗毅 译，张家龙 校，商务印书馆2003年版，第110页。
[4] Walker R C S, *The Coherence Theory of Truth: Realism, Anti-realism, Idealism*. New York: Routledge, 1989, p.2.

它最直观，也最符合人们的日常思维实际，但在事实的界定、符合的方式等问题上，符合论面临系列认识困境。面对符合论的困境，融贯论独辟蹊径，通过"真即融贯"这一观点，从某种意义上部分地化解了符合论的困境，将命题与事实即主观与客观的关系问题转换成了系统内信念之间即主观与主观的关系问题，将是否"符合"变成了是否"一致"或"融贯"，将符合论关于真的外部问题转换成了关于真的内部问题，从这个意义上看，融贯论不失为一种不同于符合论的新的真理论。

再次，融贯论与符合论既具有竞争性，也具有互补性。两者的互补性可以体现在如下几点：第一，就真之定义与真之检验方法或标准而言，可以认为，符合论的合理性更多地体现在关于真之定义上，也就是说，"真是与事实相符合"更侧重于谈论真之本性或真之定义，而融贯论的合理性更多地体现在关于真之检验方法上，"真在于与系统内其他信念或命题的融贯"更侧重于提出检验真的具体方法。第二，真理论要处理的命题或信念是无穷的，就融贯论与符合论而言，它们都不可能处理所有的命题或信念，只能处理适合自己处理的部分。比如，罗素所谓的原子命题，实证主义者所说的基本陈述或基始语句或事实命题，等等，这些命题的真可以部分地适用于符合论，用符合论的观点进行分析和处理，而对于诸如数学命题、逻辑命题及某一特定语句或命题集中的命题，则可以部分地适用于融贯论，它们的真可以通过与系统中的其他命题的关系来进行分析和处理。还有一些命题，比如复合命题、关系命题等，它们的真可能既需要通过是否与事实相符合，也需要通过与系统中的其他命题的关系来分析。从这一意义上讲，融贯论与符合论具有很大的互补性。

谈到融贯论与符合论的互补性，作为一个例证，在此简单介绍一下哈克提出的基础融贯论。基础融贯论主要涉及的是知识的确证问题，也叫认知证成或辩护问题，该问题的核心是：针对"知识就是真的信念"这一传统的知识定义，人的信念是如何得到证成的？证成的理由或根据是什么？历史上，对这一问题的回答主要有两种，一种是基础论的回答，认为某些被证成的信念都是基本信念，基本信念的证成不依赖于其他信念的支持，除基本信念之外的其他所有被证成的信念都是派生信念，派生信念的证成要借助基本信念的直接或间接支持。另一种是融贯论的回答，认为证成只是信念之间的关系问题，一个集合中的信念的融贯证成那些作为该集合之元素的信念。从真理论的角度看，知识的证成问题其实质也就是关于什么样的信念是真信念的问题，而且，不严格地说，可以认为，基础论最接近于符合真理论，融贯论则接近于融贯真理论[①]。

哈克对基础论与融贯论进行了深入分析，指出了它们各自的优点与缺点："基础论的优点是：它承认一个人的经验，即他所看到、听到的等等，是与他如何证成他关于这个世界的信念相关的；它的缺点是：它要求一类具有特权地位的基本信念，后者仅由经验证成但能够支持我们其余的被证成信念，但它忽视了一个人的信念之间无处不在的相互依赖。融贯论的优点是：它承认那种无处不在的相互依赖，且不要求区分基本信念与派生信念；它的缺点是：不允许该主体的经验发挥任何作用。"[②] 在此基础上，她提出了她的基础融贯论，其基本思想是：①一个主体的经验是与其经验信念的证成相关联的，但是不需要任何类型的具有特殊地位的经验信念，后者只能通过经验的支持来得到证成，而与其他信念的支持无关。②证成不只是单方面的，而是包含着信念之间无处不在的相互支持[③]。

1.3 实用主义真理论

实用主义真理论，也叫真之实用论，简称实用论，它与实用主义有密切的联系。实用主义诞生于19世纪70年代的美国，是一个影响广泛的哲学流派，也是美国哲学界的主流流派，甚至可以被称为美国的"国家哲学"。尽管对实用主义的定义众说纷纭，莫衷一是，但关于实用主义的如下观点是基本一致的：实用主义一词来源于希腊文，原意为行动、行为，实用主义者大多

[①] 参阅刘叶涛：《论作为认识论核心概念的"证成"：苏珊·哈克基础融贯论及其解题功能评析》，《湖北大学学报（哲学社会科学版）》2010年第5期，第51-56页。

[②] 陈波：《推荐者序：苏珊·哈克的基础融贯论》，载苏珊·哈克：《证据与探究：对认识论的实用主义重构（修订版）》，刘叶涛，张力锋 译，陈波 审校，中国人民大学出版社2018年版，第15页。

[③] 参阅陈波：《苏珊·哈克的基础融贯论》，《武汉科技大学学报（社会科学版）》，2018年第2期，第163-169页。

强调行动、行为、实践在哲学中的决定性意义，主张把确定的信息作为行动的出发点，把采取行动看作谋生的主要手段，把开拓创新看作基本的生活态度，把获得成效看作生活的最高目标。所以，实用主义有时也被称为"实践哲学""行动哲学"或"生活哲学"①。

按涂纪亮先生的分析，可以把实用主义分成开创与繁荣、萧条、复兴三个时期，第一个时期的代表人物主要有皮尔斯、詹姆士、杜威和米德（G. H. Mead），第二个时期的代表人物主要有布里奇曼（P. W. Bridgman）、刘易斯（C. I. Lewis）、莫里斯（C. W. Morris）、胡克（S. Hook）等，第三个时期的代表人物则主要包括蒯因、塞拉斯（W. Sellars）、古德曼（N. Goodman）、戴维森、普特南（H. Putnam）、罗蒂（R. M. Rorty）等。鉴于新老实用主义者人数众多，且观点各异，作为对传统真理论的讨论，本节主要选取皮尔斯、詹姆士、杜威这3个经典实用主义者的真理观进行研究。

1.3.1 皮尔斯：真的信念在于取得满意的效果

皮尔斯是实用主义的鼻祖，"实用主义"这一名称就是他最早提出的。在《什么是实用主义？》一文中，他指出："一个概念，即一个词或其他表达式的理性意义，完全在于它对生活行为产生一种可以想象的影响；这样，由于任何来自实验的东西都明显地与行为有着直接的联系，如果我们能够精确地定义对一个概念的肯定和否定可能包含的一切可设想的实验现象，那么我们也就得到这个概念的完整定义，这个概念中也就绝没有其他意义。对于这种学说，我想出'实用主义'（pragmatism）这个名称。"②可以看出，皮尔斯最早提出的实用主义，与今天我们所理解的实用主义，是有较大差异的。作为哲学家与逻辑学家的皮尔斯，他最初提出实用主义，是想把它构想为"正确推理的原则和方法"，通过一组实用的准则或方法来明确一个概念或语词或其他表达式的意义："实用主义本身不是一种形而上学学说，这不试图决定任何关于事物的真理。这只不过是一种用以弄清楚一些难解的词或者抽象概念的

---

① 参阅涂纪亮：《从古典实用主义到新实用主义：实用主义基本观念的演变》，人民出版社2006年版，第3页。
② 涂纪亮：《皮尔斯文选》，涂纪亮，周兆平 译，社会科学文献出版社2006年版，第45页。

意义的方法。""我把实用主义理解为一种用以弄清楚某些概念的意义的方法，不是所有的概念的意义，而仅仅是那些我称为'理智的概念'的意义，也就是说，是那样一些概念的意义，一些涉及客观事物的结论可以以这些概念的结构为依据。"① 至于如何确定一个概念或语词的意义，"实用主义认为，关于一个理智概念的断定的全部意义被包含在这样一个断言之中：在某种可以想象的情景中（或者在关于这些情景的实现的事例里一个或多或少不确定的部分中，这个断定应当是模态的），这个断定的主体应当以某种普遍的方式行事——这就是说，在特定的实验情景中（或者在这些情景的一个或多或少明确地陈述的部分中，在把这些情景看作将会发生，即按照同样的先后顺序在经验中发生的情况下），这个断定将是真实的"②。

可以看出，皮尔斯认为，实用主义主要是处理一个概念或表达式的意义的方法，当然，这些概念主要是理智的概念。所谓理智的概念，从本质上说，是指该概念不只是表达感觉或存在的事实，它表达的要比感觉或存在的事实更多——它和未来的行为或后果相关。正因为如此，所以，确定这些概念的意义就是想象在某种情景或实验中按照该概念或表达式所要求的普遍方式行动，将会产生什么后果，即如苏珊·哈克所概括的："通过一组条件句可给出谓词的实用意义，这些条件句的大意是，该谓词只适用于这样的场合：如果采取如此这般的行动，就会导致如此这般的后果。"③

既然实用主义是一种方法，毫无疑问，它与人类的思维活动是密不可分的。按皮尔斯的观点，思维活动最重要的特征或过程就是由怀疑到信念的过程，所以，信念是皮尔斯真理论的一个重要概念。根据皮尔斯的分析，面对事物或对象时，我们追求的是一种信念，但信念并不是一帆风顺或者一蹴而就就能形成的，它是通过人们的不断拼搏而得到的，促使人们为得到信念而不断进行拼搏的过程就叫探索，也叫怀疑，所以，信念与怀疑是相伴相生但又完全不同的两个东西。"怀疑是一种不安宁的和不满足的状态，我们力求使自己摆脱这种状态而进入信念的状态。信念是一种安宁和满足的状态，我们

---

① 涂纪亮：《皮尔斯文选》，涂纪亮，周兆平 译，社会科学文献出版社 2006 年版，第 44 页。
② 涂纪亮：《皮尔斯文选》，涂纪亮，周兆平 译，社会科学文献出版社 2006 年版，第 45 页。
③ 苏珊·哈克：《意义、真理与行动：实用主义经典文选》，陈波 等译，东方出版社 2007 年版，第 6 页。

不想回避这种状态，也不想改变对其他事物的信念。相反，我们固执地坚持这种信念，不仅是相信，而且是恰恰相信我们的确相信的事物。""怀疑是人们为获得信念而进行拼搏的惟一直接动机。对我们而言，最好的情况肯定是我们的信念应当能够真正指导我们的行动，从而满足我们的需要。"① "如果你认为我们可以用怀疑、信念和经验过程来定义'真'和'假'，并仅仅在这样的意义上谈论这两个语词，那么一切良好，因为在这种场合下，你仅仅谈到怀疑和信念。反之，如果你所说的真和假是不能用怀疑和信念来加以定义的，那么你就是谈论某些实体，你根本无法知道这些实体是否存在，它们恰好是应当用奥卡姆剃刀加以清除的玩意儿。"②那么，何谓信念？信念有真假之分吗？如果有，何谓真信念呢？皮尔斯认为："我们可以想象，对于我们来说这还不够，我们所寻求的不仅是一种意见，而且是一种真实的意见。然而，对这种想象做些检验，便可证明它是没有根据的；因为一旦达到一个坚定的信念，我们就感到满足，而不管这个信念是真的还是假的……，然而，在我们看来，我们的每个信念都是真的；诚然，这种说法只不过是同义反复。"③"每个人承认有一种像真理那样的信念，这种信念与虚假的区别在于，如果按照这种信念行动，在经过充分考虑之后，它将把我们带到我们所指向的那个地点，而不会引入歧途。"④

皮尔斯进一步指出，信念具有三个主要特征：第一，它是我们意识到的某种东西；第二，它平息了怀疑引发的焦虑；第三，这导致在我们的本性中建立起一种行动规则，这种行动规则也可以简单地称为习惯。所以，"信念的本质在于建立一种习惯，不同的信念是通过它们所引起的不同的行动加以区分的"⑤。

分析皮尔斯的上述观点，可以认为，在真理论问题上，尽管针对真之载体、真之定义与真之检验方法等主要问题，皮尔斯本人并没有给出一个十分明确的回答或论断，但是，下面几个观点是他或隐或明所表达的：第一，真

---

① 涂纪亮：《皮尔斯文选》，涂纪亮，周兆平 译，社会科学文献出版社2006年版，第72-73页。
② 涂纪亮：《皮尔斯文选》，涂纪亮，周兆平 译，社会科学文献出版社2006年版，第9-10页。
③ 涂纪亮：《皮尔斯文选》，涂纪亮，周兆平 译，社会科学文献出版社2006年版，第73页。
④ 涂纪亮：《皮尔斯文选》，涂纪亮，周兆平 译，社会科学文献出版社2006年版，第85页。
⑤ 涂纪亮：《皮尔斯文选》，涂纪亮，周兆平 译，社会科学文献出版社2006年版，第92页。

之载体是信念，信念本质上是一种稳定的过程，是一种持久性的思想习惯，是一种安定和满足的状态。第二，信念是与怀疑相对的，只有用包括逻辑推理等科学方法，不断进行探索，不断消除怀疑，才能获得信念。第三，为了不断地消除怀疑、确定信念，人们需要无限地探究下去，直到在某些意见上达成一致，这个通过不断乃至无限探究得到的假设的最后意见，就是"真"："真是一个陈述与一个理想极限……的一致，无穷尽的探究倾向于把科学信念带至那个有限。"[1]第四，通过探究，不断地消除怀疑以达到信念的最终目标是行动，因为，"信念的本质在于建立一种习惯，不同的信念是通过它们所引起的不同的行动方式加以区分的"[2]。这一观点也与皮尔斯早期的这样一个思想是一致的：我们的信念就是我们的行动准则，要弄清楚一个思想的意义，只需要断定这个思想会引起什么行动，那个行动就是那个思想的惟一意义[3]。第五，严格地说，信念本身无真假之分，只有有用与无用之别，一种信念，如果它能够清楚明晰地在行动上给人们提供指引、带来满意的效果，它就是有用的或好的，而有用的或者好的信念也就是真的。

1.3.2 詹姆士：真即有用

詹姆士是一位心理学家，也是一位哲学家，如果说，皮尔斯是实用主义的开山鼻祖的话，则詹姆士无疑是实用主义的典型代表。

与皮尔斯一样，詹姆士并不反对传统的关于真的符合论定义，即把真定义为观念与实在之间的符合："任何辞典都会告诉你们，真理是我们某些观念的一种性质；它意味着观念与实在的'符合'，而虚假则意味着与'实在'不符合，实用主义者和理智主义者都把这个定义看作理所当然的事。"[4]但是，詹姆士认为，这一定义粗看没有什么问题，而一旦深究，则至少会产生如下两个困惑：第一，实在是独立于人而存在的还是与人的认识紧密相连的？有

---

[1] 转引自苏珊·哈克：《意义、真理与行动：实用主义经典文选》，陈波 等译，东方出版社2007年版，第6页。
[2] 涂纪亮：《皮尔斯文选》，涂纪亮，周兆平 译，社会科学文献出版社2006年版，第82页。
[3] 涂纪亮：《从古典实用主义到新实用主义：实用主义基本观念的演变》，人民出版社2006年版，第218页。
[4] 苏珊·哈克：《意义、真理与行动：实用主义经典文选》，陈波 等译，东方出版社2007年版，第313页。

没有离开人的认识之外独立存在的所谓实在？在这个问题上，詹姆士的观点很明确：实在并非独立自存的东西，而是人们创造出来的，它与人们的兴趣、利益、认识过程密不可分，"因此，我们对实在的怎样说法，全看我们怎样给它配景。实在的实在，由它自己；实在是什么，却凭取景；而取景如何，则随我们。实在的感觉部分和关系部分全是哑的，它们根本不能为自己说话，而要我们代他们说话"①。"如果说人的思维之外还有任何'独立'的实在，这种实在是很难找到的。"②第二，"符合"的涵义是什么？按詹姆士的分析，一般认为，符合就是一个真的观念必须临摹实在，但是，"观念与实在的临摹"这一概念事实上是十分模糊的：相对于挂在墙上的钟，你闭上眼睛想象它的真实的图像，这可以说是临摹，你想象钟的运行机制，这算不算对钟的临摹呢？你谈到钟的计时功能和钟内的发条的弹性等，这算不算你的观念对钟的临摹呢？确实，基于临摹含义的"符合"的意义是不清晰的，因此，"如果我们的观念不能准确地摹拟观念的对象，所谓和那对象符合又有什么意义呢？"③

正是基于上述分析，詹姆士认为，理智主义者用"与实在相符合"来定义一个观念或信念的真是不可行的，它不是从动态的角度而是静态地看待一个观念或信念的真假问题，它预设了一个观念或信念的真实性是一种静止的性质，预设了"真"的意义主要是一个惰性的静止关系。按詹姆士的理解，定义或检验一个观念或信念的真，主要不应静态或固定地看结果而应看具体的过程，也就是说，在理解真观念或真信念的涵义时，对"符合"要从过程来看，把真观念或真信念由"与实在相符合"变成"在实践或行动上起引导作用"："广义地说，所谓与实在'符合'，只能意味着一直引向实在，或引到实用的周围，或与实在发生实际的接触，因而处理实在或处理与它相关的事物比不相符合时更好一些。""因此，符合实质上变成引导问题——极其有用的引导，因为它引导我们进入那些包含重要事物的地方。真观念直接引导

---

① 威廉·詹姆士：《实用主义：一些旧思想方法的新名称》，陈羽纶、孙瑞禾 译，商务印书馆1983年版，第125-126页。
② 威廉·詹姆士：《实用主义：一些旧思想方法的新名称》，陈羽纶、孙瑞禾 译，商务印书馆1983年版，第127页。
③ 苏珊·哈克：《意义、真理与行动：实用主义经典文选》，陈波 等译，东方出版社2007年版，第314页。

我们到达有用的可感目标，同样引导我们进入有用的语言和概念领域，它们引导我们走向一贯性、稳定性，以及川流不息的人类交往。"①可以看出，根据詹姆士的分析，人们都拥有自己的观念或信念，并且在观念或信念的指导下行动，不同的观念或信念肯定会导致不同的行为后果，产生不同的行动效果，我们可以通过一个观念或信念的行为后果或效果来定义其真假："假定一个观念或信念是真的，那么它的真在我们的实际生活中引起什么具体的差别呢？真理怎样才能实现？如果一个信念是假的，什么经验会与这种假信念产生的经验有所区别呢？简而言之，从经验上说，真理的兑现价值究竟是什么呢？"②

基于上述考虑，詹姆士提出了"证实"和"使有效"这两个重要的概念，并认为可以用这两个词来替换符合真理论所谈到的观念与实在之间的"符合"概念："真观念是我们所能同化、生效、确定和证实的，假观念则不能。这就是掌握真观念时使我们产生的实际差别。因此，这就是'真理'的意义，因为我们所知道的'真理'的意义就是这样。"③他进一步论证说，真实的思想或观念，对人类是非常重要和有用的，比如你在森林里面迷路了，这时你发现有一条小路上有牛的脚印，由此你想到这条小路可能会通向一户人家，你如果沿着这条小路一直往前走就有可能得救，在这种情况下，"小路会通向房子"这一真实的思想就是非常有用的。当然，关于"小路会通向房子"这一观念并非在任何情况下都是有用或重要的，只有当你需要它的时候才显得重要。实际上，每个人的记忆中都储存了大量的真的观念或思想，它潜伏在人们的意识中，当人们遇到临时或紧急情况时，它们就能发挥作用，变得重要和有用。这些储存于人们认识中的真的观念或思想，詹姆士称之为"额外真"或"额外真理"，"但是因为几乎任何对象都会有一天暂时变得很重要，储存若干观念的额外真理、作为一般的储藏品，它的好处是明显的，因为在某些仅仅是可能的形势之下这种额外真理也会是真的。我们把这些额外真理储存在我们的记忆中，遇到记忆不下时，则记在我们的参考书中。这种额外真理

---

① 苏珊·哈克：《意义、真理与行动：实用主义经典文选》，陈波 等译，东方出版社2007年版，第314-315页。
② 苏珊·哈克：《意义、真理与行动：实用主义经典文选》，陈波 等译，东方出版社2007年版，第314页。
③ 苏珊·哈克：《意义、真理与行动：实用主义经典文选》，陈波 等译，东方出版社2007年版，第314-315页。

一旦对我们任何临时紧急事件在实践上变得适用时，它就离开了冷藏库，跑到世界上来起作用，而我们对它的信念也就变得活跃起来了。因此，你们可以解释这个额外真理：'它是有用的，因为它是真的；'或者说：'它是真的，因为它是有用的。'这两句话的意思是一样的"①。

针对"真即是有用的"或"有用的即是真的"，詹姆士进一步通过价值和效用进行了阐述：一个观念或信念的真主要表现在其价值或效用上，能满足人们的某种需要，给人们带来某种利益或使人成功的观念或信念就是真的。至此，詹姆士关于"真"的理解完全走向了主观性和相对性："每一个人在每一个具体时刻所体验的真理，总是在该时候他所感到最满意的；同样，抽象的真理、最后证实的真理，和抽象的满意、最后证实的满意，也总是一致的。总之，如果我们拿具体的与具体的相比，抽象的与抽象的相比，真理与满意是完全一致的。"②"简言之，'真'不过是我们思维的一种便利方法，正如'好'不过是我们行为的便利方法一样。"③

1.3.3 杜威：真即工具

作为实用主义的集大成者，杜威把其实用主义风格称为"工具主义"，所谓的工具主义，按哈克的观点，并非指它简单地认为理论或思想只是一种工具，而是意指它特别关注如下问题："思想如何在对未来行动的实验决断中发挥作用？"并寻求"在人关于他生活于其中的这个世界的信念，与关于将指导他的行动的价值和目标的信念之间的某种整合"④。

与皮尔斯和詹姆士一样，杜威首先对符合论与融贯论这两种主要的真理论进行了分析与批判，以此为基础来阐述他自己的真理论。

杜威首先讨论了符合论，并对符合论及其缺陷进行了不同于皮尔斯和詹姆士的独特的分析。他指出，作为实在论传统的符合论最早起源于亚里士多

---

① 威廉·詹姆士：《实用主义：一些旧思想方法的新名称》，陈羽纶，孙瑞禾 译，商务印书馆1983年版，第104页。
② 涂纪亮：《从古典实用主义到新实用主义：实用主义基本观念的演变》，人民出版社2006年版，第227页。
③ 苏珊·哈克：《意义、真理与行动：实用主义经典文选》，陈波 等译，东方出版社2007年版，第325页。
④ 苏珊·哈克：《意义、真理与行动：实用主义经典文选》，陈波 等译，东方出版社2007年版，第20页。

德，其基本思想是：真是命题的构成成分，与提供内容的客体的构成成分在一定程度上相符合。杜威认为，尽管真的符合论定义平淡无奇，且足以为常识所接受，但该定义的一个根本的缺陷是："假如一个陈述按照事物'实在地所是'去陈述它，那就是真的，然而，它们如何'实在地'所是？"[①]也就是说，要判断或确定一个陈述或命题的真，我们除了需要一个陈述或命题、一个事物或实在，我们还需要第三个媒介，通过这第三个媒介，将命题与事物或对象放在一起加以考察、对比，以确定命题与实在是否符合。但这个媒介是什么呢？如果这个媒介是命题，则该媒介本身就存在真假问题且要求它是真的，这就必须进一步通过与对象或实在是否符合来确定，这又要求另一个命题作为媒介来进行比较，由此必会带来无限循环，最终难以检验和确定一个命题的真；如果这个媒介不是命题，那么，真或符合就将不再是命题的特征，而成为事物或对象的特征，这显然并非符合论的初衷。

既然符合论面临上述问题，那么，融贯论是否比符合论更合理或更正确呢？以唯理论或唯心主义为基础的融贯论，认为观念或思想的真就是与系统内的其他观念或思想相互融贯。对此，杜威认为，观念或思想之间的前后一致或融贯，只是观念或思想为真的必要条件即形式标志，并不能构成关于真的定义，因为，人们做一个梦，也可以相互融贯、首尾一致，一个精神错乱或有精神病的人，也可以编造出具有一致性的幻觉或谎言。而且，按融贯论的观点，要确定一个观念的真，必须要存在一个更大、更系统化的观念，最终必须导致一个可以说明一切的最大化的系统的观念，即绝对真。很显然，在总体特性上具有相对主义性质的实用主义，是反对或质疑绝对真的存在的。

正是基于对符合真理论与融贯真理论的上述分析，杜威认为，这两种传统的真理论对真的定义均面临僵局，因此，需要对真的定义与说明另辟蹊径。

杜威指出，无论是以实在论为基础的符合论还是以唯理论或唯心主义为基础的融贯论，它们都有一个共同的假定，即认为任何陈述或命题都意味着对其自身的真的肯定。杜威明确不同意此假定，认为实质上任何陈述或命题都意味着对自身的真的怀疑，意味着对真的追求与探索，也就是说，一个真

[①] 苏珊·哈克：《意义、真理与行动：实用主义经典文选》，陈波 等译，东方出版社2007年版，第347页。

的命题或观念,并不是对其自身的肯定,而是对自身的怀疑和否定。"因此,实用主义对实在论和唯心主义的批判,第一步就是质疑下述观念:每一陈述本质上就意味着肯定自身的真理。为取代这种信念,它提出一个假设,即每一命题(只要具有真正理智的性质,不是纯粹的武断偏见独断的偏见或下一步行为的指南)都是关于事态的假设;其本质是怀疑真理,不是确信真理。"①之所以说真并不是对自身的肯定与确信,而是对自身的否定与怀疑,是因为,真是科学方法的产物,是科学探索的产物,真命题或真观念的主要性质或目的在于指导我们下一步的行动:"所以我们断言,没有哪个真正的理智命题肯定自身的真理性,而只是预期将成为真的,其过程是它自身的怀疑需要进行的考察。"②

按杜威的观点,正是由于符合真理论与融贯真理论所谈论的真都是对自身的肯定,因此,它们所涉及的命题都是"在先的"或既成的,其内容是已经发生的事态,是存在于理智论断中的现成属性,是之前已经发生或已经存在的事件或事物,只需要"事后"检验其真假而不需要考虑它对将来的行动产生什么后果。与之相反,实用主义所理解的命题是关于未来的,它的本质是获得未来的前景和参照,是在未来的行动中的效果。"实用主义说,既然每一命题都是假设,仍然需要探索(总之,一个提议),那么,它的真理就是它的经历、它的历史;通过运用实现或挫败自己的提议,从而成为或锻造成真的(或假的)。""命题的目的就在于让事情成为过去,将事情完成,其依据是未来的结果,构造该命题就是为了帮助我们达到这些结果。"③

在上述观点的基础上,杜威提出了他的工具主义真理论——真即工具。

在杜威看来,各种观念、思想乃至理论体系,实际上无所谓传统符合论意义上的真与假,它们本质上都只是一些假设,是人们为了达到预期的行动目标而设计的工具:"各种概念、理论、体系,不管怎样精雕细琢、自圆其说,都只算是一些假设。只能承认它们是行动的出发点,受行动的检验,而不是

---

① 苏珊·哈克:《意义、真理与行动:实用主义经典文选》,陈波 等译,东方出版社2007年版,第351页。
② 苏珊·哈克:《意义、真理与行动:实用主义经典文选》,陈波 等译,东方出版社2007年版,第356页。
③ 苏珊·哈克:《意义、真理与行动:实用主义经典文选》,陈波 等译,东方出版社2007年版,第351,353页。

行动的结局。……它们是工具。"①正因为各种观念、思想,其实质是假设,是工具,那么,它们的效用与价值就在于作为假设与工具能否起作用,能否在行动中成功,所以,一个观念或思想,其所谓事实上的真假并不重要,它的重要的性质,或者换句话说它的真的涵义或标准就在于它是否适用,是否有效,是否能指引人们达到预期的目的:"既然工具既不是真的,也不是假的,因此真假均不是判断的特征。工具往往是有效的或无效的,适当的或不适当的,经济的或浪费的。"②这也就是说,一个观念或思想的真假,不能在观念本身中去寻找,而必须把该观念或思想作为行动的工具,行动以后才能根据行动的效果,即行动是否成功或有效来断定其真假问题。一切观念,只有在其被应用时才存在所谓的真假问题:一个观念,如果它是成功行动的工具,它就是真的。"真正指导我们的是真的——经证明能作这样的指导的功能正是所谓真理的正确意旨。""能起作用的假设是'真'的,所谓'真理'是一个抽象名词,适用于因其作用和效果而得着确证的、现实的、事前预想和心所期愿的诸事件的汇集。"③

1.3.4 实用主义真理论总体上是一种语用真理论

从发展进程看,实用主义真理论较符合论与融贯论出现得更晚,其历史也就 100 多年。但不可忽略的一个事实是,实用主义真理论一出现,便与符合论和融贯论形成传统真理论三足鼎立之势。实用主义真理论之所以能在一定的意义上与传统的符合真理论和融贯真理论并驾齐驱,是因为在真之定义、真之检验方法等传统真理论问题上提出了与之完全不同的看法。

首先,实用主义真理论是在对符合论与融贯论进行批判性分析的前提下发展起来的。可以看出,无论是皮尔斯、詹姆士还是杜威,他们对其真理论的阐述几乎都是从对信念或观念是"与实在相符合"这一符合真理论的定义开始的,这也说明了符合论在传统真理论中的基础地位。事实上,实用主

---

① 弓肇祥:《真理理论:对西方真理理论历史地批判地考察》,社会科学文献出版社 1999 年版,第 79 页。
② 涂纪亮:《从古典实用主义到新实用主义:实用主义基本观念的演变》,人民出版社 2006 年版,第 232 页。
③ 弓肇祥:《真理理论:对西方真理理论历史地批判地考察》,社会科学文献出版社 1999 年版,第 79 页。

者并不否定这一朴素的真之定义，但都站在理智主义的角度看出了该定义的不足或困惑：该定义中的"实在"与"符合"概念并不明确，作为观念与实在相符合的"真"是一种固有的、惰性的静止关系，对"真"的讨论没有在一个动态中进行、难以在实践中对符合论做出准确而又清楚的说明。基于此，他们对真的理解与讨论，几乎都是从试图修改"实在""符合"等概念的涵义或赋予它们新的涵义开始的。对于融贯论，实用主义者也基于其相对主义的哲学立场，一方面对融贯论将最终导致一个最大的一致系统即"绝对真"的存在进行了拒斥，另一方面也对融贯性或一致性与真的关系进行了深入分析，将融贯性与一致性进行了实用主义的改进，或隐或明地指出：融贯性或一致性只是一个信念或观念为真的必要条件，而不是充分条件或充要条件；融贯性或一致性不是真的标志，而不过是详尽阐述真的工具的标志；等等。如果说，符合真理论与融贯真理论之间的哲学基础可以归结为实在论与观念论（或经验论或唯理论）之间的分歧的话，可以认为，实用主义真理论通过对两者的批判分析，并通过"效用"这一实用主义的关键概念在实在与观念之间架起了一座桥梁。正是从这一角度，哈克的如下说法是有道理的："皮尔斯、詹姆士和杜威提出了实用主义真理观，把符合与融贯这两种因素结合在一起，这是他们的独到之处。"[①]

其次，从某种意义上来说，可以认为，实用主义真理论本质上是一种语用真理论。按现代指号学理论，任何一个语言符号或语言表达式，都可以从三个层面对其进行研究：语形、语义与语用。不考虑语言符号或表达式的具体涵义，只从形式结构和符号之间的组合关系本身进行研究，这是语形层面；既考虑语形层面，还要进一步考虑语言符号或表达式本身的意义，考虑它们所指称或谓述的对象是什么，这就进入了语义层面的研究；在语形与语义的层面进一步联系语言符号或表达式的具体的使用环境，联系语境因素对其进行具体分析，这就是语用层面的研究。就语形、语义与语用这三个层面而言，它们是递进的，每一后者都以前者为基础且包括了前者。从逻辑的角度来看，可以认为，符合真理论与融贯真理论对真的研究是语形和语义层面的，它们

---

① 苏珊·哈克：《逻辑哲学》，罗毅 译，张家龙 校，商务印书馆2003年版，第120页。

研究的是一个静态的、既成的命题或信念为真的定义及检验标准，它不考虑每一命题或信念的具体语境，因此，它们所讨论的真是语形真或语义真。实用主义真理论则不同，它试图把每一个具体的观念或信念放到语境中，通过考察该命题或信念在具体的使用中的作用或效果来揭示"真"，因此，可以认为，实用主义所讨论的真是一种语用真。

确实，实用主义真理论作为一种语用真理论，与作为语形真理论和语义真理论的符合论与融贯论在对"真"的研究上表现出明显的不同：第一，与符合真理论和融贯真理论关注于对既成的、抽象的命题或信念的"真"之静态研究不同，实用主义反对抽象地讨论真，更关注的是"行动中的真"，它强调在真的研究上要联系实践，要看一个真的观念或信念在行动中会带来什么后果即效用，因为，观念或信念是由于使用，通过其效用在行动中变成真的。这一点正如詹姆士所说："一个观念的'真实性'不是它所固有的、静止的性质。真理是对观念而发生的。它之所以变为真，是被许多事物造成的。它的真实性实际上是个事件或过程，就是它证实它本身的过程，就是它的证实过程，它的有效性就是使之生效的过程。"[①]正是因为实用主义的"真"主要是"行动中的真"，所以，对一个命题或观念的意义，他们更关注的是该命题或观念的将来，即认为要把命题或观念的意义置于将来，通过描述命题或观念实际预言的实验现象来检验命题的意义："每一个命题的合理意义在于它的将来。为什么是这样的呢？……这是因为，按照实用主义的看法，命题成为对人类行为可应用的形式，不是处在这些或那些特别的情景中，也不是当一个人实现他的这种或那种特殊的谋划时，而是那种最能直接用于任何情况下和为任何目的的自我控制的形式。这就是为什么实用主义者把命题的意义置于将来；因为将来的行为是服从自我控制的唯一行为。"[②]第二，与符合真理论和融贯真理论把真命题理解为对自身的肯定与确信不同，实用主义真理论更多地强调观念或信念是对自身的怀疑，强调一切观念、理论与思想本质上都

---

① 威廉·詹姆士：《实用主义：一些旧思想方法的新名称》，陈羽纶，孙瑞禾 译，商务印书馆1983年版，第103页。
② 转引自张庆熊：《经典实用主义的问题意识：论皮尔士、詹姆斯、杜威之间的关联和区别》，《云南大学学报（社会科学版）》2014年第4期，第18-30页。

是一种假设，都需要我们对其进行探索。为此，实用主义者提倡独立思考、保持怀疑、自由探索的方法与宗旨：皮尔斯提出了"怀疑、探索和行动"的科学方法，"按照皮尔斯的说法，真理是探究的结果，是那些使用科学方法的人会或也许会同意的意见（如果他们已坚持探索很久了的话）。这个论题的意义来自皮尔斯的探索理论。简言之，皮尔斯认为信念是对行动的一种倾向，怀疑是一种令人不安的状态，人们试图用确定的信念来代替这种状态"[①]。詹姆士将"客观世界"当作一块天然大理石，将其"雕成石像者则是我们自己"，杜威则进一步指出，实用主义的方法就是"给人们提供一条能够自由地接受现代科学的立场和结论的途径"[②]。第三，实用主义真理论特别强调考察观念或信念的真必须联系观念或信念的使用语境，强调"情境"（situation）在考虑真观念或真信念中的重要作用。詹姆士就曾指出："用一个简单的否定陈述，或许最容易表现情境一词的内涵。'情境'一词所指示的不是单一的对象或事件，亦不是一组对象或事件。因为对于孤立的对象和事件，我们绝不可能经验，亦不能形成判断，除非联系整个语境。"[③]也就是说，不同于符合真理论与融贯真理论，实用主义真理论所谈的真是具体的而非抽象的，是不能脱离其具体的语境因素的。

当然，从逻辑的视野来看，毫无疑问，实用主义真理论具有自身的一些理论缺陷。第一，如上面所分析的，实用主义真理论作为一种语用真理论，试图研究一个个具体的观念或信念在具体的语境下的效用，并通过效用来确定其真。然而，一方面，每一个具体的观念或信念在具体的语境中的意义都是不同的，另一方面，一个在语形与语义上完全相同的命题或语句，相对于具体的语境因素而言，它可能对不同的使用者有不同的效用，这就使得我们既很难有一个关于公共的、普遍的命题或语句为真的标准，又会导致同一个命题或语句对不同的人可能有不同的真假，从而最终导致认识上的相对主义或怀疑主义。第二，从逻辑的观点看，经典逻辑研究的是命题或语句的语形

---

① 苏珊·哈克：《逻辑哲学》，罗毅 译，张家龙 校，商务印书馆2003年版，第120页。为保持一致，在引用中将原文中的"皮尔士"改成了"皮尔斯"。
② 参阅张之沧：《"实用注意真理观"辨析》，《求是学刊》2004年第3期，第25-30页。
③ 苏珊·哈克：《意义、真理与行动：实用主义经典文选》，陈波 等译，东方出版社2007年版，第444页。

与语义层面，非经典逻辑或语用逻辑等则试图研究命题或语句的语用层面，在此种意义上，可以说符合真理论与融贯真理论是关于真的经典逻辑研究，实用主义真理论则是关于真的非经典逻辑或语用逻辑研究，二者不在一个平面，并且就理论的抽象性与普遍性而言，实用主义真理论显然不及符合真理论与融贯真理论。第三，不同于符合真理论与融贯真理论，事实上，实用主义真理论并没有直接给出一个关于真的明确的定义，它主要回答与关心的是"真的观念或信念有什么性质？"而这个问题严格来说不是关于真的定义，最多只能是真的标准。就真的标准或真的性质而言，詹姆士的名言"真即是有用的""有用的即是真的"显然最为典型，但仔细分析，我们最多只能说，真的观念或信念（对该观念或信念的持有者）可能是有用的，但不能反过来说有用的观念就是真的，也就是说，不能用"有用"来定义真，最多只能用"有用"去说明真。

第 2 章　紧缩真理论

传统真理论认为,"真"是一种实质性的属性或性质,说一个命题或语句为真,就是赋予了该命题或语句一种"为真"的本质,因此,"真"是一种内在性质,是有本质的。无论是符合真理论、融贯真理论还是实用主义真理论,都基本坚持了这一观点,因此,传统真理论也称实质真理论。

与之相对应,也有一组真理论,它们对"真"的看法不同于传统真理论,它们相信比起其他那些重要的哲学概念,"真"这个概念并不是十分重要,它不表达某种性质。这一组真理论我们称为紧缩真理论或真之紧缩论,它们的一个基本特征就是致力于以"真的透明性"作为其理论基础,对传统真理论研究进行收缩——将对"真"的分析从本体论的层面收缩到语言分析层面。所谓真的透明性是指,当我们考虑语句"'玫瑰是红的'是真的"时,看起来好像是我们可以无视它的真且简单地认为就是"玫瑰是红的",换句话说,从"'玫瑰是红的'是真的"我们可以自动推出"玫瑰是红的",反之亦然[①]。

紧缩真理论有各种各样的类型和分支,比较有代表性的是冗余真理论、去引号真理论、代语句真理论与极小主义真理论。

2.1　冗余真理论

冗余真理论也叫真之冗余论,简称冗余论。一般认为冗余论是紧缩真理论最简单、最基本的形式,其代表人物是英国逻辑学家、哲学家、经济学家兰姆塞。

---

① Ramsey F P, "Deflationary views and their critics", in Lynch M P. *The Nature of Truth: Classic and Contemporary Perspectives*, Cambridge MA: MIT Press, 2001, p. 420.

2.1.1 真之载体是有命题指称的信念

兰姆塞认为,要讨论真,要明确真的涵义,首先要区分"什么是真的?"(what is true?)与"什么是真?"(what is truth?)这两个问题,因为这是两个完全不同的问题,前者是对形容词"真的"(true)的理解,后者则是对"真"(truth)这一名词的理解。按兰姆塞的观点,"真"是一个含义丰富且含混的语词,对其解释是各种各样、五花八门的,所以,兰姆塞关注的只是"什么是真的?"这一问题,他只希望讨论诸如说"'查尔斯一世被斩首'是真的"和"'地球是圆的'是真的"时"真的"的意思。

什么东西可以是"真的"的主体即真之载体呢?针对关于真之载体比较流行的命题说与语句说,兰姆塞表示了异议,"命题不适合作真之载体,因为它是否存在本身就有疑问""很明显,陈述的真与假,依赖于其意义,即使如一些人所说的,判断并不比语句表达得更多,这些语句的真也并不比简单地与其等同的判断的真更为基本"[①]。

在对命题与语句作为真之载体提出异议之后,兰姆塞明确指出,真之载体是信念。在他看来,"真的"与"假的"是关于心态的,而典型的心态即是信念。他认为信念与判断可以是同义词,信念不同于命题,但又与命题紧密相连:首先,信念必须有命题指称。一个信念必定有相信某事或如此这般的东西,"它必定是关于某物或其他事物的如此怎样的描述:比如地球是圆的。'地球是圆的'这一事实可以叫作该信念的命题指称。如果命题指称相同,我们一般会忽略其他的不同而把它们称作是相同的信念。我们要表示两个人的信念相似,并不说两个人有相同的命题指称,而是说他们在同样的命题中给出了他们的信念。这样说的目的不在于否定命题指称这一特征的存在,而只是提出了一个如何分析这一特征的观点。因为,没有人能否定这一点:在说到一个比如'地球是圆的'的信念时,我们是把该信念归于某些特征,虽然这些特征存在于与某一命题的联系之中是很自然的,但我们认为不是命题而是

---

① Ramsey F P, "The nature of truth", in Lynch M P. *The Nature of Truth: Classic and Contemporary Perspectives*, Cambridge MA: MIT Press, 2001, pp. 433-434.

命题指称的特征"①。其次，并非所有有命题指称的心态都有真假，有真假的典型心态是信念，因为信念具有肯定或断定的性质。"有三个形式相同的命题指称：我可以希望明天是好天气；我想知道明天是否有好天气；我也可以确信明天是个好天气。我们不能将希望、愿望等称为真的或假的，不是因为它们没有命题指称，而是因为它们缺乏被叫作肯定或断定的特征，一旦这一特征不同程度地缺乏，我们就不能说它们是'真的'或'假的'，虽然所需要的程度是最轻微的并且只是为了讨论其后果时我们能够说某一假定是'真的'。"②按兰姆塞的看法，一个信念本身所断定的思想是主观的，该思想依托的事实或命题是客观的，因此，信念可以包含主观与客观两个方面，"假如我此刻判断说'凯撒被谋杀了'，那么，很自然，对此我们要区分两个方面：一方面，或者是我的思想，或者是我现在的精神状况，或者是我的思想中的语词或想象，这些我称为思想的（精神的）因素；另一方面，或者是凯撒或凯撒的被谋杀，或者是凯撒和谋杀，或者是'凯撒被谋杀了'这一命题，或者是'凯撒被谋杀了'这一事实，我们称之为客观因素，并且假定我正在判断的'凯撒被谋杀了'的事实与那些思想的因素与客观的因素之间成立的某些关系相一致"③。

2.1.2 信念"p"是真的当且仅当 p

真之载体是信念，那么，说一个信念是真的是什么意思呢？"设想一个人相信地球是圆的，那么他的信念就是真的，因为地球是圆的；也就是说，如果他相信 A 是 B，并且 A 是 B，则他的信念是真的，反之则是假的。"④兰姆塞认为，关于"真的"这一直观解释是非常清晰的，但是，如何将这一解

---

① Ramsey F P, "The nature of truth", in Lynch M P. *The Nature of Truth: Classic and Contemporary Perspectives*, Cambridge MA: MIT Press, 2001, pp. 435-436.

② Ramsey F P, "The nature of truth", in Lynch M P. *The Nature of Truth: Classic and Contemporary Perspectives*, Cambridge MA: MIT Press, 2001, p. 436.

③ Ramsey F P, Moore G E, "Fact and propositions", *Aristotelian Society Supplementary*, Vol.7, No.1, 1927, p. 153.

④ Ramsey F P, "The nature of truth", in Lynch M P. *The Nature of Truth: Classic and Contemporary Perspectives*, Cambridge MA: MIT Press, 2001, p. 437.

释严格地当作一个定义进行公式化则是比较困难的,因为,一个信念的命题指称不一定都是"A 是 B"这种形式,还可以有很多复杂的其他形式。"一个人可以相信'所有的 A 都不是 B',或者'如果所有的 A 都是 B,那么,或者所有的 C 是 D,或者一些 E 是 F',或者还有一些更复杂的情况等等。事实上,可能出现的形式是无数的,因此,真的定义必须要能涵盖所有这些形式。如果我们试图用定义来涵盖所有的形式,我们就必须一直往前走,因为我们必须说:一个信念,如果它是'A 是 B'这样的信念,那么,当 A 是 B 时,它是真的,如果它是'A 不是 B'这样的信念,那么,当 A 不是 B 时,它是真的;假定信念是'或者 A 是 B,或者 C 是 D',则或者 A 是 B,或者 C 是 D 时,它是真的,以此类推。"[①]为了解决在真之定义上的这种无限性或循环性,兰姆塞提出,鉴于不管基于什么命题指称的信念,不管什么形式的信念,它都是一个命题或语句,因此,我们都可以将它们符号化为命题或语句变项"p",在此基础上,可以定义一个信念的真如下:

一个信念是真的,如果它是一个信念"p",并且 p。

尽管在日常语言中定义"假的"比定义"真的"要困难得多,因为与"假的"相关的否定算子的涵义比"真的"更多、更复杂,但兰姆塞认为,当把一个否定算子用于信念或者有命题指称的其他心态时,其涵义可以是"不是真的",在这一意义下,真与假可以相应地定义如下:如果它是一个信念"p",并且 p,那么该信念是真的,如果它是一个信念"p",并且非 p,那么该信念是假的[②]。

2.1.3 谓词"真的"是多余的

兰姆塞明确指出,当我们用"真的"谓词修饰一个信念或命题时,该谓词其实是多余的,是可以删除的。"确实不存在关于真的独立的问题而仅仅是一种语言学的混乱,真与假是最终地归于命题的,这些命题可能或者被明确

[①] Ramsey F P, "The nature of truth", in Lynch M P. *The Nature of Truth: Classic and Contemporary Perspectives*, Cambridge MA: MIT Press, 2001, p. 437.

[②] Ramsey F P, "The nature of truth", in Lynch M P. *The Nature of Truth: Classic and Contemporary Perspectives*, Cambridge MA: MIT Press, 2001, p. 439.

地给出，或者被描述。"①对此，兰姆塞分两种情况进行了分析。

在第一种情况中，命题是被明确地给出的，例如，"'凯撒被谋杀'是真的"。在这种情况下，该命题相对于"凯撒被谋杀"并没有更多的意谓，它就等于"凯撒被谋杀"，相应地，"'凯撒被谋杀'是假的"则意味着凯撒不是被谋杀。因此，"我们用'……是真的'或'……是假的'这些短语的目的有时是为了强调或出于文体考虑，或者是为了在我们的论证中通过该陈述暗示它具有的地位。所以，我们也可以说"'他被谋杀'是事实"或"'他被谋杀'是与事实相反的"②。

在第二种情况中，命题没有被明确给出而是被描述，比如我说"他总是正确的"，我的意思是"他做出的命题总是真的"，在这种情况下，"真的"这一谓词是否是可删除的？兰姆塞的回答也是肯定的："假如我们把它改换成'对于所有的 p，如果他断定 p，则 p 是真的，'那么，我们看到，命题函项'p 是真的'就与 p 简单地相同了。"③

鉴于原子语句或命题要么是关于一个对象的性质的，要么是关于对象之间关系的（在逻辑中可以对应的表述是：原子命题包括性质命题与关系命题），兰姆塞进一步分析说，就关于对象的性质的语句而言，在英语中我们一般考虑给一个语句加上"是真的"这个词以便给语句提供一个动词，比如"'凯撒被谋杀'是真的"，但事实上该语句本身已经包含有一个动词，所以在这里"是真的"实质上是多余的，而如果从关于对象之间关系的语句出发，则可以把"他总是正确的"分析为"对于所有的 a、R、b，如果他断定了 aRb，那么 aRb"，可以看出，加上"是真的"显然也是多余的。

2.1.4 进一步的思考

尽管冗余真理论的代表人物及集大成者是兰姆塞，但冗余论的肇始者则可以追溯到弗雷格，关于真的冗余论思想在弗雷格那里已露端倪。弗雷格在

---

① Ramsey F P, Moore G E, "Fact and propositions", *Aristotelian Society Supplementary*, Vol.7, No.1, 1927, p. 156.
② Ramsey F P, Moore G E, "Fact and propositions", *Aristotelian Society Supplementary*, Vol.7, No.1, 1927, p. 156.
③ Ramsey F P, Moore G E, "Fact and propositions", *Aristotelian Society Supplementary*, Vol.7, No.1, 1927, p. 156.

其论文《论意义和意谓》中明确指出:"人们可能倾向于不把思想和真的关系看作意义和意谓的关系,而看作主词和谓词的关系。人们确实可以直截了当地说'5是素数,这个思想是真的',但是如果更确切地考虑一下,就会注意到,这句话其实并没有比'5是素数'这个简单句说出更多的东西。在这两种情况下,对于真的断定在于陈述句的形式,并且当这个形式没有其通常的力量时,譬如出自舞台上一位演员之口时,'5是素数,这个思想是真的'这个句子恰恰只含有一个思想,而且与'5是素数'这个简单句相同的思想。由此可以得知,思想和真的关系不能比作主词和谓词的关系。"① 在这里,弗雷格实际上涉及了冗余论的一些重要观点:说一个思想为真比该思想本身并没有说出更多的东西;"真的"用来修饰一个思想(命题或语句)时并不是一个真正的谓词,因为"真的"这一谓词没有给主词增加新的性质;等等。当然,因为研究的兴趣点不在此,弗雷格关于冗余论的思想并未深入与持续,也不系统。

英国哲学家艾耶尔(A. J. Ayer)也明确表达过冗余论的思想,在其《语言、真理与逻辑》一书中,他指出:"当我们回到真理的分析时,我们就发现在一切'p 是真的'这一形式的句子中,'是真的'这个短语从逻辑上说是多余的。例如,当一个人说'安娜女皇死了'这个命题是真的,这个人所说的只是安娜女皇死了。同样地,当一个人说'牛津是英国的首都'这个命题是假的,这个人所说的只是牛津不是英国的首都。因此,说一个命题是真的,正是肯定这一命题;而说这个命题是假的,则正是肯定它的矛盾命题。这一点就指出'真的'和'假的'这两个词并不指谓着什么东西,这些词在句子中的功能只是作为肯定和否定的记号。在这种情况下,要求我们去分析'真理'这个概念就不会有什么意义。"②

从语义分析看,冗余论的基本观点是有道理的,但是,在分析和讨论冗余论时,一定要看到它的特设性。这种特设性表现在,冗余论所谈的语句或命题无论是在命题或语句被明确给出即"真的"与"假的"作为一个谓词用

---

① 弗雷格:《弗雷格哲学论著选辑》,王路 译,商务印书馆1994年版,第98页。
② 艾耶尔:《语言、真理与逻辑》,尹大贻 译,上海译文出版社1981年版,第97-98页。要注意的是,此处的真理即英文 truth,按我们的观点,译为"真"更合适。

来修饰一个确定的语句或命题的情况下，还是命题没有被明确给出而是被描述比如"他说的都是真的"的情况下，它们最终都可以被分析为："'p'是真的"的形式，这种形式的语句或命题并非一般的语句或命题，因为，一般的语句或命题其主词是一个名称或词项，而该语句或命题的主词本身是一个语句或命题，它自身就带有谓词，有鉴于此，该种形式的语句或命题的谓词"真的"也不是一般的谓词。

理解冗余论的这种特设性，有助于我们在分析或讨论冗余论时注意这一可能的误解：冗余论认为所有关于"真的"的表述都是多余的、可以删除的。事实上，冗余论所认为的可以被消去的是作为一种真值函项的语句联结词，即把它们应用于一个真语句就产生一个真语句之类、类似起双重肯定作用的"是真的"，并且兰姆塞提出真之冗余论的目的主要是分析语句 p 与"语句 p 是真的"语义是相同的，从而证明在此种意义上"是真的"是多余的。

但是，我们必须看到，兰姆塞关于真之冗余论的观点总体上是基于直观的、日常的语义分析，从现代逻辑的角度看，冗余论面临一些必须进一步分析与讨论的问题。

问题一：冗余论有没有区分语言层次？按现代逻辑的观点，语言是分层次的，当我们说"'雪是白的'是真的"时，这里实际上涉及了对象语言与元语言两个层次。"冗余论者否认'p是真的'（'It is true that p'）是关于语句'p'的：'狮子胆小是真的'（'It is true that lions are timid'）像'并非狮子胆小'（'It is not the case that lions are timid'）一样，按他的看法是关于狮子的，而不是关于'狮子胆小'这一语句的，这意味着他看不出需要坚持区分对象语言和元语言，而这一区分对于塔斯基语义学是至关重要的。这就产生了一个问题：对于对象语言/元语言的区别明显地起着重要作用的问题，冗余论是否有能力处理。"[1]应该说，哈克的这一分析是正确的，作为对"是真的"这一谓词的直观的、朴素的语义分析，兰姆塞并没有考虑语言层次问题，也没有赋予其现代逻辑解释。他所做的工作就是某种意义上的"语义上升"：将"'一个命题或语句是真的'是什么意思？"这一问题从本体论上回避为"说一个

---

[1] 苏珊·哈克：《逻辑哲学》，罗毅 译，张家龙 校，商务印书馆2003年版，第160页。

命题或语句是真的是否等于断定该命题或语句本身？"这一语言层面上的问题，它并没有真正解决所回避的问题，如果进一步追问，还得回到本体论层面去。也正是从这个意义上讲，可以认为，冗余论与符合论并非对立的，前者只是对后者的一种回避或收缩，深入下去，两者是可以互通的。比如，菲尔德就把兰姆塞归入符合论的阵营，按他的分析，就真谓词应用于一个命题比如说"凯撒跨过卢比肯"是真的等于直接说"凯撒跨过卢比肯"而言，真谓词确实是冗余的，但是，我们所关心的真正问题是，是什么使得一个话语或陈述或心态表达命题"凯撒跨过卢比肯"？是什么使得一个陈述或心态具有真值条件"凯撒跨过卢比肯"？[①]兰姆塞也指出："虽然我们从未使用过'符合'一词，但我们的定义仍可能被称为'真之符合论'。如果是对'A 是 B'而言，我们还可以根据事实上 A 是 B 从而说它与'A 是 B'这一信念相符合。"[②]鉴于此，我们认为，格雷林的下述说法是有道理的："因此，冗余论观点便归结为这样一种说法：'真的'和'假的'是可以删掉的谓词而不会造成语义上的损失，它们只具有风格上的或其他方面的语用上的作用。这种观点具有某些优点，举个例子说，它避免了符合论所面临的所有困难，因为关于三个符合论术语（即事实、命题和符合关系本身）之中任何一个的疑问都不会产生。'……，这是事实'就像'……，这是真的'一样是多余的，因此可以删除'事实'这个词语；因为'是真的'是一个可删掉的谓词，所以它并没有引入附属于所断定的任何命题的一种真正特性，因而并没有把命题用作真值承担者的迫切需要，这是由于，倘若没有产生什么真理，也就不需要什么真理的承担者。因此，如果无论是事实还是命题都并非必不可少地要出现在这幅画面上，那么，就没有必要在这两者之间规定出一种关系。这样，符合论所碰到的每一个困难看来都没有出现。"[③]

问题二：如何看待量词的解释？如前所述，在兰姆塞关于谓词"是真的"是多余的、可删除的论述中，他谈到了两种情况，对于第二种情况，即命题

[①] Field H, "The deflationary conception of truth", in MacDonald G, Wright C. *Fact, Science and Morality: Essays on A.J.Ayer's Language, Truth and Logic*, Oxford: Basil Blackwell, 1986, p.60.

[②] Ramsey F P, "The nature of truth", in Lynch M P. *The Nature of Truth: Classic and Contemporary Perspectives*, Cambridge MA: MIT Press, 2001, pp.439-440.

[③] 格雷林：《哲学逻辑引论》，牟博 译，涂纪亮 校，中国社会科学出版社1990年版，第226页。

没有被给出而是被描述的情况，兰姆塞假定所有命题都具有 aRb 这样的逻辑形式，并且可以把比如"他总是正确的"分析为"对于所有的 a、R、b，如果他断定了 aRb，那么 aRb"。对于兰姆塞的观点，哈克做了进一步的分析，她指出，按兰姆塞的表述，冗余论实际上表达了如此的公式：(p)（如果断定 p，那么 p），这里的 (p) 是带有全称量词的，这就涉及对量词的解释问题。

我们知道，对全称量词与存在量词的解释主要有指称解释与替代解释两种。指称解释也叫对象解释，它诉诸变项的值，即变项所指的对象，因此，全称命题 $(x)Fx$ 被解释为"论域 D 中的所有对象 x，x 是 F"，存在命题 $(\exists x)Fx$ 则被解释为"在论域 D，至少有一个对象 x，x 是 F"；替代解释也叫代入解释，它不诉诸变项的值，而是诉诸变项的替代实例，即变项的代入者，在替代解释中，全称命题 $(x)Fx$ 被解释为"F（…）的所有替换实例都是真的"，存在命题 $(\exists x)Fx$ 被解释为"F（…）的至少一个替换实例是真的"。应该说，这两种解释是完全不同的，前者诉诸变项的值，即语言之外的某种实体或个体，后者则仍然是某种语言实体，即能够用来替换变项的表达式。

哈克认为，不管对量词采取哪种解释，公式"(p)（如果断定 p，那么 p）"最终都无法消除谓词"是真的"，因为，如果对量词采取对象解释，那么就有"对于所有的命题 p，如果他断定 p，那么 p"，这里被约束的"p"在语形上像单独词项一样，因此最末尾的"p"就必须作省略理解，理解为隐含地包含着一个谓词，目的是把它变为一个语句范畴中的东西，能够放在"那么"的右边，这样，该公式将被解释为"对于所有的命题 p，如果他断定 p，那么 p 是真的"，在这种情况下，谓词"是真的"并没有被消除，并且它不是多余的；如果对量词采取代入解释，则公式"(p)（如果断定 p，那么 p）"将被解释为"'如果他断定…，那么…'的所有替换实例都是真的"，这同样没有消除谓词"真的"。由此，哈克认为，如果兰姆塞的理论要有效，则必须对二阶量词做出另外的解释，因为不管按哪种通常的解释，"真的"都似乎没有被消除[①]。

应该说，哈克的这一质疑，主要是从语形的角度考虑的，因为从语形方面看，"p"形式上像个单独词项，它不能独立成句或命题。但如果从语义或

---

① 苏珊·哈克：《逻辑哲学》，罗毅 译，张家龙 校，商务印书馆2003年版，第163页。

语用出发，考虑这里的"p"实质上是个命题，它本身就已经包含了谓词，则该质疑是可以消除的。事实上，在前述兰姆塞关于冗余论的分析中已经谈到了这一点。还要进一步指出的是，哈克将冗余论分析为"(p)（如果断定p，那么p）"这一公式，这本身就是一种非常特殊的情形，因为，该公式代表的是全称命题或语句，而一般的全称命题或语句，量词约束的都是一个词项，即语言外的个体，但该公式的量词约束的是一个语句或命题，它们的本体论承诺都是不同的，这也就是前面提到的冗余论的特设性。

2.2 去引号真理论

去引号真理论（disquotationalism），也称真之去引号论，简称去引号论，其核心观点是："真的"这一谓词是一个去引号的语言装置。蒯因是该理论的主要代表人物，他提出了著名的口号："真即去引号"，随后，菲尔德对蒯因的观点进行了总结和阐述，并发展出"纯去引号论"，这被看作去引号真理论的最完善的版本[①]。

2.2.1 蒯因的去引号论

在对真谓词"真的"进行定义与分析之前，蒯因照例对真之载体问题进行了讨论。真之载体是什么？蒯因指出："真或假之物是命题，这将得到普遍的赞同。但若不是因为'命题'有歧义，这是不会得到如此普遍赞同的。一些人把'命题'这个词理解为符合一定规范的句子。另一些人却把它理解为指这样的句子的意义。"[②]按蒯因的分析，"命题"有两种涵义，其一是指语句的意义，其二是指语句本身。但"语句的意义"这个概念是"空洞无力"的，所谓的"空洞无力"，是指语句意义的存在是有问题的，这体现在两个方面：一方面，语句意义是一种内涵实体，它无法个体化，缺乏同一性标准，从而不能被纳入本体论承诺，因为"没有同一性就没有实体"；另一方面，语句意

[①] Armour-Garb B, Beall J C, "Deflationism: The basic", in Armour-Garb B, Beall J C. *Deflationary Truth*, Chicago: Open Court Press, 2005, p. 8.

[②] 奎因:《真之追求》，王路 译，生活·读书·新知三联书店 1999 年版，第 68 页。

义无法独立存在，它依附于语句，只有诉诸语句，才能讨论语句的意义。鉴于此，蒯因认为，将命题的涵义理解为语句本身，从而将语句作为真之载体更为合适。

真之载体是语句，"一个语句不是一个话语事件，而是一个共相：一个可重复的声音模式，或者一个可重复逼近的范式"[①]。当然，蒯因认为，并非所有语句都可以充当真之载体，真正能称为真之载体的必须是那些其真假无论已知未知都不发生变化的句子——固定句："这样限定的陈述句——固定句——是我在以下大多数地方将看作真之载体的东西。"[②]

固定句主要包括两种：一种是数学和其他学科中的理论语句，如"$2+2=4$""在标准大气压下，水的沸点是100摄氏度"；另一种是关于单个具体事件的报道和预测，其中所涉及的时间、地点或人物是被客观指明的，而不会随着人名、不完全摹状词和标示词的指称的变化而变化，如"第16届亚运会于2010年11月12日至27日在广州举办"。

那么，说一个固定句为真是什么意思？考虑塔斯基的T-模式：

（T）X在L中是真的，当且仅当P。

其中，P是对象语言L中任意语句在元语言中的翻译，X是该语句在元语言中的名称。在蒯因看来，这一双条件式预示着真谓词的去引号特征。因此，T-模式的一个变体是：

"P"是真的，当且仅当P。

它的一个经典实例是：

"雪是白的"是真的，当且仅当雪是白的。

由此，蒯因指出："把真归于该语句即是把白归于雪……真的归属恰恰取消了引号。真即去引号。"[③]换言之，真谓词只是一个去引号的语言装置，这是去引号理论的核心观点。

在蒯因看来，真谓词是语言和世界之间的中介，而引号在讨论语言与讨论世界之间做出区分。具体来说，通过"加引号"，实现语义上溯，由一个语

---

① 涂纪亮，陈波：《蒯因著作集（第4卷）》，中国人民大学出版社2007年版，第387页。
② 奎因：《真之追求》，王路 译，生活·读书·新知三联书店1999年版，第69页。
③ Quine W V O, *Pursuit of Truth*. Cambridge: Harvard University Press, 1992, p. 80.

句得到它的名称，从讨论世界变为讨论语言；通过"去引号"，实现语义下溯，由一个名称得到它所指的语句，从讨论语言回归讨论世界。

关于真谓词去引号功能的应用情况，蒯因进行了说明。对于给定语句，即真之归属的语境已经指明的语句，真谓词是多余的，去引号是可行的。例如，说"布鲁图杀了凯撒"是真的，或者说"钠的原子量为23"是真的，实际上不过是说布鲁图杀了凯撒或钠的原子量为23。可以说，真之透明性在这种情况下得到了最佳体现。然而，对于未给定语句，即真之归属的语境尚未指明的语句，真谓词是需要的，去引号是难以执行的。之所以如此，是因为对于未给定语句来说，在某些情形中真谓词所发挥的不是去引号作用，而是概括作用。

未给定语句有两种表现形式：一种是可以对其论域中对象的名称进行简单概括的语句。例如，对"苏格拉底是有死的"中"苏格拉底"这个语词的概括说明了一种简单概括，这个语句可以被概括为"所有人都是有死的"，其中，"人"这个语词覆盖了一般所想的全部范围。另一种是难以对其论域中对象的名称进行概括的语句。例如，对"如果时间飞逝，那么时间飞逝"中"时间飞逝"这个原子句的概括说明了一种较难的概括，因为这个原子句可以被任何其他语句所替代，但该复合句仍为真。对于形如"如果 P，则 P"这样的语句，我们不能在该语句所处的语言层次对其进行概括，而要借助语义上溯，在更高的语言层次中说它"是真的"[①]。蒯因指出，这种情况还包括像"真理论的所有推论都是真的""某人在某场合说的所有事件都是真的"等。对于这些通过语义上溯获得概括的语句来说，还要继续区分：如果其论域中的对象是有穷的，则真谓词也可以被消除，并且发挥去引号功能，只需将它表述成所有语句的有穷合取即可，如"P_1 是真的 $\wedge \cdots\cdots \wedge P_n$ 是真的"；如果是无穷的，则真谓词不可消除，它的作用是"恢复对象性指称"，指明真谓词具体使用的语句。

值得注意的是，除上述情况以外，还存在一种去引号功能失效的特殊情况，那就是，真谓词不能去掉那些包含它的语句的引号，否则，将无法免于

---

① Quine W V O, *Pursuit of Truth*. Cambridge: Harvard University Press, 1992, pp. 80-81.

悖论。蒯因把说谎者悖论和克里特岛人悖论表述为：

（1）"附加自身引号时得假"附加自身引号时得假。

他指出，执行（1）中的指令，我们就把这九个词的表达式附加到它的引号中，所得到的结果就是（1）本身。这相当于"我在说谎"，但相比之下更为明确，真谓词显然是问题所在。由此导致的"不可避免的结论是，尽管真这个谓词是透明的和看似平凡的，但却是不融贯的，除非得到某种限制"[①]。在此意义上，对于固定句真谓词不能是完全去引号的。蒯因进而认为，诉诸塔斯基的语言分层体系可以有效地避免语义悖论。

蒯因强调，"对真这种去引号的说明，并不定义真这个谓词——不是在严格的'定义'的意义上，因为严格意义的定义告诉我们如何从所需的语境中消除被定义的表达式以使用先前建立的符号。但是，在宽泛的意义上，去引号的说明确实定义了真。它告诉我们，对任意语句来说，为真是什么意思，并且它是用像所谈论的那个语句本身一样清晰的术语告诉我们的。我们清楚地理解'雪是白的'这个语句为真的意思，就像我们清楚地理解雪是白的的意思一样。显然，对'真的'这个词感到困惑的人，也会对他认为可以使用'真的'的语句感到困惑。'真的'是透明的"[②]。

总而言之，去引号只是关于真谓词的作用的说明而非严格意义上的真定义。蒯因认为，真定义是相对于某种语言而论的并且是一个难题。在他看来，严格的真定义应该满足塔斯基关于真定义的要求：既能把握亚里士多德古典真概念中所表达出的直觉，即"说是者非，或非者是，则为假，说是者是，非者非，则为真"，又是实质上恰当的、形式上正确的。也正因如此，他接受塔斯基的真定义。

在其专著中，蒯因创造性地转述了塔斯基的真定义。他选择"标准语言"即一阶语言 L 为对象语言，并对自由变元、开语句、闭语句和序列等术语做出解释。在此基础之上，形式地定义了"满足"和"真"。

令字母表中第 i 个变元为 var（i），任意序列 x 中第 i 个事物为 x_i，A 为一

---

① Quine W V O, *Pursuit of Truth*. Cambridge: Harvard University Press, 1992, p.83.
② Quine W V O, *Pursuit of Truth*. Cambridge: Harvard University Press, 1992, p.82.

个一元谓词，B 为一个二元谓词。蒯因把 L 中开语句的"满足"的归纳定义如下：

（1）对所有的 i 与 x：x 满足 'A' 随之以 var（i），当且仅当 Ax_i；

（2）对所有的 i, j 与 x：x 满足 'B' 随之以 var（i）与 var（j），当且仅当 Bx_ix_j；

（3）对所有的序列 x 与语句 y：x 满足 y 的否定，当且仅当 x 不满足 y；

（4）对所有的序列 x 与语句 y 和 y'：x 满足 y 于 y' 的合取，当且仅当 x 满足 y 并且 x 满足 y'；

（5）对所有的 x, y 与 i：x 满足 y 关于 var（i）的存在量化，当且仅当 y 被某个使得对所有的 $j \neq i$ 都有 $x_j = x'_j$ 的序列 x' 所满足[①]。

由于全称量词并没有出现在蒯因的一阶语言中，因此，他没有给出它的形式定义，而只是提到全称量词可以借助存在量词和否定进行说明。至此，可以将对象语言 L 中闭语句的"真"定义为为所有序列所满足。可以看出，上述定义真的方法和步骤与塔斯基是一致的。

2.2.2 菲尔德的纯去引号论

菲尔德在阐述蒯因去引号论的基础上发展出纯去引号论，纯去引号论可以看作蒯因去引号论的一个变体。

关于真之载体，菲尔德也认为，命题不适合作为真之载体，因为它的本质极具争议性。他把真之载体看作话语或思想状态，在这里，话语指的是模糊性和指示性可以忽略不计的语句（在下文中用"语句"表示，大体上，他所说的话语，类似于蒯因的固定句）。

关于真谓词存在的原因，菲尔德说："我们需要它纯粹是出于逻辑上的原因：'真的'只是一个无穷合取（或析取）的装置，如果我们的语言中有其他无穷合取的装置，那么这一装置就没有用处了。"[②]

[①] 涂纪亮，陈波：《蒯因著作集（第 3 卷）》，中国人民大学出版社 2007 年版，第 418 页。

[②] Field H，"Correspondence truth, disquotational truth, and deflationism"，in Lynch M P. *The Nature of Truth: Classic and Contemporary Perspectives*，Cambridge MA：MIT Press，2001，p. 485.

关于真谓词的去引号作用，菲尔德与蒯因的看法有所不同：一方面，他赞同真谓词具有去引号作用，并以此标志自己的理论认同；另一方面，与蒯因不同的是，他只保留了去引号真的认识性特征，而抛弃了所有关于去引号真之实质性特征的说明。

首先，他把蒯因的去引号真理解为一种诉诸替换性量词的真定义："'x是真的'被定义为'如果x是"雪是白的"则雪是白的'，'如果x是"草是绿的"则草是绿的'等所有类似语句的无穷合取。"[①]

其次，他认为去引号真具有如下两个特征：

（a）一个人只能将它应用于他所理解的那些语句；

（b）它所应用的那些语句的属性（具有或不具有）独立于说话者使用语句的方式。

（a）表明，把去引号真归属于一个语句与说出该语句之间是认知等价的。换言之，如果一个人不理解该语句，则也无法理解去引号真的归属。

为什么去引号真只能应用于被理解的语句？答案可以从菲尔德的如下论述中获知："在蒯因看来，当我理解说话者所言之意时，问一个外国人（或另一个英语说话者）所说的话是否为真对我来说是有意义的，即是说，我会把他所说的话翻译为我的语言或我偏好的习语。然而，如果我不能理解他所说的话，则询问它是否为真就是无意义的（除非使用关于特定条件下我将如何理解这些话的反事实术语）；并且即使我能理解它，也只有在问它是否正如我所理解的那样是真的时才有意义，而非问它的真正意思。"[②]显然，（a）依赖于菲尔德对蒯因意义理论的接受。

为了说明（b），考虑如下两个反事实语句：

（C1）如果我们以不同的方式使用"白色"这个词，则"草是白色"可能是真的。

（C2）如果我们以不同的方式使用"白色"这个词，则草可能是白色的。

[①] Field H,"Correspondence truth, disquotational truth, and deflationism", in Lynch M P. *The Nature of Truth: Classic and Contemporary Perspectives*, Cambridge MA: MIT Press, 2001, p. 486.

[②] Field H,"Correspondence truth, disquotational truth, and deflationism", in Lynch M P. *The Nature of Truth: Classic and Contemporary Perspectives*, Cambridge MA: MIT Press, 2001, pp. 491-492.

菲尔德认为，如果在去引号的意义上使用"真的"一词，则通过"'草是白色'是真的"和"草是白色"之间完全的认知等价就可以得出 C1 和 C2 是等价的。换言之，如果"真的"被理解为去引号的，则 C1 为假。在这里，他试图强调，去引号真无关于语句本身的任何实质性说明。如果在符合论的意义上使用"真的"一词，则 C1 与 C2 不等价。

菲尔德把具有上述两个特征的去引号真称作"纯去引号真"，这也是他所持有的去引号观点。根据"纯去引号真"，一个说话者可以把"真的"应用于语句，只要他理解就可以。对"纯去引号真"的更为详细的表述就是：一个说话者只能把"真的"直接地应用于他所理解的那些话语，并且如果 u 是他所理解的话语，则说 u 是真的与 u 本身是认知等价（相对于说话者）的。

显然，"认知等价"在菲尔德的观点中发挥着基础性作用，它提供了一种理解去引号真的方法，说明了真与意义之间的关联。可以说"'p 是真的'当且仅当 p"这一模式的所有实例都捕捉了认知等价关系。

在关于特征（b）的说明中，提到了"完全的认知等价"。按菲尔德的理解，由于说 u 是真的涉及对 u 的存在承诺，而 u 本身却不涉及，因此，为了实现完全的认知等价，需要增加一个限定条件，即相对于 u 的存在，u 是真的和 u 是认知等价的。对此，他进行了解释：说相对于 C，A 和 B 是认知等价的，意思是 A 和 C 的合取与 B 和 C 的合取是认知等价的，从而只要 C 是预设的则 A 和 B 就能被看作等价的[①]。

那么，塔斯基关于真的工作与纯去引号真理论之间有什么关系？菲尔德认为，塔斯基对真理论有两个主要贡献：第一，说明了在本体论足够丰富的前提下，纯去引号真是如何在纯一阶语言 L（L 是我们所理解的语言的一个片段）中被定义的。在他看来，塔斯基"在 L 中为真"的定义本质上等同于纯去引号真概念，即真谓词是一个无穷合取的装置。第二，定义了"在模型中为真"这样一个相对化概念，它与去引号真都是适用于紧缩论的数学概念，

[①] Field H, "Deflationist views of meaning and content", in Armour-Garb B, Beall J C. *Deflationary Truth*, Chicago: Open Court Press, 2005, p. 52.

不同的是，它也适用于我们不理解的语言。因此，"在模型中为真"不是一个纯去引号概念，因为在纯去引号的意义上，真不是相对的[①]。

2.3 代语句真理论

代语句真理论，也称真之代语句理论，简称代语句理论，主张真谓词不表达实体属性。这种理论缘于对冗余论的批判性改造，认为不应该对真谓词进行简单消除。代语句真理论的创始人格罗弗、坎普、贝尔纳普受代词的启发，创造性地提出"thatt"作为先行语句的代语句，分析了"它是真的"或"那是真的"作为"thatt"的可能性与完备性，并进一步论证人工语言英语中，真谓词的所有使用都能进行代语句解释，"是真的"不具有赋值的断定性。

2.3.1 代语句真理论产生的缘由

格罗弗等人在 1975 年发表的《真之代语句理论》一文中系统论述了代语句真理论[②]。这个理论源于对冗余真理论的批判性改造。冗余论的基本观点大致可以表述为，我们可以在不借助真之谓词的情况下，表达任何用真之谓词表达出来的事情，因此，谓词"是真的"可消除。但是，格罗弗等人认为"冗余论并没有告诉我们关于'是真的'的语义角色是什么，也没有给真谓词定义一个简单的语义作用，更不可能给予'真的'语义解释，它似乎只是合理地声称将真谓词表达为一个不完全符号，与此同时，我们脑海里的目标语言不存在对'是真的'的解释，但存在多种将'是真的'作为一个合适部分的完整表达的解释"[③]。于是，在对冗余论进行细致分析的过程中，他们试图提出一种新型的紧缩论来解决冗余论所面临的困难。

他们列举出冗余论谓词"是真的"省略的三种主要方式。

[①] Field H, "Correspondence truth, disquotational truth, and deflationism", in Lynch M P. *The Nature of Truth: Classic and Contemporary Perspectives*, Cambridge MA: MIT Press, 2001, pp. 495-496.

[②] Grover D, Camp J, Belnap N, "A prosentential theory of truth", *Philosophical Studies*, Vol. 27, No. 2, 1975, pp. 70-120.

[③] Grover D, Camp J, Belnap N, "A prosentential theory of truth", *Philosophical Studies*, Vol. 27, No. 2, 1975, p. 73.

第一种以"消失"为例：

（1）雪是白的是真的。

根据冗余论，（1）与下面（1a）是相等的。

（1a）雪是白的。

第二种以"重复"为例：

（2）John：雪是白的，

　　　Mary：那是真的。

经过修改，与下面（2a）是相等的。

（2a）John：雪是白的，

　　　　Mary：雪是白的。

第三种方式是通过量化，如：

（3）John 说的每一件事都是真的。

可以修改为：

（3a）对于任何一个 p，如果 John 说 p，那么就是 p。

同样，下面的句子

（4）每一个命题要么是真的，要么是假的。

相等于

（4a）对于任何一个 p，要么 p，要么非 p。

仔细考察后两种省略，会发现冗余论自身存在一些问题：比较（2）与（2a），二者并不等同，不能简单省略"是真的"。因为在（2）中，Mary 的谈论预设了一个先行词（John 的观察），（2a）则不具备这样一个知识。另外，通过使用"那是真的"，Mary 可以免去抄袭的指责，而在（2a）中这种指责是存在的。

对"是真的"省略的质疑还体现在量化方式上。英语的语法要求变元必须有与之联系的谓词，这样才能组成一个语句。冗余论将命题量词引入，省略了"是真的"，则没有了变元对应的谓词，不符合英语语法，因此，从语法的角度看，这种省略是有问题的。

但是，冗余论者对上述省略的质疑并未做出相应的解释与说明，代语句理论者却在这些反对意见基础上创建了一种新型的紧缩论对以上质疑进行回应。

他们引入"代语句",并特别强调这种代语句与先行词的语言联系,如:

(5) John 来看望我们,这是很惊奇的。

"这"似乎不是对某个词进行重复,而是代表一个语句。根据格罗弗等人的观点,代形式的种类是根据它所占据语句中的位置来分类,而不是根据它的先行词的语法地位。根据这个标准,(5)中的"这"并非代语句,仅仅是代名词。那么在英语中,是否存在占据语句位置的代语句呢?格罗弗等人的回答是肯定的,他们论证了"it is true"和"that is true"作为代语句的可行性,并且这两种代语句的形式是作为一个整体使用,不能将"it"和"that"与"is true"分开独立使用,它们的整体作为先行语句的重复。

代语句理论者们继续提出建议,考虑一个包含在英语[*]中的人工化代语句"thatt"。他们相信这将会促进对代语句功效的理解。设想"thatt"是一个通常可适用的原子代语句,那么,语句(2)则可以转化为

(2b) John:雪是白的。Mary:thatt。

如此一来,对于"重复"的问题,格罗弗等人引入"thatt"作为首语反复的代语句,使得(2b)既包含了语句(2)本身的所有意义,同时也消除了真之谓词"是真的",有效地回应了冗余论对于重复的困惑。齐默曼(Zimmerman)在《命题量词与真之代语句理论》一文中也谈到这个观点,他认为,"冗余论面临的语用论问题是可以由代语句理论来克服的:作为首语反复的代语句,必须承认先行词的存在"。

格罗弗等人继续用代语句 thatt 处理冗余论碰到的量化问题。再次考虑(3)和(3a)。一个对(3a)的文本解读很可能成为:

(3b) 对于每一个命题,如果 John 说什么,那么就是什么。

很明显,这不能成为对(3)客观的解读,因为(3)是符合语法的,但(3b)则不是。(3a)似乎应被读作:

(3c) 对于每一个命题,如果 John 说那是真的,那么那就是真的。

当返回到兰姆塞英语-加上-特殊的-记号的释义时,(3c)显而易见可以读作(3d):

(3d) 对于所有的 p,如果 John 说 p 是真的,那么 p 就是真的。

格罗弗等人认为如果用(3d)的方法来分析(3c),这是"本质判断错误

的"。因为，在语句中占据语句位置而不是名词位置的命题量词，是相当"体面"的，不仅是在形式上，也体现在语义层面。代语句本身就是一个语句，而不是一个名词，这样一来，语句中引入"thatt"，并没有违背英语语法中"变元需要对应谓词"的规定。如（4）可以改写为

（4b）对于每一个命题，或者 thatt，或者非 thatt.
（4b）再次表明 thatt 作为代语句，是一个完整的语句，可以在量化环境中直接使用，而不需要求助于真之谓词来确保它的语法完整性。

综上所述，可以将代语句理论作为应对冗余论质疑而出现的新型紧缩论。

2.3.2 理论阐释

为了把"'是真的'"作为一个合适部分的完整表达解释这种直觉付诸理论实践，格罗弗等人设想将"是真的"作为表达式的一个部分，与"它"和"那"一起构成代语句，这样一来，真谓词不再单独出现。基于这样的直觉思维，他们创建了代语句真理论。

1. 从首语反复联想到代语句

首语反复是指一个单词、短语或句子连续出现在数句的开头，对语篇的连贯性起着回应和再现作用的现象。在语言中，它的使用是重要且关键的，但本节并不尝试提供关于首语反复完整或严格的联系，因为这很明显是语言学家的工作。我们要做的是讨论大量的事例，表明语言中首语反复表达式的种类多样性。如：

（6）Mary wanted to buy a car, but she could only afford a motorbike.

（7）John visited us. It was a surprise.

（8）Mary said that the moon is made of green cheese, but I didn't believe it.

一般情况下，我们对上面的事例进行语言层面的分析，会得出：（6）"she"是对"Mary"的首语反复，（7）"it"是对"John visited us"的首语反复，（8）"it"是对"the moon is made of green cheese"的首语反复。这里，我们把首语反复联系的字和词组称为先行词，如"Mary""John visited us""the moon is made of green cheese"。只要一个代词被首语反复代替先行词来使用，我们将它称作首语反复词（anaphor）。这个首语反复词与它的先行词之间的联系就是首语反复联系。

代语句理论者认为，首语反复的代名词能够被用来作为普遍的陈述，因此可以对它进行定量化的研究。例如：

（9） If any car overheats, don't buy it.

（10） Each positive integer is such that if it is even, adding 1 to it yields an odd number.

我们似乎并不能非常清楚地知道以上两个语句中代名词的先行词是什么，但我们可以简单地将其假定为"any car"和"each positive integer"。然后对语句进行适当的变形：

（9a） If any car overheats, don't buy any car.

（10a） If 3 is even, adding 1 to 3 yields an odd number.

这里，我们无法像之前那样直接选择一个指称作为先行词，但可以选择首语反复词的一个，有时也选择一个具体的对象来对代名词进行分析。

一般情况下，我们会把代词局限于代名词，也会直接使用语法意义上的代名词对先行词进行替换，但事实上，对先行词的首语反复替换并不局限甚至不应该只局限于代名词，还存在代动词、代形容词和代副词的使用。如：

（11） Dance as we do.

（12） Mary ran quickly, so Bill did too.

（13）The pointless lances of the preceding day were certainly no longer such.

（14） To make men happy and to keep them so.

当然，对代形式量化的情况也不仅仅限于代名词，也存在代动词"do"和代形容词的量化情况：

（15） Dance as we do.

（16） Mary ran quickly, so Bill did too.

改为量化的代动词

（15a） Whatever Mary did, Bill did.

（16a） Do whatever you can do.

根据首语反复词在语句中所占据的位置，可将其分为"代名词""代动词""代形容词"等。根据这一规则，如果说一个首语反复词被限制在一个语句的位置，那么应该如何对其进行定义呢？格罗弗等人选择了"代语句"作为专有的首语反复语句的词。代语句在形式上应该与代名词、代动词等具备相同的属性特征，即可以对其进行量化分析。

2. 设定"thatt"作为代语句形式

格罗弗等人设定一个词"thatt"，这个词暂且充当上文谈到的占据语句位置首语反复的词。按照代形式的称呼法，将其称为代语句。如：

John：Snow is white.

Mary：Thatt.

Mary 所说的"thatt"是对 John 所说"雪是白的"的首语反复。

接下来，我们来处理代语句的量化问题。对代语句的量词化分析与代名词的量词化分析是极为相似的。如：

For every proposition，either thatt or not thatt.

For every proposition，if John says that thatt，then thatt.

对于 thatt，格罗弗等人做了详细的介绍：

第一，"thatt"不是一个指称的表达式，当 Mary 说"thatt"对应于 John 的"snow is white"时，代语句语义表现类似于它的先行词，"thatt"的作用就是表达"雪是白的"所要表达的。

第二，在代名词的量化使用中，代名词能够在语句本身得到一些意义，如"不论 John 要什么，我也要什么"中"什么"的指谓，因为量化的代名词被认为是对象量化的限制个体变元。但是如果我们要明白"thatt 在'每一个命题或者是 thatt 或者并非 thatt'"问题中的直觉意义，这绝非易事。因为"thatt"总是占据一个语句的位置。如例子"雪是白的或者并非雪是白的""林肯是总统或者并非林肯是总统"等。尽管这些事例是关于雪和林肯的，但这都不是 thatt 所涉及的。

第三，当 Mary 跟随 John 的"雪是白的"说 thatt 时，似乎，她仅仅是在重复，但格罗弗等人认为这是个误会，他们认为 Mary 的谈话不仅仅是又一次

说 "雪是白的"而已，她对于"thatt"的选择是作为断定"雪是白的"的存在要依托于先行语句"John 说'雪是白的'"存在的实在性质。因此，他们认为"thatt"在缺乏先行语句的情况下是没有意义的。

在处理"thatt"时，格罗弗等人会碰到一个最初的问题：是否英语自身包含这样一般可用的代语句，而这种代语句本身并不是原子语句？他们的答案是肯定的："that is true"与"it is true"能够成为这种首语反复代语句，类似于"thatt"的作用。理由如下：

因为"that is true"和"it is true"都只占据了语句的位置，并且认为与所提及表达陈述的语句有着密切联系。如：

Bill：There are people on Mars. Mary：That is true.

John：Bill claims that there are people on Mars but I don't believe that it is true.

很明显，"There are people on Mars"是"that is true"和"it is true"的首语反复先行词，这可以看作非量化情况的使用。这同时也表明在"that is true"中，指称只存在于整个表达式与其先行词之间。That 和 is true 不能分开来单独表示意思。

确认它们成为代语句的另外一个重要特征是是否"那是真的"或"它是真的"能够被量化使用。在格罗弗等人对代语句研究的讨论中，他们发现"it is true"能够被明显量化使用。如：

For each proposition，if John said that it is true，then it is true.
可以量化为

If John said that Kate is a coward，then Kate is a coward.

因此，根据格罗弗等人的观点，"that is true"和"it is true"占据了语句的位置，且它们的使用能起着首语反复的功效，于是，它们符合 thatt 的各种要求，可以作为代语句使用。

3. 创设人工语言环境——英语[*]

"it is true"和"that is true"已经论证可以作为代语句被使用，但代语句理论的目标绝不仅仅在此，格罗弗等人想把所有关于真的讨论都仅局限于

"that is true"或"it is true"。要证明这个观点，必须证明不存在其他形式出现的"is true"。在英语中无疑不能做到这点，类似于语句 What Barbara said was true 中"is true"并非与"that"或"it"结合成为某个先行语句的代形式，因此，格罗弗等人求助于一个第二人工语言，即英语*。他们对英语*的定义是："在任何情况下都不存在真之谓词，语句'that is true'和'it is true'只作为原子代语句的整体形式出现。"也即是，不存在单独出现的"is true"，"is true"只能与"that"和"it"结合在一起构成"that is true"和"it is true"，作为代语句的整体表达式出现。

按照英语*的规定，我们可以尝试用代语句理论来分析日常语言中存在的"真之谓词"。

A：雪是白的
B：那是真的。

在英语*里，当 A 说"雪是白的"，B 说"那是真的"，这里的"那"不是一个独立的指代名词，来称述雪是白的，这里的"是真的"也不是一个表达性质的谓词，我们应该将"那是真的"作为一个整体表达式来理解，它是对"雪是白的"的首语反复，是一个非量化情况下的代语句。当然，当我们表达"那是真的"时，并不能由"雪是白的"来替代，如果那样的话，只是在重复一样的内容，而这里强调"那是真的"有对前者的断定含义。类似于这个案例的首语反复，所有关于"那是真的"的使用，都需要承认"那"的先行词存在。

量化情况下的解释是简单易懂的，但也并非没有趣味。例如：

John 说的任何事情都是真的

改成英语*的形式：

$\forall p$（John 说 $p \to p$）

对它的最合适解释是：对于每一个命题，如果 John 说它是真的，那么它是真的。

接下来，我们要进行论证的是：如何将英语中出现的"is true"在英语*中进行转化？尤其是在英语*中如何处理英语中必须借助于"is true"谓词所表达的时态、模态和否定的效果？在英语里，当需要时态、模态、否定效果时，我们必须将"is true"与联结词结合。如"That might be true"中的"might""That is not true"中的"not""That will be true"中的"will"等。格罗弗等人认为，英语*作为英语的补充，英语中的联结词功效在英语*中也具有同样的含义，但因为不能直接出现"is true"，故需要对其进行改写。格罗弗等人选择了一种特殊的方式，即在表达式中间加上连字符，使得"is true"不能单独出现。如'it-is-not-true-that'，因为在英语*中"is true"仅局限在代语句"it is true"或"that is true"中，所以，当我们要处理复杂语句要用到联结词时必须是用连字符连接的，这样做的目的在于对英语*中真谓词是不可孤立的承诺更加强了。

当我们要表达"That might be true"时，我们必须将其转化为It-might-be-true-that"；当我们说"That is not true"时，我们可以说"It-is-not-true-that that that is true"，当我们说"That will be true"时，我们可以换成"It-will-be-true-that that is true"。

很明显，通过对英语和英语*进行比较，我们会发现似乎英语更能通过简短的表达式来替换晦涩的语句，如"约翰说的每件事都是真的"来替换完整膨胀的表达"每一件事情（或每一个命题）使得如果约翰说那是真的，那么那就是真的"。但在英语*里，我们确保的是"是真的"仅仅作为一个整体表达式的部分出现，它的语法规定是：真谓词没有担当一个性质描述的角色，它的出现是形成一个词组，而不是一个真正的谓词。当然，代语句的最大功效在于基于对英语*中的量化分析，有助于在紧缩论的范围内解决兰姆塞关于命题量化的不合语法的争议。

2.3.3 对代语句真理论的质疑

代语句理论作为传统的真之紧缩论，旨在论证真谓词不存在任何实体属性。在代语句理论的表述中，真谓词"is true"作为一个词组，与"that"或"it"一起构建了代语句的完整表达式"that is true"或"it is true"，其中真谓词"is true"只承担逻辑句法功能，这从紧缩论核心思想的论证来看是可行的。但同时，代语句理论从语言角度出发，创建了一个新的人工语言英语*，将新语言中所有关于真谓词的表述都转化为代语句形式，对真谓词进行语言化的特殊处理，却也引发了不少的争议。

1. 代语句的命题量化有必要吗？

代语句真理论的出现，避免了冗余论中真谓词的简单消除。冗余论对命题量词的处理如下："约翰说的每一句话都是真的"，用命题量词代入，可以改为"对于每一句话，如果约翰说什么，那么就是什么"，"是真的"被替代消失了。

代语句真理论认为这种解读不能成为对原语句的客观解读，"语句中必须存在与变元相联系的谓词，原语句是合乎语法结构的，用消失这种方法来分析是'本质错误的'，也不合乎语法"[①]。他们进一步声称，"命题量词应该占据语句的位置，而不是名词的位置，这不仅从形式上是合适的，在语义层面也是说得通的"[②]。如此，对"约翰说的每一句话都是真的"的合适解读为"对于每一句话，如果约翰说那是真的，那么那是真的"，其中"是真的"无法进行删除。

为了增强代语句真理论对冗余论批判性改造的合理性，格罗弗等人进一步论证代语句的命题量化是可行的。"从个体量化与命题量化的形式语义分析，我们有理由相信，语义学家假设和谈论的合适论域并非每一次都出现在对象语言中，有一些并没有。比如，一个全称概括所表达的命题可能是替代实例所表达命题的交集，或者根据命题具体化的其他合取情况。一些情况下，它的论域是指称客观对象的词项，另一些情况则是表达命题的具体语句。类似于 TOM 或雪，这些不是命题。反对者会认为，语义学家声称的命题变元类似于个体变元，有'论域'，这意味着由对象语言的使用者对它进行指称。但是语义学家会忽视一个事实：论域中'对象'的代语句是不同的，一种情况下，对象是对象语言中词项的指称，另一种情况，它们是所表达语句的具体

[①] Grover D, Camp J, Belnap N, "A prosentential theory of truth", *Philosophical Studies*, Vol. 27, No. 2, 1975, pp. 80-81.

[②] Grover D, Camp J, Belnap N, "A prosentential theory of truth", *Philosophical Studies*, Vol. 27, No. 2, 1975, pp. 80-81.

化。"①如此，我们不仅要关注有指称的对象语言，还需要对抽象的表达语句的命题进行具体化分析，像个体量化一样去关注命题量化。

受到维特根斯坦思想的启发，格罗弗等人创设了"thatt"作为命题量化的载体。维特根斯坦反对将 p 作为命题的一般形式，"我们可以用'事物就是这样'代表任何陈述。它被用作命题模式，是因为它有一个英语句子的结构……这里可以使用符号逻辑中的一个字母或一个变元，但没人会把字母 p 称为命题的一般形式。原因在于'事情就是这样'本身就是一个英语句子。虽然它是一个命题，它仍然被用作命题变量……"，既然"事情就是这样"是一个命题，用来表达命题变量，那么"thatt"作为代语句，占据语句的位置，同样可以充当命题量化的载体。对它的命题量化具体如下：

（17）对于所有的 r，如果 John 相信 r，那么 Bill 也相信 r。

（17a）对于每一个命题，如果 John 相信 thatt，那么 Bill 也相信 thatt。其中，"thatt"的先行语句是"每一个命题"，"thatt"作为首语反复"每一个命题"的代语句形式。

代语句真理论通过命题量化解决了"兰姆塞的命题变元问题"。但这个观点遭到海德尔伯格（H.Heidelberger）的批评，他认为完全没有必要引入命题量化："必须要承认，大量十分正统的逻辑系统包含命题变元，而这些命题变元是没有任何谓词与之联系的。例如，刘易斯（C. I. Lewis）和郎福德（Langford）的符号逻辑，表现为公式：（至少存在 p）(p)。这些公式被提及时，一些不包含在内的谓词会被使用，这在讨论过程中是不会受到影响的。例如，刘易斯在解释公式时，添加了谓词'是真的'，读作：'至少存在一个命题 p，它是真的'……这里关键在于，如果我们要从公式里获取一个语句，我们不得不提供一些谓词，而这正是兰姆塞和卡尔纳普没有成功的。因为他们对于真的理论排除了添加任何谓词，他们留给我们的只是没有意义的公式。"②

海德尔伯格的这一批评并非关注一个形式系统是否需要借助命题量化才

---

① Grover D，"Prosentences and propositional quantification: A response to Zimmerman"，*Philosophical Studies*，Vol. 35，No. 2，1979，p. 294.

② Heidelberger H G，"The indispensability of truth"，*American Philosophical Quarterly*，Vol. 5，1968，p. 217.

能建立，而是强调在解释系统时不需要外加一个真之谓词（或类似的谓词）。代语句理论对冗余论的处理则是为了语法上的合理性，外加了一个真之谓词，这个做法看似合理，实际上并非必要。

另外，在命题量化载体"thatt"的解释上，格罗弗等人似乎也在绕圈。如果他们要论证"thatt"可以充当代语句，应该首先论证"thatt"存在的必然合理性，对"thatt"进行解释，进而分析"那是真的"与"它是真的"在语法、语义解释上等同于"thatt"，因此可以作为代语句形式出现。但格罗弗等人对"thatt"解释的唯一方式，却是作为对"那是真的"与"它是真的"释义的解释，对于为何"thatt"可以作为代语句，或者说为何它能够确实起着代语句的作用，并没有给出更好的理由。当然，如果对"thatt"进行解释，或许它会带来更多的语法问题，"只有'thatt'不可解释，它在语法角度才不会招致反对的。因为，一旦它可以被解释，它将引发'是否它能作为代语句起作用'的严重性问题"[①]。

2. 对真与真谓词的特设可行且有意义吗？

代语句真理论强调真谓词没有实体属性，"是真的"只充当代语句"它是真的"与"那是真的"表达式的组成部分，承担语法功效。"当我们说语句'雪是白的，那是真的'时，'雪是白的'作为代语句'那是真的'的'先行词'，重复相同的术语，'雪是白的，它是真的'与'雪是白的'在资料的叙述上是完全等同的，没有添加任何其他的资料信息。"[②]这种真理论与冗余论、极小主义真理论共同构成了真之紧缩理论体系，认为真没有本质。相比极小主义真理论，代语句真理论在整个真理论体系的影响较小，一方面在于该理论主要依托语言学的语法分析，对真理论研究的语言哲学追随者不多，另一方面也是最关键的原因，这个理论存在太多"特设"，"特设"将理论弄得更复杂和烦琐，致使它无法给真谓词提供一致性的解释，也无法扩散为一种普遍适用的真理论。

---

① Zimmerman M J, "Propositional quantification and the prosentential theory of truth", *Philosophical Studies*, Vol. 34, 1978, p. 261.

② Båve A, "Why is a truth-predicate like a pronoun?", *Philosophical Studies*, Vol. 145, 2009, p. 306.

首先，我们认为代语句真理论对代语句中真谓词的解释并非一致。格罗弗等人构建代语句真理论的目的不是为了仅仅论证"那是真的"与"它是真的"充当代语句角色，而是希望将所有关于真的讨论都局限于"那是真的"与"它是真的"表达式，这样才能对真进行分析概括，形成一个完整的真理论。在日常语言中，代语句真理论同样无法拒绝联结词的使用，联结词中出现的真谓词并不能简单转化为"它是真的"与"那是真的"，他们对联结词中出现的真谓词给出一个特设的解释：用连字符把联结词进行组合，且这个组合不可拆解，这样一来，联结词中出现的真谓词就不能单独作为真谓词出现，而是充当组合的一部分，有些类似于代语句中的真谓词，只是这个真谓词出现的功效并非代语句本身，而是代语句修改模式中不可拆解组合的一部分。"一些联结词在逻辑上是不能消除的，那么联结词连字符号的语句不能被先行语句进行简单替换。当动词形式无法达到目的时，代语句中的联结词则给我们提供了一个语句的修改模式。"[①]

在含有连字符的表达式中，我们发现连字符中同样存在真谓词，这个真谓词与作为代语句"it is true"中的组成部分的真谓词明显不同，对二者的解释也必然存在差异，连字符号中的真谓词表达了一种特殊的谓词属性，从语义解释看，它表达了"是真的"的某种特殊属性。虽然格罗弗依旧将它称为形成代语句修改模式的组成部分，但很明显，It-is-not-true 中出现的真谓词与"it is true"中出现的真谓词无论从语法还是语义解释上都是不一致的。

其次，代语句真理论无法对自然语言中所有真谓词的出现进行代语句化。格罗弗本人也承认自然语言中并非"真"的所有使用都是代语句形式。"不容置疑，我并非给予'真'完整全面的分析，我们对'真'感兴趣在于当一个量化代语句被用来形成关于'是否这个月会再次下雪？是否冰川期已来临？是否正直是美德？'等一般问题时，真存在的有趣性。"他们强调的是：若日常语言中对"真"的使用只采取代语句的形式，或只根据代语句对"真"进行解释的话，那么"真"描述一个性质的可能性是不存在的。所以，代语

---

① Grover D, "Prosentences and propositional quantification: A response to Zimmerman", *Philosophical Studies*, Vol. 35, No. 2, 1979, p. 294.

句真理论只是论证了在英语*中充当代语句成分的真谓词不具备描述性属性，它对日常生活中出现的真不存在一致性的合理解释。

另外，关于连接符号的代语句修改模式问题。格罗弗等人倾向于表明"它是真的"与"那是真的"两个表达式起着代语句的作用，并倾力于将英语中"是真的"的所有用法和派生都分解成这种表达式，但他们却并没有论证其他表达式不能充当代语句的作用。"'it-might-be-true-that that is true'能在不改变代语句的情况下修改为'它可能是真的'。"如果声称是正确的，这就使得类似于"它可能是真的""那是假的""它将是真的"等表达式都起到英语中代语句的作用。这意味着在英语中确实存在许多一般可适用的代语句，并不只是"那是真的"和"它是真的"。

如果代语句理论默许存在诸多的代语句形式，只是为了形式上的简洁与直观，选取"它是真的"与"那是真的"作为代语句的基本形式，将连字符相加的含有真谓词的表达式，都作为代语句的修改模式与补充形式，那么这种做法未免过于牵强。从理论的推广及理论产生的必然性看，这种"特设"恰恰阻碍其发展，使理论变得更为复杂和烦琐，因为在特设的英语*与英语表达式的比较中，我们倾向于认为英语在日常表达中更为简短而清晰。

3. 代语句真理论的解悖方案可行吗？

悖论属于逻辑哲学的重要议题，任何一个较为完整的真理论都绕不开对悖论的思考。代语句真理论者认为"传统真理论把真谓词看作某种描述性属性，对语句'这是假的'做真假分析时，他们往往依赖于'是真的'与'是假的'属性的扩展，但由于自我指称、分类及自然语言本身的问题，这种属性往往会出现不一致的现象，这恰恰是悖论产生的根源"[1]。

代语句真理论对悖论解决的关键是"有根性"这个概念。这个概念首先由赫兹伯格引进[2]，它的直观思想是，一个语句是有根的，仅当它在这个过程中最终获得真值。

格罗弗把有根性与先行内容的独立性相联系。一个代形式，如果连接它

---

[1] Grover D, "Inheritors and paradox", *Journal of Philosophy*, Vol. 74, No. 10, 1977, p. 590.
[2] Herzberger H G, "Paradoxes of grounding in semantics", *Journal of Philosophy*, Vol. 67, No.6, 1970, pp. 145-167.

的先行词有独立的内容,那么它是有根性的。她首先考察了代名词的情况,如"法国的现任国王,他是聪明的",这里"他"指代"法国的现任国王",如果代名词"他"有根性,就要求它的先行部分"法国的现任国王"有独立内容,反之,如果"法国的现任国王"没有独立的内容,那么"他"没有有根性。代语句也同样如此:"基于'首语反复'的概念,代语句理论认为说谎者语句需要依赖有独立内容的先行语句,当先行语句没有独立内容时,它的首语反复是没有根基的"[①]。

(18) Tom:雪是白的。Fay:那是真的。

"雪是白的"作为代语句"那是真的"的先行语句,它的真值不需要依托其他命题或语句,具有独立的内容,所以(18)中的代语句"那是真的"是有根的。

考察没有根的情况:

(19)(a):(b)是真的。(b):那是真的。

(b)的内容来源于(a),(a)的内容又来源于(b),因此,(19)语句中出现的代语句"那是真的"不存在独立的内容,是没有有根性的。

接下来看说谎者语句的经典形式:

(20)本句话是假的。

一方面,设(20)是真的,它所说的话都能成立,根据(20)表达的语句含义,它是假的。另一方面,设(20)是假的,那么它所说的话不能成立,根据(20)表达的语句含义,所以它又是真的。于是,悖论出现了:(20)是真的,当且仅当(20)是假的。格罗弗认为,悖论的出现源于错误地把真谓词归属于描述性属性,"我们终于明白,是因为将任何情况下'真的'与"假的"都作为描述属性的谓词,才出现了悖论"[②]。代语句真理论根据先行语句是否存在独立内容决定代语句是否有根性,直接避免了悖论的出现。将(20)中的"是假的"作为代语句"那是真的"的修改形式,(20)作为代语句的先行语句不存在独立的内容,所以(20)是一个没有有根性的代语句。

[①] Grover D, "Inheritors and paradox", *Journal of Philosophy*, Vol. 74, No. 10, 1977, p.595.
[②] Grover D, "Inheritors and paradox", *Journal of Philosophy*, Vol. 74, No. 10, 1977, p.598.

格罗弗也考虑悖论的量化情况。"'真'的量化使用可以解释为命题的约束变元,那么,在英语*中'它是真的'就可以作为量化的代语句占据约束变元的位置。'约翰说的都是真的'可以转化为$\forall p$(如果约翰说p,那么p)。"[1] "$\forall r$(如果约翰知道r,r)中如果需要添加真算子的话,那么语句就改为$\forall r$(如果约翰知道r,那r是真的),这里,真算子读作'那……是真的'。""在一个量化代语句中,代入项如果没有有根性,则缺乏独立内容。即使我们不知道代语句替代项的具体内容是什么,但一旦知道替代项有独立内容,就知道命题是有根的;替代项没有独立内容时,代语句将会出现无根性问题。"[2] 根据以上阐述,我们可以对含有悖论的量化命题作如下分析:

(21) 与这个语句相同的,它是假的。

这里,"它是假的"是一个变形的代语句,存在代入项。代语句的代入项决定了量化命题的内容。假设代语句有根性,那么它的代入项有独立内容,而它的代入项是语句(21)本身,不存在独立内容,因此,量化代语句有根性的这个假设会推出矛盾,例子(21)作为量化代语句没有有根性。

代语句真理论主要从"表达式是否有根性"来分析悖论,强调悖论本身是一种特殊的代语句形式,但这种代语句不包含独立内容的,属于无根性的代语句。这种解悖思路是否可行且有意义?我们同样认为这是值得商榷的。

首先,代语句真理论对悖论的处理实则是一种回避。它并没有对悖论中出现的真假问题进行语义解析,而是将悖论看作对真谓词的错误解读。他们认为,如果把真谓词作为代语句的一部分,不具有某种描述性属性,自然就不会出现悖论,所以他们对悖论的解决只是告诉我们根本不存在悖论。如卡普斯(J. Kapus)所说,"代语句真理论者处理说谎者语句的关键是认为那些包含矛盾的自然语言,都是没有有根性的表达式。很显然,矛盾的出现源于错误地将'真'作为描述谓词的一个属性,而不是作为代语句的一个部分,并且错误地假设说谎者语句有内容"[3]。但是,代语句真理论并非能将所有的真谓词都归于代语句,即使在他们自创的英语*中也不存在真谓词只出现在代

---

[1] Grover D, "Inheritors and paradox", *Journal of Philosophy*, Vol. 74, No. 10, 1977, p. 598.
[2] Grover D, "Inheritors and paradox", *Journal of Philosophy*, Vol. 74, No. 10, 1977, pp. 598-599.
[3] Kapus J, "The liar and the prosentential theory of truth", *Logique et Analyse*, Vol. 34, 1991, p. 283.

语句形式中这一情况，如果这样，代语句真理论对悖论的解决只适用于自己特设的条件下，无法为悖论解决提供更多的方法借鉴。

其次，代语句真理论对"否定"与"无根性"的区分并非合适。格罗弗认为，"在某种意义上，我们可以使用'并非'来表达一个语句的矛盾。例如，'雪并非是白的'，是关于'雪是白的'的否定"①。同时，她认为，"当我们断言一个语句的矛盾是有问题时，'并非'也可以用来否定一个语句但不表达这个语句的矛盾。当我们断定语句'法国国王是明智的'的否定存在错误时，就需要一个合适的方式表达语句的否定。我们可能会做这样的尝试，'不存在现任法国国王是明智的'，这里的'不'是作为表达语句的否定，而不是表达它的矛盾"②。

（22）不存在包含（22）表达真内容的情况。

（23）存在（22）表达真内容的情况。

（24）并非存在（22）表达真内容的情况。

按照代语句真理论的分析，（22）～（24）语句的分析应该是：我们不能因为（23）没有赋值，就认定（23）是假的。（23）缺乏赋值，是因为它把（22）作为一个关键的代入项，而（22）是没有赋值的。（23）在赋值上的缺失不能给予我们否定这个语句的理由。因此，语句（24）中的"并非"应该被理解为表达（23）的否定而不是表达它的矛盾。

我们认为，这种声称（23）缺乏赋值是反直觉的。根据（23），存在一个命题内容使得（22）存在且它是真的。我们假设（22）缺乏赋值，我们必然知道，存在指称的第一个连接词不能成立，那么（23）是假的。这表明，在某种意义上，量化代语句是有赋值的，即使它的替代物中的一个是缺乏赋值的。我们可以断定（23）是错误的，即使它有一个缺乏赋值的替代，那么（24）应该作为（23）矛盾的断定，而不能把它简单理解为表达否定的无根性。

最后，代语句无法真正避免悖论的出现。格罗弗借用克林（S. C. Kleene）关于强和弱的模式③分析代语句的赋值，避免悖论的出现："在弱模式中，一

---

① Grover D, "Truth: Do we need it?", *Philosophical Studies*, Vol. 40, No.1, 1981, p. 70.
② Grover D, "Truth: Do we need it?", *Philosophical Studies*, Vol. 40, No.1, 1981, p. 71.
③ Kleene S C, *Introduction to Metamathematics*. New York: Van Nostrand, 1952.

个没有有根性的代语句被指定赋值 u。在强模式中，一个没有有根性的代语句，如果它的前项是赋值 t 的析取，那么代语句被指定赋值 t，否则被指定 u。如果一个代语句由"假的"修改而来，它的先行词有赋值 t，那么代语句被指定赋值 f"[①]。

（25）（25）是假的，或者（25）是没有根性的。

由于析取项"（25）是假的"不存在独立内容的先行词，那么它是无根性的，于是，析取项"（25）是没有根性"被指定赋值 t。弱模式下，一个析取项的赋值为 u，所以（25）被指定赋值 u，强模式下，因为第二个析取项赋值为 t，所以（25）的赋值为 t。

对（25）有根性的分析如下：

（25_1）（25_1）是假的，或者（25_1）是没有有根性的。

（25_1）是有根性的，那么析取项"（25_1）没有有根性"赋值为假。在强模式与弱模式下，（25_1）的赋值与"（25_1）是假的"的赋值是相同的，只有一种可能，即二者的赋值都为 u。这样一来，如果我们只是关注代语句中"真"和"假"的角色，而不将其理解为真假矛盾命题，（25）和（25_1）可以被指定不同的赋值，悖论的再现可以避免。

但格罗弗对（25）和（25_1）的处理依然存在问题。我们先看对（25）的分析。根据有根性的说明，（25）不能要求独立的赋值。（25）缺乏赋值，所以它不能被断定。但格罗弗认为，在强模式下，（25）有赋值 t。因为（25）有赋值 t，（25）应该被断定。这样，悖论再次出现。接下来，我们考虑（25_1）。如果（25_1）有根性，这似乎表明（25_1）能表达一个命题。（25_1）如果表达一个命题，那么它的第一个析取应该是这个内容的矛盾命题。因为这个析取是有赋值的，它不应该被指定格雷弗所声称的 u。但是如果（25_1）被指称 t 或者 f，悖论同样继续出现。因此，格雷弗关于（25）和（25_1）的分析论证并未实现对悖论的真正解决，仅是对悖论进行了语言层面的重新解读。

代语句真理论对"真谓词"的特设处理为真理论提供了一个新的研究视角，从语法角度把真谓词放置于一个特殊的语言结构，降低了对真问题理解

[①] Grover D, "Inheritors and paradox", *Journal of Philosophy*, Vol. 74, No. 10, 1977, p. 603.

的各种描述性承诺，在一定程度上给说谎者悖论提供了一个解决思路，这是理论的价值所在。但从理论对命题的量化分析、真谓词处理、悖论解读等几个方面分析，我们发现该理论做的更多的是论证这种特设的可行性，这种做法似乎并未将理论推向一个更好的发展，因为它的特设性，导致理论本身缺乏更大的普遍推广性，也最终使得理论的论证只停留在解释它存在的可能性，而非论证理论发展的必然性。

2.4 极小主义真理论

极小主义真理论（the minimalist theory of truth），也叫真之极小主义理论，是当代紧缩真理论研究最具代表性的理论分支，作为真理论研究的理论前沿，已形成较为完整的理论体系。极小主义真理论既赞同紧缩真理论的一般性观点，又创新性地改进了紧缩真理论，发展出一种针对命题的真之理论。它利用以意义为核心的等值模式间接地定义了真概念，认为真是归属命题的弱性质，真与"真的"具有不同的意义理论，"真的"的意义是由等值模式限定的。

极小主义真理论的主要代表人物是美国纽约大学哲学系教授霍维奇（P. Horwich），他的主要研究方向涉及逻辑哲学、分析哲学、语言哲学、元哲学、认识论、形而上学和科学哲学等多个领域，其在逻辑哲学领域尤其是关于真和意义的理论引起了广泛的关注，被誉为紧缩真理论的领军人物[①]。他较为系统地阐述了极小主义真理论的基本思想，不仅巩固了紧缩真理论共识性的理论观点，而且提出了一些创新性的理论观点，也在某种意义上进一步完善发展了紧缩真理论。

2.4.1 理论基础：等值模式

塔斯基于20世纪30年代提出了真之语义学概念，并给出了形式化语言

---

① Hilary P, "Naturalism, realism, and normativity", *Journal of the American Philosophical Association*, Vol. 1, No. 2, 2015, pp. 312-328.

中的真之定义，即真之语义学理论。他的"主要目的致力于唯一的问题——真的定义，它的任务在于，在某种给定语言的范围内，构造一个实质恰当并且形式正确的关于'真语句'的定义"[1]。针对真的定义问题，塔斯基没有直接展开，而是从"真语句"的定义着手，将真定义转化为真语句的定义，从而使真定义问题变得更具体直观。根据塔斯基的要求，任何令人满意的真定义都必需满足实质适当性条件和形式正确性条件。

所谓实质适当性条件是指：任何适当并且可被接受的真定义都应该以T-模式的所有实例作为逻辑后承，即能够为对象语言中的所有语句衍推出相应的T-等值式[2]。T-等值式亦即T-模式的实例。所谓的T-模式（T-schemata）是指：

（T-模式）S 是真的当且仅当 P

通过将目标语句的名称或结构描述名称代入"S"，将目标语句或目标语句在不同元语言中的翻译代入"P"而获得。这也就是说，如果真是相对于语言 L 而定义的，那么 L 中的每一个语句都能够替换 P，并且以代入 P 的那个句子的名称代入 S[3]。

T-模式为真理论研究（特别是紧缩真理论）提供了一个有效的逻辑形式和形式理论构造方法。但是，塔斯基真定义也存在一些理论诘难，一是塔斯基将语句看作真之载体，无法满足日常表达的需要。在日常表达中，真用于表达人们所相信的、所猜想的或者所断言的东西（也就是命题），而不是用来阐明或表达那些主张的标记（也就是语句）。二是，塔斯基真定义是一个有限的定义，是特定语言中语句的真定义。

霍维奇极小主义真理论是一个包含所有命题的真理论，基于命题与语句或信念等语言表达式之间存在的特定关系，把命题而非语句或信念看作真之载体。极小主义真理论把 T-模式解读为等值模式：

（E）$<P>$ 是真的当且仅当 P

---

[1] Tarski A, *Logic, Semantics, Metamathematics (Papers from 1923 to 1938)*. Translated by Woodger J H. Oxford: Clarendon Press, 1956, p. 152.
[2] 周振忠：《塔斯基的真理论与符合论》，《自然辩证法研究》2005 年第 8 期，第 41-44，83 页。
[3] 苏珊·哈克：《逻辑哲学》，罗毅 译，张家龙 校，商务印书馆 2003 年版，第 124 页。

其中，<P>表示由P表达的命题，亦即命题P。

等值模式深受塔斯基T-模式的影响，它以T-模式为理论基础，但又具有自身的理论独特性。等值模式是先验性的和基础性的，其先验性体现在它类似于逻辑或数学的基本规律，不需要还原性的或其他深层次的理论解释[①]。这也就是说，等值模式不是由经验性的成分构成的，不包含任何非语义性东西，不需要进行还原性分析，也不需要借助于其他概念予以解释，不需要借助其他更基本的规则或事实演绎得出。等值模式的基础性则是说，它的任何实例都具有概念上、解释上及认识论上的理论基础性[②]。具体说来，等值模式的基础性主要体现在以下三个方面。

1. 等值模式的概念基础性

所谓等值模式的概念基础性，是指依据霍维奇所承诺的真的意义理论，我们确定真的意义的基本特征和基本使用规律是由我们倾向于接受等值模式的所有实例决定的。极小主义真理论的本质在于，某种特定的无争议的等值模式可以限定我们关于真的概念，而且也不必采取某种传统的显定义的形式。这转变了真理论问题的研究范式，由真是什么的问题转向真用作谓词时"真的"的意义是什么的问题。根据极小主义真理论的思想，我们确定"真的"的意义的基本特征和基本使用规律都是源自我们对等值模式具体实例的接受，等值模式隐含地定义了真概念。如果某人通过等值模式能够获得拥有真概念的意义，那么他也就能够理解真概念的内容。即使他依然不能明确地定义真概念，但此时通过等值模式的具体实例，他是能够识别真概念的。从此种意义上说，等值模式确实为解释真概念提供了理论基础。

极小主义的真概念是通过对真的具体使用获得的，亦即通过等值模式具体实例对真概念进行解释。正如艾斯顿（W.P. Alston）所指出的那样，概念获得的方式就是将某种意义赋予某种特定的语词或语句片段（也就是对具有特定意义的语词与语句的使用）[③]。因此，我们可以通过一系列对真的使用断

---

① Horwich P, *Truth*. Oxford: Oxford University Press, 1998, pp. 50-51.
② Oms S, "Minimalism, supervaluations and fixed points", *Synthese*, Vol. 197, No.1, 2020, pp. 139-153.
③ Alston W P, "Truth: concept and property", in Schant R. *What is truth?* Berlin: de Gruyter, 2002, p.11.

定真概念，通过"真的"的意义限定真的具体使用，等值模式的具体使用构成了一个解释真的意义的实例集，其中的每一个元素都是对真概念是什么的解释。

2. 等值模式的解释基础性

所谓等值模式的解释基础性，是指等值模式能够解释我们对等值模式的理解或对等值模式具体实例可接受性的证实，等值模式是显然的或先验可知的。极小主义关于真概念的理论其实就是极小主义解释真谓词"真的"具体使用的意义理论，亦即真谓词在等值模式实例中的具体使用。

阿莫尔-伽布（B. Armour-Garb）在《极小主义真理论》一文中指出，等值模式所具有的解释基础性主要表现在两个方面：一是等值模式致力于解释我们对那些包含"真的"命题的接受程度；二是等值模式能够充分地解释所有包含真的事实，即等值模式的具体实例能够解释关于"真的"一词的意义、作用以及真谓词所具有的功能。更重要的是，等值模式提供了一种验证命题是否为真的标准：将等值模式运用于某一个具体命题，综合考虑满足等值模式的各方面因素，就能够判定一个命题是否为真[①]。

依据极小主义真理论的思想，我们认为，所有包含有真谓词的语言表达式所表达的事实都能够通过如下的方式获得解释：通过假定等值模式的具体实例获得解释的理论前提，这一给定的前提结合相应的推理规则能够得到相应事实的解释。但是，对于那些关于真的事实[②]，极小主义真理论提供了一种有关真的理论，虽然没有涉及其他任何的理论内容，但是与其他理论相结合能够解释所有关于真的事实。

3. 等值模式的认识论基础性

所谓等值模式的认识论基础性，是指等值模式的实例是"立即知道"（immediately known）或"立即推出"的事实，是不需要借助其他更基本的规

[①] Armour-Garb B, "A minimalist theory of truth", *Metaphilosophy*, Vol. 44, No. 1-2, 2013, pp. 53-57.
[②] 我们可以发现，在霍维奇的工作中，他明确区分了两种不同的事实即"包含真的事实"（the fact involving truth）和"关于真的事实"（the fact about truth），等值模式不需要依赖其他理论就能够解释包含真的事实，但是对于关于真的事实则需要其他理论概念。

则或事实演绎得出的①。正是在这个意义上，等值模式的实例在认识论上是根本性的、基础性的。我们没必要在更明显的或者其他任何已知的理论基础上寻求证明我们接受等值模式实例的理由。相反，我们几乎不需要借助其他更为基本的理论事实就能够解释等值模式的可接受实例。因为它们自身可以用于解释其他概念，甚至用于真谓词解释所有真概念的使用。

关于真谓词的使用，我们只需要依赖于等值模式，而不需要其他任何的概念。这正如霍维奇所指出的那样，"根据极小主义的基本思想，我们限定真谓词的意义不仅仅依赖于我们对等值模式的接受，而且这个接受在认识论上是基本的，亦即我们对等值模式的接受这样一个真的事实并不需要通过真谓词提出的任何更基本的事实假设"②。

从等值模式的认识论基础性可以看出，真不是分类标准，也不是某种描述装置，真能够使我们获得某种概括性知识。真谓词能够增强语言的表达力，使一些无法准确表述的陈述成为可能，例如，全称概括规则的运用（比如：亚里士多德所说的都是真的），以及那些归属不明的语言表达（比如：亚里士多德在《形而上学》第一章所说的是真的）成为可能。

2.4.2 真之定义

"极小主义的目的并不在于明确地给出真的定义，即那种既不是描述性的，同样也不是规定性的定义；它也没有提供一种重新解释阐明包含某个语词的语句内容的方法。"③根据霍维奇的意思，实质上，极小主义真理论提供了一种关于真的理论，这种理论没有过多承诺，通过与其他相关理论相结合能够充分解释所有关于真的事实。极小主义真理论没有直接给出具体的真之定义，而是将真看作满足等值模式具体实例的集合，等值模式为真概念提供了一种标准，一种解释模式。我们对于等值模式具体实例的接受，则从外延的角度间接地定义了真。我们对于真的理解或关于真的意义的理解，是基于

---

① Horwich P, "A minimalist critique of Tarski on truth", in Beall J, Armour-Garb B. *Deflationism and paradox*, Oxford: Clarendon Press, 2005, pp.75-84.
② Horwich P, "A defense of minimalism", *Synthese*, Vol. 126, No.1-2, 2001, pp. 149-165.
③ Horwich P, *Truth Meaning Reality*. New York: Oxford University Press, 2010, p. 38.

我们对等值模式（E）具体例示的基本事实的接受。例如，(S)：命题雪是白的是真的当且仅当雪是白的，其中我们对于谓词"是真的"的理解就是基于对（S）这一模式的接受[①]。

在霍维奇看来，我们定义真，并不是通过简单的消除真谓词的方式，也不是通过隐含定义的方式，而是依据真谓词的使用，通过揭示真所具有意义的方式进行的。真的意义由那些我们倾向接受的等值模式的具体实例构成，亦即"真的"在等值模式实例中的具体使用。从这个意义上来说，极小主义真理论能够描述说明真所具有的意义，解释包含真的事实，从而间接地定义真。

霍维奇进一步论述，从我们对真谓词整个使用的来源来看，我们倾向于接受等值模式（E）的具体实例，然后给出一个意义使用论，它遵循着真谓词的意义是由关于真的事实所决定的这一原则。透过等值模式所表达的真的所有事实（这些表达真的事实则是真所具有的外延），我们便可以从这种对真外延性的解释说明中把握真是什么，理解真的具体含义，避免内涵性定义所产生的疑难。严格来说，我们在通过等值模式例示真时，应当区分如下两个共同决定我们接受等值模式的因素，并将它们所具有的实质性的内容予以分辨：

（1）我们决定接受"命题 P 是 K 当且仅当 P"这种模式；

（2）如果我们接受了这样一个模式，那么我们就决定了使用"真的"一词。

需要注意的是，在（1）中 K 表达某种属性，例如，"真的"代入 K，那么这样一种模式就成为我们的等值模式（E）："命题 P 是真的当且仅当 P"。严格来说，我们对于真的定义以及关于真的使用正是源于（1）中具体模式例示的解析以及（2）的理论承诺，它们共同提供了我们使用真的基本规律，并构成了我们使用真的意义[②]。从对真的外延性解释中，我们可以提取真的具体使用，关于真的所有事实就构成了真的外延性定义，从而避免了这样一种对真的内涵性定义："真的"意味着"F"。这里的 F 是比真更为基础性的概念，

[①] Horwich P, *Truth*. New York: Oxford University Press, 1998, pp. 33-35.
[②] Horwich P, *Truth*. New York: Oxford University Press, 1998, p. 107.

真需要还原为F，依赖F才能够得以解释。

根据霍维奇所传达的意思，我们认为，关于真之定义，霍维奇并没有直接地给出具体的说明，他将真看作对等值模式（E）具体实例的接受，真在等值模式中的使用解释了真所具有的意义，从而间接地定义了真。由于真之定义问题是十分复杂且难以回答的，霍维奇的定义方式转变了已有的定义范式，将对真之定义问题的直接回答转化为探讨真谓词的具体使用，通过真谓词在等值模式中的具体使用给定那些为真的事实，而这些为真的事实则反过来解释了真的意义。从某种意义上可以说，真的事实具体例示了真，这就从外延的角度间接地回答了真是什么。极小主义真理论实质上是用以意义为核心的等值模式间接定义真的，正是从等值模式具体实例的角度解析真，以"真的"所表示的具体事实为基础，从外延的角度间接地定义真。

2.4.3 真之性质

在《形而上学》第五卷第十四章，亚里士多德把性质看作一个哲学名词给出了解释，性质主要有两层意思或两种功能：一是表征个体事物之间的差异，如人和马都是动物，这是它们之间的共性，而两足和四足则是两者性质之间存在的差异；二是表征个体事物变化的属性，如冷热、黑白、重轻[①]。

众所周知，哲学上有一种传统看法，性质被看作"谓词的影子"[②]。通过对语句或命题语形的分析，我们能够获得一些有关性质概念的解释，性质概念主要是通过如下形式显现的：

（P）a 是 F

这里的 a 是指具体的个体对象或语言表达，F 则是用具体的形容词或名词替换的，我们可以得到（P）的等价形式（P_1）：

（P_1）a 具有性质 F（或成为一个 F）

类似（P）和（P_1）的推理形式，我们可以从前提

[①] 参见汪子嵩，范明生，陈村富，等：《希腊哲学史（第三卷）》，人民出版社2014年版，第145页。

[②] Schindler T,"Deflationary theories of properties and their ontology", *Australasian Journal of Philosophy*, Vol. 100, No. 3, 2022, pp. 443-458.

（P₂） a V s

这里的"V"可以代入任何的动词，推断出与（P₁）相对应的形式（P₃）：

（P₃） a 具有 Ving 的属性（是 Vs 的实体）

假设（P）和（P₂）中的谓词是真正的谓词（并且它们不产生悖论），那么我们从一些没有明确指定性质的语句或命题，可以推断出该语句或命题所包含的性质[1]。从以上推理形式可以看出，性质概念必须通过谓词予以表达，必须具有实体性的构成部分。真正的谓词表达的是与其相对应的性质，但是并非所有的谓词都是真正的谓词，并非所有的性质都有实体性的构成部分。

紧缩真理论认为真不是一种性质，不存在用于描述语句或命题的真性质。当说一个语句或命题是真的时，真没有为命题增添任何东西。不同于一般紧缩真理论，极小主义真理论认为，我们从弱性质的角度出发，真可以说是一种性质，只不过真是一种特殊的非实质的性质，没有内在的本质，不像其他性质具有一些其他的概念特征。真不是一种功能性或倾向性的属性，没有内在本质性的功能作用，也没有刻画作为基本倾向性的需求。

根据极小主义的观点，真作为一种性质，之所以没有内在的本质主要是基于以下两点：一是关于真的事实可以基于等值模式的某种具体实例清楚地解释（例如，命题"雪是白的"是真的当且仅当雪是白的）；二是由等值模式具体实例构成的等值事实的集合，没有其他非语义实体，满足了自我解释的需要。

具体来说，之所以说真没有内在本质，不是严格实质性质，一方面是由于我们对真的理解源自等值模式的具体实例，不需要其他经验事实的说明，另一方面则是等值模式具体实例所构成的等值事实集合没有其他非语义实体，且不需要其他非语义实体，真也无法还原为其他非语义实体。因此，真不能通过其他实质性的自然属性意义替代，也不能够还原转化为其他非语义性实体来表达真所具有的意义。这一点正如斯托尔雅（D. Stoljar）和达姆尼亚诺维奇（N. Damnjanovic）在《真之紧缩论》中所指出的："关于'性质'的共识性的理解：一是它可以还原为某个或某些非语义实体；二是当两个事

---

[1] Künne W, *Conceptions of Truth*. Oxford：Clarendon Press，2003，p.54.

物共享一个性质 G 时,这里存在着一个它们都是 G 的直觉性解释,它们可以被简单地说成都是 G"[①]。从这种强性质的意义上来说,我们认为,真确实不是实质性质,既不可以还原为某种非语义实体,又不可以简单地解释两个同为真的命题,真缺乏某种直觉性解释能力。

霍维奇创造性地按照强与弱、严格与非严格的标准将性质分为强的性质和弱的性质,严格的性质和非严格的性质。一个谓词表达了一个强的、严格的实质性质当且仅当没有先验性的条件阻碍它还原为非语义词项,亦即一个谓词表达了一个实质性质当且仅当该谓词所表达的性质是由其他一些非语义的性质构成的,也就是那些自然属性。例如,"水"就是强的、严格的实质性质,是由化学分子 H_2O 所组成的自然属性构成的,它可以转化为其他实质实体的属性来表达。由于真性质没有内在本质,不是由其他的自然属性构成的,当我们依据强的、严格的实质性质的标准看待真性质,真性质就会像一般紧缩真理论所承诺的那样,真不是一种性质。但是,若从弱的、非严格属性的角度出发,我们把真看作一种弱性质,这也是未尝不可的。

真是一个弱性质,即是说,真作为一个性质,它仅仅是形式的而非实质性的。这是因为真作为谓词不同于一般的谓词,一般的谓词表达的是实质性质,能够借助于某种事实的其他成分之间的关系来予以说明,需要借助于经验事实的解释。真作为谓词是一种逻辑谓词或形式谓词,表达的是一种特殊的性质,这种性质是非严格实质属性,没有内在的本质,不需要借助于经验事实的说明。通过如下的逻辑推理形式,我们能够明确真是可以作为谓词的,并且真是能够表达一个性质的。给定前提条件

(1) x 是真的

并且

(2) $x =$ 命题 P

可以得到

(3) 命题 P 是真的

[①] Stoljar D, Damnjanovic N, "The deflationary theory of truth", *The Standford Encyclopedia of Philosophy*, 1997, https://plato.stanford.edu/entries/truth-deflationary/.

所以

（4）P

从（1）到（4）的推理过程中，如果真不表达任何性质，那么我们就不能够从前提（1）得到结论（4）。因此，当真作为谓词时，它必定表达了一种性质。

通过对以下推理过程的分析，我们能够明确霍维奇所强调的真是一种弱性质的理论观点。

（5）我们能够清晰地知道"x 是真的"的语法形式中，词项"是真的"位于谓词的位置之上。

（6）通过分析前文由前提（1）到结论（4）的推理形式，我们能够发现"x 是真的"这种形式构造发挥着极其重要的推理作用。

（7）根据词项"是真的"在具体逻辑推理进程中的重要作用，从逻辑的观点看，我们一定能够把词项"是真的"看作一个谓词。

（8）存在这样一种共识，任何一个概念作为谓词时，它就具有了一定的逻辑功能，表达了一种性质。

（9）因此，词项"是真的"作为一个谓词时，它就一定表达了一种性质（虽然是从弱性质的层面来说的）。

（10）因此，形式"x 是真的"也就具有了一般逻辑形式"x 是 F"所具有的理论特征，它能够将某种性质归属某种特定的对象[①]。

从以上的理论分析可以看出，当真出现在谓词位置，充当命题的谓词时，它是表达了一种弱性质的，并且能够把此种弱性质归属于命题。极小主义真理论明确将真归属于命题而非语句或信念，即将命题看作真之载体，正是基于他们所理解的命题与语句或信念之间存在的特定关系：命题其实就是语句或信念所意谓的东西，也就是说，命题是语句或信念所传达的某种固定的含义或意义，并且如果两个语句拥有同一种意义，那是因为这两个语句表达了同一个命题。

命题作为真的载体具有理论优势，首先，命题可以看作抽象的存在；其

[①] Horwich P, *Truth*. New York: Oxford University Press, 1998, pp. 125, 141-142.

次，命题在概念解释上优先于真；最后，命题具有解释性基础，语句、信念等语言表达式的真能够通过命题的真获得解释。有关命题是什么的问题，霍维奇本人并没有给出具体的回答。但是他坚持认为，无论我们是在物理上还是在精神上做出的任何承诺，都是需要被命题识别断定的，因为"当我们承认等值模式的某种具体实例的时候，我们或许可以将命题看作由弗雷格意义上的涵义、或者某种具体对象和性质构成的。此时命题就等同于某种语言中特定语句的集合，或者语句的意义，或者与某种特定语句的意义相结合而产生的某种新的非还原性的实体"[①]。具体来说，我们认为，语句和命题是不同的，可以说它们是分别属于不同领域的。语句或话语行为是表达相应信念、断定的载体，而命题则是相应信念或判断所相信或所判定的东西。亦即，语句或话语和命题可以看作属于不同领域的，语句或话语属于实体层面，是对世界状态的描述或表达，命题则属于思想领域，是具体语句或话语所传达的思想或意义。语句和命题之间存在一定的联系，命题是语句或话语在特定语境中所表达或暗含的语义信息，命题是语句所传达的信息内容。

2.4.4 真之意义

极小主义真理论认为，有关真之意义的理论分析，有必要区分真和"真的"以明确真作为谓词具有的特殊性。有关"真的"意义的探讨离不开意义使用论的理论支持，正是通过对意义使用论基本思想的探讨展开对"真的"意义相关理论的分析。

霍维奇借鉴区分有关水自身的理论和语词"水"的意义理论的理论方案或技术手段，创新性地区分了有关真与"真的"的理论。有关水的理论主要是关于水的物理性质以及化学性质的，其目的在于探寻那些可以用于解释其他有关水的现象的基本事实。这也就是说，"水的理论就是将一些水的基本特性进行分类——比如 H_2O 是水分子的组成——这个特性能解释水的其他特性，例如，为何它是透明的，无色的，无气无味的，解渴的，为何它是 0 摄

[①] Horwich P, *Truth*. New York: Oxford University Press, 1998, pp. 16-17.

氏度冰冻，100 摄氏度沸腾的液体等"①。有关语词"水"的意义理论则是侧重从语义的角度解释那些描述水的思想或语句，不关注水所具有的物理性质或化学性质，而是"对（与语词）水的意义相关的基本事实进行描述或分类，然后对建立在（该语词）意义解释基础上的规则进行分类。如语词'水'的使用，将它的基本事实（或基本的物理性质或化学性质）'透明的''无色的''无气的''无味的''解渴的''液体'等等作为（语词）水本身意义的组成部分，但此时，我们不需要思考水包含'组成 H_2O 分子的意义'（这样的一个事实）"②。从以上论述可以看出，有关水的理论主要描述水所具有的基本属性，而水的意义理论则侧重论述语词"水"所具有的意义，即语词"水"的基本使用规则。

真与"真的"的理论类似于水的理论与语词"水"的意义理论。霍维奇明确地指出："类似地，这是主要的方面来区别我们真的概念与真本身的描述。前者要区别关于语词所代表的，关于真的现象的基本事实；后者则要将一些情况进行详细论述，一些人在一定的意义上使用语词'真的'。所以，前者——真本身的理论——包含关于建立在真的所有事实基础上的真属性的原理可以用来被解释；而后者——'真的'的意义——是通过对语词'真的'具体使用的归纳详细论述的，这个归纳将用来解释对它的所有使用。"③这也就是说，有关真理论的主要论述是有关真的基本事实，这样一些基本事实能够用于解释其他与真相关的事实；而有关"真的"意义的理论则对语词"真的"基本使用情形的分析，亦即"真的"的具体使用规则构成了其意义。

霍维奇曾明确指出："极小主义真理论直接关注的是'真的'这个谓词，而不是'真'这个概念本身。它旨在明确对'真的'的意义起决定作用的非语义事实，并且此种非语义事实也能够大致刻画出'真的'在等值模式中所发挥的作用。"④通过真谓词在等值模式中的具体使用，我们可以获得真谓词的意义，能够解释真概念所具有的性质。这是因为"一般来说，我们可以认

---

① 彭媚娟：《极小主义理论探析》，《重庆理工大学学报（社会科学）》2014 年第 10 期，第 25-30，36 页。
② 彭媚娟：《极小主义理论探析》，《重庆理工大学学报（社会科学）》2014 年第 10 期，第 25-30，36 页。
③ Horwich P，*Truth*. New York：Oxford University Press，1998，p. 135.
④ Horwich P，*Truth Meaning Reality*. New York：Oxford University Press，2010，p. 38.

为没有必要进一步地探求一些关于真谓词更为深层次的事实，除了等值模式所例示的以外，不需要任何其他的东西解释真谓词的具体使用。正是出于这种原因，我们能够得出结论：'真的'的意义是由等值模式决定的"[1]。因此，我们认为，极小主义真理论限定了真之意义，等值模式的实例给出了"真的"的意义，"真的"在等值模式中具体使用限定了"真的"的意义，亦即我们对于"真的"在等值模式实例中具体使用的接受决定了"真的"的意义。

意义使用论对意义的刻画为我们明确"真的"的意义奠定了理论基础，通过对有关意义的基本理论原则的分析，我们可以将此种理论运用于分析"真的"的意义。"真谓词的意义是由等值模式（<P>是真的当且仅当P）限定的，等值模式是先验的，它作为解释性基础，有关等值模式的解释不依赖于其他概念。"[2]依据霍维奇的理论观点，我们认为，以等值模式为理论基础，有以下关于"真的"意义的基本理论原则：

（i）"真的"的意义是一个概念。从前文有关"真的"的理论分析，我们可知，真作为一种特殊的谓词，它谓述了命题的某些东西，表达了一个属性概念，即"真的"的意义是一个谓述性的概念或是一种属性，表达了命题的一种特殊属性。

（ii）"真的"的所有使用源自它所具有的解释性的基础可接受性，这是"真的"具有解释作用的基础。"真的"的基础可接受性是由等值模式具体实例的可接受性构成的，这就是说，等值模式的具体实例限定并解释了"真的"一词的具体使用。

（iii）"真的"的意义是由具有解释基础的可接受性或使用属性决定的。我们通过"真的"的具体使用获得其意义，"真的"的意义是由它作为解释性基础所具有的可接受性构成的。因此，我们说，"真的"的意义是通过其在等值模式具体实例中的使用例示的，等值模式的具体实例是"真的"意义的外延性表达。

按照霍维奇的观点，"极小主义的主要理论是如下两个先验性论断的产

---

[1] Horwich P, *Truth Meaning Reality*. New York: Oxford University Press, 2010, p. 37.
[2] Horwich P, "A defense of minimalism", *Synthese*, Vol. 126, No. 1-2, 2001, pp. 149-165.

物：第一，我们对等值模式具体实例的接受是真谓词所有使用的解释性基础；第二，任何一个语词的意义都是由解释该语词所有使用的基本事实产生的"[1]。霍维奇借鉴意义使用论的基本思想，简单地论证了"真的"的意义，并给出了一个概括性的理论解释。对霍维奇的这一观点，我们表示赞同，为了更好地刻画"真的"的意义，我们依据霍维奇的基本思想重新构造了如下论证过程，详细论证霍维奇意义使用论对于"真的"意义的理论构造：

（1）任意一个语词的意义都是由其具有解释性的基础可接受性决定的。

（2）"真的"的意义是由其具有解释性的基础可接受性决定的。

（3）"真的"的解释性的基础可接受性在于我们倾向于接受等值模式的具体实例。

（4）等值模式在概念上是基础性的。

（5）由（3）和（4）可知，"真的"的解释性基础可接受性具体体现在它在等值模式所有实例中的使用。

（6）由（2）和（5）可知，"真的"的意义是由其在等值模式中的具体使用决定的。

因此，"真的"的意义是基于两个理论构建的，并且这两个理论自身都是合理的。首先，我们所说的"真的"所代表的事实是那些能够解释我们使用"真的"一词所表达的事实；其次，我们对于等值模式的接受最好地解释了"真的"一词的使用。具体来说，为了更好地理解霍维奇有关"真的"意义的论证过程，我们需要着重分析整个论证过程所涉及的前提和结论。

（1）是对意义使用论基本理论原则的概括，意义使用论的基本思想是说，语词的意义是由其使用决定的，语词的使用则是由其基础可接受性限定的，因此任意一个语词的意义都是由其具有解释性的基础可接受性决定的。（2）则是将前提（1）表达的有关语词意义的普遍性理论推广运用于真谓词"真的"。（3）是说我们倾向于接受等值模式的具体实例是解释真谓词所有使用情况的基础。正如霍维奇所说，"我们有关真谓词的所有使用是由等值模式的具体实

---

[1] Horwich P，"A defense of minimalism"，*Synthese*，Vol. 126，No. 1-2，2001，pp. 149-165.

例解释的"[1]。这就是说，我们对等值模式具体实例的接受是真谓词所有使用情况的理论基础，真谓词在等值模式中的使用发挥着重要的解释作用。例如，给定前提

（7）柏拉图说雪是白的。

（8）柏拉图说的是真的。

根据等值模式，我们可以推出

（9）雪是白的。

在这样的推理过程中，我们不只是运用了莱布尼茨同一律，而且必须考虑相关的等值模式实例。更一般地说，我们可以得出这样的结论，除了我们对等值模式的倾向性接受以外，没有其他关于真谓词的进一步事实需要我们来解释它的具体使用方式。

对于（4）来说，这里之所以强调等值模式的概念性基础，因为真谓词的基本使用规则决定其意义，而"真的"的意义则是我们倾向于接受等值模式的所有实例。等值模式的概念性基础则说明我们解释"真的"的意义不需要依赖其他更深层次的概念，这样便能够避免还原性解释所产生的形而上学难题，亦即我们不需要传统真理论解析真概念所遵循的形式规则：对于任意的 x 来说，若 x 是真的，那么就是说 x 具有某种特定的状态或特征。（5）则是（3）和（4）结合起来的考虑得到的理论结果，通过前提（3）和前提（4）的结合，"真的"具有的解释性基础可接受性转化为其在等值模式具体实例中的使用，将抽象性的概念转化为直观性的使用。

因此，通过对霍维奇有关意义基本思想的分析，我们认为，"真的"的意义是由它的解释性的基础可接受性或者它的使用属性决定的，其使用属性则体现在我们倾向于接受等值模式的所有实例。霍维奇曾明确给出，"一个语词的意义属性是由该语词的某种特定的使用方式决定的"[2]。语词的使用方式则是语词的使用属性，而语词的使用属性则决定了与其相应的意义属性。语词的使用属性是一种内在属性，它是一元的单一性的，作为解释性的基础它不

---

[1] Horwich P, *Meaning*. New York: Oxford University Press, 1998, p. 105.

[2] Horwich P, "A defense of minimalism", *Synthese*, Vol. 126, No. 1-2, 2001, p. 162.

需要依赖其他属性来解释，然而意义属性则具有关联性，它与其他非语义的概念具有密切联系，但是意义属性是由单一性的使用属性决定的。

总的来说，"真的"的意义是其具有的解释性的基础可接受性或使用属性决定的，亦即"真的"意义在于我们倾向于接受等值模式的所有可接受性实例。"真的"的意义通过其在等值模式中的具体使用获得解释说明。"真的"的意义决定了我们对真的理解以及真在具体实例中所发挥的作用。我们理解"真"也就是指我们知道真谓词"真的"的意义。

第 3 章　语义真理论

语义真理论是使用形式语义学的方法把"真"作为谓词加以研究的理论，其中主要考察哪些句子可置于"真谓词"的外延之中，特别地，对悖论语句进行适当的处理。本章阐述三个主要的语义真理论：塔斯基的语言层次理论，克里普克的不动点理论，以及古普塔、贝尔纳普和赫兹伯格的修正理论。3.1 节主要按历史的沿革介绍这三个理论，着重从整体上梳理这三个理论逐步演进的过程；3.2 节引入语句网这种可用于分析悖论的语言装置；3.3 节则在无穷命题逻辑中从语句网的视角来重新建构这三个理论，重在阐述这些理论的基本概念、技术方法和主要结果。

3.1　概　　述

语义真理论始于塔斯基对形式语言的语义进行的研究，他提出并证明的真之不可定义性定理是数理逻辑的一个里程碑，也是语义真理论的一个基本结果，他关于真谓词的分层理论为后世研究真与悖论提供了范本。我们的概述就从塔斯基的理论开始。

3.1.1　塔斯基的理论

当把"真"看作一个谓词，即"……是真的"，并试图从逻辑语义学的途径去确定这个谓词的外延时，我们就在一个被称为"语义真理论"（semantic theory of truth）的领域内思考"什么是真"这样的哲学问题了。确定"……是真的"的外延是指在某语言的范围内，对其中为真的语句与为假的语句给出一个泾渭分明的界线，而逻辑语义学主要针对形式语言，利用各种解释手段来分析语句的真假。简单来说，语义真理论尝试解决的一个基本问题是：对于某个形式语言，设定其中含有表示真谓词的符号"T"，在何种解释下，T 的外延刚好是这个语言中的真语句集？为了确定这个语言中的真语句，我们必须事先给出 T 的解释，但如果给出了 T 的解释（即它的外延），我们岂不是已经明确了这个语言中的真语句？

可以看出，语义真理论的基本问题带有某种循环性，这正是自然语言本身含有真谓词的一个反映，是问题的困难之处，也是问题的有趣之处。针对此问题，逻辑学家已经提出了许多解决方案，其中最基本同时也是影响最大的有三种：塔斯基的语言层次理论，克里普克的不动点理论，以及古普塔、贝尔纳普和赫兹伯格的修正理论。我们将在本节对这三个理论进行概述，主要的目的是扼要阐述这些理论解决上述基本问题的思想和方法以及所获得的主要结果。塔斯基是语义真理论的开创者，下面专门阐述塔斯基的理论。

1933 年，也就是在哥德尔发表不完全性定理后两年，塔斯基发表长文《形式化语言中的真概念》。在这篇文章中，塔斯基开宗明义，点明他最主要的目标就是研究"真之定义"，其任务是"相对于一个语言，构造项'真语句'的实质充分形式正确的定义"[1]。这相当于说从语义的角度对谓词"……是真的"的外延进行确定。塔斯基于 1944 年又专门撰名为《真之语义学概念与语义学基础》的文章对其理论的哲学的方面进行了说明。在此文中，塔斯基明确了他研究的真概念是"真之语义学概念"，并把其研究归入对项"真的"进行的理论语义学研究范畴[2]。

让我们从算术语言出发来说明塔斯基语义真理论的基本思想。为避免冗长的符号体系介绍，读者可把算术语言看作小学阶段所学的有关自然数的符号构成的数学体系。例如，$0<1$，$0+1=1$，$0\times 1=0$，等等就是算术语言中的公式（简称"算术公式"）。需要注意的是，在通常的数学实践中，当提到一个公式时，它不仅仅是一个句法表达式，而且还自带语义。例如，公式 $0<1$，不仅仅是三个符号 0、< 和 1 的一种排列，还意味着数 0 和数 1 之间的一种大小关系。但在逻辑学中，表达式仅仅是表达式本身，表达式的语

---

[1] Tarski A，"The concept of truth in formalized languages"，in Tarski A. *Logic, Semantics, Metamathematics (Papers from 1923 to 1938)*. Translated by Woodger J H. Oxford: Clarendon Press, 1956, p. 152.

[2] Tarski A，"The semantic conception of truth and the foundation of semantics"，*Philosophy and Phenomenological Research*，Vol. 4, No. 3, 1944, p. 345.

义需要通过所谓的解释来进行确定,并且也只有在一定的解释下,才可能知道公式的真假。对算术语言的一个自然的解释就是对相关符号的熟知的使用方式,因此,符号0、1表达的就是自然数0和1,<表示的就是小于关系,+、×表示的就是自然数的加法和乘法运算。这样的解释通常称为算术语言的标准解释(或标准结构)。以下考虑算术公式的真假时,总是以此解释为准,常不明确声明此解释。在本节中,除非特别声明,算术公式指算术语句,这里的"语句"又称"闭公式",特指那些没有自由变元的公式。在某解释下,只有这种公式被赋予真值。

算术公式可按照递归的方式生成,这样,我们可按同样的方式规定这些公式(在标准解释下)的真假。例如:原子式"$0×1=0$"为真,当且仅当0乘1等于0;否定式为真,当且仅当被否定的公式为假;合取式为真,当且仅当其合取支都为真;全称式为真,当且仅当其每个特例都为真。由此,可以确定越来越复杂的公式的真假。例如,因为0乘1等于0,可知"$0×1=0$"为真,类似可知,"$0×2=0$"为真,"$0×3=0$"为真,如此等等,再由最后一条,就知全称式"$\forall x(0×x=0)$"也为真。通过这样的方式,就确定了算术公式中哪些为真,哪些为假,并且不难看出每个公式要么为真要么为假,不存在既不为真又不为假的公式。所有这些都是熟知的经典的二值语义。

现在,把真谓词符 T 加入到算术语言中,得到的语言可称为带 T 的算术语言。特别地,当后面紧跟某个公式的时候,我们将使用哥德尔编码的记号把公式括住,即用"$T\ulcorner A\urcorner$"表示"'A'是真的"。这样,此语言不但把算术语言作为一个真子部分纳入其中,而且还含有许多带有 T 的公式,例如,$T\ulcorner 0×1=0\urcorner$,$T\ulcorner T\ulcorner 0×1=0\urcorner\urcorner$,$T\ulcorner \forall x(0×x=0)\urcorner$。当把 T 理解为真谓词时,这三个公式表达的是:"0乘1等于0"是真的,"'0乘1等于0'是真的"是真的,"0乘任何自然数都等于0"是真的。注意,T 的解释不是公式的集合,而是公式的编码构成的集合。特别地,上述三个公式的哥德尔编码应位于 T 的外延之中。

对于带 T 的算术语言,纯算术语言的标准解释已给出除 T 这个谓词符之外其他符号的解释。因而需且只需对 T 做出解释,就可确定带 T 的算术语言中的真语句:在何解释下,才使得在此解释下的真公式集恰好是 T 的外延?

对此，塔斯基给出了如下定理：不论如何解释 T，都不可能使得 T 的外延恰好包含了带 T 的算术语言中的所有真公式。注意到，⌜A⌝属于 T 的外延，当且仅当 T⌜A⌝（成立）。因而，塔斯基定理实则断定了对 T 的任何解释，下一等值式在带 T 的算术公式中必定存在反例（即存在公式 λ，其代入到此等值式的特例不成立）：

$$T\ulcorner A\urcorner, 当且仅当 A$$

一般把上一等值式称为"T-模式"。塔斯基认为，对于某个语言来说，唯有 T-模式对此语言中的所有的公式 A 都成立时，T 作为谓词才真正具有真谓词的"实质"，即上述等值式符合真谓词的"实质充分"条件：等值式"'A' 是真的，当且仅当 A"对所讨论语言中的公式 A 都成立[①]。在这个意义上，塔斯基定理表明，T 不可能解释为带 T 的算术语言中的真谓词，或者更形式地说，$T(x)$（或其他任何带一个自由变元的公式）不可能定义带 T 的算术语言中的真谓词。[②]因而，塔斯基定理又被称为"真之不可定义性定理"。

塔斯基定理的证明思想如下。利用哥德尔不完全性定理证明中的对角线方法，可构造公式 λ，使得 λ 等值于 $\neg T\ulcorner\lambda\urcorner$。公式 λ 正是 T-模式的一个反例。对角线构造过程涉及可计算性理论的知识，此不细究。这里需要留意的是，公式 λ 所表达的可视作对其自身不为真的断定，因而，它正好对应了古希腊人提出的说谎者语句。这里还要顺便指出，与哥德尔定理一样，塔斯基定理并不仅仅对于带 T 的算术语言成立，它还对含有一小部分算术的任何语言都成立，而且因为不涉及公理系统，而仅仅相关于语言的基本句法和语义，其适用范围甚至比哥德尔定理还广——对所有含说谎者语句或其他悖论语句的语言，塔斯基定理同样成立。

有哥德尔不完全性定理珠玉在前，塔斯基不可定义性定理似乎不足为奇。两者都受说谎者悖论的启发，但不完全性定理的证明并没有直接利用说谎者

[①] Tarski A，"The concept of truth in formalized languages"，in Tarski A. *Logic, Semantics, Metamathematics (Papers from 1923 to 1938)*. Translated by Woodger J H. Oxford: Clarendon Press, 1956, pp. 155-156.

[②] 带一个自由变元的某个公式定义了某个属性，是指其属性且只有那些具此属性的对象的名称在代入到此公式中自由变元位置后得到的是真公式。

悖论，哥德尔自己及后世之人也反复强调证明中构造的语句不是悖论。而不可定义性定理的证明本质上就是通过归谬构造出说谎者悖论，塔斯基也特别强调说谎者悖论与其 T-模式之间的关联，并强调说谎者悖论本身的重要性。在《真之语义学概念与语义学基础》中，在说明了说谎者语句代入到 T-模式中会导致矛盾这一点之后，塔斯基警告："从科学进步的角度来看，贬低这个[说谎者悖论]和其他悖论的重要性，并将它们视为笑话或诡辩是非常错误和危险的。"他特别强调："悖论在建立现代演绎科学的基础方面发挥了卓越的作用。正如集合理论中的悖论，特别是罗素悖论（…），是逻辑和数学的一致形式化探索工作的起点，说谎者及其他语义悖论导致了理论语义学的建立。"[①]可以说，塔斯基的不可定义性定理是一个分水岭，自此之后，原先可以说不入流的说谎者之类的悖论才真正成为逻辑学家必须严肃对待的研究对象。

塔斯基同时指出："我们必须发现这些悖论[说谎者之类的悖论]产生的原因，也就是说，我们必须分析它们所依据的前提；然后我们必须至少拒绝这些前提中的某一个，还必须研究由此引发的对整个研究领域产生的后果。"[②]通过前面的阐述，塔斯基定理的本质其实是表达了下述三个前提一定会导致矛盾：

（1）语言的语义赋值是二值的（二值性）。

（2）所讨论语言中的任何公式代入到 T-模式的特例都是成立的（实质充分性）。

（3）真谓词被包含在所讨论的语言内（语义封闭性）。

前两条中的语义赋值和 T-模式都归功于塔斯基本人，第三条很自然就成为塔斯基拒斥的前提。塔斯基当然注意到了自然语言在语义上是封闭的，但他同时也指出除非自然语言被精确地界定范围，其不一致性才会显现出来。即使如此，这也并不妨碍自然语言的一个部分因为缺少语义概念（从而不再

---

① Tarski A，"The semantic conception of truth and the foundation of semantics"，*Philosophy And Phenomenological Research*，Vol. 4，No. 3，1944，p. 348.

② Tarski A，"The semantic conception of truth and the foundation of semantics"，*Philosophy And Phenomenological Research*，Vol. 4，No. 3，1944，p. 348.

是语义封闭的）而不会出现矛盾，这似乎是其语义分层的来源。例如，对于带 T 的算术语言，其中不含 T 的纯算术部分就不会产生说谎者之类的矛盾。如果需要讨论这部分的真谓词，那么可在这个部分之外进行谈论。此时，可以使用带 T 的算术语言来讨论纯算术语言的真谓词。这确实是可行的，因不难给出解释使得 T 的外延恰好包含纯算术语言中的真公式。在这个意义上，带 T 的算术语言是纯算术语言的"元语言"，其中可定义作为后一语言的真谓词。当然，对于带 T 的算术语言，我们需要一个更高等级的"元语言"来谈论前者的真谓词，这就构成了塔斯基语言层级的概观。

总体说来，塔斯基给出了熟知的塔斯基语义，这是数理逻辑的一个主要分支——模型论——的起点，当然，也是语义真理论的重要构成部分。塔斯基还提出并证明了真之不可定义性定理，这个定理实际上隐含了语义真理论的基本问题，他那被后世称为语言层次的理论首次对这一问题进行了回答。此外，在解决这个问题之中，塔斯基首次充分认识到说谎者之类的悖论在真理论中的重要性——正是塔斯基把到现在都有可能被误解为诡辩的说谎者悖论纳入到真正严肃的学术领域之内。基于这些贡献，塔斯基被公认为语义真理论的缔造者。

3.1.2 克里普克的理论

克里普克的不动点理论是塔斯基之后影响最大的语义真理论。在这个理论中，主要目标仍然是从语义角度对谓词"……是真的"进行界定，主要任务仍是遵循塔斯基实质充分性的要求去尝试确定真谓词的外延，并且都特别关注悖论语句的分析。当然，克里普克指出塔斯基的理论在某些方面不能令人满意。克里普克的理论是塔斯基关于真的语义理论的延续和发展。我们有意跳过这个理论对塔斯基理论的批评，将主要集中于揭示它如何推进塔斯基的理论，旨在阐述此理论分析真谓词和悖论的基本思想和方法。

克里普克的理论主要见于其 1975 年著名的论文《真理论大纲》(Outline of a theory of truth)。同时，也不应忘记马丁（R. L. Martin）和伍卓夫（P. W. Woodruff)在同一年发表的论文《论在 L 中表达 'L 中的真'》(On representing 'true-in-L' in L），这篇论文提出了在技术上与克里普克理论相似的理论。只不过，此文无论是在思想上还是在技术上都不如克里普克的论文那么丰富与深刻，因而此文之影响几乎为克里普克的论文所湮灭。下面只着力于阐述克里普克的理论。

上文曾经提到，针对三个会导致矛盾的条件，塔斯基的语言层次理论坚持了二值性和实质充分性这两个条件，而放弃了语义封闭性条件，这被克里普克称为"正统途径"（orthodox approach），他同时提到有这样一种"替代的"（alternative）途径："只能有一个真谓词，适用于包含谓词本身的句子；但是，通过允许真值间隙并通过声明悖论语句落入真值间隙，则可避免悖论"。克里普克指出，这种途径在当时已有人提出，但除了马丁和伍卓夫的论文给出的方案之外，"对一个语言还几乎没有这样的精确语义表述，至少丰富到足以谈论它自己的基本句法（直接或通过算术化）并包含它自己的真谓词"。他还指出那些替代途径还"仅仅是意见"，并没有像塔斯基正统的理论那样提供了一个理论，特别地，它们没有像塔斯基那样给出了"关于真的一个数学定义"（克里普克本人的强调）。可以看出，克里普克致力于真理论的目的与塔斯基有明显的不同：他准备按塔斯基实质充分性要求去给出一个真谓词的定义，同时还确保真谓词出现的语言满足语义封闭性。当然，这是以放弃二值性，允许真值间隙为代价的[①]。

下面仍然在带 T 的算术语言中来阐述克里普克关于真的理论。设想我们向一个小朋友解释这个语言的真谓词，首先可以告诉他，诸如 $0+1=1$ 这样的纯算术公式在真谓词的外延中。接着，再告诉他诸如 $T\ulcorner 0+1=1\urcorner$（即 "$0+1=1$" 为真）这样的带 T 的公式也在真谓词的外延中。下一步就是告诉他诸如 $T\ulcorner T\ulcorner 0+1=1\urcorner\urcorner$（即 "'$0+1=1$' 为真"为真）在真谓词的外延中，如此等等。前面三个公式虽然是随意选择的，但有一定的代表性，这种代表性就体现在，它们一个比一个更复杂，为了确定更复杂的那个公式是否出现在真谓词的外延中，必须在之前的步骤中确定比之更简单的那些公式是否出现在真谓词的外延中。因此，上述过程实际是按照一系列的步骤进行的，这

[①] Kripke S，"Outline of a theory of truth"，*Journal of Philosophy*，Vol. 72，No. 19，1975，pp. 698-699.

些步骤的走向是逐步逼近真谓词的外延，这正是克里普克试图抓住的关于真谓词的一个直觉[①]。

纵观上述过程，我们实际上把真谓词的外延（无妨设为 S）切分为逐渐增长的集合序列：$S_0, S_1, S_2, \cdots$，其中每个集合都为它后续的集合所扩充，而且这一系列扩充的极限就是 S。直观上，每个 S_α 对应的就是在上述过程第 α 步能断定为真的那些公式（的哥德尔编码）构成的集合。与上述序列对应，设立一个同样是逐步增长的序列：$S'_0, S'_1, S'_2, \cdots$，其中，每个 S'_α 对应的是第 α 步能断定为假的那些公式（的哥德尔编码）构成的集合。注意，在上述两个序列的每一步，总有一些公式不能断定为真，也不能断定为假，因此，通过这两个序列，我们实际明确了哪些语句在哪一步位于真值间隙之中。顺便说一句，上述两个序列永不相交，即任意序列中任意集合与另一序列中任意集合的交集皆为空。这是因为，在上述序列中，没有哪个语句能够既被断定为真，又被断定为假。这是此二序列的一个基本特性。

现在，一个问题是：从 S_α 到 $S_{\alpha+1}$ 以及从 S'_α 到 $S'_{\alpha+1}$ 是如何扩充的？克里普克给出了一个技术性说明：以 S_α 和 S'_α 分别作为 T 的第 α 阶段的外延和反外延，$S_{\alpha+1}$ 恰好包含在这种解释下所有赋值为真的公式，而 $S'_{\alpha+1}$ 恰好包含在这种解释下所有为假的公式[②]。注意，因 $S_{\alpha+1}$ 和 $S'_{\alpha+1}$ 也是 A 在第 $\alpha+1$ 阶段的外延和反外延，故当说 $S_{\alpha+1}$ 包含了公式 A，其实相当于说，断定了 A 为真的那个公式在第 $\alpha+1$ 阶段为真；同理，当说 $S'_{\alpha+1}$ 包含了公式 A，相当于说，断定了 A 为真的那个公式在第 $\alpha+1$ 阶段为假。在这点上，正如赫兹伯格指出，克里普克在后继阶段上的构造思想可概括为："如果句子在一个阶段为真，则在下一阶段被断定为真；如果一个句子在一个阶段为假，则在下一个阶段被断定为假。"[③]实际上，T 在 $\alpha+1$ 阶段上的外延和反外延与在 α 阶段上的外延和反外延的上述关系被克里普克明确地表达为一个函数 ϕ，即 $(S_{\alpha+1}, S'_{\alpha+1}) = \phi(S_\alpha, S'_\alpha)$[④]。

[①] Kripke S，"Outline of a theory of truth"，*Journal of Philosophy*，Vol. 72，No. 19，1975，p. 701.
[②] Kripke S，"Outline of a theory of truth"，*Journal of Philosophy*，Vol. 72，No. 19，1975，p. 702.
[③] Herzberger H G，"Note on native semantics"，*Journal of Philosophical Logic*，Vol. 11，No. 1，1982，p. 64.
[④] Kripke S，"Outline of a theory of truth"，*Journal of Philosophy*，Vol. 72，No. 19，1975，p. 703.

克里普克特别强调，他对真谓词的构造过程是单调递增的："一旦一个语句被断定为真或假，在更高的阶段上它仍保持这个真值。"[①]换言之，在 S_α 和 S'_α 中出现的公式也分别出现在它们后续的外延和反外延中。特别地，T 的外延和反外延从第 α 阶段到第 $\alpha+1$ 阶段经历了一次扩充。正是在这点上，克里普克强调指出，从技术上讲，必须确保前面提到的函数 ϕ 满足单调性：若 (S_1, S'_1)（在每个分量上）为 (S_2, S'_2) 所扩充，则 $\phi(S_1, S'_1)$（在每个分量上）也为 $\phi(S_2, S'_2)$ 所扩充。而为了确保函数 ϕ 的单调性，就必须对关乎真值间隙的赋值模式进行谨慎的选择，因为不是所有的赋值模式都能保证此种单调性。

于此，必须提醒读者，关于悖论语句的一个直观看法是，它们都处于真值间隙之中。但究竟何种赋值规则能导出悖论语句处于真值间隙，同时又保证正常语句的真假，在克里普克之前，鲜有人给出明确的回答。所以，正如前面已提到，这种把悖论语句视作处于真值间隙的观点被克里普克斥为不是"真正的理论"，而仅仅是"意见"。即使只考虑确定何种关于真值间隙的赋值模式适合于描述悖论语句这点，克里普克确实是极大推进了这方面的研究。更不用说，克里普克还注意到了，赋值模式的选取还需保证函数 ϕ 的单调递增性。

克里普克指出，关于真值间隙的赋值模式，只要能保证函数 ϕ 的单调性，那么这种赋值模式就可用于语句赋值这一环节。克里普克特别指出了三种可用的赋值模式：克林（S. C. Kleene）的强三值赋值模式、弗雷格（G. Frege）弱三值赋值模式（又称为克林的弱三值赋值模式）以及范·弗拉森（B. C. Van Fraassen）的超赋值模式等。克里普克以第一种赋值模式为例来说明其构造细节，但他同时也表明他对这些赋值模式没有任何偏好[②]。后面在给出克里普克构造真谓词的过程时，我们仍会以克林强三值赋值模式为例进行说明。

对于先前给出的两个逼近真谓词外延和反外延的两个序列，敏锐的读者

[①] Kripke S，"Outline of a theory of truth"，*Journal of Philosophy*，Vol. 72，No. 19，1975，p. 704.

[②] Kripke S，"Outline of a theory of truth"，*Journal of Philosophy*，Vol. 72，No. 19，1975，p. 712.

会意识到目前只讨论了初始阶段和后继阶段的 T 的外延和反外延，还必须对极限阶段 T 的外延和反外延进行明确。前面已经说了，我们所选用的赋值模式保证了 T 的外延和反外延在每个后继阶段扩张的态势，因此，T 在极限阶段的外延和反外延可以通过集合的并集运算获得。即 T 在任意极限阶段的外延都等于它在之前每个阶段上的外延的并，反外延的情形类似。这样，就获得了历遍所有序数的两个序列：一个是 T 的外延序列，$S_0, S_1, S_2, \cdots, S_\alpha, \cdots$；另一个是 T 的反外延序列，$S'_0, S'_1, S'_2, \cdots, S'_\alpha, \cdots$。

为使上述两个序列满足递增性，初始阶段的外延和反外延显然还必须满足条件：(S_0, S'_0) 为 $\phi(S_0, S'_0)$ 所扩张，即当 T 解释为 (S_0, S'_0) 时，所得到的真语句集一定包含 S_0，同时，所得到的假语句集一定包含 S'_0。此时，可以把初始阶段（的外延和反外延）称为是可靠的。很显然，从可靠的初始阶段出发，如果函数 ϕ 是单调的，那么上述两个序列必定是递增的。

对于上述两个序列，克里普克接着指出，虽然它们都是扩张的，但并不是严格扩张的：序列上每个阶段上的集合都是后续阶段上集合的子集，但不一定是真子集[1]。实际上，不论 T 的外延序列还是反外延序列，其中集合的元素都只能是带 T 的算术语言中的公式（的哥德尔编码）。这两个序列不论怎么增长，都不会超出所有公式构成的集合这一范围。然而，序数是可以无限延续下去的，其大小可超越任何集合的大小。因而，一定会有一个足够大的序数，由此往后的每个序数阶段上的集合都保持不变了，这就是所谓的不动点。每个序列上的不动点正好可看作该序列逼近的那个外延或反外延。

不动点可以视作真谓词的外延和反外延。设在第 α 阶段达到不动点，则下一阶段的外延和反外延仍为此不动点。根据 ϕ 的规定，在第 α 阶段为真/假的那些公式恰好就是在第 $\alpha+1$ 阶段被断定为真/假的公式。换言之，在第 α 阶段，公式 A 为真，当且仅当 $T\ulcorner A\urcorner$ 为真。可以看出，第 α 阶段上的不动点作为 T 的解释正好满足塔斯基的实质充分性条件，因而此不动点可作为带 T 的算术语言中真谓词的解释。在这一意义上，已给出了一个在带 T 的算术语言内同时又适合于这个语言本身的一个真谓词。

---

[1] Kripke S, "Outline of a theory of truth", *Journal of Philosophy*, Vol. 72, No. 19, 1975, p. 704.

需要注意的是，不动点并不是唯一的。事实上，从任何可靠的初始阶段出发都可给出一个不动点。例如，如果初始阶段上外延和反外延都是空集，那么所给出的不动点是其他任何不动点的子集，因而被称为最小（或极小）不动点。把断定自己为真的那个语句称为诚实者语句，设初始阶段的外延和反外延分别是诚实者语句的单元集和空集，则对应得到不动点真包含最小不动点：因诚实者出现在前者之中，但不出现在后者之后。克里普克还根据不动点之间的兼容性区分出内在的不动点，具体细节此处从略。

值得强调指出的是，克里普克运用不动点对公式给出了若干有重要理论意义的分类。首先，可使用最小不动点把公式分为有根的（grounded）或无根的（ungrounded）：凡是在最小不动点（的外延或反外延）中出现的公式就称为有根的，否则称为无根的。根据不动点的定义，也可等价地规定为：在最小不动点处为真或者为假的语句是有根公式，在最小不动点处处于真值间隙的是无根公式。其次，参照所有的不动点：如果一个公式不出现在每一个不动点中（也就是，在每一个不动点处都处于真值间隙），那么此公式是悖论的，否则是非悖论的。最后，借助内在不动点，还可规定"内在有根公式""内在悖论公式"等[①]。

综上所述，克里普克的真理论继承和发展了塔斯基的真理论。在克里普克对真谓词的构造中，真值间隙的使用是本质性的，因为它们为那些无根语句尤其是那些悖论语句提供了一个合适的"栖身之所"。这与塔斯基通过层次来化解悖论有根本的不同。当然，克里普克真理论中最重要的贡献是给出了无矛盾但同时又是语义封闭的语言的构建方法，这与塔斯基排斥语义封闭的语言的作法形成鲜明的对照。也正是在这点上，克里普克真理论被认为是对塔斯基真理论的一个极大推进。无可否认的是，克里普克仍然沿袭的是塔斯基的从语义的角度对真谓词的外延进行这一思想，对真谓词他坚持了塔斯基的实质充分性条件。克里普克对悖论的刻画也表明他对悖论的重视相对于塔斯基有过之而无不及。归结成一句话，我们可以说，克里普克是站在塔斯基肩膀上的伟人。

---

① Kripke S, "Outline of a theory of truth", *Journal of Philosophy*, Vol. 72, No. 19, 1975, p. 706-708.

3.1.3 古普塔、贝尔纳普与赫兹伯格的理论

克里普克构造无穷序列以逼近真谓词外延的做法令人印象深刻。在构造其无穷序列的过程中，克里普克强调，为了保证这一序列的单调性，真值间隙赋值模式的使用是必要的。这一点在前面也特别解释了。在这一点上，好奇的读者可能会像赫兹伯格那样提出这样一个问题："倘若从某个带有反外延与外延互补的初始真谓词的经典模型开始，克里普克的构造将会怎样？"对此，赫兹伯格提醒："由于经典模型没有'真值间隙'，因此该构造过程可能永远不会达到不动点。尽管如此，考虑此过程会是什么样子可能会是有趣之事。"[①]

一旦意识到上述问题，我们就可从纯粹技术的角度来直接介绍古普塔、贝尔纳普与赫兹伯格的理论，不必顾及他们对塔斯基理论和克里普克理论的批评，还可跳过他们在建立这一理论时的哲学动机和思想。至于这个理论为何被冠名"修正"，稍后进行解释。我们的讨论仍基于带 T 的算术语言。

回顾一下，在克里普克构造中曾出现函数 ϕ，代表了 T 的外延序列 $S_0, S_1, S_2, \cdots,$ 和反外延序列 $S'_0, S'_1, S'_2, \cdots,$ 从一个阶段到下一阶段的跃迁，即 ϕ 作用于第 α 阶段的外延 S_α 与反外延 S'_α，得到第 $\alpha+1$ 阶段的外延 $S_{\alpha+1}$ 与反外延 $S'_{\alpha+1}$。这里，$S_{\alpha+1}$ 恰好包含在 T 的外延和反外延分别为 S_α 和 S'_α 情况下所有那些赋值为真，而 $S'_{\alpha+1}$ 则由那些在 T 的外延和反外延分别为 S_α 和 S'_α 情况下赋值为假的语句构成。克里普克构造中的赋值只能是那些具有真值间隙的赋值，现在考虑把经典赋值应用到函数 ϕ 的规定中。这样做的一个后果是，正如刚刚提到的，T 的外延与反外延在任何时候都是互补的，即 S_α 和 S'_α 互补。因此，关于 T 给出的两个序列，可以只考虑其中一个。当然，外延序列 $S_0, S_1, S_2, \cdots,$ 是首选。后面仍以 ϕ 来表示 T 的外延从第 α 阶段到第 $\alpha+1$ 阶段的跃迁，即 $S_{\alpha+1} = \phi(S_\alpha)$，$\phi$ 所涉及的赋值乃是经典二值赋值。

关于 ϕ 的一个基本事实是，它不再是单调的。这是因为，如前所述，在含 T 的算术语言中可以构造说谎者语句，即这样的语句 λ，它与 $\neg T\ulcorner \lambda \urcorner$ 等值。

[①] Herzberger H G, "Note on native semantics", *Journal of Philosophical Logic*, Vol. 11, No. 1, 1982, p. 62.

假定λ在第α阶段为真,即假定当T的外延是S_α时,λ为真,则根据ϕ的规定,$S_{\alpha+1}$包含了λ,因而,当T的外延是$S_{\alpha+1}$时,$T\ulcorner\lambda\urcorner$为真,又$\lambda$与$T\ulcorner\lambda\urcorner$不等值,故而,$\lambda$为假。换言之,我们得到了$\lambda$在第$\alpha+1$阶段为假。同理,从$\lambda$在第$\alpha$阶段为假也可推出$\lambda$在第$\alpha+1$阶段为真。$\phi$的单调性要求,任何语句在一个阶段为真(或为假),在下一阶段以及之后的任何阶段都仍保持同样的真值[①]。因而,在经典二值赋值下,ϕ不是单调的。

虽然ϕ不是单调的,但与此相关的序列S_0,S_1[即$\phi(S_0)$],S_2[即$\phi(S_1)$],$\cdots$,还是保留了克里普克原构造序列的某些特性。例如,考虑在$0+1=1$前两次叠加T得到的语句,即$T\ulcorner T\ulcorner 0+1=1\urcorner\urcorner$。假设$S_0$为空集,在初始阶段以及第1阶段,$T\ulcorner T\ulcorner 0+1=1\urcorner\urcorner$为假,但在第2阶段及后续任意有穷阶段,此语句一直保持为真。注意,从第1阶段到第2阶段,$T\ulcorner T\ulcorner 0+1=1\urcorner\urcorner$的真值发生了一次改变。一方面,这次改变与对应的克里普克序列的那次改变有所不同,因为前者是从假变为真,而后者是从真值间隙变为真。另一方面,这两次改变有相同之处:自第2阶段之后,$T\ulcorner T\ulcorner 0+1=1\urcorner\urcorner$的真值都不再发生改变。具有类似情况的语句包括了某些自指语句,比如,诚实者语句。

在古普塔看来,ϕ的上述特性可概括为:作为真之外延的一个候选者,$\phi(S)$至少优于S。因此,他把ϕ看作一种规则,它能够"优化真之外延"。这样一个规则被它称为"修正规则",而由这个规则不断迭代产生的序列$S_0,S_1,S_2,\cdots$,被他称为"修正过程"或"修正序列"[②]。后来,在他与贝尔纳普合著的书中,古普塔的理论甚至被冠以"真之修正理论"(revision theory of truth)之名[③]。顺便提一句,赫兹伯格也独立提出过思想完全相近的理论,但他称上述序列的构造为"素朴构造"(naive construction),并称其理论为"素朴语义学"(naive semantics)。

对于一个修正序列而言,函数ϕ本质上规定了如何从一个阶段过渡到下一阶段,因而,ϕ的不断应用仅给出了修正序列中后继阶段上T的外延。由此产生的问题是,如何规定极限阶段上T的外延?由于ϕ不再是单调的,尝

---

① Kripke S,"Outline of a theory of truth",*Journal of Philosophy*,Vol. 72,No. 19,1975,p. 703.
② Gupta A,"Truth and paradox",*Journal of Philosophical Logic*,Vol. 11,No. 1,1982,pp. 37-38.
③ Gupta A,Belnap N,*The Revision Theory of Truth*. Cambridge MA:MIT Press,1993.

试通过并集运算来积累极限阶段之前的外延显然不是明智之举，因为像说谎者这样的语句，在极限阶段之前，它有时位于 T 的外延之中，有时位于 T 的外延之外，累积效应对这样的语句失去了意义。

受 $T\ulcorner T\ulcorner 0+1=1\urcorner\urcorner$ 在修正序列有穷阶段的真值情况的启发，对于任何一个极限阶段，可以把语句分为三类。对于一个语句，如果在某极限阶段之前，存在某个阶段，该语句都出现在此阶段往后每个阶段的 T 的外延之中，那么按古普塔的说法，该语句在某极限阶段前是稳定真的（stably true）。对应地，把"外延之中"改为"外延之外"，可规定"稳定假"（stably false）。这样，对于某极限阶段，有如下三类语句：那些在此极限阶段前稳定真的语句和稳定假的语句以及既非稳定真又非稳定假的语句。前两类语句统称为（在该极限阶段前）稳定（stable）语句，而最后一类语句又被称为是不稳定的（unstable）语句。例如，诸如 $0+1=1$，$T\ulcorner 0+1=1\urcorner$，$T\ulcorner T\ulcorner 0+1=1\urcorner\urcorner$ 这样的语句在第 ω 阶段前都是稳定真的，它们的否定都是稳定假的，而说谎者语句是不稳定的：当它在一个阶段的外延中出现时，必然在下一个阶段的外延之外[1]。

对于在某极限阶段前稳定真（稳定假）的语句，古普塔和赫兹伯格都不约而同地想到，它们在该极限阶段应出现在 T 的外延之中（之外）。但是，对于那些在某极限阶段前不稳定的语句，两人的想法有所不同。赫兹伯格认为这些语句在该极限阶段一律出现在 T 的外延之外，这样，赫兹伯格实则要求在任何一个极限阶段，T 的外延恰好由那些在此阶段前稳定真的语句构成，换言之，T 的外延是此阶段前 T 的外延序列的下极限[2]。而古普塔则认为那些在某极限阶段前不稳定的语句究竟是否出现 T 在该极限阶段的外延中应与它们在初始阶段是否出现在 T 的外延之中保持一致，因而，它们若在初始阶段的外延之中，则也必在极限阶段的外延之中，反之亦然[3]。

古普塔和赫兹伯格建立他们各自理论的论文都发表在 1982 年《哲学逻辑杂志》第 11 卷第 1 期上。在同一期上还发表了贝尔纳普对他们理论的一

---

[1] Gupta A, "Truth and paradox", *Journal of Philosophical Logic*, Vol. 11, No. 1, 1982, p. 40.
[2] Herzberger H G, "Note on native semantics", *Journal of Philosophical Logic*, Vol. 11, No. 1, 1982, pp. 67-68.
[3] Gupta A, "Truth and paradox", *Journal of Philosophical Logic*, Vol. 11, No. 1, 1982, p. 40.

篇推广性文章，其推广要点落实在修正序列极限阶段的规则上。贝尔纳普把古普塔和赫兹伯格给出的修正序列从某个具有任意性的初始外延出发，按照所谓的"引导程序"（bootstrapper）逐步生成的外延集构成的序列。在后继阶段，贝尔纳普认可前述 ϕ 的规定，并认为它体现了他之引导程序在后继阶段是"理性规则"。在极限阶段，贝尔纳普肯定了古普塔和赫兹伯格对稳定语句是否出现 T 的外延之中的规定，此仍为"理性规则"。然而，对于那些在极限阶段前不稳定的语句，贝尔纳普却认为引导程序在此则是"完全任意的"。

对不稳定语句是否出现在极限阶段上的规定，贝尔纳普认为规定要尽最大限度地追求任意性。在比较古普塔和赫兹伯格的修正序列时，贝尔纳普就认为对于引导程序在极限阶段的"任意性与无系统性方面"，赫兹伯格的规则做得不如古普塔的规则那样"公正"，因为前一规则一律把不稳定的语句置于 T 的外延之外，而后一规则依初始阶段而论具有任意性。但是，贝尔纳普同样也批评了古普塔的规则，他指出在每个极限阶段，古普塔是按同一个"引导策略"（bootstrapping policy）来决定非稳定语句是否会在 T 的外延之中，对此，他评论道："在每个阶段都必须使用相同的引导程序，对我来说这恰恰偏离了任意性的概念。"[①]贝尔纳普把古普塔的极限规则称为是"恒定的"（constant），他提议对每个极限阶段，"分开来定义引导程序"，不同的极限序数可以指定不同的引导策略，以此来增加引导程序的任意性程度。1984 年，在其论文重印之际，古普塔接受了贝尔纳普的提议。

至此，针对那些在某极限阶段不稳定的语句，它们究竟是否属于此极限阶段的外延，赫兹伯格、古普塔和贝尔纳普分别提出了三种不同的看法：赫兹伯格认为这些语句一律不属于极限阶段的外延，古普塔认为这些语句是否属于此极限阶段的外延取决于它们是否属于初始阶段的外延，而贝尔纳普则认为无须设置任何特定的规则来对此进行限制。这样，他们实际上就给出了三种不同的极限规则，这些规则连同前面的后继规则，再结合初始阶段的设

---

① Belnap N, "Gupta's rule of revision theory of truth", *Journal of Philosophical Logic*, Vol. 11, No. 1, 1982, pp. 105-107.

置，对应了三种不同的修正序列，这三种修正序列一般就以他们的名字进行命名。

由于算术语言是可数语言，其语句形成的集合至多有 $2^{\aleph_0}$ 个。再注意到，赫兹伯格和古普塔的修正序列在极限阶段都是依据特定规则确定了外延的，因而，这两种规则在足够大的阶段，一定会出现周期性的循环，赫兹伯格很看重这种周期性现象，把它称为"巨环"（grand loop）。贝尔纳普却因"巨环"应恒定的极限规则而生，而认定它是通过"特设性决定而产生的造作之物"。在他的修正序列上，因极限阶段对不稳定语句的任意设定，"巨环"自然就不复存在了。

不论是哪种修正序列，一般不会出现不动点。对于带 T 的算术语言，由于说谎者语句或其他悖论语句的出现，上述三种修正序列都不会出现不动点。当然，在某些特定的语言中，通过设置某些语义条件，可以排除"坏指称"（从而也排除了悖论语句）的出现，从而使上述修正序列中的前二者也会出现不动点。关于此种特异现象的讨论，可参阅古普塔的论文[①]，这里不展开。我们仍基于算术语言继续讨论。修正序列既然不出现不动点，那么如何用修正序列确定真谓词的外延呢？

前面阐述克里普克的不动点时，我们提到除了最小不动点之外，还有很多不同的不动点。所有这些不动点都能满足塔斯基关于真谓词设立的实质充分性条件，因而，原则上它们每一个都是真谓词外延的合理候选者，至于究竟哪一个是最合理的，克里普克有意悬而不决。注意到这一点，就很容易理解古普塔对前段末留下问题的如下回答：相对于初始阶段设定的集合而言，"真谓词外延的最佳候选者就是出现在[巨环]模式中的那些集合"。因此，在修正理论中，真谓词的外延仍然不是唯一确定的。关于这一点，古普塔给出的解释是，如"是红色的"这种通常的谓词概念，我们能够提供一个明确的"应用程序"（application procedure）用于检验对象是否适合这种属性，比如，可以用光波的波长来明确衡量红色的范围。但对于"是真的"谓词，并没有这种应用程序存在，充其量只能使用"递归程序"（recursive procedure）

---

① Gupta A，"Truth and paradox"，*Journal of Philosophical Logic*，Vol. 11，No. 1，1982，pp. 1-60.

来对真谓词外延的一个已知候选者逐步进行改进[①]。他所谓的"递归程序"其实就是修正过程——正如前面指出,这个过程可以看作对真谓词外延的逐步改进过程,当此过程出现巨环时,改进过程就已达极致,巨环中的每个集合自然都可作为真谓词外延的最佳候选者。

既然修正序列中真谓词的候选外延不再是不动点,那么当 T 解释为此种外延时,塔斯基的 T-模式就不再对所有的语句都成立。古普塔深知这一点,他提议"真理论不一定要求 T-等值式[即 T-模式]在所有的塔斯基模型中都肯定是成立的"。进而,他认为既然 T-等值式不对每个语句都成立,那么它就不会唯一地决定真谓词的外延[②]。这一观点在他与贝尔纳普合著的书中得到进一步的深化,他们把 T-等值式看作一种定义式。他们指出这个定义式中被定义项为真谓词 T,但定义项中同样也隐含了,因此,他们把此定义式看作一种循环定义[③]。总而言之,真谓词定义因其自身的循环性而不可避免地具有一定的不确定性,这也就解释了真谓词外延为何会有很多不同的候选者。

古普塔等人同时还指出虽然修正序列中的外延集合没有满足 T-模式,但是修正序列可以帮助我们甄别出一大类语句,它们的 T-模式特例都成立。粗略地说,这类语句具有如下特征,在修正序列某个阶段往后,它们要么就一直为真,要么就一直为假。可以笼统地把这类语句称为稳定语句,然后,再根据修正序列在极限阶段的具体规定以及初始阶段的情况,对它们进一步进行明确的划分。可以证明,在一定程度上,它们都满足 T-模式。关于这一点,此处不展开细节了,有兴趣的读者可参阅克雷默(Kremer)的相关论文[④]。

在那些破坏了 T-模式的语句中,最特别的是那些悖论语句。它们在修正理论中的规定是:在每个修正序列中都无法维持某个真值的语句。换言之,悖论语句就是那些在任何修正序列中都不稳定的语句。对于古普塔修正序列和赫兹伯格修正序列来说,悖论语句的此种不稳定性并不是完全杂乱无章的,而是——按赫兹伯格的说法——一种"系统的不稳定",具有"特定的模式

---

① Gupta A, "Truth and paradox", *Journal of Philosophical Logic*, Vol. 11, No. 1, 1982, pp. 37-45.
② Gupta A, "Truth and paradox", *Journal of Philosophical Logic*, Vol. 11, No. 1, 1982, p. 24.
③ Gupta A, Belnap N, *The Revision Theory of Truth*. Cambridge MA: MIT Press, 1993.
④ Kremer P, "Comparing fixed-point and revision theories of truth", *Journal of Philoslphical Logic*, Vol. 38, No. 4, 2009, pp. 363-403.

和复杂程度"。这种模式的实质是周期性循环。例如，说谎者悖论的不稳定性就遵循"真—假—真—假—……"这种周期为 2 的模式，而卡片悖论（即两个这样的语句，其中一个断定另一个为真，另一个断定前一个为假）也出现不稳定性模式，但这种模式更复杂，是一种周期为 4 的模式。悖论的这种在不稳定性的外表下表现出来的周期性尤其为赫兹伯格所强调，他甚至构造出一组悖论，并证明这些悖论的不稳定性模式可以越来越复杂，而且这些悖论的复杂程度甚至是无边界的[①]。

总结起来，我们可以把修正理论看作克里普克真理论的某种革新。这个理论保留了克里普克的真谓词的递归构造过程，但同时回归到塔斯基真理论中的二值赋值。在这个意义上，可以认为修正理论试图把塔斯基理论和克里普克理论中最容易接受的成分结合起来。这种尝试的代价是真谓词的递归构造过程，也就是古普塔等人称为的"修正过程"或"修正序列"，不再是单调增加的。由此，一个额外的负担是极限阶段真谓词外延的规定。在这点上，修正理论者们存在分歧。这种分歧，连同修正过程一般不会出现不动点的现象为真谓词外延的界定增加了新的问题。修正理论者似乎只能在语句的某个类别（比如稳定语句）去验证塔斯基的 T-模式。虽然如此，正如克雷默分析比较得出的结果显示，由此确定的符合塔斯基 T-模式的语句一般并不会少于（包含于关系意义下）通过克里普克不动点给出的语句。更可供借鉴的是，相对于悖论语句在克里普克理论中被界定为在任何不动点都处于真值间隙中的语句，它们在修正理论中被界定为在任何修正序列中都具有一定周期性模式的不稳定语句。对悖论的后一界定不是简单的定性，而是具有了某种量的特征，这是一个进步。在后面的章节中，我们将充分利用这种量的特征来对悖论加以分析和构造。

3.2 语句网与悖论

前一节对语义真理论的介绍基于一阶算术语言，此形式语言可产生哥德

[①] Herzberger H G, "Note on native semantics", *Journal of Philosophical Logic*, Vol. 11, No. 1, 1982, pp. 62, 74-75.

尔语句，稍加扩充后又可产生说谎者语句等诸如此类的自指语句。因而，此语言成为逻辑学家们在研究不可判定语句或悖论语句时所仰赖的标准语言。在此语言中对自指语句的构造主要通过对角线引理完成，而这需要借助可计算理论方面的知识。这对初入语义真理论又急切了解其中基本思想和方法的人不得不说是一个障碍。幸好借助所谓的"语句网"概念，可以绕过这一障碍，以一种更直接的方式表达与真谓词相关的悖论语句。本节介绍语句网，并使用它来表达常见的悖论语句。

3.2.1 语句网

简单地说，语句网是带真谓词符的无穷命题逻辑中的一种特殊函数，这种函数对若干原子语句分派相应的语句与之对应。因而，语句网可以用于表示语句之间的指称关系，特别地可以用来表示悖论及其他"病态"的语句。

为引入语句网，首先给出带真谓词符的无穷命题逻辑语言，记之为 $\mathscr{L}_T$，其中初始符号包括：

（1）语句常元 ⊤（恒真）。

（2）语句变元 λ、ν、δ 等，可以带也可以不带数字下标。

（3）语句连接词 $\neg$（否定）、$\wedge$（广义合取）。

（4）真谓词符 T。

以后把语句常元、语句变元和语句连接词分别简称为"常元""变元"和"连接词"。递归定义原子公式如下：

（1）常元和变元都是原子公式。

（2）如果 A 是原子公式，那么 TA 也是原子公式。

（3）只有符合以上条件的符号串才是原子公式。

记 $T^0 A$ 为 A，对任意 $k \geq 0$，令 $T^{k+1} A$ 为 $TT^k A$。$T^k A$ 可称为 A 的 k 次 T 迭代。注意，A 的 0 次 T 迭代就是 A 自己。因而，原子公式包含了常元、变元以及在它们的有穷次 T 迭代。

$\mathscr{L}_T$ 中的合式公式（以后简称公式）规定为原子公式的（广义）布尔组

合，即从原子公式出发，通过使用否定和广义合取得到的表达式。具体定义如下：

（1）原子公式都是公式。

（2）如果 A 是公式，那么 $\neg A$ 也是公式。

（3）如果 Σ 是公式集，那么 $\bigwedge \Sigma$ 是公式。

（4）只有符合以上条件的符号串才是公式。

在实际的应用中，除了可以使用初始符号，还可以使用定义出来的符号。定义 $\bot$ 为 $\neg \top$，并称之为"恒假"。同时，为了使公式中出现的布尔组合更加多样化，可以通过定义引入其他布尔连接词。例如，通过规定 $\bigvee \Sigma =_{df} \neg \bigwedge \{\neg A \mid A \in \Sigma\}$（其中，"$=_{df}$"表示"定义为"），由此引入了广义析取。类似引入常用的合取、析取、蕴涵、等值等符号如下：

$$(A \wedge B) =_{df} \bigwedge \{A, B\}$$
$$(A \vee B) =_{df} \bigvee \{A, B\}$$
$$(A \rightarrow B) =_{df} (\neg A \vee B)$$
$$(A \leftrightarrow B) =_{df} ((A \rightarrow B) \wedge (B \rightarrow A))$$

注意，在上面的式子中，括弧也是通过定义引入的。当然，出于简便，某些括弧是可以省略的，省略规则如常，不再赘述。否定、合取、析取、蕴涵这类通常的连接词又统称为布尔连接词，而广义合取和广义析取属于广义布尔连接词。

以上是带真谓词符的无穷命题逻辑语言中几个基本概念。可以看出，这个语言是通常的无穷命题逻辑语言的一个扩充，其中额外的符号是被称为"真谓词符"的 T，其直观意思是"……是真的"。因此，TA 欲表达的是"语句 'A' 是真的"。需要特别强调的是，真谓词符 T 只能前缀于原子公式，而不能附在其余公式上。将会看到，这大大简化了我们所讨论的形式语言，同时仍能保证这个语言具有强大的表达能力。下面给出真与悖论研究的一个基本概念：语句网。

定义 3.2.1 语句网是从变元集的一个子集到公式集的函数，并且对此函数定义域中的每个变元，其对应的公式中一定都含有真谓词符。常用带或不带数字下标的 d 来表示语句网。

3.2.2 悖论

顾名思义，语句网就是一定范围中的语句之间形成的网络。这里，我们特别关注语句与语句之间因为断定形成的关系：如果一个语句 A 断定了另一个语句 δ 为真，那么就形成了 δ 与 A 之间的一种关联，语句网正是用来表达这种关联性的。也正是因为这里的断定总是断定语句为真（对偶地，为假），所以，我们要求语句网对应到变元的值必须是包含有真谓词符的公式。

例如，规定语句网 d，其定义域为 $\{\lambda\}$，对应关系规定为 $d(\lambda) = \neg T\lambda$。这一分派的实质是让语句原子 λ 对应语句 "'λ' 不是真的"。如果把对应关系看作一种断定关系，那么语句网 d 建立的对应实则是这样一种断定关系：λ 断定它自己不是真的。在这个意义上，我们认为语句网 d 表达了说谎者语句：

$$\text{语句}（\lambda）\text{不是真的} \qquad (\lambda)$$

类似地，如果要表达说谎者语句对偶，即诚实者语句：

$$\text{语句}（\delta）\text{是真的} \qquad (\delta)$$

可以用这样的语句网 d：$d(\delta) = T\delta$。此外，如果要表达如下的偶然型的说谎者悖论：

$$\text{语句}（\lambda'）\text{不是真的并且明天会下雨} \qquad (\lambda')$$

那么可以使用语句网 d：$d(\lambda') = \neg T\lambda' \wedge \delta$。注意，不论是 δ，还是 λ 或 λ'，这样的变元都是"哑的"：使用哪个变元并不重要，重要的是，用这些变元所表示的对应关系。当然，我们常常尊重传统，符号 λ 的使用即是如此。

说谎者语句是下面语句的一个特例（当 $n = 1$ 时）：

$$\text{语句}（\lambda_n）\text{不为真,} \qquad (\lambda_1)$$
$$\text{语句}（\lambda_1）\text{为真,} \qquad (\lambda_2)$$
$$\text{语句}（\lambda_2）\text{为真,} \qquad (\lambda_3)$$
$$\ldots\ldots$$
$$\text{语句}（\lambda_{n-1}）\text{为真。} \qquad (\lambda_n)$$

可称上述语句构成的集合为 n-圈说谎者。n-圈说谎者可以表示为语句网 d 如下：$d(\lambda_1) = \neg T\lambda_n$，并且对任意 $1 < k < n$，$d(\lambda_{k+1}) = T\lambda_k$。

下面一个悖论由文兰引入，可称之为文兰悖论[①]：

$$\text{语句}（\delta_2）\text{为真，但语句}（\delta_3）\text{不为真，} \quad (\delta_1)$$
$$\text{或者语句}（\delta_1）\text{不为真，或者语句}（\delta_3）\text{为真，} \quad (\delta_2)$$
$$\text{语句}（\delta_1）、（\delta_2）\text{都为真。} \quad (\delta_3)$$

文兰悖论可表达为如下的语句网 d：

$$d(\delta_1) = T\delta_2 \wedge \neg T\delta_3$$
$$d(\delta_2) = \neg T\delta_1 \vee T\delta_3$$
$$d(\delta_3) = T\delta_2 \wedge T\delta_1$$

以上所涉及的悖论都只包含有穷多个语句，并且每个语句都只断定有穷多个语句的真假。还有一些悖论，其中至少存在一个语句，它对无穷多个语句的真假做出了断定。无妨称前一种悖论为有穷悖论，后一种悖论为无穷悖论。无穷悖论的语句网表达中必须使用如广义合取这类无穷连接词了。

无穷悖论最著名者莫过于由雅布鲁（S.Yablo）提出并以其名字命名的悖论[②]：

$$\text{对任意 } k>1，\text{语句}（v_k）\text{不为真} \quad (v_1)$$
$$\text{对任意 } k>2，\text{语句}（v_k）\text{不为真} \quad (v_2)$$
$$\cdots \cdots$$
$$\text{对任意 } k>n，\text{语句}（v_k）\text{不为真} \quad (v_n)$$
$$\cdots \cdots$$

雅布鲁悖论的语句网 d 如下：其定义域为集合 $\{v_n \mid n \geq 1\}$，对应关系规定为对任意 $n \geq 1$，$d(v_n) = \bigwedge_{k>n} \neg Tv_k$。在雅布鲁悖论的直观表达式中，如果把"对任意"改为"存在"，则就得到了雅布鲁悖论的对偶。雅布鲁悖论的对偶的语句网规定为：$d(v_n) = \bigvee_{k>n} \neg T\delta_k$[③]。

按构造 n-圈说谎者的方式，可以对任意超穷序数 α 构造 α-圈说谎者。这

[①] Wen L，"Semantics paradoxes as equations"，*Mathematical Logic*，Vol. 23，No. 1，2001，pp. 43-48.

[②] Yablo S，"Truth and reflection"，*Journal of Philosophical Logic*，Vol. 14，No. 3，1985，pp. 297-349; Yablo S，"Paradox without self-reference"，*Analysis*，Vol. 53，No. 4，1993，pp. 251-252.

[③] Cook R，"Patterns of paradox"，*Journal of Symbolic Logic*，Vol. 69，No. 3，2004，p. 771.

里给出 ω-圈说谎者。其直观表达如下[①]：

$$\text{语句}(\lambda_\omega)\text{不为真} \qquad (\lambda_0)$$

$$\text{语句}(\lambda_0)\text{为真} \qquad (\lambda_1)$$

$$\text{语句}(\lambda_1)\text{为真} \qquad (\lambda_2)$$

$$\cdots\cdots$$

$$\text{对任意}\ k \geq 0,\ \text{语句}(\lambda_k)\text{为真} \qquad (\lambda_\omega)$$

麦吉（V. McGee）曾提出如下语句[②]：

$$\text{存在}\ k \geq 0,\ \text{语句}(\delta)\text{的}\ k\ \text{次}\ T\ \text{迭代不为真} \qquad (\delta)$$

注意，之前见到的所有悖论中，真谓词至多迭代了一次。麦吉语句与此不同，其中含有真谓词"是真的"的任意多次迭代。然而，在我们设定的带真谓词符的无穷命题逻辑语言中，不但没有量词符，而且真谓词只允许被迭代有穷多次（见原子公式的规定）。此时，无穷长公式的使用就是必需的了。事实上，可以把麦吉语句表示为如下语句网 d，$d(\delta) = \bigvee_{k \geq 1} \neg T^k \delta$，亦可写作 $d(\delta) = \neg T\delta \vee \neg TT\delta \vee \neg TTT\delta \cdots$。

还可以把麦吉语句 δ 改为下面的形式：

$$\text{存在}\ k \geq 0,\ \text{语句}(\delta_k)\text{不为真} \qquad (\delta_0)$$

$$\text{语句}(\delta_0)\text{为真} \qquad (\delta_1)$$

$$\cdots\cdots$$

$$\text{语句}(\delta_k)\text{为真} \qquad (\delta_{k+1})$$

$$\cdots\cdots$$

其中语句 δ_0 相当于原先的麦吉语句 δ，但同时还引入了语句 δ_k 作为 δ 的 k 次 T 迭代，这样，麦吉语句中原先的真谓词任意多次迭代就被下降为只有一次迭代。在下一节中会看到，语句集 $\{\delta_k | k \geq 0\}$ 是悖论的，我们把这个悖论称为

[①] 参见 Herzberger H G, "Note on native semantics", *Journal of Philosophical Logic*, Vol. 11, No. 1, 1982, p. 75；也可参见 Yablo S, "Truth and reflection", *Journal of Philosophical Logic*, Vol. 14, No. 3, 1985, p. 340.

[②] McGee V, "How truthlike can a predicate be? A negative result", *Journal of Philosophical Logic*, Vol. 14, No. 4, 1985, p. 400.

麦吉悖论。麦吉悖论的语句网表达为d: $d(\delta_0) = \bigvee_{k \geq 0} \neg T\delta_k$，并且对任意$k \geq 0$，$d(\delta_{k+1}) = T\delta_k$。

定义 3.2.2 称语句网 d 是单纯的，如果对其定义域中的任意 δ，$d(\delta)$中出现的变元都包含在 d 的定义域中。

单纯语句网所要表达的是这样一种带有自指的语句系统，其中不出现那些正常的语句。显然，前面提到的悖论的语句网都是单纯的。一般而言，一个非形式表达出的悖论，其语句网形式都是单纯的。以后，除非特别声明，我们所讨论的语句网都是单纯的。

最后，需要指出的是，语句网首先由布兰德（Bolander）和库克（Cook）各自独立地提出，语句网这一名称即来自前者，但布兰德是通过使用"$\delta: A$"（相当于δ对应A）这种形式的表达式来规定语句网的。语句网的这种表述可参考熊明的《塔斯基定理与真理论悖论》一书。

正如布兰德自己所指出的，语句网的提出可追溯到更早的维瑟（A.Visser）的"约定表列"（stipulationlist）。还需要指出，类似的概念也由刘壮虎在 1993 年提出[①]。库克采用了函数来规定语句网（他称为指称函数），但其"指称函数"后域中的公式仅限于（广义）合取式（因此，他不得不使用假谓词而不是真谓词），这使得其"指称函数"的表达能力大打折扣。本节对语句网的表述主要基于拉本等人[②]，但后者没有使用真谓词符。从下一节开始，我们将对真谓词本身加以研究，在这种情况下，语言中真谓词符的使用就是必不可少的。

3.3 形式语义视角下的真与悖论

本节在带真谓词符的无穷命题逻辑语言中重构前面提到的三个主要语义真理论，主要向读者展示这些理论的基本概念、技术方法和主要结果。

[①] 参见 Visser A，"Semantics and the liar paradox"，in Gabbay D，Guenthner F. *Handbook of Philosophical Logic*，*Volume IV: Topics in the Philosophy of Language*，Dordrecht: Springer，1989，pp. 617-706; 刘壮虎：《自指性命题的逻辑构造》，《哲学研究》1993 年增刊，第 5-12 页。

[②] Rabern L，Rabern B，Macauley M，"Dangerous reference graphs and semantic paradoxes"，*Journal of Philosophical Logic*，Vol. 42，No. 5，2013，p. 734.

3.3.1 真之不可定义性

众所周知，塔斯基真理论的一个基本贡献是对形式语言（包括一阶语言在内的高阶语言）首次给出了语句为真（为假）的逻辑定义，这不但是模型理论的起点，而且也奠定了往后一切逻辑语义解释的范式。对于无穷命题逻辑语言，其中公式真假的规定也是按照塔斯基语义范式来做出的。

规定二值指派是从变元集到真值集$\{1, 0\}$的函数，常用 σ 等符号进行表示。注意，因为在语言$\mathscr{L}_T$中谓词符 T 一定是附在原子公式之前，所以 T 的外延中的元素一定是原子公式。用ε表示原子公式的一个集合，它将作为 T 的外延。规定一个二值指派σ和 T 的一个外延ε就构成了一个模型$\langle \sigma, \varepsilon \rangle$，又可简记为$\mathcal{M}$。

给定模型$\mathcal{M} = \langle \sigma, \varepsilon \rangle$，按以下规则规定从公式集到真值集合的一个函数$\mathcal{V}_\mathcal{M}$（称为"二值赋值"，简称"赋值"）如下：

(1) $\mathcal{V}_\mathcal{M}(\top) = 1$总成立，且对任意变元$\delta$，$\mathcal{V}_\mathcal{M}(\delta) = \sigma(\delta)$。
(2) $\mathcal{V}_\mathcal{M}(TA) = 1$，当且仅当$A \in \varepsilon$，其中 A 是原子公式。
(3) $\mathcal{V}_\mathcal{M}(\neg A) = 1$，当且仅当$\mathcal{V}_\mathcal{M}(A) = 0$。
(4) $\mathcal{V}_\mathcal{M}(\bigwedge \Sigma) = 1$，当且仅当对任意$A \in \Sigma$，$\mathcal{V}_\mathcal{M}(A) = 1$。

以上规定分别是针对常元、变元、谓词符和初始连接词做出的，其意自明，不再赘述。从最后两个规定，不难导出下面的结论，请读者自行验证：

(1) $\mathcal{V}_\mathcal{M}(A \wedge B) = 1$，当且仅当 $\mathcal{V}_\mathcal{M}(A) = 1$，$\mathcal{V}_\mathcal{M}(B) = 1$。
(2) $\mathcal{V}_\mathcal{M}(A \vee B) = 1$，当且仅当 $\mathcal{V}_\mathcal{M}(A) = 1$，$\mathcal{V}_\mathcal{M}(B) = 1$至少有一个成立。
(3) $\mathcal{V}_\mathcal{M}(A \rightarrow B) = 1$，当且仅当 $\mathcal{V}_\mathcal{M}(A) = 0$，$\mathcal{V}_\mathcal{M}(B) = 1$至少有一个成立。
(4) $\mathcal{V}_\mathcal{M}(\bigvee \Sigma) = 1$，当且仅当存在 $A \in \Sigma$，$\mathcal{V}_\mathcal{M}(A) = 1$。

以上关于 T 的规定只是按照通常的谓词来解释，一个自然的问题是：在上面的解释下，T 确实表示了真谓词"是真的"。这正是塔斯基建立真理论要回答的一个基本问题。在提到塔斯基的真理论时，人们首先想到的大概当属下面的语句模式：

'A' 是真的，当且仅当 A

这个模式即所谓的"T-模式",又称为 T-型等式、"塔斯基等值式"(Tarski biconditionals)等。塔斯基认为,T-模式是真谓词"……是真的"的基本规范性描述,任何关于真的定义,只有确保 T-模式对所研究语言中的每个语句 A 都成立,才能说这个定义是"实质充分"的。这个要求就是所谓的"T-约定"。

下一定义是根据塔斯基 T-约定做出的。

定义 3.3.1 在模型 $\mathcal{M} = \langle \sigma, \varepsilon \rangle$,如果对任意的原子公式 A,都有 $\mathcal{V}_\mathcal{M}(TA) = \mathcal{V}_\mathcal{M}(A)$,那么称 $\mathcal{M}$ 是 $\mathscr{L}_T$ 的一个可容许模型。

在上一规定中,等式 $\mathcal{V}_\mathcal{M}(TA) = \mathcal{V}_\mathcal{M}(A)$,表示的是 TA 与 A 具有同样的真值,这对应了塔斯基的 T-模式。要注意的是,由于 T 只能前缀于原子公式之前,故而只要求 T-模式对原子公式的特例都成立。可以认为,在可容许模型中,T 被解释为 $\mathscr{L}_T$ 的真谓词。

定理 3.3.2 对于任意二值指派 σ,都存在 T 的外延 ε,使得 $\mathcal{M} = \langle \sigma, \varepsilon \rangle$ 是 $\mathscr{L}_T$ 的可容许模型。

证明:令 $\varepsilon_0 = \varnothing$,$\mathcal{M}_0 = \langle \sigma, \varepsilon_0 \rangle$。对任意 $k \geq 0$,假设已规定 ε_k,定义 $\varepsilon_{k+1} = \{A | \mathcal{V}_{\mathcal{M}_k}(A) = 1\}$,其中 A 为原子公式,$\mathcal{M}_k = \langle \sigma, \varepsilon_k \rangle$。我们使用数学归纳法证明:序列 ε_k 是递增的,即对任意 $k \geq 0$,$\varepsilon_k \subseteq \varepsilon_{k+1}$。

当 k 等于 0 时,结论显然成立。假设,我们来证明 $\varepsilon_{k+1} \subseteq \varepsilon_{k+2}$,为此,归纳证明:对任意原子公式 A,$A \in \varepsilon_{k+1}$ 蕴涵 $A \in \varepsilon_{k+2}$。当 A 是变元或常元时,$A \in \varepsilon_{k+1}$ 显然蕴涵 $A \in \varepsilon_{k+2}$。当 A 是形如 TA' 的原子公式时,假设 $A' \in \varepsilon_{k+1}$ 蕴涵 $A' \in \varepsilon_{k+2}$,要证明 $TA' \in \varepsilon_{k+1}$ 蕴涵 $TA' \in \varepsilon_{k+2}$。即要证明 $\mathcal{V}_{\mathcal{M}_k}(TA') = 1$ 蕴涵 $\mathcal{V}_{\mathcal{M}_{k+1}}(TA') = 1$,换言之,要证 $A' \in \varepsilon_k$ 蕴涵 $A' \in \varepsilon_{k+1}$。而最后这个蕴涵恰恰正为归纳假设 $\varepsilon_k \subseteq \varepsilon_{k+1}$ 所确保!因此,论断得到证明。

令 $\varepsilon = \bigcup_{k \geq 0} \varepsilon_k$。根据 ε_k 的规定,对任意原子公式 A,$A \in \varepsilon_k$ 当且仅当 $TA \in \varepsilon_{k+1}$。由此,可得到:对任意原子公式 A,$TA \in \varepsilon$ 当且仅当 $A \in \varepsilon$。设模型 $\mathcal{M} = \langle \sigma, \varepsilon \rangle$,则刚刚得到的等值式可等价地表述为:对任意原子公式 A,$A \in \varepsilon$ 当且仅当 $\mathcal{V}_\mathcal{M}(A) = 1$。换言之,对任意的原子公式 A,$\mathcal{V}_\mathcal{M}(TA) = \mathcal{V}_\mathcal{M}(A)$ 成立。因而,$\mathcal{M}$ 是 $\mathscr{L}_T$ 的可容许模型。

必须声明,在塔斯基的真理论中,并没有哪个结论与定理 3.3.2 对应。这个定理的陈述及证明借鉴了克里普克真理论中不动点的构造过程，不动点的构造过程将在 3.3.2 节进行阐述。需要指出的是，定理 3.3.2 之所以成立，与我们把 T 限制于只能出现在原子公式之前密切相关。事实上，即使仅仅是允许蕴涵 T 可前缀于变元的否定（相应地 T 的外延中容许变元的否定等），那么定理 3.3.2 都不再成立。

至此，我们还没有考虑悖论。塔斯基的一个重要发现是，只要语言足够丰富，能够表达出诸如说谎者之类的语句，T-模式一定蕴涵着矛盾，因而 T-约定不可能达成。事实上，如果语言中可构造出说谎者语句 λ，那么 T-模式关于 λ 的代入特例是："λ"是真的，当且仅当 λ。按照说谎者语句 λ 的表达，不难得出：λ，当且仅当"λ"不是真的。结合前面两个等值式，得出："λ"是真的，当且仅当"λ"不是真的。矛盾！因此，只要语言中包含如说谎者这样的语句，T-模式不可能对其中每个语句都成立。此结果即是所谓的真之不可定义性定理。

上述推导过程除了使用 T-模式（对于说谎者语句的特例）外，实际上还使用了说谎者语句中包含的一个重要等值条件：说谎者语句与断定它不为真的那个语句相互等值，亦即，λ 等值于 $\neg T\lambda$。这当然是由说谎者语句自身的自我断定来决定的。在当前的语境中，上述等值式相当于 λ 与 $d(\lambda)$ 等值。

定义 3.3.3 模型 $\mathcal{M} = \langle \sigma, \varepsilon \rangle$ 满足语句网 d，当且仅当对 d 定义域中的每个 δ，$\mathcal{V}_\mathcal{M}(\delta) = \mathcal{V}_\mathcal{M}(d(\delta))$。当 $\mathcal{M}$ 既满足 d 又是 $\mathscr{L}_T$ 的可容许模型时，称 $\mathcal{M}$ 对 d 是可容许的。

由此，可以把真之不可定义性定理表述为下面的命题。

命题 3.3.4 不存在模型，使得它对说谎者悖论的语句网是可容许的。

证明：设 d 为说谎者悖论对应的语句网。假设存在满足条件的模型 $\mathcal{M} = \langle \sigma, \varepsilon \rangle$，那么按照 $\mathcal{M}$ 可容许性的要求，$\mathcal{V}_\mathcal{M}(T\lambda) = \mathcal{V}_\mathcal{M}(\lambda)$，按照 $\mathcal{M}$ 满足 d 的要求，$\mathcal{V}_\mathcal{M}(\lambda) = \mathcal{V}_\mathcal{M}(d(\lambda))$。但又知 $d(\lambda) = \neg T\lambda$。由此，不难推出：$\lambda \in \varepsilon$，当且仅当 $\lambda \notin \varepsilon$。矛盾！

很显然，除了说谎者悖论对应的语句网外，任何与悖论对应的语句网都可用于此证明，这启发我们提出下述概念。

定义 3.3.5 设 σ 是一个二值指派，d 是一个语句网。如果不论如何取 T

的外延 ε，模型 $\mathcal{M} = \langle \sigma, \varepsilon \rangle$ 对 d 都不是可容许的，那么称 d 在二值指派 σ 下是悖论的。如果 d 在任何二值指派 σ 下都是悖论的，那么就称它是（绝对地）悖论的。

在命题 3.3.4 的证明中，实际已证明与说谎者悖论对应的语句网是悖论的。这是一个绝对意义上的悖论。作为对照，我们来验证偶然说谎者语句的悖论性是相对性的。回忆一下，偶然说谎者语句对应的语句网满足 $d(\lambda') = \neg T\lambda' \wedge \delta$。取二值指派 σ 使得 $\sigma(\delta) = 1$，我们证明 d 在这个二值指派下是悖论的。假设不然，则存在 T 的外延 ε，使得 $\mathcal{V}_{\mathcal{M}}(T\lambda') = \mathcal{V}_{\mathcal{M}}(\lambda')$，并且 $\mathcal{V}_{\mathcal{M}}(\lambda') = \mathcal{V}_{\mathcal{M}}(\neg T\lambda' \wedge \delta)$，其中 $\mathcal{M} = \langle \sigma, \varepsilon \rangle$。语句网 d 在这个二值指派 σ 下是悖论的，是因为前面两个等式蕴涵矛盾。事实上，根据 σ 的规定，$\mathcal{V}_{\mathcal{M}}(\delta) = 1$，前面两个式子中的后一个等价于 $\mathcal{V}_{\mathcal{M}}(\lambda') = \mathcal{V}_{\mathcal{M}}(\neg T\lambda')$。看到这一点，就不难明白，在二值指派 σ 下，λ' 与说谎者悖论中的 λ 并无差异。

当然，偶然说谎者语句对应的语句网 d 并不是绝对意义上的悖论。为看出这一点，可取二值指派 σ，使得 $\sigma(\lambda') = \sigma(\lambda) = 0$。再令 ε 是定理 3.3.2 证明中构造出的 ε（注意，ε 的构造与 σ 相关！）。则 $\mathcal{M} = \langle \sigma, \varepsilon \rangle$ 是 $\mathscr{L}_T$ 的可容许模型，同时显然有 $\mathcal{V}_{\mathcal{M}}(\lambda') = \mathcal{V}_{\mathcal{M}}(d(\lambda'))$。顺便提一下，诚实者语句的语句网不是悖论的，其证明留给读者。

下面再给出一个例子，我们来证明与麦吉悖论对应的语句网 d 是悖论的。假设有模型 $\mathcal{M} = \langle \sigma, \varepsilon \rangle$，一方面要求 $\mathcal{M}$ 是可容许的，另一方面还要求 $\mathcal{M}$ 满足 d。结合这两方面的要求，$\mathcal{V}_{\mathcal{M}}(T\delta_0) = \mathcal{V}_{\mathcal{M}}(\bigwedge_{k \geq 0} \neg T\delta_k)$，且对任意 $k \geq 0$，$\mathcal{V}_{\mathcal{M}}(T\delta_{k+1}) = \mathcal{V}_{\mathcal{M}}(T\delta_k)$。后者蕴涵对所有的 $k \geq 1$，$\delta_k \in \varepsilon$，当且仅当 $\delta_0 \in \varepsilon$。而前者等价于 $\delta_0 \in \varepsilon$，当且仅当存在 $k \geq 0$，使得 $\delta_k \notin \varepsilon$。但这显然是不可能的。可见，没有哪个模型，能对 d 是可容许的。因此，语句网 d 一定是悖论的。请读者自行验证与 n-圈说谎者、文兰悖论、雅布鲁悖论、雅布鲁悖论的对偶等对应的语句网都是悖论的。

最后，要指出的是，有可能通过对 $\mathscr{L}_T$ 引入新的谓词符 T'，用它来承担 $\mathscr{L}_T$ 中的 T 的一部分的语义功能，由此化解说谎者之类悖论的悖论性。这便是塔斯基为处理悖论问题提出的语言分层的思想。

3.3.2 不动点

关于说谎者语句，在看到从其真可推出其假，从其假可推出其真之后，一个比较容易接受的反应是说谎者语句既不真也不假。用行话来说，说谎者语句处于真值间隙之中。但还有一连串的问题亟待解决。究竟哪种带有真值间隙的赋值模式可用于说谎者之类的悖论语句，使得这些悖论语句都被置于真值间隙之中，同时使得那些正常语句仍可获得正常的真值？进而，按塔斯基的实质充分性条件要求，说谎者语句中的"是真的"谓词有可能在包含有说谎者语句的语言中恰好包含了此语言所有为真的语句吗？克里普克是首次把这两个问题结合在一起加以解决的人，其成果即是著名的不动点理论。

带有真值间隙的赋值模式有很多，但究竟哪些可用于分析说谎者之类语句？在这一点上，克里普克指出，带有真值间隙的赋值模式只需保证它的不动点构造过程是单调递增的即可[①]。满足这个条件的赋值模式有克林的强三值赋值模式、弗雷格的弱三值赋值模式（又称为克林的弱三值赋值模式）以及范·弗拉森的超赋值模式等。克里普克以第一种赋值模式为例来阐述其理论，这里对其理论的重述也主要基于克林的强三值赋值模式。

我们从使用克林的强三值赋值模式解释 $\mathcal{L}_T$ 公式开始。规定三值指派是从变元集到集合 $\{1, 0, \uparrow\}$ 的函数，其中 $\uparrow$ 是第三值（可读作"无定义"），仍用 σ 表示三值指派。T 的解释有两个部分，一部分仍称为 T 的外延，另一部分称为 T 的反外延，分别记为 $\mathcal{E}$ 和 $\mathcal{A}$。T 的外延和反外延都是原子公式的一个集合，规定它们的交集为空。三元组 $\langle \sigma, \mathcal{E}, \mathcal{A} \rangle$ 称为一个模型，其中 σ 是三值指派，$\mathcal{E}$ 和 $\mathcal{A}$ 是两个互不相交的原子公式集。仍以 $\mathcal{M}$ 为模型。

对模型 $\mathcal{M} = \langle \sigma, \mathcal{E}, \mathcal{A} \rangle$，规定从公式集到三值集 $\{1, 0, \uparrow\}$ 的一个函数 $\mathcal{V}_\mathcal{M}$（称为强三值赋值，简称"赋值"）：

(1) $\mathcal{V}_\mathcal{M}(\top) = 1$ 总成立，且对任意变元 δ，$\mathcal{V}_\mathcal{M}(\delta) = \sigma(\delta)$

(2) 在下面的等式中，A 是原子公式：

[①] Kripke S, "Outline of a theory of truth", *Journal of Philosophy*, Vol. 72, No. 19, 1975, p. 703.

第 3 章 语义真理论

$$\mathcal{V}_\mathcal{M}(TA) = \begin{cases} 1, & 若 A \in \varepsilon \\ 0, & 若 A \in \mathcal{A} \\ \uparrow, & 否则 \end{cases}$$

（3）
$$\mathcal{V}_\mathcal{M}(\neg A) = \begin{cases} 1, & 若 \mathcal{V}_\mathcal{M}(A) = 0 \\ 0, & 若 \mathcal{V}_\mathcal{M}(A) = 1 \\ \uparrow, & 否则 \end{cases}$$

（4）
$$\mathcal{V}_\mathcal{M}\left(\bigwedge \Sigma\right) = \begin{cases} 1, & 若对任意 A \in \Sigma,\ \mathcal{V}_\mathcal{M}(A) = 1 \\ 0, & 若存在 A \in \Sigma,\ \mathcal{V}_\mathcal{M}(A) = 0 \\ \uparrow, & 否则 \end{cases}$$

上述赋值一般称为克林强三值赋值。根据后两条规则，不难推导出关于其他连接词的规则。我们把导出的规则列举如下，并用表 3.1 表示其中的有穷连接词的赋值规则（表格中的空格对应第三值）。

（1）
$$\mathcal{V}_\mathcal{M}(A \wedge B) = \begin{cases} 1, & 若 \mathcal{V}_\mathcal{M}(A)、\mathcal{V}(B) 都为 1 \\ 0, & 若 \mathcal{V}_\mathcal{M}(A)、\mathcal{V}(B) 至少有一个为 0 \\ \uparrow, & 否则 \end{cases}$$

（2）
$$\mathcal{V}_\mathcal{M}(A \vee B) = \begin{cases} 1, & 若 \mathcal{V}_\mathcal{M}(A)、\mathcal{V}(B) 至少有一个为 1 \\ 0, & 若 \mathcal{V}_\mathcal{M}(A)、\mathcal{V}(B) 都为 0 \\ \uparrow, & 否则 \end{cases}$$

（3）
$$\mathcal{V}_\mathcal{M}(A \to B) = \begin{cases} 1, & 若 \mathcal{V}_\mathcal{M}(A) = 0 \text{ 或 } \mathcal{V}(B) = 1 \\ 0, & 若 \mathcal{V}_\mathcal{M}(A) = 1 \text{ 且 } \mathcal{V}(B) = 0 \\ \uparrow, & 否则 \end{cases}$$

（4）
$$\mathcal{V}_\mathcal{M}\left(\bigvee \Sigma\right) = \begin{cases} 1, & 若存在 A \in \Sigma,\ \mathcal{V}_\mathcal{M}(A) = 1 \\ 0, & 若对任意 A \in \Sigma,\ \mathcal{V}_\mathcal{M}(A) = 0 \\ \uparrow, & 否则 \end{cases}$$

表 3.1　克林强三值赋值中的连接词

¬	
1	0
0	1

→	1		0
1	1		0
		1	
0	1	1	1

∧	1		0
1	1		0
			0
0	0	0	0

∨	1		0
1	1	1	1
		1	
0	1		0

下一规定与定义 3.3.1 平行,可认为是塔斯基 T-约定在强三值赋值模型下的一种表达。在不产生混淆的前提下,我们仍然采用与定义 3.3.1 类似的术语。

定义 3.3.6　在模型 $\mathcal{M} = \langle \sigma, \varepsilon, \mathcal{A} \rangle$,如果对任意的原子公式 A,都有 $\mathcal{V}_\mathcal{M}(TA) = \mathcal{V}_\mathcal{M}(A)$,那么 $\mathcal{M}$ 是 $\mathscr{L}_T$ 的可容许模型。

历史上,是克里普克首先证明对任意带有符号 T 的形式语言,在强三值赋值模型下,T 都可解释为这个语言中的真谓词。这就是克里普克著名的不动点定理。定理 3.3.7 是不动点定理在 $\mathscr{L}_T$ 中的一种表述。需要强调的是,在当前考虑的形式语言 $\mathscr{L}_T$ 下,即使容许 T 可前缀于任何公式之前(由此,T 的外延 ε 和反外延 $\mathcal{A}$ 就不再限于原子公式集了),定理 3.3.7 照样成立。在这点上,定理 3.3.7 与定理 3.3.2 并不相同,我们已经指出,后者之所以成立,是因为 T 受限于只能缀于原子公式之前!定理 3.3.7 只是克里普克不动点定理在经典二值模型下的一个局部。

定理 3.3.7　对于任意三值指派 σ,都存在 T 的外延 ε 和反外延 $\mathcal{A}$,使得 $\mathcal{M} = \langle \sigma, \varepsilon, \mathcal{A} \rangle$ 是 $\mathscr{L}_T$ 的可容许模型。

证明：令 $\varepsilon_0 = \mathcal{A}_0 = \varnothing$,$\mathcal{M}_0 = \langle \sigma, \varepsilon_0, \mathcal{A}_0 \rangle$。对任意 $k \geq 0$,假设已规定 ε_k 和 $\mathcal{A}_k$,定义 $\varepsilon_{k+1} = \{A \mid \mathcal{V}_{\mathcal{M}_k}(A) = 1\}$,$\mathcal{A}_{k+1} = \{A \mid \mathcal{V}_{\mathcal{M}_k}(A) = 0\}$,其中 A 为原子公式 $\mathcal{M}_k = \langle \sigma, \varepsilon_k, \mathcal{A}_k \rangle$。则可以证明序列 ε_k 和 $\mathcal{A}_k$ 都是递增的,即对任意 $k \geq 0$,$\varepsilon_k \subseteq \varepsilon_{k+1}$,$\mathcal{A}_k \subseteq \mathcal{A}_{k+1}$。同时还有,每对 ε_k 和 $\mathcal{A}_k$ 都是不交的,即对任意 $k \geq 0$,$\varepsilon_k \cap \mathcal{A}_k = \varnothing$。

令 $\varepsilon = \bigcup_{k \geq 0} \varepsilon_k$,$\mathcal{A} = \bigcup_{k \geq 0} \mathcal{A}_k$。则可得到：对任意原子公式 A,$A \in \varepsilon$,当且仅当 $\mathcal{V}_\mathcal{M}(A) = 1$;$A \in \mathcal{A}$,当且仅当 $\mathcal{V}_\mathcal{M}(A) = 0$。因此,对任意的原子公式 A,$\mathcal{V}_\mathcal{M}(TA) = \mathcal{V}_\mathcal{M}(A)$ 成立。因而,$\mathcal{M}$ 是 $\mathscr{L}_T$ 的可容许模型。

注意,从空集出发,即 $\varepsilon_0 = \mathcal{A}_0 = \varnothing$,按前述证明中的定义,反复迭代 T

的外延 ε 和反外延 $\mathcal{A}$，只需要达到第 ω 阶段，T 的外延和反外延就达到了不动点，不会再增加其他任何元素。这是因为在 $\mathscr{L}_T$ 公式的规定中，T 的迭代只能是任意有穷多次，因此，只需要经过 ω 个阶段就可以最终达到不动点。在带 T 的算术语言中，T 的迭代要远比 $\mathscr{L}_T$ 中的情况复杂，不动点的达到需要超过 ω 个阶段，不过，最多经过 ω_1 个阶段也能达到不动点。

下一定义与定义 3.3.3 平行。

定义 3.3.8 模型 $\mathcal{M} = \langle \sigma, \varepsilon, \mathcal{A} \rangle$ 满足语句网 d，当且仅当对 d 定义域中的每个 δ，$\mathcal{V}_\mathcal{M}(\delta) = \mathcal{V}_\mathcal{M}(d(\delta))$。当 $\mathcal{M}$ 既满足 d 又是 $\mathscr{L}_T$ 的可容许模型时，称 $\mathcal{M}$ 对 d 是可容许的。

在前一节，我们看到，在二值赋值下，不会存在这样的模型，它不但能使 T 在其中被解释为真谓词，而且对悖论的语句网是可容许的。在强三值赋值下，却总是存在模型，同时满足上述两个条件。这正是克里普克理论超越塔斯基理论的地方。例如，对于说谎者悖论的语句网 d，可取三值赋值 σ，使得 $\sigma(\lambda)$ 的取值为第三值，即 $\sigma(\lambda) = \uparrow$。令 $\mathcal{M}$ 是定理 3.3.7 证明中规定的模型。因而，$\mathcal{M}$ 是 $\mathscr{L}_T$ 的可容许模型。同时，显然有 $\mathcal{V}_\mathcal{M}(\delta) = \mathcal{V}_\mathcal{M}(d(\delta)) = \uparrow$，亦即 $\mathcal{M}$ 满足 d。

下面的命题给出了悖论的语句网在强三值赋值模型下的一种刻画：

命题 3.3.9 d 是悖论的，当且仅当对任意模型 $\mathcal{M} = \langle \sigma, \varepsilon, \mathcal{A} \rangle$，如果 $\mathcal{M}$ 对语句网 d 是可容许的，那么在 d 的定义域中一定存在变元 δ，使得 $\mathcal{V}_\mathcal{M}(\delta) = \uparrow$。

证明：首先假设 d 不是悖论的，则根据定义 3.3.5，存在模型 $\mathcal{M} = \langle \sigma, \varepsilon \rangle$，使得（在定义 3.3.1 的意义上，）$\mathcal{M}$ 对 d 是可容许的。基于 $\mathcal{M}$ 的经典二值赋值记为 $\mathcal{V}_\mathcal{M}$。现令 $\mathcal{A}$ 等于 ε 相对于全体原子公式构成的集合的补集。注意，任何二值指派也是一个三值指派，因此，可令 $\mathcal{M}' = \langle \sigma, \varepsilon, \mathcal{A} \rangle$。基于 $\mathcal{M}'$ 的强三值赋值记为 $\mathcal{V}_{\mathcal{M}'}$。事实上，使用归纳法，不难验证，任意原子公式 A，$\mathcal{V}_{\mathcal{M}'}(A) = \mathcal{V}_\mathcal{M}(A)$。顺便提一句，这个结论对一切公式都成立，但这里不需要如此强的结果。

这样，因 $\mathcal{M}$（在定义 3.3.1 的意义下）是 $\mathscr{L}_T$ 的可容许模型，故 $\mathcal{M}'$（在定义 3.3.6 的意义下）也是 $\mathscr{L}_T$ 的可容许模型。因 $\mathcal{M}$（在定义 3.3.3 的意义下）满足 d，故 $\mathcal{M}'$（在定义 3.3.8 的意义下）也满足 d。因而，$\mathcal{M}'$（在定义 3.3.8

的意义下）对 d 是可容许的。此外，对任意原子公式 A（特别地，对任意变元），$\mathcal{V}_{\mathcal{M}'}(A)$ 的取值显然不会是第三值。

反之，假设存在模型 $\mathcal{M} = \langle \sigma, \varepsilon, \mathcal{A} \rangle$，使得 $\mathcal{M}$ 对 d 是可容许的，且对 d 的定义域中的任意变元 δ，使得 $\mathcal{V}_{\mathcal{M}}(\delta) \neq \uparrow$。从三值指派 σ，可规定如下二值指派 σ'：

$$\sigma'(\delta) = \begin{cases} \sigma(\delta), & 若 \sigma'(\delta) \neq \uparrow \\ 0, & 若 \sigma'(\delta) = \uparrow \end{cases}$$

考虑模型 $\mathcal{M}' = \langle \sigma', \varepsilon \rangle$。可以证明：对任意原子公式 A，若 $\mathcal{V}_{\mathcal{M}}(A) = 1$，则 $\mathcal{V}_{\mathcal{M}'}(A) = 1$；若 $\mathcal{V}_{\mathcal{M}}(A) = 0$ or $\uparrow$，则 $\mathcal{V}_{\mathcal{M}'}(A) = 0$。特别地，若 $\mathcal{V}_{\mathcal{M}}(A) \neq \uparrow$，则必有 $\mathcal{V}_{\mathcal{M}'}(A) = \mathcal{V}_{\mathcal{M}}(A)$。由此，不难推出 $\mathcal{M}'$ 是 $\mathscr{L}_T$ 的可容许模型。证明细节留给读者。

命题 3.3.9 给出了悖论的一种重要特征：在强三值赋值的不动点模型下，悖论中的语句至少有一个是非二值的。

3.3.3 修正序列

最能体现修正理论思想和方法的是这个理论的一个基本概念：修正序列。本节在语言 $\mathscr{L}_T$ 中规定这个概念，并阐述它与悖论之间的关联。除非特别声明，在本节中，指派指二值指派，赋值是经典二值赋值。

先给出一个例子。考虑这样一个语句网 d，其定义域为 $\{\delta_1, \delta_2, \delta_3\}$，且满足：

$$\begin{cases} d(\delta_1) = T\delta_2 \vee T\delta_3 \\ d(\delta_2) = T\delta_1 \\ d(\delta_3) = \neg T\delta_2 \end{cases} \quad (A)$$

直观上，d 对应这样的三个语句，其中第一个语句说第二、三个语句至少有一个为真，第二个语句说第一个语句为真，而第三个语句说第二个语句不为真。容易看出，有一个并且只有一个指派满足这三个语句：它使得第一、二个语句为真，但第三个语句为假。这当然可以通过一些简单的逻辑推导得到。

有意思的是，还可以通过一种计算过程来得到上述指派。而这种计算过程正包含了修正序列的基本思想。让我们从这样的指派 σ_0 出发，它对 d 中的三个变元都指派 0，即 $\sigma_0(\delta_1) = \sigma_0(\delta_2) = \sigma_0(\delta_3) = 0$。令 $\varepsilon_0 = \{\delta_i \mid \sigma_0(\delta_i) = 1, \varepsilon_0 = i = 1, 2, 3\}$，$\mathcal{M}_0 = \langle \sigma_0, \varepsilon_0 \rangle$。由此，规定一个新的指派 σ_1，如下：$\sigma_1(\delta_1) = \mathcal{V}_{\mathcal{M}_0}(\mathrm{d}(\delta_i))$，$i = 1, 2, 3$（$\sigma_1$ 在异于 δ_i 的变元上是无关的，$i = 1, 2, 3$）。不难计算出：$\sigma_1(\delta_1) = 0$，$\sigma_1(\delta_2) = 0$，$\sigma_1(\delta_3) = 1$。一般地，对任意 k，只要先确定了 σ_k，就可取下一轮的指派 σ_{k+1} 如下：对 $i = 1, 2, 3$，$\sigma_{k+1}(\delta_i) = \mathcal{V}_{\mathcal{M}}(\mathrm{d}(\delta_i))$，其中 $\mathcal{M}_k = \langle \sigma_k, \varepsilon_k \rangle$，$\varepsilon_k = \{\delta_i \mid \sigma_k(\delta_i) = 1, i = 1, 2, 3\}$。如此，反复迭代，直至无穷。

前面的计算可总结为下面的式子［比较这些式子与（A）中的式子］：

$$\sigma_{k+1}(\delta_1) = \sigma_k(\delta_2) \vee \sigma_k(\delta_3)$$

$$\sigma_{k+1}(\delta_2) = \sigma_k(\delta_1) \qquad\qquad (\text{B})$$

$$\sigma_{k+1}(\delta_3) = \neg \sigma_k(\delta_2)$$

在这些式子中，连接词是作为布尔值运算出现的。例如，第一个式子中 $\vee$ 是与作为连接词 $\vee$ 对应的布尔值运算：$0 \vee 0 = 0$，$0 \vee 1 = 1$，$1 \vee 0 = 1$，$1 \vee 1 = 1$。

根据 σ_{k+1} 的递归定义，$\sigma_{k+1}(\delta_1) = 1$，当且仅当 $\mathcal{V}_{\mathcal{M}_k}(T\delta_2 \vee T\delta_3) = 1$。后者等价于 $\delta_2 \in \mathcal{E}_k$，$\delta_3 \in \mathcal{E}_k$ 至少有一个成立，亦即，$\sigma_k(\delta_2) = 1$，$\sigma_k(\delta_3) = 1$ 至少有一个成立，这又相当于 $\sigma_k(\delta_2 \vee \delta_3) = 1$。因此，$\sigma_{k+1}(\delta_1) = 1$，当且仅当 $\sigma_k(\delta_2 \vee \delta_3) = 1$。这得到了（B）中的第一个式子。其余两个式子类似可推导出。

从初始指派 σ_0 出发，按照（B）中的等式，我们得到了一序列的指派：$\sigma_0, \sigma_1, \sigma_2, \cdots$（但只关注它们在变元 δ_1、δ_2、δ_3 上的值）。可以使用表格来表示这些指派构成的序列。表 3.2 中按照第一行中数字的顺序，依次列出了指派 $\sigma_0, \sigma_1, \sigma_2, \cdots$ 在变元 δ_1、δ_2、δ_3 上的值。为方便起见，指派 $\sigma_0, \sigma_1, \sigma_2, \cdots$ 依次称为是这个序列第 0 阶段、第 1 阶段、第 2 阶段等的指派。

表 3.2　例子（A）的一个修正序列

	0	1	2	3	4	5	…	ω	$\omega+1$	…
δ_1	0	0	1	1	1	1	…	1	1	…
δ_2	0	0	0	1	1	1	…	1	1	…
δ_3	0	1	1	1	0	0	…	0	0	…

前面得到的指派序列都出现在有穷阶段上，但可以把这个序列延伸到超穷阶段。后面将会通过一个例子来说明延伸到超穷阶段的必要性，现在先说明延伸的方法。为此，我们再给出一个新的指派序列，见表 3.3。表 3.3 表示的指派序列从下面的初始指派 σ_0 出发：$\sigma_0(\delta_1)=0$，$\sigma_0(\delta_2)=1$，$\sigma_0(\delta_3)=0$。

表 3.3　例子（A）的一个古普塔修正序列

	0	1	2	3	4	5	…	ω	$\omega+1$	…
δ_1	0	1	0	1	0	1	…	0	1	…
δ_2	1	0	1	0	1	0	…	1	0	…
δ_3	0	0	1	0	1	0	…	0	0	…

表 3.2 和表 3.3 中两个序列的一个显著区别是：在有穷阶段上，前者出现了不动点，而后者出现了一种周期性的震荡。就前一个序列而言，对任意自然数 $k\geqslant 4$，$\sigma_{k+1}(\delta_i)=\sigma_k(\delta_i)$，$i=1,2,3$。换言之，这些序列从第 4 阶段往后的有穷阶段都保持不动了，因而，第 4 阶段上的指派被认为是这个序列的不动点。就后一个序列而言，对任意自然数 $k\geqslant 1$，$\sigma_{k+2}(\delta_i)=\sigma_k(\delta_i)$，$i=1,2,3$。也就是说，这个序列在从第 1 阶段往后的有穷阶段上，指派以 2 为周期进行摆动。

现在已经准备好把上述两个序列延伸到超穷阶段。如果是超穷后继序数阶段，可按照 $\sigma_{\alpha+1}(\delta_i)=\mathcal{V}_{\mathcal{M}_\alpha}(d(\delta_i))$ 进行，显然，这与有穷序数阶段的规则 $\sigma_{k+1}(\delta_i)=\mathcal{V}_{\mathcal{M}_k}(d(\delta_i))$ 并无本质不同。对于极限序数阶段，需要一些新的想法。修正理论的缔造者古普塔和赫兹伯格特别关注了不动点的出现，他们不约而同地想到，如果在一个极限序数阶段之前出现了不动点，那么必须把这个不动点在此极限序数阶段保留下来。至于极限序数阶段之前如果没有出现不动点的情况，古普塔和赫兹伯格的规定有一定的分歧。

定义 3.3.10　设 d 是一个语句网，σ 是一个指派。按下面的规则，对任意序数 α，规定指派 σ_α：

（1）$\sigma_0=\sigma$。

（2）后继规则：$\sigma_{\alpha+1}(\delta)=\mathcal{V}_{\mathcal{M}_\alpha}(d(\delta))$，其中 $\mathcal{M}_\alpha=\langle\sigma_\alpha,\varepsilon_\alpha\rangle$，$\varepsilon_\alpha=\{\delta\mid\sigma_\alpha(\delta)=1\}$，并约定若 δ 不在 d 的定义域中，$d(\delta)=\delta$。

第3章 语义真理论

(3) 极限规则：当 α 为极限序数时，

$$\sigma_\alpha(\delta) = \begin{cases} 1, & \text{若存在 } \beta < \alpha, \text{ 使得对任意 } \gamma, \beta \leq \gamma < \alpha \text{ 蕴涵 } \sigma_\gamma(\delta) = 1 \\ 0, & \text{若存在 } \beta < \alpha, \text{ 使得对任意 } \gamma, \beta \leq \gamma < \alpha \text{ 蕴涵 } \sigma_\gamma(\delta) = 0 \\ \sigma_0(\delta), & \text{否则} \end{cases}$$

序列 $\sigma_0, \sigma_1, \cdots, \sigma_\alpha, \cdots$ 称为 d 的以 σ 为初始指派的古普塔修正序列[①]。

为方便起见，在上述规定中，当 α 为极限序数时，$\sigma_\alpha(\delta) = 1$ 对应的条件可简称为"δ 在（序列的）第 α 阶段前稳定真"；$\sigma_\alpha(\delta) = 0$ 对应的条件可简称为"δ 在第 α 阶段前稳定假"。此二条件中的任何一个又称为"δ 在（序列的）第 α 阶段前稳定"。

在定义 3.3.10 中，如果极限规则按照如下等式进行规定：

$$\sigma_\alpha(\delta) = \begin{cases} 1, & \delta \text{ 在第 } \alpha \text{ 阶段前稳定真} \\ 0, & \delta \text{ 在第 } \alpha \text{ 阶段前稳定假} \\ \sigma_0(\delta), & \text{否则} \end{cases}$$

那么相应地就规定出了 d 的以 σ 为初始指派的赫兹伯格修正序列[②]。

在赫兹伯格修正序列中，极限阶段 $\sigma_\alpha(\delta)$ 的等式中，后两种情况可合并为一种情况。我们特意保留现在这种形式，以便显示赫兹伯格修正序列与古普塔修正序列的异同：两者在极限阶段都保留下了前面阶段出现的不动的真值（若存在的话），否则，前者在极限阶段的真值一律规定为 0，而后者在极限阶段的真值则回归到初始阶段的真值。

例如，表 3.2 给出的是前述语句网的一个修正序列——不论是按古普塔的规定还是按赫兹伯格的规定，它都是一样的。表 3.3 给出的是前述语句网的一个古普塔修正序列，而表 3.4 给出了它的一个赫兹伯格修正序列。需要注意的是，表 3.3 和表 3.4 中的两个修正序列始于同一个初始指派。在第 ω 阶段之前，这两个修正序列中的指派都以周期 2 进行震荡，从第 ω 阶段往后，古普塔修正序列继续保持这种震荡模式，但是，赫兹伯格修正序列却进入了

[①] Gupta A, "Truth and paradox", *Journal of Philosophical Logic*, Vol. 11, No. 1, 1982, p. 39. 在带 T 的算术语言中，修正序列一般规定为一个集合序列，序列中每个集合都是真谓词符的外延。相应于此，在 $\mathscr{L}_T$ 中，修正序列本应规定为集合序列 $\varepsilon_0, \varepsilon_1, \varepsilon_2, \cdots$。但我们发现，使用指派形成的序列来规定修正序列更加方便。

[②] 参见 Herzberger H G, "Note on native semantics", *Journal of Philosophical Logic*, Vol. 11, No. 1, 1982, p. 68; 也可参见 Gupta A, "Truth and paradox", *Journal of Philosophical Logic*, Vol. 11, No. 1, 1982, p. 10.

表 3.2 中出现的不动点过程，完全改变了第 ω 阶段之前出现的震荡模式。两相对照，古普塔修正序列比赫兹伯格修正序列更能保持极限阶段之前出现的模式。但就尽可能地保持极限阶段前已经出现的模式而言，古普塔修正序列还有改进的余地。

表 3.4 例子（A）的一个赫兹伯格修正序列

	0	1	2	3	4	5	…	ω	$\omega+1$	…
δ_1	0	1	0	1	0	1	…	0	0	…
δ_2	1	0	1	0	1	0	…	0	0	…
δ_3	0	0	1	0	1	0	…	0	1	…

贝尔纳普也曾提出如下规定修正序列的方法：在极限序数阶段，如果不是不动点情形，那么 $\sigma_\alpha(\delta)$ 的值可以设定为任意真值[①]。在带 T 的算术语言中，对真谓词的外延而言，这不失为一种"宽容"的选择。但在 $\mathscr{L}_T$ 语言中，修正序列更多地用于悖论的研究，此时，一个明确的选择更为可取。在本节往后，我们将只讨论古普塔修正序列（可简称为"修正序列"）。

回到等式（A）中的语句网 d。我们在本节开始提到，存在一个指派满足 d，即可证明它不是悖论的，并且可以通过修正序列来找出这样的一个指派。事实上，先前所给出的第一个修正序列（表 3.2）中的不动点正是这样一个指派。设 $\mathcal{M} = \langle \sigma, \varepsilon \rangle$，其中 σ 是前述修正序列中的 σ_4，而 ε 是定理 3.3.2 证明中由 σ 规定出的 T 的外延。根据定理 3.3.2，$\mathcal{M}$ 是 $\mathscr{L}_T$ 的可容许模型（ε 的规定本身足以保证这一点，与语句网 d 无关）。此外，σ 是前述修正序列的不动点，即（按先前的记号），对任意 $k \geq 4$，对 $i = 1, 2, 3$，$\sigma_{k+1}(\delta_i) = \sigma_k(\delta_i)$，亦即 $\mathcal{V}_{\mathcal{M}_k}(d(\delta_i)) = \mathcal{V}_{\mathcal{M}_k}(\delta_i)$。再注意到，$\mathcal{M}_k$ 中的指派是 σ（$= \sigma_4$），T 的外延 ε_k 满足：$\delta_i \in \varepsilon_k$，当且仅当 $\delta_i \in \varepsilon$，$i = 1, 2, 3$。因此，$\mathcal{V}_{\mathcal{M}}(d(\delta_i)) = \mathcal{V}_{\mathcal{M}}(\delta_i)$。这证明了 $\mathcal{M}$ 是满足 d 的。综上，$\mathcal{M}$ 对语句网 d 是可容许的，从而，语句网 d 在 $\mathcal{M}$ 中不是悖论的。

[①] Belnap N, "Gupta's rule of revision theory of truth", Jorunal of Philosophical Logic, Vol. 11, No. 1, 1982, pp. 105-106.

补充一点，语句网 d 中含有三个变元，因此，根据初始指派的情况，语句网 d 总共只有八种不同的修正序列。注意到，表 3.2 和表 3.3 中出现的指派已有八种（只考虑变元 δ_1、δ_2、δ_3 的真值）。因此，在语句网 d 所有的修正序列中，只有出现不动点，这个不动点一定还是表 3.2 中出现的那个。在这个意义上，前面得到对语句网 d 可容许的模型 $\mathcal{M}$ 是唯一的。

已经看到，基于语句网 d 的修正序列的某个不动点，可以给出一个可容许的模型，使得 d 在 $\mathcal{M}$ 上不是悖论的。反过来，对于语句网 d 的修正序列中那些不是不动点的指派而言，在基于这些指派的可容许模型上，d 一定是悖论的。例如，令 σ 为表 3.2 中的初始指派，令 $\mathcal{M} = \langle \sigma, \varepsilon \rangle$ 是 $\mathscr{L}_T$ 的一个可容许模型。$\mathcal{M}$ 不可能满足 d。这是因为，如若不然，一方面，根据 $\mathcal{V}_\mathcal{M}(T\delta_i) = \mathcal{V}_\mathcal{M}(\delta_i)$，可得到 $\mathcal{V}_\mathcal{M}(T\delta_i) = \mathcal{V}_\mathcal{M}(\delta_i) = 0$，$i = 1, 2, 3$。另一方面，根据 $\mathcal{V}_\mathcal{M}(d(\delta_i)) = \mathcal{V}_\mathcal{M}(\delta_i)$，也有 $\mathcal{V}_\mathcal{M}(d(\delta_i)) = 0$，$i = 1, 2, 3$。特别地，既有 $\mathcal{V}_\mathcal{M}(T\delta_3) = 0$，又有 $\mathcal{V}_\mathcal{M}(\neg T\delta_3) = \mathcal{V}_\mathcal{M}(d(\delta_3)) = 0$，矛盾！

在语句网（A）发现的上述结果具有一般性，总结在下面的命题中。

命题 3.3.11 设 d 是语句网，σ 是指派，则有：

（1）d 在指派 σ 下不是悖论的，当且仅当 σ 为 d 的某个修正序列的不动点。

（2）d 是悖论的，当且仅当 d 的任何修正序列都不会出现不动点。

证明留给读者。命题 3.3.11 揭示了悖论的一个本质特征：悖论中的语句在任何修正过程中它们的真值作为一个整体是不稳定。需要说明的是，此不稳定性是针对相关语句构成的整体即语句网来说的，而不是针对语句网中的单个语句来说的。在修正理论中，常常用不稳定性来定义单个的语句的悖论性。比如，在赫兹伯格那里，"悖论语句是这样的语句，其真值在赋值的一个阶段为真，在后面某个阶段为假，在更后面的某个阶段再次为真，如此反复，以至无穷"[1]。而古普塔则是基于同样的思想给出了悖论语句的定义[2]。然而，这种定义存在某些漏洞，我们将在下一章进行讨论。

---

[1] Herzberger H G, "Naive semantics and the liar paradox", *Journal of Philosophy*, Vol. 79, No. 9, 1982, p. 497.

[2] Gupta A, "Truth and paradox", *Journal of Philosophical Logic*, Vol. 11, No. 1, 1982, p.49.

下面通过例子来进一步说明悖论语句的上述特征。表 3.5 给出了说谎者悖论的语句网的两个修正序列。在表 3.5 中，阴影部分用于显示首次出现循环的指派以及它在后续阶段的重复情况。

表 3.5　说谎者悖论的两个修正序列

	0	1	2	3	...	ω	$\omega+1$	...		0	1	2	3	...	ω	$\omega+1$	...
λ	1	0	1	0	...	1	0	...	λ	0	1	0	1	...	0	1	...

最后，我们给出麦吉悖论对应的语句网的一个修正序列，由此说明修正序列延伸到超穷阶段的必要性。令初始指派 σ，使得它在每个变元的取值都为假。已知麦吉悖论的语句网表达形式为 d：

$$\begin{cases} d(\delta_0) = \bigvee_{k \geq 0} \neg T\delta_k \\ d(\delta_{k+1}) = T\delta_k, \ k \geq 0 \end{cases} \quad (C)$$

由此，不难得到：对每个序数 α，

$$\begin{aligned} \sigma_{\alpha+1}(\delta_0) &= \bigvee_{k \geq 0} \neg \sigma_\alpha(\delta_k) \\ \sigma_{\alpha+1}(\delta_{k+1}) &= \sigma_\alpha(\delta_k), \ k \geq 0 \end{aligned} \quad (D)$$

按照上面的式子，可以得到，对任意的 $i \geq 0$，当自然数 $k \geq i$ 时，必有 $\sigma_{k+1}(\delta_i) = \sigma_k(\delta_i)$。换言之，每个 δ_i 在各个有穷阶段的值最终都会变为真，因而，每个 δ_i 在 ω 阶段的真值也都为真。这是否意味着第 ω 阶段出现在这个指派就是不动点？回答是否定的。原因是，δ_0 在第 $\omega+1$ 阶段的取值并不为真，同样，δ_1 在第 $\omega+2$ 阶段的取值也不为真，δ_2 在第 $\omega+3$ 阶段的取值也不为真，如此等等。继续计算，只有等到第 $\omega+\omega$ 阶段，我们才发现语句网 d 的修正序列 $\langle \sigma_\alpha \mid \alpha \geq 0 \rangle$ 从第 ω 阶段开始，以周期 ω 进行震荡（表 3.6）。假设这些修正序列仅仅限于有穷阶段，它就是一个出现不动点的修正序列，然而，这个不动点只是昙花一现，在进入超穷阶段之后，它就不再存在了。也只有进入超穷阶段，我们才会发现刚刚指出的周期性震荡模式。这就是修正序列的构造有必要延伸到超穷阶段的原因。

表 3.6　麦吉悖论的一个修正序列

	0	1	2	3	...	ω	$\omega+1$	$\omega+2$	$\omega+3$	...	$\omega+\omega$	...
δ_0	0	1	1	1	...	1	0	1	1	...	1	...
δ_1	0	0	1	1	...	1	1	0	1	...	1	...
δ_2	0	0	0	1	...	1	1	1	0	...	1	...
δ_3	0	0	0	0	...	1	1	1	1	...	1	...
...					...					...		...

值得指出，我们可以把指派按照变元 δ_i（$i \in \mathbf{N}$）的真值分为两类：一类使得所有这些变元都为真，另一类使得所有这些变元中至少有一个为假。容易看出，以第一类指派作为初始指派，所得到的 d 的修正序列从第 0 阶段即开始周期为 ω 的震荡；而以第二类指派作为初始指派，所得到的修正序列要到第 ω 阶段才开始周期为 ω 的震荡（这正是表 3.6 显示的情况）。综合起来，麦吉悖论的语句网的修正序列中没有不动点，这也间接说明麦吉悖论的语句网是悖论的（参考命题 3.3.11）。

第 4 章　悖论及其构造方法

本章由简单到复杂讨论布尔悖论和若干具有代表性的无穷悖论的构造方法。4.1 节给出布尔悖论的定义，分析布尔悖论在修正序列上的循环特性，并基于其循环特性给出构造布尔悖论的一般方法，最后讨论一类比较特殊的布尔悖论。这些工作为探究更复杂的无穷悖论作了必要的思想和技术方面的准备。在 4.2 节，我们将给出古普塔极限规则的一个"细化"，它是研究无穷悖论在修正序列上的语义特性的基础。4.3 节把目光投向一些有代表性的无穷悖论，构造出赫兹伯格所设想出的一种无穷悖论，并通过更多的例子给出其他无穷悖论的构造方法。

4.1　布尔悖论及其构造

从自然语言的形式上看，布尔悖论指的是只需通过语句的有穷次布尔组合即可表达出来的语义悖论。这是一类形式和语义都比较简单的悖论，但范围很广，覆盖了大多数已知的有穷悖论。我们就从这类悖论的考察开始[①]。

4.1.1　布尔悖论

不论是第 3 章中谈到的 n-圈说谎者悖论，还是文兰悖论，它们的自然语言表达中均没有量词出现。这一点反映在它们的语句网形式上，表现为语句网的定义域是有穷的，并且语句网在定义域中每个变元的取值必定是有穷长的公式。再仔细观察，还会发现，这些语句网在定义域中每个变元的取值本质上都是有穷多个形如 TA 的公式的布尔组合，即这些公式都是通过否定和合取连接词组合得到的，其中 A 是定义域中的变元。我们把这样的悖论归为一

[①] 本节部分内容来自 Hsiung M,"Boolean paradoxes and revision periods",*Studia Logica*, Vol. 105, No. 5, 2017, pp. 881-914.

类，称它们为"布尔悖论"。基于此，给出如下定义。

定义 4.1.1 如果语句网 d 满足条件：其定义域为有穷集 $\{\delta_i | 1 \leq i \leq n\}$，且对任意 $1 \leq i \leq n$，$d(\delta_i)$ 都是 $T\delta_1, T\delta_2, \cdots, T\delta_n$ 的布尔组合，那么就称它为一个布尔语句网。悖论的布尔语句网又称为布尔悖论。

在第 3 章，我们知道，悖论语句在修正理论中被刻画为在任意修正序列中都不稳定的语句。修正理论学者尤其是赫兹伯格通过研究发现，悖论语句在修正序列中的这种不稳定性是一种"系统的不稳定性"，并认为"语义悖论在特征上都涉及此种不稳定性，不同种类的悖论可以通过它们特有的不稳定性样式来加以刻画"[①]。对此，我们先以两个例子加以说明。

首先考虑说谎者悖论。说谎者悖论对应的语句网 d 为 $d(\lambda) = \neg T\lambda$，它在修正序列 $\sigma_0, \sigma_1, \cdots, \sigma_n, \cdots$ 上满足：对任意 n，$\sigma_{n+1}(\lambda) = \neg \sigma_n(\lambda)$。不难看出，只有以下两种可能：这些指派在 λ 上的真值要么依次为 1, 0, 1, …，要么依次为 0, 1, 0, …（见第 3 章中的表 3.5）。很明显，说谎者语句在修正序列上的赋值不但是不稳定的，而且这种不稳定性确实具有赫兹伯格所说的"样式"，具体而言，此不稳定性具有周期性循环：循环周期的最小长度为 2，首次出现循环的阶段为 0。

再考虑 2-圈说谎者悖论的情况。表 4.1 给出了 2-圈说谎者的修正序列的情况。表中 λ_1 和 λ_2 是 2-圈说谎者的语句网定义域中的两个变元，其右侧给出的是两个修正序列，其中一个修正序列的初始指派 σ_0 满足 $\sigma_0(\lambda_1) = \sigma_0(\lambda_2)$，另一个修正序列的初始指派 σ_0 满足 $\sigma_0(\lambda_1) = 0$ 和 $\sigma_0(\lambda_2) = 0$。可以看出，在这两个修正序列中，语句 λ_1 和 λ_2 的赋值同样出现了不稳定样式：它们的赋值都出现循环周期，周期的最小长度为 4，首次出现循环的阶段都为 0。

表 4.1　2-圈说谎者的循环样式

	0	1	2	3	4	…	0	1	2	3	4	…
λ_1	0	1	1	0	0	…	1	1	0	0	1	…
λ_2	0	0	1	1	0	…	0	1	1	0	0	…

[①] Herzberger H G, "Naive semantics and the liar paradox", *Journal of Philosophy*, Vol. 79, No. 9, 1982, p. 488.

需要提醒的是，表 4.1 给出了 λ_1 和 λ_2 在两个修正序列中的赋值，但这些赋值形成的循环实则是同一个。以后，为简便起见，同一悖论的同一循环样式在表中只需展示一次。

此外，比较一下说谎者与 2-圈说谎者的不稳定性样式，不难发现它们的不稳定性样式确有不同：一个最小周期为 2，一个最小周期为 4。以上例子可提炼出下述定义。

定义 4.1.2 设 d 是一个语句网，$\sigma_0, \sigma_1, \cdots, \sigma_n, \cdots$ 是 d 的一个长度为 ω 的修正序列。对 d 定义域中语句 δ 而言，如果存在自然数 a 和非零自然数 b，使得对任意自然数 m 和 $n \geq a$，$\sigma_{n+b \cdot m}(\delta) = \sigma_n(\delta)$，那么满足这一条件的最小的 a 就是 δ 在此序列的稳定化点，而满足此条件的最小的 b 就是 δ 在此序列的基本周期。若 δ 满足上述条件，称 δ 在此序列上是周期的；相反，如果上述条件得不到满足，则称 δ 在此序列上是无周期的。

此定义归功于赫兹伯格。按赫兹伯格所言，d 中的 δ 在一个修正序列上的稳定化点和基本周期是用来描述 δ 在此修正序列上的周期性的基本参数，它们给出了 δ 的"循环样式"在量方面的两个刻画，其中，"语句的稳定化点标示了其赋值变为周期性的最早阶段，而基本周期则标示出其赋值周期的长度"[1]。注意，为了简明起见，在上述定义中，我们把修正序列的长度限制为 ω，即只考虑修正序列的有穷阶段，这对于展现布尔悖论的周期性是充足的。后面在考虑更复杂的悖论时，我们再考虑更长的修正序列。在本章，除非特别声明，所有的修正序列都只考虑其有穷阶段。

根据上述定义，很显然，说谎者语句 λ 在任意修正序列上的稳定化点都为 0，基本周期都为 2。而 2-圈说谎者语句 λ_1 和 λ_2 在这任意修正序列上的稳定化点都为 0，基本周期都为 4。

下面再给出两个例子。表 4.2 给出的是 3-循环说谎者的两个修正序列。可以看出，变元 λ_1、λ_2 和 λ_3 的 8 种真值情况都至少出现在这两个修正序列的某个阶段上，并且出现的阶段都处于某个循环之中。由此可知，3-循环说谎

---

[1] Herzberger H G, "Naive semantics and the liar paradox", *Journal of Philosophy*, Vol. 79, No. 9, 1982, p. 492.

者中的三个语句在任何修正序列上的稳定化点都为 0,且基本周期要么为 3 要么为 6。要指出的是,稳定化点和基本周期都是相对于某个修正序列而言,但在上下文清楚的条件下,所涉及的修正序列常常隐去。

表 4.2 3-循环说谎者的循环样式

	0	1	2	3	4	5	6	...	0	1	2	...
λ_1	0	1	1	0	0	0	0	...	0	1	0	...
λ_2	0	0	1	1	0	0	0	...	1	0	1	...
λ_3	0	0	0	1	1	1	0	...	0	1	0	...

以上悖论的一个特性是,其中语句在任何修正序列上其稳定化点都为 0。换言之,这些语句都是在初始阶段即进入了循环。文兰悖论在这点上有所不同。表 4.3 给出了文兰悖论的 4 个不同的修正序列。在表中最左侧的修正序列上,文兰悖论的三个语句仍然是从第 0 阶段即进入循环,但在其他 3 个修正序列上,这三个语句进入循环的阶段依次是第 2 阶段、第 2 阶段、第 1 阶段。而且,其进入的循环与第一个修正序列上出现的循环是相同的。因此,在这四个修正序列上,文兰语句的稳定化点依次为 0、2、2、1,而基本周期都是 3。进一步,注意到,这四个修正序列中出现的 δ_1、δ_2 和 δ_3 的真值情况已经包含了这三个变元的 8 种真值情况,我们可以断定,文兰语句在任何修正序列上的基本周期都是 3,而稳定化点只有三种可能:要么是 0,要么是 1,要么是 2。

表 4.3 文兰悖论的循环样式

	0	1	2	3	4	0	1	2	3	0	1	2	3	0	1	2
δ_1	0	1	1	0	...	1	0	0	...	1	0	0	...	0	0	...
δ_2	1	1	0	1	...	1	1	1	...	0	0	1	...	0	1	...
δ_3	0	0	1	0	...	1	1	0	...	0	0	0	...	1	0	...

以上讨论都是针对语句网中的语句来说的,但很多时候,需要考虑语句网本身的周期性特征——尤其是,语句网的周期性特征与语句网中语句的周期性特征不同的时候。比如,满足如下条件的语句网 d:

$$d(\delta_1) = T\delta_1 \vee T\delta_2$$
$$d(\delta_2) = \neg T\delta_1 \vee \neg T\delta_2$$

表 4.4 给出其一个修正序列。可以看出，δ_1 在第 2 阶段之后真值都为真，不再是不稳定的语句，按修正理论的观点，这个语句不是悖论的。但问题在于 δ_1 不是独立的语句，它依赖于 δ_2，而 δ_2 是不稳定的语句，且可以看出它在任何修正序列上都是不稳定的，因此是悖论语句。此时，在讨论修正序列上出现的循环样式时，不但要局部考虑 δ_1 和 δ_2 每个语句的情况，而且最好有全局眼光，整体性地考虑 δ_1 和 δ_2 构成的语句网。

表 4.4 基本周期在整体与局部上不一致的悖论例子

	0	1	2	3	4	…
δ_1	0	0	1	1	1	…
δ_2	0	1	1	0	1	…

下面的定义与上文所述类似，但它不是针对语句网中的单个语句，而是针对语句网本身来给出的。

定义 4.1.3 设 d 是一个语句网，$\sigma_0, \sigma_1, \cdots, \sigma_n, \cdots$ 是 d 的一个长度为 ω 的修正序列。如果存在自然数 a 和非零自然数 b，使得对 d 定义域中任意 δ，对任意自然数 m 和 $n \geqslant a$，$\sigma_{n+b \cdot m}(\delta) = \sigma_n(\delta)$，那么满足这一条件的最小的 a 就是 d 在此序列的稳定化点，而满足此条件的最小的 b 就是 d 在此序列的基本周期。若 d 满足上述条件，称 d 在此序列上是周期的；相反，则称 d 在此序列上是无周期的。

以上例子中，除了最后一个例子外，其余例子中的语句网与语句网中的语句都具有完全相同的稳定化点和基本周期。在最后一个例子中，语句 δ_1、δ_2 以及它们构成的语句网 d 的稳定化点都为 2，δ_2 和语句网 d 的基本周期都为 2，但 δ_1 的基本周期为 1。关于整体与部分周期性特征的一个显然事实是：一个语句网，如果它在一个修正序列的某个阶段后出现了周期，那么这个语句网定义域中的每个语句在此阶段后也一定出现周期，并且在此修正序列上，这些语句的稳定化点和基本周期都分别小于或等于此语句网的稳定化点和基本周期。

表 4.5 给出了一个稳定化点在整体与局部上不一致的语句网，此语句网满足如下条件：

$$d(\delta_1) = \neg T\delta_1 \vee T\delta_2$$
$$d(\delta_2) = \neg T\delta_2$$

可以看出，在整体上，语句网 d 的基本周期和稳定化点都为 2。在局部，语句 δ_1 情况与 d 类似，而语句 δ_2 的表现更像说谎者，其基本周期为 2，但稳定化点为 0。

表 4.5 稳定化点在整体与局部上不一致的悖论例子

	0	1	2	3	4	…
δ_1	0	1	1	0	1	…
δ_2	0	1	0	1	0	…

以上例子都是布尔语句网，我们不难猜测，布尔语句网必定在修正序列的某个有穷阶段变为周期性的。

命题 4.1.4 若 d 是布尔语句网，则它的任何修正序列的稳定化点和基本周期都是有穷的，并且其不同的稳定化点和不同的基本周期都只有有穷多个。

证明：设 d 如定义 4.1.1 所规定。为方便起见，将用 $f(\delta_1,\cdots,\delta_n)$ 表示一个布尔函数的代数表达式。d 所满足的条件可记为：对任意 $1 \leqslant i \leqslant n$，$d(\delta_i) = f_i(T\delta_1,\cdots,T\delta_n)$。

现任取 d 的一个修正序列：$\sigma_0, \sigma_1, \cdots$，我们给出下面的计算过程，其中括弧内为计算的依据：

$$\begin{aligned}
\sigma_{k+1}(\delta_i) &= \mathcal{V}_{\mathcal{M}}(d(\delta_i)) & \text{(后继规则)} \\
&= \mathcal{V}_{\mathcal{M}}(f(T\delta_1,\cdots,T\delta_n)) & \text{(d的规定)} \\
&= f_i(\mathcal{V}_{\mathcal{M}_k}(T\delta_1),\cdots,\mathcal{V}_{\mathcal{M}_k}(T\delta_n)) & \text{(f_i是布尔函数)} \\
&= f_i(\sigma_k(\delta_1),\cdots,\sigma_k(\delta_n)) & \text{(赋值定义)}
\end{aligned}$$

因此，我们得到：对任意 $k \geqslant 0$ 和任意 $1 \leqslant i \leqslant n$，

$$\sigma_{k+1}(\delta_i) = f_i(\sigma_k(\delta_1),\cdots,\sigma_k(\delta_n)) \tag{4.1}$$

值得提醒读者的是，这里出现的 f_i 是布尔函数本身，而前面在 d 的条件中出现的 f_i 表示的是此布尔函数的表达式。此为记号之混用，实为常见之术，其中歧义自可凭上下文予以消除。

因每个指派在变元 $\delta_1,\cdots,\delta_n$ 上的取值有 2^n 种不同的可能，故从第 0 阶段到第 2^n 阶段上的指派必定有两个是相同的。这意味着在此修正序列上，稳定化点和基本周期都将不超过 2^n。由此即知待证的结论成立。

赫兹伯格曾断言："说谎者悖论所有已知的变体在素朴赋值过程[即修正过程]都呈现了某种循环不稳定性，事实上，所有已知的悖论都有有穷周期性。"[1]赫兹伯格说此话的时候，雅布鲁悖论尚未提出，更不用说麦吉悖论，而 ω-循环说谎者及其他超穷循环说谎者才刚刚见于赫兹伯格同年发表的另一篇文章[2]。因此，赫兹伯格所说的当时"已知的悖论"被包含在有穷悖论中。而有穷悖论中最具有代表性的都可归属为布尔悖论，在这个意义上，命题 4.1.4 可作为对赫兹伯格断言的一个支持。

4.1.2 布尔悖论的构造

前一节的工作可视作是已知一个布尔悖论，求解其修正序列的稳定化点和基本周期。本节的主要工作刚好逆向而行，已知有穷多组稳定化点和基本周期，可构造一个布尔悖论，使它具有对应到这些稳定化点和基本周期的修正序列。

定理 4.1.5 令 m 为正整数，设定 m 组不同的数组 $\langle a_i, b_i \rangle$，其中，对任意 $1 \leq i \leq m$，a_i 是自然数，b_i 是大于 1 的整数，则存在布尔悖论，使得对任意 $1 \leq i \leq m$，它都有稳定化点为 a_i、基本周期为 b_i 的修正序列[3]。

证明：设待构造的语句网为 d。首先，确定 d 定义域中最少需要多少个

---

[1] Herzberger H G, "Naive semantics and the liar paradox", *Journal of Philosophy*, Vol. 79, No. 9, 1982, p. 489.

[2] Herzberger H G, "Note on native semantics", *Journal of Philosophical Logic*, Vol. 11, No. 1, 1982, p. 74.

[3] 参见熊明，《赫兹伯格语句及其构造》，《哲学动态》2020 年第 9 期，第 96-103 页；也可参见本节部分内容来自 Hsiung M, "Boolean paradoxes and revision periods", *Studia Logica*, Vol. 105, No. 5, 2017, p. 885.

变元。为此，设 n 为满足 $2^j \geqslant \sum_{1 \leqslant i \leqslant m}(a_i + b_i)$ 的最小整数 j，则可设 d 的定义域为 $\{\delta_k \mid 1 \leqslant k \leqslant n\}$。之所以只需要 n 个变元，是因为指派在 n 个变元上的取值情况总共有 2^n 种可能。这样，我们可从中选出 $\sum_{1 \leqslant i \leqslant m}(a_i + b_i)$ 个不同的指派，用这些指派形成 m 个不同的修正序列 $\Psi_i = \langle \sigma_i \mid j \geqslant 0 \rangle$（$1 \leqslant i \leqslant m$），使得对每个被选出的指派，都存在唯一一个 $1 \leqslant i \leqslant m$，它在修正序列 Ψ_i 中从第 0 阶段到第 $a_i + b_i - 1$ 阶段的某个阶段上出现一次。这相当于把备选指派不重复不遗漏地排列在 m 个不同的修正序列的第 $a_i + b_i$ 阶段之前的阶段（不包括）上。进而，我们规定第 $a_i + b_i$ 阶段上的指派与第 a_i 阶段上的指派相同。这样，每个 Ψ_i 就确定下来，并确保了其稳定化点不大于 a_i，基本周期等于 b_i。

下面通过一个实例来展示上述思想，这也是后续证明的一个具体例证。设 $k \geqslant 2$，$a_1 = 0$，$b_1 = 3$，$a_2 = 1$，$b_2 = 2$。因 $a_1 + b_1 + a_2 + b_2 = 6$，故 $n = 3$。这意味着，d 定义域中最少需要 3 个变元。正如前面指出，指派在 3 个变元上的真值情况共有 8 种。为给出一个稳定化点为 0、基本周期为 3 的修正序列，需要使用其中 3 种真值情况，同时，为给出一个稳定化点为 1、基本周期为 2 的修正序列，需要使用另外 3 种真值情况。表 4.6 中给出了符合要求的两个修正序列。当然，这两个修正过程中任何一个都不是唯一的，只需改变最前面 3 个阶段上的指派就可得到其他符合条件的修正过程。

表 4.6 某个未知布尔语句网的两个修正过程

	0	1	2	3	…	0	1	2	3	…
δ_1	0	0	0	0	…	0	1	1	1	…
δ_2	0	0	1	0	…	1	0	0	0	…
δ_3	0	1	0	0	…	1	0	1	0	…

读者可能注意到，δ_1、δ_2 和 δ_3 的 8 种真值情况还有两种没有涉及。如果仅要求构造出的是布尔语句网，那么就没有必要讨论剩余的这两种真值情况。但定理的要求是所构造出的必须是悖论布尔语句网，为此必须保证这个布尔语句网的任何修正序列都不会出现不动点（即不会出现周期为 1 的循环）。这就要求我们确定余下两种真值情况在修正序列中的排列。同先前一样，这有多种选择。表 4.7 给出了两个典型的选择。选择 1 把余下的两种真值情况排

列在 d 的第三个修正序列中前面两个阶段，并在第 2 阶段进入第一个修正序列中的循环。在选择 2 中，第 0 阶段中的三个星号表示余下两种真值情况的任何一个。因此，此选择实则给出了两个修正序列，余下的两种真值情况分居于这两个修正序列的初始阶段，而此二序列都在第 0 阶段进入第一个修正序列中的循环。

表 4.7 某个未知布尔语句网的剩余修正过程的两种选择

	选择 1					选择 2			
	0	1	2	...		0	1	...	
δ_1	1	1	0	...		*	0	...	
δ_2	1	1	0	...		*	0	...	
δ_3	0	1	0	...		*	0	...	

在一般情况下，如果 $2^n \geq \sum_{1 \leq i \leq m}(a_i + b_i)$，那么在给出了先前的修正序列 Ψ_i（$1 \leq i \leq m$）后，一定还有 $\delta_1, \cdots, \delta_n$ 的真值情况没有出现在这些修正序列中。此时，正如在前面例子中所看到的，需要明确这些真值情况在修正序列中的位置。此时，选择 2 是较优的。即首先保证 $\delta_1, \cdots, \delta_n$ 都为假这种真值情况已经出现在某个 Ψ_i 的某个阶段上，其次保证每个余下的真值情况都出现在一个修正序列的初始阶段，但在下一阶段即出现 $\delta_1, \cdots, \delta_n$ 都为假这种真值情况。将会看到，这在一定程度上可以简化后续的构造过程①。

必须强调，前面在给出修正序列 Ψ_i 时，主要确定了这个序列前面的 $a_i + b_i$ 项，亦即这个序列的第 0 阶段直到第 $a_i + b_i - 1$ 阶段。对于后续的阶段，我们仅指出：第 $a_i + b_i$ 阶段上的指派与第 a_i 阶段上的指派相同。由此，我们还指出，修正序列 Ψ_i 各项已然确定，并且从第 a_i 阶段进入循环，并且循环的最小周期为 b_j。这是因为，按照后继规则的规定，在语句网的任意修正序列中，如果同一个指派出现在不同的阶段，那么这两处出现的后继阶段上出现的指派也是相同的。而现在已知 $\sigma_{a_i+b_i}^i = \sigma_{b_i}^i$，它们的下一阶段的指派也必相同，即 $\sigma_{a_i+b_i+1}^i = \sigma_{b_i}^i$。一般而言，当 $j \geq a_i + b_i$，$\sigma_j^i = \sigma_{a_i+c_j}^i$，其中 c_j 为 $j - a_i$ 模 b_i 的余

---

① 这与后续的构造中使用了析取范式的语义特征相关。对称地，也可以使用合取范式的语义特征。此时，要保证 $\delta_1, \cdots, \delta_n$ 都为真这种真值情况出现在某个 Ψ_i 的某个阶段上，同时保证每个余下的真值情况都出现在一个修正序列的初始阶段，但在下一阶段即出现 $\delta_1, \cdots, \delta_n$ 都为真这种真值情况。

数,亦即满足 $x \equiv (j-a_i) \pmod{b_i}$ 且 $0 \leqslant x < b_i$（唯一）的 x。

余下的主要工作就是求解 d。我们先利用例子来说明求解的思想,然后,就一般情况给出求解方法。接先前的例子,已知 d 定义域为 $\{\delta_1, \delta_2, \delta_3\}$,而所求 d 为布尔语句网。因此,对 $k=1, 2, 3$,可设 $d(\delta_k) = f_k(T\delta_1, T\delta_2, T\delta_3)$,其中 f_k 是布尔函数。现在问题转化为求解 f_k 的代数表达式。

根据等式（4.1）,对 $i=1, 2$, $j \geqslant 0$ 和 $k=1, 2, 3$,有 σ 由于 σ 表示的是修正序列 Ψ_i 在阶段 j 的指派,故刚刚得到的等式表明,在自变量 δ_1、δ_2、δ_3 依次取修正序列 Ψ_i 在阶段 j 上对应的真值时,f_k 的值恰好等于 Ψ_i 在阶段 $j+1$ 上 δ_k 分量上的值。例如,当自变量 δ_1、δ_2、δ_3 都取值为假时,

$$f_1(0, 0, 0) = f_1(\sigma_0^0(\delta_1), \sigma_0^0(\delta_2), \sigma_0^0(\delta_3))$$

$$= \sigma_1^1(\delta_1)$$

$$= 0$$

类似可得,$f_1(0, 0, 0) = 0$ 和 $f_1(0, 0, 0) = 1$。此情况见于表 4.8 中 δ_1、δ_2、δ_3 都为 0 所在行。

表 4.8　由选择 1 和选择 2 诱导出的布尔函数 f_1、f_2、f_3

δ_1	δ_2	δ_3	选择 1			选择 2		
			f_1	f_2	f_3	f_1	f_2	f_3
0	0	0	0	0	1	0	0	1
0	0	1	0	1	0	0	1	0
0	1	0	0	0	0	0	0	0
0	1	1	1	0	0	1	0	0
1	0	0	1	0	1	1	0	1
1	0	1	1	0	0	1	0	0
1	1	0	1	1	1	0	0	0
1	1	1	0	0	0	0	0	0

读者不难看出,对 δ_1、δ_2、δ_3 的任意真值情况,若它出现序列 Ψ_i 的第 j 阶段,那么这个序列的第 $j+1$ 阶段上的真值情况刚好就是函数 f_1、f_2、f_3 在 δ_1、δ_2、δ_3 上述真值情况下对应的真值。

由此,我们不难把表 4.6 和表 4.7 转化为布尔函数 f_1、f_2、f_3 的真值

表4.8。顺便说一句，在表4.8中，基于修正序列Ψ_1和Ψ_2，再加上选择1和选择2中的修正序列，分别导出两组布尔函数，这两组布尔函数仅仅在倒数第二行上有差异。

现在，根据表4.8，然后再利用析取范式的语义特征，不难给出布尔函数f、g、h的代数表达式。例如，在选择1下，$f_1(\delta_1, \delta_2, \delta_3)$的表达式如下：
$$(\neg\delta_1 \wedge \delta_2 \wedge \delta_3) \vee (\delta_1 \wedge \neg\delta_2 \wedge \neg\delta_3) \vee (\delta_1 \wedge \neg\delta_2 \wedge \delta_3) \vee (\delta_1 \wedge \delta_2 \wedge \neg\delta_3)$$

上述又可化简为
$$(\neg\delta_1 \wedge \delta_2 \wedge \delta_3) \vee (\delta_1 \wedge (\neg\delta_2 \wedge \neg\delta_3))$$

类似，f_2和f_3（化简）的表达式为
$$f_2 = (\neg\delta_1 \wedge \delta_2 \wedge \delta_3) \vee (\delta_1 \wedge \delta_2 \wedge \neg\delta_3)$$
$$f_3 = (\neg\delta_2 \wedge \neg\delta_3) \vee (\delta_2 \wedge \neg\delta_3)$$

因此，在选择1下，待求的语句网为
$$d(\delta_1) = (\neg T\delta_1 \wedge T\delta_2 \wedge T\delta_3) \vee (T\delta_1 \wedge (\neg T\delta_2 \vee \neg T\delta_3))$$
$$d(\delta_2) = (\neg T\delta_1 \wedge \neg T\delta_2 \wedge T\delta_3) \vee (T\delta_1 \wedge T\delta_2 \wedge \neg T\delta_3)$$
$$d(\delta_3) = (\neg T\delta_2 \wedge \neg T\delta_3) \vee (T\delta_1 \wedge \neg T\delta_3)$$

或者

（δ_1）假但（δ_2）和（δ_3）都真，或者（δ_1）真但（δ_2）、（δ_3）至少有一假

（δ_1）

或者

（δ_1）、（δ_2）都假但（δ_3）真，或者（δ_1）、（δ_2）都真但（δ_3）假　　（δ_2）

或者

（δ_2）、（δ_3）都假，或者（δ_1）真但（δ_3）假　　（δ_3）

选择2下的语句网可类似求得，这里只给出语句网，请读者自行写出对应的自指语句形式。

$$d(\delta_1) = (T\delta_1 \wedge \neg T\delta_2) \vee (\neg T\delta_1 \wedge T\delta_2 \wedge T\delta_3)$$
$$d(\delta_2) = (\neg T\delta_1 \wedge \neg T\delta_2 \wedge T\delta_3)$$
$$d(\delta_3) = (\neg T\delta_2 \wedge \neg T\delta_3)$$

最后，对一般情况的处理进行说明。对任意$1 \leq k \leq n$，设$d(\delta_k) =$

$f_k(T\delta_1,\cdots,T\delta_n)$，则仍根据等式（4.1），对任意 $j \geq 0$ 和任意 $1 \leq i \leq m$，有 $\sigma_{j+1}^i(\delta_k) = f_k(\sigma_j^i(\delta_1),\cdots,\sigma_j^i(\delta_n))$。任取 $\delta_1,\cdots,\delta_n$ 的一种真值情况，设为 $\langle \epsilon_1,\cdots,\epsilon_n \rangle$，其中每个 ϵ_k 要么为 0 要么为 1。根据先前的设定，要么存在 $1 \leq i \leq m$ 和 $0 \leq j < a_i + b_i$，使得 $\langle \epsilon_1,\cdots,\epsilon_n \rangle$ 出现在 Ψ_i 的阶段 j，亦即，$\epsilon_1 = \sigma_j^i(\delta_1)$，$\cdots$，$\epsilon_n = \sigma_j^i(\delta_n)$，此时，$f_k(\epsilon_1,\cdots,\epsilon_n) = \sigma_{j+1}^i(\delta_k)$；要么 $\langle \epsilon_1,\cdots,\epsilon_n \rangle$ 没有出现在任何 Ψ_i 中，此时，$f_k(\epsilon_1,\cdots,\epsilon_n) = 0$（见选择 2）。

设 $\mathbb{T}_k^i = \{j > 0 \mid \sigma_j^i(\delta_k) = 1\}$。则不难看出：$f_k(\epsilon_1,\cdots,\epsilon_n) = 1$，当且仅当存在 $j \in \mathbb{T}_k^i$，使得 $\epsilon_1 = \sigma_{j-1}^i(\delta_1)$，$\cdots$，$\epsilon_n = \sigma_{j-1}^i(\delta_n)$。我们规定：$\epsilon\delta = \delta$，若 $\epsilon = 1$；$\epsilon\delta = \neg\delta$，若 $\epsilon = 0$。由此，可直接得到 f_k 的代数表达式如下：

$$f_k = \bigvee\nolimits_{j \in \mathbb{T}_j^i} \bigwedge\nolimits_{1 \leq k \leq n} \sigma_{j-1}^i(\delta_k)\delta_k$$

根据 f_k 的表达式，理解可以得到 d 在变元 δ_k 处对应的公式。由此，可确定待求语句网。相关细节，请读者自行补充。

4.1.3 同步的布尔悖论

我们引入一类特殊的布尔悖论：同步布尔悖论。

定义 4.1.6 如果两个语句在某个修正序列上的稳定化点相同，那么称它们在此修正序列上是同步的。如果布尔语句网定义域中任意两个语句在任何修正序列上都是同步的，那么就称此语句网是同步的。同步且悖论的布尔语句网又称为同步的布尔悖论。

例如，除了 4.1 节中出现的与表 4.5 相关的悖论外，其余的布尔悖论都是同步的。4.1.2 节中出现的两个布尔悖论都不是同步的，因为在表 4.6 右侧所示的修正序列中，语句 δ_1 和 δ_2 的稳定化点都为 1，而 δ_3 的稳定化点却为 0。这表明，用前一节给出的构造方法得到的不一定是同步的布尔悖论。现在的问题是，是否可以改进此构造方法，使得构造所得一定是同步的布尔悖论。

一般而言，如果布尔语句网在一个修正序列上的稳定化点为 a，则其定义域中每个语句在此修正序列上的稳定化点都小于或等于 a。在这些语句中，如果其中某个的稳定化点小于 a，则此布尔语句网就不是同步的。所以，要得到同步的布尔语句网，必须确保其定义域中每个语句在任何修正序列上的稳定化点都等于该语句网本身在此修正序列上的稳定化点。

定理 4.1.7 令m为正整数，设定m组不同的数组$\langle a_i, b_i \rangle$，其中，对任意$1 \leq i \leq m$，a_i是自然数，b_i是大于1的整数，则存在同步的布尔悖论，使得对任意$1 \leq i \leq m$，它都有稳定化点为a_i、基本周期为b_i的修正序列。

证明：此结论是定理4.1.5的强化，因证明类似，故只说明需要强化的地方，并说明此强化如何确保所构造必为同步的布尔悖论。

回忆一下，为了使待构造的悖论d具有满足定理条件的修正序列$\Psi_1, \cdots, \Psi_m$，我们先确定了所需语句$\delta_1, \cdots, \delta_n$的最小个数$n$，即满足$2^n \geq \sum_{1 \leq i \leq m}(a_i + b_i)$的最小整数$n$。这样，可从$\delta_1, \cdots, \delta_n$的$2^n$个指派（以后的指派都是指这些指派）中选取$\sum_{1 \leq i \leq m}(a_i + b_i)$个不同的指派，然后对每个$1 \leq i \leq m$，把这些选出的指派不重复不遗漏地排列在第$a_i + b_i$阶段之前的阶段（不包括）上，并规定第$a_i + b_i$阶段上的指派与第$a_i$阶段上的指派相同，这样就得到了序列$\Psi_i$。以上选择与排列是完全自由的，只需保证备选指派不重复不遗漏地出现在上述Ψ_i第$a_i + b_i$阶段之前的某个阶段上即可。

首先需要注意的是，d在Ψ_i上的稳定化点为a_i，为保证d是同步的，d定义域中每个语句在Ψ_i上的稳定化点也必为a_i。问题在于先前的做法并不能保证这一点。比如，在定理4.1.5中的证明中给出的两个语句网，它们在表4.6右侧所示的修正序列上的稳定化点为2，周期为2，但在相关的三个语句中，δ_3在此修正序列上的稳定化点并不为2，而是1。顺便说一下，其他两个语句在此修正序列上的稳定化点为2，但基本周期却不为2，而是1，不过这一点与当前的考虑无关。

仔细观察δ_3在上述修正序列上出现的循环：101$\cdots$，与d在上述修正序列上出现的循环限制到δ_3上：010$\cdots$，不难发现，δ_3在上述修正序列上的稳定化点之所以小于d，是因为出现前一循环的阶段前出现了此循环的某个"后段"。一般而言，设一个语句δ在某个修正序列上从第a阶段（包含）开始出现长度为b的循环：$\epsilon_0 \epsilon_1 \cdots \epsilon_{b-1} \epsilon_0 \cdots$，再设存在整数$c$使得$0 \leq c < b$，$c \leq a$，且该序列从第$a-c$阶段直到$a-1$上该语句的真值依次为$\epsilon_{b-c+1} \epsilon_{b-c+2} \cdots \epsilon_b$（表4.9），那么$\delta$在此序列上从第$a-c$阶段即已出现了长度为$b$的循环。在这

个意义上，可以说，δ 在第 a 阶段出现的上述循环可以向阶段 a 之前进行延拓。反过来，只要 δ 在第 $a-1$ 阶段的真值与上述循环的末尾真值 ϵ_{b-1} 不同，上述循环显然不可能向阶段 a 之前延拓。

表 4.9　循环示例

	...	$a-c$	$a-c+1$	...	$a-1$	a	$a+1$	...	$a+b$	$a-c+1$	...
δ	...	ϵ_{b-c}	ϵ_{b-c+1}	...	ϵ_{b-1}	ϵ_0	ϵ_1	...	ϵ_{b-1}	ϵ_0	...

根据先前的分析，为了使待构造的 d 是同步的，对于修正序列 Ψ_i 而言，首先要保证任意 δ_k 在第 a_i-1 阶段（若存在）的真值与在第 a_i+b_i 阶段的真值是不相同的。注意，在那些使得 $a_i=0$ 的修正序列 Ψ_i 中，每个语句 δ_k 的稳定化点都为 0。因此，只需考虑那些满足 $a_i \neq 0$ 的修正序列 Ψ_i。我们先确定这些 Ψ_i 在第 a_i-1 阶段的指派 $\sigma^i_{a_i-1}$ 与在第 a_i+b_i 阶段的指派 $\sigma^i_{a_i+b_i}$，并确保这两个指派在每个 δ_k 上的真值都不相同，即对任意 $1 \leq k \leq n$，$\sigma^i_{a_i-1}(\delta_k) \neq \sigma^i_{a_i+b_i}(\delta_k)$。注意，在 2^n 个指派中，上述过程最多使用了 $2 \cdot m$ 个指派，因此，总是可行的。

下面以 $k=2$，$a_1=0$，$b_1=3$，$a_2=1$，$b_2=2$ 为例说明具体的构造过程。为方便起见，我们改造表 4.6 中的修正过程。正如上面指出，这个表右侧修正序列不符合同步布尔悖论的语义特征，因此，可以保持其第 2 阶段的指派不动，把第 0 阶段中的指派改为：δ_1、δ_2 和 δ_3 分别为 0、1、0，同时，因这个指派在左侧修正序列第 2 阶段已经出现了，因此需要把左侧修正序列第 2 阶段的指派相应进行调整，改为：δ_1、δ_2 和 δ_3 分别为 0、1、1，如表 4.10 所示。

表 4.10　同步布尔悖论修正过程的示例 1

	0	1	2	3	...	0	1	2	3	...	0	1	2	...
δ_1	0	1	1	1	...	0	0	0	0	...	1	1	1	...
δ_2	1	0	0	0	...	0	0	1	0	...	1	1	1	...
δ_3	0	0	1	0	...	0	1	1	0	...	0	1	0	...

在表 4.10 中，左侧为稳定化点为 1 的修正序列，中间为配合 $a_1=0$，$b_1=3$

而给出的稳定化点为 0 的修正序列，这是为了强调这个修改序列的构造优先于另一个修正序列，即先构造稳定化点为 1 的修正序列，再构造稳定化点为 0 的修正序列。这是因为，前一种修正序列需要我们进行强化，而后一种修正序列自然符合同步布尔悖论的语义特征（如果一个语句集在某个修正序列上的稳定化点为 0，则这些语句在此修正序列上的稳定化点必为 0，因此它们在此修正序列上肯定是同步的）。

注意，以上构造修正序列仍有相当大的自由度，对于表 4.10 左侧的修正序列而言，只需保证其第 0 阶段与第 2 阶段的指派是"相反的"即可：即对任意 $1 \leq k \leq 3$，δ_k 在第 0 阶段为真，当且仅当 δ_k 在第 2 阶段为假。至于中间的修正序列，因要求稳定化点为 0，故与定理 4.1.7 中的构造无异。作为示例，表 4.11 是一种基于表 4.6 的另一改造方式：保持表 4.6 的右侧修正序列阶段 0 的指派不动，把其第 1 阶段与第 2 阶段的指派互换，此时，表 4.6 左侧的修正序列可以保持不变。

表 4.11　同步布尔悖论修正过程的示例 2

	0	1	2	3	…	0	1	2	3	…	0	1	2	…
δ_1	0	1	1	1	…	0	0	0	0	…	1	1	1	…
δ_2	1	0	0	0	…	0	0	1	0	…	1	1	1	…
δ_3	1	1	0	1	…	0	1	0	0	…	0	1	0	…

回到定理本身的构造上。至此，已按照定理要求给出了 m 个修正序列，其中各阶段出现的指派总共有 $\sum_{1 \leq i \leq m}(a_i + b_i)$，还有 $2^n - \sum_{1 \leq i \leq m}(a_i + b_i)$ 个指派未考虑。若剩余的指派有两个以上，则可让它们自然形成一个循环，由此得到的修正序列以 0 为稳定化点，自然符合同步条件。例如，在表 4.9 和表 4.10 中，右侧的修正序列即是通过剩余的两个指派构造出来的。

若剩余的指派只有一个，需要分两种情况进行讨论。首先，如果在已经构造出的修正序列中，有稳定化点不为 0 的，那么把剩余的指派作为初始指派，其后续指派为刚提到的修正序列的初始指派，由此可得到一个新的修正序列。其次，如果已构修正序列都以 0 为稳定化点，那么这些修正序列中，必定存在一个，其中出现了与剩余的那个指派相反的指派。此时，设出现这种指派的那个修正序列的基本周期为 b,则按照下法构造一个新修正序列把剩余指派纳入其中:以剩余指派为初始指派,并以与剩余指派相反的那个指派为第 $b+1$ 阶段,其余阶段的指派按照原先修正序列的循环特征确定。完成以上步骤,就能确保在任何修改序列上,所构造的语句网中任意两个语句的稳定化点都是相同的。表 4.12 给出了后一情形的示例。

表 4.12 同步布尔悖论修正过程的示例 3

	0	1	2	3	4	...	0	1	2	3	...	0	1	2	3	...
δ_1	0	1	1	1	0	...	0	0	0	0	...	1	0	0	0	...
δ_2	1	0	0	1	1	...	0	0	1	0	...	1	0	1	0	...
δ_3	1	1	0	0	1	...	0	1	0	0	...	1	1	0	0	...

以上完成了待求同步布尔悖论的修正过程的构造,接下来的过程与定理 4.1.7 无异,不再赘述。我们直接给出上述三个例子中布尔语句网的表达式。

与表 4.10 对应的语句网为

$$\mathrm{d}(\delta_1) = T\delta_1 \vee (T\delta_2 \wedge \neg T\delta_3)$$
$$\mathrm{d}(\delta_2) = (T\delta_1 \wedge T\delta_2) \vee (\neg T\delta_1 \wedge \neg T\delta_2 \wedge T\delta_3)$$
$$\mathrm{d}(\delta_3) = (\neg T\delta_1 \wedge \neg T\delta_2) \vee (T\delta_1 \wedge \neg T\delta_3)$$

与表 4.11 对应的语句网为

$$\mathrm{d}(\delta_1) = T\delta_1 \vee (T\delta_2 \wedge T\delta_3)$$
$$\mathrm{d}(\delta_2) = (T\delta_1 \wedge T\delta_2) \vee (\neg T\delta_1 \wedge \neg T\delta_2 \wedge T\delta_3)$$
$$\mathrm{d}(\delta_3) = (T\delta_1 \wedge \neg T\delta_3) \vee (\neg T\delta_2 \wedge \neg T\delta_3) \vee (\neg T\delta_1 \wedge T\delta_2 \wedge T\delta_3)$$

与表 4.12 对应的语句网为

$$\mathrm{d}(\delta_1) = (T\delta_1 \wedge \neg T\delta_2) \vee (\neg T\delta_1 \wedge T\delta_2 \wedge T\delta_3)$$
$$\mathrm{d}(\delta_2) = (T\delta_1 \wedge \neg T\delta_3) \vee (T\delta_1 \wedge \neg T\delta_2 \wedge T\delta_3)$$
$$\mathrm{d}(\delta_3) = (T\delta_1 \wedge T\delta_2) \vee (T\delta_2 \wedge \neg T\delta_3) \vee (\neg T\delta_1 \wedge \neg T\delta_2 \wedge \neg T\delta_3)$$

根据前述修正序列的构造可知，上述三个语句网都是同步的布尔悖论。

最后，由同步的布尔悖论自然联想到同调的布尔悖论，其定义如下：

定义 4.1.8 如果两个语句在某个修正序列上的基本周期相同，那么称它们在此修正序列上是同调的。同调的布尔语句网是这样的布尔语句网，其定义域中任意两个语句在任何修正序列上都是同调的。

我们把同调布尔悖论的构造留给读者。

同步且同调的布尔悖论在任何修正序列中，其基本周期和稳定化点与其定义域中任意语句的基本周期和稳定化点都分别对应相等。也就是说，同步且同调的布尔悖论的周期性特征在整体上与在局部完全保持一致。

4.2 古普塔极限规则的细化

前面探讨的悖论大多属于有穷悖论。现在把目光投向无穷悖论，即那些必须依赖无穷多个语句集才能形成的悖论。为了研究无穷悖论在修正序列上的循环特征，需要把修正序列延伸至超穷长度，并且为了保证已出现的循环模式在后续阶段得到保持，我们需要"细化"古普塔的极限规则[①]。

4.2.1 细化之缘由

在前一章，我们已经知道当用修正序列分析无穷悖论的循环特征时，修正序列不能仅限于有穷阶段，必须延伸至无穷。而延伸至无穷必须解决的首要问题是极限阶段上语句的真值如何限定。关于此，我们提到有三种规则可以使用：它们是贝尔纳普、古普塔、赫兹伯格分别提出的修正规则。对于那些在某极限阶段前真值稳定的语句，贝尔纳普、古普塔、赫兹伯格都同意它们在该极限阶段上的真值应为之前的稳定真值。对于那些在极限阶段不稳定的语句，贝尔纳普认为可任意设定这些语句在该极限阶段上的真值，古普塔认为这些语句在该极限阶段的真值应设定为它们在初始阶段的真值，而赫兹

[①] 本节及下一节的部分内容取自 Hsiung M, "Designing paradoxes: A revision-theoretic approach", *Journal of Philosophical Logic*, Vol. 51, No. 4, 2022, pp. 739-789.

伯格则认为这些语句在该极限阶段的真值应一律设定为假。本节基于语句循环模式的考虑，认为应对不稳定语句在极限阶段上的真值进行更精细化的设定。

让我们考虑下面的语句网：

$$d(\delta_1) = (T\delta_1 \wedge T\delta_2) \vee (\neg T\delta_1 \wedge T\delta_3)$$

$$d(\delta_2) = (T\delta_2 \wedge \neg T\delta_3) \vee (\neg T\delta_2 \wedge \neg T\delta_3)$$

$$d(\delta_3) = (\neg T\delta_1 \wedge T\delta_2) \vee (\neg T\delta_1 \wedge \neg T\delta_3)$$

表 4.13 给出了此语句网的一个修正序列。可以看出，此语句网中三个语句在此修正序列的第 ω 阶段前都出现了赋值循环，且循环的基本周期都是 3，稳定化点都是 5，因此 d 是同步且同调的悖论。表 4.13 还给出了这三个语句在第 ω 阶段下三种赋值可能，前两种（H、G）分别按照赫兹伯格极限规则和古普塔极限规则给出，最后一种（R）是古普塔极限规则精细化（refinement），是本节要提出的一种新的极限规则。

表 4.13 三种极限规则比较

	0	1	2	3	4	5	6	7	8	…	ω			…
											H	G	R	
δ_1	1	0	0	1	1	1	0	0	1	…	0	1	1	…
δ_2	0	0	1	1	1	0	1	0	0	…	0	0	0	…
δ_3	1	0	1	1	0	0	0	1	0	…	0	1	0	…

这里需要特别留意的是，上一语句网中的语句 δ_1、δ_2 和 δ_3 在有穷阶段出现的循环在进入到超穷阶段后是否得到了保持。就赫兹伯格极限规则来说，因上述三个语句在第 ω 阶段上都为假，故在由此往后的阶段上，它们的赋值将按照第 1 阶段往后的方式进行循环。因此，当修正序列进入无穷阶段（为方便，可假设只延伸到第 $\omega + \omega$ 阶段），此三语句的每一个的基本周期都不再是 3 而是 ω，稳定化点都不再是 5 而是 1，参见表 4.14。当然，此为直观之印象，下面给出进入超穷阶段后有关语句的循环样式的两个参数的严格定义。

表 4.14　赫兹伯格极限规则下的修正序列

	0	1	2	3	4	5	6	7	8	…	ω	$\omega+1$	$\omega+2$	…	$\omega+\omega$
δ_1	1	0	0	1	1	1	0	0	1	…	0	0	1	…	0
δ_2	0	0	1	1	1	0	1	0	0	…	0	1	1	…	0
δ_3	1	0	1	1	0	0	0	1	0	…	0	1	1	…	0

定义 4.2.1　设 d 是一个语句网，α 是一个极限序数，再设 $\sigma_0, \sigma_1, \cdots$ 是一个长度为 α 的修正序列。如果存在小于 α 的序数 γ 和非 0 序数 θ，使得对 d 定义域内的任意语句 δ，对任意序数 η 和任意 $\xi < \theta$，只要 $\gamma + \theta \cdot \eta + \xi < \alpha$，$\sigma_{\gamma+\theta\cdot\eta+\xi}(\delta) = \sigma_{\gamma+\xi}(\delta)$ 都成立（图 4.1），那么满足上述条件的最小的 γ 就称为是 d 在上述序列上的稳定化点。同时，当上述条件中的 γ 取为稳定化点时，非 0 序数 θ 中最小者称为 d 在上述序列上的基本周期。相反，如果上述条件得不到满足，则称 d 在此序列上是无周期的。

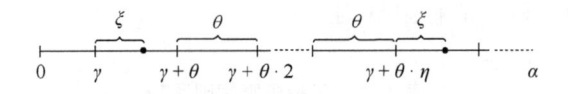

图 4.1　稳定化点与基本周期

当 α 为 ω 时，上一定义中除 α 外的序数全为有穷序数（自然数），由此不难看出，上述定义为定义 4.1.2 之推广。此定义同样归功于赫兹伯格，其思想与定义 4.1.2 类似，不再赘述。

现在，按此定义来计算先前例子中三个语句在表 4.14 中修正序列上的基本周期和稳定化点。在第 ω 阶段前，显然对任意 $1 \leq i \leq 3$，等式 $\sigma_{5+3\cdot m+n}(\delta_i) = \sigma_{5+n}(\delta_i)$ 对任意自然数 m 和 n 都成立，且 5 和 3 是满足此等式的最小数，因此，根据此定义，δ_1、δ_2 和 δ_3 在第 ω 阶段前的基本周期和稳定化点都分为 3 和 5。然而，当延伸到第 $\omega + \omega$ 阶段，注意到 $\omega = 5 + 3 \cdot \omega$，但 $\sigma_{5+3\cdot\omega}(\delta_1) \neq \sigma_5(\delta_1)$，因此 δ_1 在第 ω 阶段前出现的循环在第 ω 阶段即被破坏，特别地，其稳定化点不再是 5。同理，由于 $\sigma_{5+3\cdot\omega+2}(\delta_2) = \sigma_{5+2}(\delta_2)$ 以及 $\sigma_{5+3\cdot\omega+1}(\delta_3) = \sigma_{5+1}(\delta_3)$，因此，$\delta_2$ 和 δ_3 在第 ω 阶段前出现的循环分别在第 $\omega + 2$ 阶段和第 $\omega + 1$ 阶段遭到破坏。同时，还可看出，对任意 $1 \leq i \leq 3$，等式

$\sigma_{1+\omega \cdot m+n}(\delta_i) = \sigma_{1+n}(\delta_i)$ 对任意自然数 m 和 n 都成立，且 1 和 ω 是满足此等式的最小数，因此，δ_1、δ_2 和 δ_3 在第 $\omega+\omega$ 阶段前的基本周期和稳定化点都分为 ω 和 1。

同理，如表 4.15 所示，语句 δ_1 和 δ_2 在第 ω 阶段前出现的循环都在第 $\omega+1$ 阶段遭到破坏，而 δ_3 在第 ω 阶段前出现的循环在第 ω 阶段遭到破坏。这三个语句在第 $\omega+\omega$ 阶段前的基本周期和稳定化点都分为 ω 和 0。

表 4.15　古普塔极限规则下的修正序列

	0	1	2	3	4	5	6	7	8	...	ω	$\omega+1$	$\omega+2$	...	$\omega+\omega$
δ_1	1	0	0	1	1	1	0	0	1	...	0	0	1	...	1
δ_2	0	0	1	1	1	0	1	0	0	...	0	1	1	...	0
δ_3	1	0	1	1	0	0	0	1	0	...	0	1	1	...	1

通过以上分析，我们看到不论是古普塔的极限规则，还是赫兹伯格的极限规则，它们之所以都会破坏布尔悖论中语句在极限阶段之前出现的周期性循环，是因为两个规则都无差别地对待在极限阶段之前不稳定的语句：按古普塔的极限规则，这样的语句在极限阶段的真值应与其初始阶段的真值相同，而按赫兹伯格的极限规则，这样的语句在极限阶段的真值则总是设定为假。然而，对于那些在某个极限阶段之前虽然不稳定但已经出现周期性的语句来说，一个明显更好的选择是：它们在极限阶段的真值应取它在首次进入周期性循环的那个阶段的真值。就先前的例子来说，如表 4.13 中字母 R 所在的列所示，语句 δ_1、δ_2 和 δ_3 在第 ω 阶段可分别取真值 1、0、0，则它们在有穷阶段的循环得到完美的保持，参见表 4.16。

表 4.16　古普塔极限规则的一个精细化下的修正序列

	0	1	2	3	4	5	6	7	8	...	ω	$\omega+1$	$\omega+2$	$\omega+3$	...
δ_1	1	0	0	1	1	1	0	0	1	...	1	0	0	1	...
δ_2	0	0	1	1	1	0	1	0	0	...	0	1	1	0	...
δ_3	1	0	1	1	0	0	0	1	0	...	0	0	0	0	...

我们通过下一定义给出新的极限规则。将要利用如下集合理论知识：对小于α的序数γ和非0序数θ，α可唯一地表达为$\alpha=\gamma+\theta\cdot\eta+\xi$。亦即，存在序数$\eta$和小于$\theta$的序数$\xi$，满足$\alpha=\gamma+\theta\cdot\eta+\xi$，且满足此条件的$\eta$和$\xi$是唯一的。

定义 4.2.2 设 d 是一个语句网，σ 是一个指派。d 的以 σ 为初始指派的细化的古普塔修正序列是指序列 $\sigma_0, \sigma_1, \cdots, \sigma_\alpha, \cdots$，其规定与定义 3.3.10 类似，但当 α 为极限序数时，此序列需满足以下条件：对 d 定义域中任意 δ，

（i）若此序列限制到第 α 阶段（指满足 $\beta<\alpha$ 的所有 σ_β 构成的序列）有稳定化点 γ 和基本周期 θ，则规定 $\sigma_\alpha(\delta)=\sigma_{\gamma+\xi}(\delta)$，其中 ξ 是 α 的表达式 $\gamma+\theta\cdot\eta+\xi$ 中唯一的那个 ξ。

（ii）否则，$\sigma_\alpha(\delta)=\sigma_0(\delta)$。

在定义 4.2.2 中的条件（i）中，若基本周期为 1，则情形等价于定义 3.3.10 中 δ 在第 α 阶段前稳定的情形；若基本周期大于 1，δ 在第 α 阶段的真值与其在稳定化点的真值相同。因此，我们把那些在第 α 阶段前不稳定的语句区分为两类，一类为有周期（但周期不为 1）的语句，另一类为无周期的语句，后一类语句仍按古普塔极限规则规定其在极限阶段的真值，而前一类则基于扩展了稳定语句在极限阶段的真值之规定的思想。除非特别声明，由此往后在本章出现的修正序列都指细化的古普塔修正序列。

注意，d 的修正序列中的每一项都是指派，虽然指派的定义域是全体变元集，但是根据定义，为了计算 d 在此修正序列上的稳定化点和基本周期，我们只需考虑 d 定义域内的那些变元的真值在此修正序列各个阶段的周期性情况即可。在不引起混淆的情况下，常以 d 定义域中的变元在修正序列各个阶段上的真值情况来代替此阶段上的指派，因此，可以这些真值情况形成的序列来代替 d 的此修正序列。

4.2.2 细化之效果

即使是细化的古普塔极限规则，也未必能保持布尔悖论中语句在有穷阶段出现的循环。例如，考虑语句网：

$$d(\delta_1) = T\delta_3$$
$$d(\delta_2) = (T\delta_1 \wedge \neg T\delta_2) \vee (\neg T\delta_2 \wedge \neg T\delta_3)$$
$$d(\delta_3) = (\neg T\delta_1 \wedge T\delta_2) \vee (\neg T\delta_1 \wedge \neg T\delta_3) \vee (T\delta_1 \wedge \neg T\delta_2 \wedge T\delta_3)$$

表 4.17 给出了上一语句网的一个修正序列的有穷阶段的情况，同时还给出了第 ω 阶段对应于古普塔极限规则、赫兹伯格极限规则和细化的古普塔极限规则的情况。可以看出，所有这些规则都未能保持住该语句网中三个语句中在有穷阶段出现的循环。事实上，当应用细化的古普塔极限规则把此修正序列扩充至超穷阶段时，前两个语句的稳定化点不再是 5 而是 3，第三个语句的稳定化点不再是 4 而是 3，它们的基本周期不再是 3，而变作 ω。

表 4.17 三种极限规则进一步的比较

	0	1	2	3	4	5	6	7	8	...	ω H	ω G	ω R	...
δ_1	1	0	0	1	1	1	0	0	1	...	0	1	1	...
δ_2	1	0	1	0	1	0	1	0	0	...	0	1	0	...
δ_3	0	0	1	1	1	0	0	1	0	...	0	0	1	...

所幸的是，细化的古普塔规则至少可以保持住同步布尔悖论的循环样式。

命题 4.2.3 同步的布尔悖论中的每个语句在任何（细化的古普塔）修正序列的有穷阶段出现循环，并且该循环在超穷阶段得到保持。

证明：命题的前一半在命题 4.1.4 中已证，只考虑另一半。令 d 是同步且悖论的布尔语句网，其定义域为 $\{\delta_i \mid 1 \leq i \leq n\}$，且满足对任意 $1 \leq i \leq n$，$d(\delta_i) = f_i(T\delta_1, \cdots, T\delta_n)$，其中 f_i 为布尔表达式。再设 δ_i 在一个修正序列有穷阶段的稳定化点为 a（同步性），基本周期为 b_i。因而，对任意 $1 \leq i \leq n$，任意 m 和 $0 \leq r_i < b$，$\sigma_{a+b_i \cdot m + r_i}(\delta_i) = \sigma_{a+r_i}(\delta_i)$。设 b 是 b_1、$\cdots$、b_n 的最小公倍数。则对任意 $1 \leq i \leq n$，任意 m 和 $0 \leq r < b$，$\sigma_{a+b \cdot m + r}(\delta_i) = \sigma_{a+r}(\delta_i)$。换言之，在 ω-长度的修正序列上，从第 a 阶段往后，语句网 δ 即出现长度为 b 的循环。

先证在全序数长度的修正序列上，语句网 δ 同样从第 a 阶段开始出现长度为 b 的循环。注意，对任意序数 $\alpha \geq \omega$，都存在唯一序数 η 和小于 b 的自然数 r，

使得 $\alpha = a + b \cdot \eta + r$。需证：对任意序数 $\alpha \geq \omega$ 和任意 $1 \leq i \leq n$，$\sigma_\alpha(\delta_i) = \sigma_{a+r}(\delta_i)$ 都成立。

对 α 使用超穷归纳法进行证明。首先，当 α 是极限序数时，注意 $\alpha = a + b \cdot \alpha$，要证 $\sigma_\alpha(\delta_i) = \sigma_a(\delta_i)$，但这正是细化古普塔规则之要求。其次，考虑 $\alpha+1$ 情形，按先前给出的 α 的展开式，$\alpha+1 = a+b\cdot\eta+r+1$，则有

$$\begin{aligned}\sigma_{\alpha+1}(\delta_i) &= f_i(\sigma_\alpha(\delta_1), \cdots, \sigma_\alpha(\delta_n)) && (\text{根据命题} 4.1.4)\\ &= f_i(\sigma_{a+r}(\delta_1), \cdots, \sigma_{a+r}(\delta_n)) && (\text{归纳假设})\\ &= f_i(\mathcal{V}_{Ma+r}(T\delta_1), \cdots, \mathcal{V}_{Ma+r}(T\delta_n)) && (\text{见定义} 3.3.10 \text{中赋值} \mathcal{V}_{M\alpha})\\ &= \mathcal{V}_{Ma+r}(f_i(T\delta_1, \cdots, T\delta_n)) && (f_i \text{是布尔函数})\\ &= \mathcal{V}_{Ma+r}(\mathrm{d}(\delta i)) && (\mathrm{d} \text{的规定})\\ &= \sigma_{a+r+1}(\delta) && (\text{后继规则})\end{aligned}$$

注意，在以上推导中第二个等号处，同步性和 b 的取法确保了对每个 δ_i 都有同一个 a 和 r，使得在第四个等号处，$\mathcal{V}_{Ma+r}$ 可被提到括弧的最外层。

可以断定，d 在全序数长的修正序列上，从第 a 阶段开始，出现了周期为 b 的循环。现在，回到 d 定义域中的语句 δ_i ($1 \leq i \leq n$) 上。注意到，若 $\alpha = a + b \cdot \eta + r$，则存在自然数 q_i 和小于 b_i 的自然数 r_i，使得 $a + b_i \cdot \eta' + b_i \cdot q_i + r_i$，其中 $\eta' = b_1 \cdot b_{i-1} \cdot b_{i+1} b_n \cdot \eta$。根据刚刚证明的结果，$\sigma_\alpha(\delta_i) = \sigma_{a+r}(\delta_i)$，亦即：$\sigma_{a+b_i\cdot(\eta'+q_i)+r_i}(\delta_i) = \sigma_{a+b_i\cdot q_i + r_i}(\delta_i)$。但前一等式右侧等于 $\sigma_{a+r_i}(\delta_i)$，因此，$\sigma_{a+b_i\cdot(\eta'+q_i)+r_i}(\delta_i) = \sigma_{a+r_i}(\delta_i)$。由此，即可断定，每个 δ_i 在全序数长的修正序列上都保持其在有穷阶段上出现的周期样式。

最后，让我们来求解雅布鲁悖论在修正序列上的基本周期和稳定化点。回忆一下，雅布鲁悖论表达为语句网 d，满足：$\mathrm{d}(v_n) = \bigwedge_{k>n} \neg T v_k$，其中 $n \geq 1$，任取此语句网 d 的修正序列，设其初始指派为 σ_0。显然，在阶段 $i+1$ 的指派与在阶段 i 的指派满足如下条件：对任意 $k \geq 1$，$\sigma_{i+1}(v_k) = 1$，当且仅当对任意 $n > k$，$\sigma_{i+1}(v_k) = 0$。下面分三种情况讨论此修正序列的循环性。

首先，如果每个 v_n 在此修正序列的初始指派值都为假，即对任意 $k \geq 1$，$\sigma_0(v_n) = 0$，那么显然有对任意 $n \geq 1$，$\sigma_1(v_n) = 1$。即任意 v_n 在第 1 阶段的指派

都为真。由此，任意v_n在第 2 阶段的指派都为假。至此，此修正序列一定出现了循环样式，其基本周期必为 2，而稳定化点要么为 0。参考表 4.18 左侧的修正序列。

其次，假设最多只有有穷多个v_n在上述修正序列上的初始指派值为真。在此情形下，设这些v_n的最大下标为N。那么，不难看出，当$n \geq N$时，v_n在第 1 阶段的指派值必为真。也就是说，有无穷多个v_n在第 1 阶段的真值都为真。由此，按照细化古普塔极限规则，v_n在第ω阶段的真值为真，当且仅当$n = N$。进而，可以断定，在此情形中，d 的基本周期也为ω，而稳定化点为ω。参考表 4.18 位于中间的修正序列。

最后，假设有无穷多个v_n在上述修正序列上的初始指派值为假。则对任意$n \geq 1$时，v_n在第 1 阶段的指派值必为假。由此，仍按细化古普塔极限规则，每个v_n在第ω阶段的真值刚好与其在初始阶段的真值相同。所以，在此情形中，d 的基本周期也为ω，而稳定化点为 0。参考表 4.18 右侧的修正序列。

表 4.18　雅布鲁悖论的修正序列

	0	1	2	0	1	2	…	ω	…	$2 \cdot \omega$	0	1	2	…	ω
v_1	0	1	0	1	0	0		0		0	0	0	1		0
v_2	0	1	0	1	1	0		1		1	1	0	1		1
v_3	0	1	0	0	1	0		0		0	0	0	1		0
v_4	0	1	0	0	1	0		0		0	1	0	1		1
…	…	…	…	…	…	…		…		…	…	…	…		…

综上所述，雅布鲁悖论在修正序列上的基本周期要么为 2 要么为ω，而稳定化点要么为 0 要么为ω。这里要顺便指出，如果只考虑ω-长度的修正序列，那么从表 4.18 也可以看出，雅布鲁悖论的基本周期只能是 2，而稳定化点则有可能是 0、1 或 2。因而，在某种意义上，雅布鲁悖论虽然是无穷悖论，但它在有穷阶段即已出现了循环样式，而且循环样式与说谎者

悖论的有相似之处。另外，它在有穷阶段出现的循环样式在无穷阶段上却可能被破坏，而按新的模式进行循环而表现出无穷周期性特征，这与说谎者悖论有明显差异。

4.3 无穷悖论及其构造

上一节在引入一个新极限规则的过程中，我们考察了雅布鲁悖论这样一个著名的无穷悖论。本节通过推广布尔悖论的构造手段，构造出语义特征更复杂的无穷悖论，从而指明在已知的悖论之外，尚有许多复杂得多的悖论，值得进一步的探索。

4.3.1 赫兹伯格语句

根据修正理论，悖论语句的真值在修正过程中不停地震荡，并且震荡过程具有一定的周期性。赫兹伯格在考察了当时已知的悖论后，断言"所有已知的悖论都具有有穷周期性"。赫兹伯格因此设想了一种在修正过程中"越来越慢地交错真假"的语句："它们在连续的两个阶段为真，然后在随后的连续三个阶段为假，进而又在随后的连续四个阶段为真，以此类推。"接着他问道："为何不能有这种不稳定语句，其真值具有无法预料的复杂变化？"[①]

事实上，确如赫兹伯格所言，20世纪80年代初已知的悖论都是有穷悖论，而且本质上都可归结为布尔悖论[②]。而布尔悖论，正如命题4.1.4指出，确实在有穷阶段就出现了周期性。有趣的是，假设把修正序列的长度限制为ω，即只考虑具有有穷阶段的修正序列，那么甚至可以说，所有已知的悖论语句都呈现了一定的周期性——虽然这种周期性在超穷阶段不一定能保持下去。如上节所指出的，雅布鲁悖论中的每个语句至多到第2阶段即出现周期为2的循环，而对于麦吉悖论中的语句δ_i（$i \geq 0$），它至多到第$i+2$阶段即稳

---

① Herzberger H G, "Naive semantics and the liar paradox", *Journal of Philosophy*, Vol. 79, No. 9, 1982, p. 489.

② 在已知的无穷悖论中，ω-说谎者悖论及其他超穷说谎者悖论由赫兹伯格1982年提出，后来又被雅布鲁在1985年独立地提出。在同一文中，雅布鲁悖论也被提出了。麦吉悖论也是在1985年才发表的。

定为真，对 ω-说谎者悖论中的语句 λ_i（$i \geq 0$），它至多到第 $i+4$ 阶段即稳定为真，语句 λ_ω 至多到第 $i+3$ 阶段即稳定为假[①]。因此，即使放在现在来看，赫兹伯格所设想的语句的复杂性依然是高于已知的任何悖论语句的。

赫兹伯格把那些具有有穷周期的语句比作无限循环小数，在此比喻下，他所设想的语句相当于无限不循环的小数。在这个意义上，如同无理数的出现扩充了数的范围，这种语句的出现也将扩大了悖论的范围，从而拓宽我们对悖论的认识。遗憾的是，赫兹伯格语句仍然只是一种想象，甚至被赫兹伯格本人认为是一种"噩梦般的可能"[②]。赫兹伯格所设想的那种语句并没有被构造出来。

在本节，我们将把前一节构造布尔悖论的方法进行适当拓展，使之亦可用于无穷悖论的构造，特别地，我们将构造出无穷多个赫兹伯格所设想的那种语句。

定义 4.3.1 称语句网 d 为赫兹伯格语句网，如果在 d 定义域中存在变元 δ，使得 δ 在它的某个 ω 长的修正序列 $\sigma_0, \sigma_1, \cdots$ 上都是非周期性的，即对任意自然数 a 和正整数 b，都存在 $n \geq a$，使得 $\sigma_{n+b}(\delta) \neq \sigma_n(\delta)$。如果 d 定义域中任何变元 δ 都满足上述条件，则称 d 为全赫兹伯格语句网。

现在，设 δ_0 为语句网 d 定义域中一变元，再设 $\sigma_0, \sigma_1, \cdots$ 是 d 的长度为 ω 的修正序列，按赫兹伯格的要求，可设 δ_0 在初始阶段为假，在第 1、2 阶段为真，在第 3、4、5 阶段为假，在第 6、7、8、9 阶段为真，以此类推（见表 4.19 中 δ_0 所在行）。δ_0 及其所指 $d(\delta_0)$ 可视作是待构造的一个赫兹伯格语句。我们的目的是确定 $d(\delta_0)$，即 δ_0 在 d 作用下对应的公式。

表 4.19　赫兹伯格语句网的修正过程

	0	1	2	3	4	5	6	7	8	9	…	0	1	…
δ_0	0	1	1	0	0	0	1	1	1	1	…	*	0	…
δ_1	0	0	1	1	0	0	0	1	1	1	…	*	0	…

[①] 当然，麦吉悖论和 ω-说谎者悖论中的语句在有穷阶段上述稳定性特征都无一例外地在进入超穷阶段之后会被破坏，见 4.2 节。

[②] Herzberger H G，"Naive semantics and the liar paradox"，*Journal of Philosophy*，Vol. 79，No. 9，1982，p. 489。

续表

	0	1	2	3	4	5	6	7	8	9	...	0	1	...
δ_2	0	0	0	1	1	0	0	0	1	1	...	*	0	...
δ_3	0	0	0	0	1	1	0	0	0	1	...	*	0	...
...	...	...	...	...	...	...	...	...	...	...	...	...	...	...

注意，为了构造出一个赫兹伯格语句，我们需要无穷多个语句作为辅助。换言之，为了确保 d 定义域中有 δ_0 满足前述条件，d 定义域中还必须有无穷多个变元。假设 d 定义域中只包含 n 变元，那么按照 d 的单纯性要求（见定义 3.2.2），d 值域中的每个公式也只含有这些变元。这样，基于命题 4.1.4 同样的思想，d 的任意修正序列在第 2^n 阶段之后一定会出现循环，d 就不可能是赫兹伯格语句网。所以，d 定义域必然是无穷集。

以下无妨假设 d 的定义域刚好包含所有的 δ_k（$k \in \mathbb{N}$）。出于效率和简单性的考虑，我们让每个 δ_k（$k \geq 1$）都具有 δ_0 的那种非周期模式，但相差 k 个"相位"：对任意 $k \geq 1$ 和任意 $i \geq 0$，δ_k 在第 $i+k$ 阶段的值刚好与 δ_0 在第 i 阶段的值相同，而 δ_k 在第 0 阶段到第 $k-1$ 阶段的值一律"补零"（表 4.19）。注意，"补零"设置特别地使得每个 δ_k（$k \in \mathbb{N}$）在第 0 阶段的取值都为 0，将会看到，这一设置简化了 d 的表达。

对变元 $\delta_0, \delta_1, \ldots$ 进行指派，不同的指派有不可数多种，但表 4.19 中只出现了可数多种指派。为了使构造出的语句网 d 是悖论的，还需确保 d 在其他任何修正序列中也是不稳定的。

一个简单的设定如下：对以任何未出现在表 4.19 中的指派作为初始指派的修正过程，其第 1 阶段的指派都是使语句 $\delta_0, \delta_1, \ldots$ 都为假的那个指派（称之为"归零设定"）。可以看出，这不但确保了 d 是悖论语句网，而且还使得在 d 的任何修正序列上，其定义域中的每个变元都表现为赫兹伯格语句，这甚至比全赫兹伯格语句网的条件还要强。

现来求解 $d(\delta_k)$，为此，需要一些广义布尔函数的知识。

定义 4.3.2 广义布尔函数是指这样的函数 $f: \{0,1\}^a \to \{0,1\}$，其中 a 为自然数或 ω。

第 4 章　悖论及其构造方法　　　　　　　　　　　　　　·173·

在以上定义中，如果 a 限于自然数，那么我们得到布尔函数。下面要利用的是 $\alpha = \omega$ 的情形下的广义布尔函数，这种布尔函数可理解为有无穷多个自变元，且自变元和函数值都是布尔值的函数。与布尔函数类似，无穷元的广义布尔函数也可以通过（无穷的）真值表来表示，反过来，如果已知其真值表，我们也可以通过使用否定、广义合取、广义析取等连接词表示出广义布尔函数的代数表达式。例如，设 f 是一个无穷元的广义布尔函数，如果其值在并且只在变元都为真或都为假时为真，那么 f 的表达式很显然是：

$$f(\delta_0, \delta_1, \cdots) = \bigwedge\nolimits_{k \geq 0} \delta_k \vee \bigwedge\nolimits_{k \geq 0} \neg \delta_k$$

对任意 $k \geq 0$，设 $d(\delta_k) = f_k(T\delta_0, T\delta_1, \cdots)$，其中 f_k 是无穷元的广义布尔函数，$f_k(T\delta_0, T\delta_1, \cdots)$ 表示的是从 f_k 的代数表达式 $f_k(\delta_0, \delta_1, \cdots)$ 出发把其中的变元分别用 $T\delta_0$，$T\delta_1$，$\cdots$ 进行替换得到的公式。现在，只需要求出 f_k 的表达式，$d(\delta_k)$ 也就得到了。

类似于等式（4.1），可以验证：如果 $\sigma_0, \sigma_1, \cdots$ 是 d 的修正序列，那么对任意 $j, k \geq 0$，

$$\sigma_{j+1}(\delta_k) = f_k(\sigma_j(\delta_0), \sigma_j(\delta_1), \cdots) \tag{4.2}$$

首先确定 δ_0 在表 4.19 左侧修正序列上为真的所有阶段。让我们用 $J(n)$ 依次标出这些阶段序数（n 是自然数），即 $\sigma_j(\delta_0) = 1$，当且仅当存在 $n \geq 1$，使得 $j = J(n)$。例如，$J(1) = 1$，$J(2) = 2$，$J(3) = 6$，$J(4) = 7$。根据初等数论的基本知识，不难求得 J 的递归式如下；$J(1) = 1$；若存在正整数 i，使得 $n = 1 + i(i+1)$，则 $J(n) = J(n-1) + 2i + 2$；否则，$J(n) = J(n-1) + 1$。我们还可由此写出 $J(n)$ 的一个显定义式，但有无此现定义式对下面的求解并无实质影响，故略去。

不难看出，变元 δ_k 在左侧修正序列上的阶段 i 为真，当且仅当 k 不超过 i，且 δ_0 在阶段 $i-k$ 正好也为真。亦即：对任意自然数 i 和 k，$\sigma_i(\delta_k) = 1$，当且仅当 $k \leq i$ 且 $i-k$ 等于某个 $J(n)$。换言之，$\sigma_i(\delta_k) = 1$，当且仅当存在某个 n，使得 $k = i - J(n)$。于此，令 $g_i(\delta_0, \delta_1, \cdots)$ 为广义合取式

$$\left(\bigwedge\nolimits_{J(n) \leq i} \delta_{i-J(n)}\right) \bigwedge \left(\bigwedge\nolimits_{\forall n (j \neq i - J(n))} \neg \delta_j\right)$$

则公式 $g_i(\delta_0, \delta_1, \cdots)$ 在并且只在指派 σ_i 下才为真，即：$g_i(\delta_0, \delta_1, \cdots)$ 在 δ_0，δ_1，$\cdots$ 的指派 σ 下为真，当且仅当 $\sigma = \sigma_i$。

接下来，按前一节把修正序列转化为布尔函数真值表（即表 4.6 构造表 4.8）同样的思路，可求解布尔函数 $f_k(\delta_0, \delta_1, \cdots)$ 的表达式。首先注意，根据等式（4.2），当 δ_0，δ_1，$\cdots$ 取阶段 i 上出现的真值时，$f_k(\delta_0, \delta_1, \cdots)$ 相应的真值就是 δ_k 在阶段 $i+1$ 的真值。同时，依据归零设定，δ_k 在并且只在阶段 $J(n)+k$ 上为真。因此可知，$f_k(\delta_0, \delta_1, \cdots)$ 在并且只能在形如 $\sigma_{J(n)+k-1}$ 的指派下为真。因此，$f_k(\delta_0, \delta_1, \cdots)$ 可表达为所有形如 $g_{J(m)+k-1}(\delta_0, \delta_1, \cdots)$ 的广义析取式，亦即，

$$f_k(\delta_0, \delta_1, \cdots) = \bigvee_{m \geq 1} \left(\left(\bigwedge\nolimits_{J(n) \leq J(m)-1} \delta_{J(m)+k-J(n)-1}\right) \bigwedge \left(\bigwedge\nolimits_{\forall n(k \neq J(m)+k-J(n)-1)} \neg \delta_k\right)\right)$$

由此，可得：对任意 $k \geq 0$,

$$d(\delta_k) = \bigvee_{m \geq 1} \left(\left(\bigwedge\nolimits_{J(n) \leq J(m)-1} T\delta_{J(m)+k-J(n)-1}\right) \bigwedge \left(\bigwedge\nolimits_{\forall n(k \neq J(m)+k-J(n)-1)} \neg T\delta_k\right)\right)$$

（4.3）

至此，我们圆满完成了构造赫兹伯格语句网 d 的任务。需要指出的是，如果允许使用量词，那么等式（4.3）的右侧可简化为

$$\exists m \geq 1 \forall j (T\delta_j \leftrightarrow \exists n(j = J(m)+k-J(n)-1))$$

因此，语句网可看作包含了无穷多个语句 δ_k，且 δ_k 作为自指语句，可表示为

存在 $m \geq 1$，对任意 $j \geq 0$，语句 δ_j 为真，当且仅当

存在正整数 n，使得 $j = J(m)+k-J(n)-1$ （δ_k）

根据表 4.6 的规定，每个语句 δ_k 都是赫兹伯格语句，而且归零设置表明，在任何修正过程的有穷阶段上，每个 δ_k 的真值都没有任何周期性可言，都呈现出越来越慢的真假交错模式。进一步，如果把它们作为一个整体来看，那么它们构成了一个悖论，并且不难看出其修正序列的稳定化点可能为 0、1 或 ω，但基本周期总是 ω。

虽然已经构造出了一个赫兹伯格语句网，但我们不应止步于此。借助

式（4.3）中关于 δ_0 的等式，我们下面来证明满足下面条件的语句网 d 也是一个赫兹伯格语句网：

$$\begin{cases} d(\delta_0) = \bigvee_{m \geq 1} \left(\left(\bigwedge_{J(n) \leq J(m)-1} T\delta_{J(m)-J(n)-1} \right) \bigwedge \left(\bigwedge_{\forall n(j \neq J(m)-J(n)-1)} \neg T\delta_j \right) \right) \\ d(\delta_{k+1}) = T\delta_k, \ k \geq 0 \end{cases}$$

（4.4）

设 $\sigma_0, \sigma_1, \cdots$ 是 d 的一个修正序列。则：对任意 $i, k \geq 0$，

$$\begin{aligned} \sigma_{i+1}(\delta_{k+1}) &= \mathcal{V}_{Mi}(d(\delta_{k+1})) & \text{（后继规则）} \\ &= \mathcal{V}_{Mi}(T\delta_k) & \text{（等式(4.4)）} \\ &= \sigma_i(\delta_k) & \text{（赋值定义）} \end{aligned}$$

因此，得到：对任意 $i, k \geq 0$，

$$\sigma_{i+1}(\delta_{k+1}) = \sigma_i(\delta_k) \qquad (4.5)$$

这说明每个 δ_{k+1} 在一个阶段的真值恰好是 δ_k 在前一阶段（若存在）的真值。

现在来证明，倘若 σ_0 使每个 δ_k（$k \geq 0$）都为假，则 d 的修正序列 $\sigma_0, \sigma_1, \cdots$ 与表 4.19 左侧显示的并无二致。换言之，若以 $\sigma'_0, \sigma'_1, \cdots$ 来表示表 4.19 左侧的修正序列，则对任意 $j, k \geq 0$，$\sigma_j(\delta_k) = \sigma'_j(\delta_k)$。用数学归纳法进行证明。首先，显然有，$\sigma_0(\delta_k) = \sigma'_0(\delta_k) = 0$。假设对任意 $k \geq 0$，已有 $\sigma_j(\delta_k) = \sigma'_j(\delta_k)$，要证对任意 $k \geq 0$，$\sigma_{j+1}(\delta_k) = \sigma'_{j+1}(\delta_k)$。

当 $k = 0$ 时，

$$\begin{aligned} \sigma_{j+1}(\delta_0) &= \mathcal{V}_{Mj}(d(\delta_0)) & \text{（后继规则）} \\ &= \mathcal{V}_{Mj}(f_0(T\delta_0, T\delta_1, \cdots)) & \text{（d 和 f_0 的规定）} \\ &= f_0(\mathcal{V}_{Mj}(T\delta_0), \mathcal{V}_{Mj}(T\delta_1), \cdots) & \text{（f_0 是广义布尔函数）} \\ &= f_0(\sigma_j(\delta_0), \sigma_j(\delta_1), \cdots) & \text{（赋值定义）} \\ &= f_0(\sigma'_j(\delta_0), \sigma'_j(\delta_1), \cdots) & \text{（归纳假设）} \\ &= \sigma'_{j+1}(\delta_0) & \text{（等式(4.2)）} \end{aligned}$$

对任意 $k \geq 0$，

$$\sigma_{j+1}(\delta_{k+1}) = \mathcal{V}_{Mj}(\mathrm{d}(\delta_{k+1})) \quad \text{(后继规则)}$$
$$= \mathcal{V}_{Mj}(T\delta_k) \quad \text{(d的规定)}$$
$$= \sigma_j(\delta_k) \quad \text{(赋值定义)}$$
$$= \sigma'_j(\delta_k) \quad \text{(归纳假设)}$$
$$= \sigma'_{j+1}(\delta_{k+1}) \quad (\sigma'\text{的规定})$$

综上，等式（4.4）中给出的语句网 d 与等式（4.3）中给出的语句网共有以恒假指派作为初始指派的修正序列。当然，它们也共有任何一这个修正序列某个阶段上的指派作为初始指派的修正序列。由此引出的一个问题是：如果以不出现在表 4.19 左侧修正序列的有穷阶段上指派作为初始指派，那么等式（4.4）中语句网 d 的修正序列又是何种情况？此 d 会出现表 4.19 右侧的修正序列吗？

设 σ 是一个不在表 4.19 左侧修正序列中出现的指派，考虑 d[等式（4.4）]的以 σ 作为初始指派的修正序列：$\sigma_0, \sigma_1, \cdots$，其中 $\sigma_0 = \sigma$。为明确起见，令 $\sigma(\delta_k) = s_k$，参考表 4.20 第 0 阶段所在列。首先，δ_0 在第 1 阶段的真值必为 0。我们知道，f_0 的值要为真，除非其自变元的值是表 4.19 左侧修正序列上指派在 $\delta_0, \delta_1, \cdots$ 上的值。具体而言，$f_0(x_0, x_1, \cdots) = 1$，仅当存在 $j \geq 0$，使得对任意 $k \geq 0$，$x_j = \sigma'_j(\delta_k)$，其中 σ'_j 表示表 4.19 左侧修正序列在第 j 阶段上的指派。现在，σ_0 为未出现在表 4.19 左侧修正理论的任何阶段上，而 $\sigma_1(\delta_0) = f_0(\sigma_0(\delta_0), \sigma_0(\delta_1), \cdots)$。因此，必有 $\sigma_1(\delta_0) = 0$。此外，根据 $\sigma_1(\delta_{k+1}) = \sigma_0(\delta_k)$，有 $\sigma_1(\delta_{k+1}) = s_k$。这确定了 σ_1，即表 4.20 修正序列的第 1 阶段。

一般而言，使用归纳法，可以证明：对任意 $j \geq 0$，上述修正序列阶段 j 上的指派 σ_j 都没有在表 4.19 左侧修正序列上出现过，且 σ_j 满足：当 $k < j$ 时，$\sigma_j(\delta_k) = 0$；当 $k \geq j$ 时，$\sigma_j(\delta_k) = s_{k-j}$。见表 4.20。至此，我们完全弄清楚了等式（4.4）中语句网 d 的所有修正序列的情况。顺便说一句，此 d 不会出现表 4.19 右侧的修正序列！

表 4.20　新赫兹伯格语句的修正序列

	0	1	2	3	4	…	ω	…
δ_0	s_0	0	0	0	0	…	0	…
δ_1	s_1	s_0	0	0	0	…	0	…

续表

	0	1	2	3	4	…	ω	…
δ_2	s_2	s_1	s_0	0	0	…	0	…
δ_3	s_3	s_2	s_1	s_0	0	…	0	…
…	…	…	…	…	…	…	…	…

比较表 4.20 中的修正序列与表 4.19 右侧的修正序列，可以发现，虽然等式（4.4）中的 d 与等式（4.3）中的 d 共有很多修正序列，但它们在其他修正序列上表现迥异。任取一个不在表 4.19 左侧修正序列上出现的指派，以之作为初始指派，等式（4.4）中的 d 给出的 ω 长的修正序列在每个 δ_k 上的值都是稳定的，但等式（4.3）中的 d 给出的 ω 长的修正序列在每个 δ_k 上的值是无周期的。在这个意义上，等式（4.4）中的 d 虽然也是一个赫兹伯格语句网，但其复杂性要稍弱于等式（4.3）中的 d。

仔细观察表 4.19 左侧及表 4.20 中的修正序列，我们发现等式（4.4）中的 d 的所有修正序列都具有如下特征，每个阶段上的指派与下一阶段的指派只相差一个"相位"。这反映在等式（4.5）上。这也正是 d 中规定 $d(\delta_{k+1}) = T\delta_k$ 所决定了的。以上是沿阶段维度观察到的结果。如果沿变元维度进行观察，会发现每个语句在各个阶段的真值与其下一个语句在各阶段的真值也刚好相差一个"相位"。当然，这同样是由 $d(\delta_{k+1}) = T\delta_k$ 决定了的。

至此，我们已经构造出赫兹伯格所设想的语句："它们在连续的两个阶段为真，然后在随后的连续三个阶段为假，进而又在随后的连续四个阶段为真，以此类推。"赫兹伯格的本意是构造这样的"不稳定语句，其真值具有无法预料的复杂变化"[1]。在一定程度上，赫兹伯格语句在修正序列上的真值变化的复杂度确实远超其他已知的语句的真值变化的复杂度。然而，说赫兹伯格语句真值的复杂变化是"无法预料的"似乎有些言过其实了，因为在正如前面的构造过程中提到的，赫兹伯格语句在修正序列上为真的那些阶段可以通过一个函数 J 计算出来，J 是一个可计算函数，并有一个代数表达显式。

---

[1] Herzberger H G, "Naive semantics and the liar paradox", *Journal of Philosophy*, Vol. 79, No. 9, 1982, pp. 479-497.

因而，赫兹伯格语句真值的变化过程事实上是完全可以预料的。

我们可以遵循赫兹伯格的思路去构造具有更复杂真值变化过程的不稳定语句。比如，考虑这样一个语句，它在某个修正过程中第 j 阶段的真值正好是 π 的小数点后第 $i+1$ 位上的数字模 2 的余数，亦即，若 π 的小数点后第 $i+1$ 位上的数字是奇数，则此语句在阶段 j 的真值为 0；否则，为 1。显然，就在修正序列上真值变化过程的复杂性而言，这样一种语句比赫兹伯格所设想的语句更复杂。但是，依然有可计算函数 J 计算出这样一种语句在修正序列上为真的那些阶段数，这种语句真值的变化仍然不是"无法预料的"——虽然已经很难去写出那个函数 J 的代数形式。

真正的完全"无法预料的"的真值变动过程可以通过扔硬币来实现。让我们连续扔一枚硬币，每次记录结果，正面记为 1，反面记为 0。设第 i 次的结果为 s_i（$i \geq 1$）。试想这样一个语句，其在某个修正过程的阶段 i 上的真值等于 s_{i+1}。如果我们用函数 J 去标记真值为真的那些阶段，这样的语句仍然可以通过语句网［等式（4.3）］表达出来，但是 J 不再是可计算函数，这种语句的真值变化就是"无法预料的"了。

4.3.2 麦吉形式

回顾一下，类似于等式（4.4）的形式，我们在麦吉悖论的语句网中也见到。于此，我们做出如下规定。

定义 4.3.3 如果语句网 d 的定义域包含一有穷集 D，使得在定义域内但在 D 外的变元都形如 $\delta_{\alpha+1}$（α 为序数），并且对每个这样的变元，总有 $\delta_{\alpha+1} \equiv T\delta_\alpha$，那么就称 d 是麦吉形式的。当 D 最小可取为单元集时，称 d 是严格麦吉形式的。悖论是（严格）麦吉形式的，如果其语句网也如此。

麦吉形式是一种常见的悖论形式。例如，麦吉悖论本身就是一个具有严格麦吉形式的悖论典型，这也是"麦吉形式"名称的由来。此外，对任意正整数 n，n-圈说谎者悖论也是严格麦吉形式的。而 ω-圈说谎者悖论是麦吉形式的，但不具有严格麦吉形式。前一节构造的两个赫兹伯格悖论，由等式（4.4）所规定的具有严格麦吉形式，但由等式（4.3）规定的不具有麦吉形式。

正如我们在前一节构造第二个赫兹伯格悖论的过程中看到的，麦吉形式的悖论在语义上较为简单，在它们的任意修正序列中，每个阶段的指派与下一阶段的指派只相差有穷多个"相位"，同时，除了有穷多个变元外，其余的每个变元在每个阶段上的真值与下一个变元在每个阶段上的真值只相差一个"相位"。当然，在构造悖论时，如果我们能够充分利用修正序列的这种特征，那么构造过程会得到适当的简化，所构造出的悖论在形式上也会比较简单。

下面将给出更多的悖论构造的例子，一方面进一步说明悖论的构造方法，另一方面说明如何使待构造的悖论具有麦吉形式。

我们来构造这样一个悖论，它有一个稳定化点为 0、基本周期为 2 的修正序列，同时还有一个稳定化点为 0、基本周期为 ω 的修正序列。此构造的目标是构造出一个既有有穷基本周期，又有无穷基本周期的悖论。注意，这里的数字 0、2 和 ω 是随意选定的，并没有任何特殊性，同样的方法也适用于任何自然数 n、正整数 m 和任何超穷序数 α。

与先前的构造类似，我们实际构造的是所需悖论的语句网，令之为 d。按照条件，d 有一基本周期为无穷的修正序列，这意味着 d 定义域中的变元的指派在有穷周期之内不会出现重复，因此，d 定义域中必有无穷多个变元。无妨设 d 定义域为集合 $\{\delta_k | k \geq 0\}$。

在表 4.21 中，给出了三个修正序列。其中左侧的修正序列以恒为真的指派作为初始指派，并以除 δ_0 外其余变元的真值皆为真的指派为第 1 阶段的指派，后面每个阶段的指派都由前一阶段向下滑动一位，并以适当长度的真值"真"来填充由此滑动造成的真值空位。例如，第 2 阶段上的指派可看作两段：变元 $\delta_1, \delta_2, \cdots$ 上的真值由第 1 阶段上 $\delta_0, \delta_0, \cdots$ 的真值"错位"而得；变元 δ_0 的真值因上述错位而留白，故填充为 1。显然，按此规则下去，每个 δ_k 在有穷阶段上最终都稳定为真，因此，在第 ω 阶段必为真。所以，左侧的修正序列的稳定化点为 0，基本周期为 ω。

中间的修正序列以恒为假的指派为初始指派，以除 δ_0 外其余变元的真值皆为假的指派为第 1 阶段的指派，然后恒为假的指派再一次出现了第 2 阶段。显然，这个修正序列的基本周期为 2，稳定化点为 0。右侧的修正序列以这样的指派为初始指派，它没有出现在前面两个修正序列的任何阶段上。表中 s_k 表示的是这样的指派在 δ_k 上的取值，其余规定与表 4.20 的规定类似，不再赘述。

表 4.21 既有有穷基本周期又有无穷基本周期的悖论示例

	0	1	2	3	...	ω	0	1	2	0	1	2	...	ω
δ_0	1	0	1	1	...	1	0	1	0	s_0	0	0	...	0
δ_1	1	1	0	1	...	1	0	0	0	s_1	s_0	0	...	0
δ_2	1	1	1	0	...	1	0	0	0	s_2	s_1	s_0	...	0
δ_3	1	1	1	1	...	1	0	0	0	s_3	s_2	s_1	...	0
...	...	...	...	...	...	...	...	...	...	...	...	...	...	...

需要注意的是，在以上三个修正序列中，从阶段维度来看，并不是每个阶段上的指派向下滑动一位并适当填充真值空位就可得到下一阶段的指派。比如，在中间的那个修正序列上，阶段数为奇数的指派向下错位并不能得到下一阶段的指派。然而，从变元维度来看，除了 δ_0，其余每个变元在每个有穷阶段上的真值向右滑动一位并以 0 填充由此滑动造成的真值空位，那么就刚好是下一变元在每个有穷阶段上的真值。这对于三个修正序列都成立，而这一点足于保证待构造的语句网是麦吉形式的。

与上一节的构造类似，设 $d(\delta_k) = f_k(T\delta_0, T\delta_1, \cdots)$，其中 f_k 是无穷元的广义布尔函数。同样，根据等式（4.2），可以把表 4.21 的修正序列转化为 f_k 的真值表，参考表 4.22。表中第一行表示：在 $\delta_0, \delta_1, \delta_2, \cdots$ 都为真时，函数 $f_0, f_1, f_2, f_3, f_4, \cdots$ 依次取值 0, 1, 1, 1, 1, $\cdots$。这可以看作把表 4.21 左侧修正序列第 0 阶段的指派和第 1 阶段的指派，"打横"了依次并排在一起得到的。同理，表 4.22 中其余各行也都可以看作表 4.21 中某个阶段上的指派与其下一阶段的指派"打横"了依次并排在一起得到的。特别地，最后一行中出现的 σ 表示的是表 4.22 中从未出现过的真值序列（相当于表 4.21 中出现在右侧修正序列初始阶段上的指派），$0\sim\sigma$ 相应地表示这样一个真值序列，其首项为 0，其余各项的值正好依次为 σ 中各项的真值。

第4章　悖论及其构造方法　　　　　　　　　　　　　　　　　　　　·181·

表 4.22　表 4.21 对应的真值表

δ_0	δ_1	δ_2	δ_3	δ_4	...	f_0	f_1	f_2	f_3	f_4	...
1	1	1	1	1	...	0	1	1	1	1	...
0	1	1	1	1	...	1	0	1	1	1	...
1	0	1	1	1	...	1	1	0	1	1	...
1	1	0	1	1	...	1	1	1	0	1	...
...	...	...	...	...	...	...	...	...	...	...	...
0	0	0	0	0	...	1	0	0	0	0	...
1	0	0	0	0	...	0	0	0	0	0	...
\multicolumn{6}{c}{σ}	\multicolumn{6}{c}{$0\sim\sigma$}

可以看出，$f_0(\delta_0, \delta_1, \cdots) = 1$，当且仅当 $\delta_0, \delta_1, \cdots$ 满足下列条件之一：

(i) 存在 $j \geq 0$，使得对任意 $i \geq 0$，δ_i 的值为 0，当且仅当 $i = j$；

(ii) 对任意 $j \geq 0$，δ_j 的值都为 0。

由此，借助广义析取范式，立即得到 f_0 的代数表达式：

$$f_0 = \bigvee_{j \geq 0} \left(\neg \delta_j \wedge \bigwedge_{i \neq j} \delta_i \right) \vee \bigwedge_{j \geq 0} \neg \delta_j \qquad (4.6)$$

类似地，$f_1(\delta_0, \delta_1, \cdots) = 1$，当且仅当 $\delta_0, \delta_1, \cdots$ 满足下列条件之一：

(i) 存在 $j > 0$，使得对任意 $i \geq 0$，δ_i 的值为 0，当且仅当 $i = j$；

(ii) 对任意 $j \geq 0$，δ_j 的值都为 1。

因此，f_1 的代数表达式如下：

$$f_1 = \bigvee_{j > 0} \left(\neg \delta_j \wedge \bigwedge_{i \neq j} \delta_i \right) \vee \bigwedge_{j \geq 0} \delta_j \qquad (4.7)$$

当 $k \geq 1$ 时，$f_{k+1}(\delta_0, \delta_1, \cdots) = 1$，当且仅当 $\delta_0, \delta_1, \cdots$ 满足下列条件之一：

存在 $j > 0$ 且 $j \neq k+1$，使得对任意 $i \geq 0$，δ_i 的值为 0，当且仅当 $i = j - 1$；对任意 $j \geq 0$，δ_j 的值都为 1。

f_{k+1} 的代数表达式如下：

$$f_1 = \bigvee_{j > 0 \,\&\, j \neq k+1} \left(\neg \delta_{j-1} \wedge \bigwedge_{i \neq j-1} \delta_i \right) \vee \bigwedge_{j \geq 0} \delta_j \qquad (4.8)$$

仔细观察表 4.22，还可以发现，f_k 有如下代数表达式：

$$f_{k+1} = \delta_k \qquad (4.9)$$

不难验证等式（4.8）与等式（4.9）是等价的。综上，待构造的 d 如下：

$$\begin{cases} d(\delta_0) = \bigvee_{j \geq 0} \left(\neg T\delta_j \wedge \bigwedge_{i \neq j} T\delta_i \right) \vee \bigwedge_{j \geq 0} \neg T\delta_j \\ d(\delta_1) = \bigvee_{j > 0} \left(\neg T\delta_j \wedge \bigwedge_{i \neq j} T\delta_i \right) \vee \bigwedge_{j \geq 0} T\delta_j \\ d(\delta_{k+1}) = T\delta_k, \quad k \geq 1 \end{cases} \quad (4.10)$$

根据前述构造，语句网 d 的稳定化点只能是 0 或 ω，而基本周期只能是 2 或 ω。很显然，上述语句网具有麦吉形式，借助量词，其对应的悖论如下：

或者存在 j，使得对任意 i，当且仅当 $i=j$ 时，语句 (δ_i) 才为假，

或者对任意 j，语句 (δ_j) 都为假 $\qquad (\delta_0)$

或者存在 $j>0$，使得对任意 i，当且仅当 $i=j$ 时，语句 (δ_i) 才为假，

或者对任意 j，语句 (δ_j) 都为真 $\qquad (\delta_1)$

语句 (δ_k) 为真 $\qquad (\delta_{k+1})$

检测已知的悖论和前面构造的悖论，不难发现它们都至少包含一个有穷的稳定化点。那么，是否存在只含无穷稳定化点的悖论？回答是肯定的，下面就来构造一个这样的悖论，其修正序列的稳定化点都是无穷序数。为简单起见，我们约定其基本周期总是 2（同先前一样，2 并没有特别含义，可用不超过 2^ω 的任意序数代替 2）。

表 4.23 一个只有无穷稳定化点的悖论的修正序列

	0	1	2	3	...	ω	$\omega+1$	$\omega+2$	...	0	1	2
δ_0	0	1	1	1	...	1	0	1	...	s_0	0	...
δ_1	0	0	1	1	...	1	1	1	...	s_1	s_0	...
δ_2	0	0	0	1	...	1	1	1	...	s_2	s_1	...
δ_3	0	0	0	0	...	1	1	1	...	s_3	s_2	...
...	...	...	...	...	...	...	...	...	...	...	...	...

设 d 为待构造悖论的语句网。因其稳定化点为无穷序数，故 d 的修正序列的有穷阶段不会出现循环。于是，d 的定义域必为无穷集，无妨设为 $\{\delta_k | k \geq 0\}$。表 4.23 给出了 d 的修正序列，其中左侧的始于恒假指派，右侧的始于任何没有在左侧阶段上出现过的指派。可以看出，左侧修正序列的稳定

第 4 章 悖论及其构造方法

化点为 ω,基本周期为 2,而右侧的稳定化点为 $\omega + \omega$,基本周期也为 2。

与之前一样,设 $d(\delta_k) = f_k(T\delta_0, T\delta_1, \cdots)$,其中 f_k 是无穷元的广义布尔函数。然后,我们把表 4.23 转化为这些广义布尔函数的真值表 4.24。转化过程与先前类似,过程略去。

表 4.24 表 4.23 对应的真值表

δ_0	δ_1	δ_2	δ_3	δ_4	…	f_0	f_1	f_2	f_3	f_4	…
0	0	0	0	0	…	1	0	0	0	0	…
1	0	0	0	0	…	1	1	0	0	0	…
1	1	0	0	0	…	1	1	1	0	0	…
1	1	1	0	0	…	1	1	1	1	0	…
…	…	…	…	…	…	…	…	…	…	…	…
1	1	1	1	1	…	0	1	1	1	1	…
0	1	1	1	1	…	1	1	1	1	1	…
σ						$0 \sim \sigma$					

根据表 4.24,不难写出 f_k 的代数表达式,由此给出 d 的形式。具体过程从略,这里直接给出 d 如下:

$$\begin{cases} d(\delta_0) = \bigvee_{j \geq 0} (\neg T\delta_j \wedge \bigwedge_{i \neq j} T\delta_i) \vee (\neg T\delta_0 \wedge \neg T\delta_1 \wedge \bigwedge_{j > 0} T\delta_j) \\ d(\delta_1) = \bigvee_{j > 0} (\neg T\delta_j \wedge \bigwedge_{i \neq j} T\delta_i) \vee (\neg T\delta_0 \wedge \neg T\delta_1 \wedge \bigwedge_{j > 0} T\delta_j) \\ d(\delta_{k+1}) = T\delta_k, \quad k \geq 1 \end{cases} \quad (4.11)$$

借助量词,$d(\delta_0)$ 可表达为

$$\exists j \in i(i = j \leftrightarrow \neg T\delta_j) \vee \forall j(j > 1 \leftrightarrow T\delta_j)$$

$d(\delta_1)$ 可表达为

$$\exists j > 0 \forall i(i = j \leftrightarrow \neg T\delta_j) \vee \forall j(j > 1 \leftrightarrow T\delta_j)$$

由此,可给出 d 对应的悖论的自然语言表达,请读者自行完成。需要指出的,根据先前的构造,在 d 或 d 对应的悖论的每个修正序列上,稳定化点只可能是 ω 或 $\omega \cdot 2$(亦即,$\omega + \omega$),而基本周期则只能是 2。这是一个循环长度极短但进入循环所经历的阶段长度极长的悖论。

以上构造的悖论都具有麦吉形式，其原因在于我们在构造过程中充分利用了麦吉形式悖论的一个特征：在任意修正序列上，每个语句（变元）在阶段 i 上的真值恰好等于下一语句在阶段 $i+1$ 上的真值。在结束本节的讨论之前，需要指出，这种特征并不一定能在每个构造过程中得以实现。比如，如果要构造一个基本周期包含大于 1 的自然数的悖论，那么此悖论的修正序列不可能具有上述特征。表 4.25 给出了几组修正序列，其基本周期依次为 2、3、4 等，最左侧的修正序列处理没有在先前修正序列中出现过的指派，其基本周期为 2。读者不难依据这些修正序列，给出相应的语句网，从而建立所求的悖论。当然，这个悖论不再是麦吉形式的。

表 4.25　一个基本周期包含所有大于 1 的自然数的悖论的修正序列

	0	1	2	0	1	2	3	0	…	0	1	2
δ_0	0	1	0	0	0	1	0	0	…	s_0	0	0
δ_1	1	0	1	0	1	0	0	0	…	s_1	0	1
δ_2	0	1	0	1	0	0	1	0	…	s_2	0	0
δ_3	1	0	1	0	0	1	0	0	…	s_3	0	1
δ_4	0	1	0	0	1	0	0	0	…	s_4	0	0
…	…	…	…	…	…	…	…	…	…	…	…	…

第 5 章 公理化真理论

公理化真理论并不是一个单独的理论，而是指一系列理论，是研究"真"的一个新领域，它把"真"视为不加定义的初始谓词，然后通过一组公理和规则具体加以规定。公理化真理论兴起于 20 世纪 80 年代，但它的思想可以追溯到塔斯基在论文《形式化语言中的真概念》中所做的工作。应该说，正是塔斯基提出了第一个公理化真理论，只不过他很快放弃了这条公理化的道路。戴维森是公理化真理论的早期支持者，他提议建立了基于塔斯基真之定义递归条款的另一个公理化真理论。后来，弗里德曼、希尔德、费弗曼、哈尔巴赫、霍斯顿、藤本健太郎等学者不断推进，越来越多的公理化真理论得以建立，真理论的公理化理论和语义理论取得了方法论上的联系，并由此获得了并驾齐驱的发展。时至今日，随着内容的逐渐丰富和技术的日益成熟，公理化真理论已经成为当代真理论大家庭中最活跃的研究领域之一。

本章将介绍公理化真理论中最具代表性的几个理论以及它们的主要结论，说明公理化真理论的发展脉络、主要思想和研究方法。

5.1 概　　述

5.1.1 为什么要公理化真理论？

或许是因为公理化真理论在真理论的大家庭中确实是一个相对的新事物，也或许是因为塔斯基曾经明确地质疑过公理化的道路，所以，几乎每一位公理化真理论的研究者都为公理化真理论的理由做过辩护。总结起来，有以下五个方面。

第一，公理化不需要预设真概念的可定义性。

传统真理论总是试图给"真"一个明确的定义，最常见的真之定义包括：符合、融贯、实用等。但是随着时间的推移，人们发现真之定义不仅没有完满地给出对"什么是真"的回答，反而诱发了很多新的问题（例如：什么是符合？谁与谁符合？等等），以至于在众多真之定义中始终不能达成共识。这逐渐使人怀疑起真概念的可定义性。当人们把目光投向其他哲学概念的定义时，也看到了类似的现象。知识论（epistemology）被长期以来致力于以信念、证成、真和其他一些附加条件定义"知识"，但盖梯尔案例及其各种变体不断挑战和质疑着对知识的定义。如今，不少哲学家开始倾向于认为知识不可定义，比如，威廉姆森（T. Williamson）在《知识及其限度》一书中就明确地提出了"知识优先"（knowledge first）的主张[1]。

相比之下，真之定义所面临的形势更为严峻。除了一直没能找到令人满意的定义外，塔斯基直接证明了真之不可定义性定理[2]。按照塔斯基的证明，即使在一些十分基本的条件下，定义真也将因导致矛盾而成为不可能完成的任务。这就直接挑战了真之可定义性。不过塔斯基的定理也表明，尽管没有确切的定义，真仍在语言中，特别是在推理中发挥着作用。真显然依循了某些原则和规律，而无论基于何种真之定义，这些原则和规律都是必须要遵守的。当我们把这些原则和规律作为公理时，我们就走上了公理化真理论的道路。这条道路把真视为不加定义的初始概念，并不是否认真之定义，而是不再预设真概念的可定义性，搁置因定义而产生的种种争论，把真理论的研究重心从"揭示真之本质"转移到"把握真之规律"上来，霍斯顿称之为"真理论的塔斯基转向"[3]。

第二，公理化避免了对元理论丰富性的依赖。

塔斯基建立真理论的方法是语义学，他提出了"模型"（model）这个重要的语义学概念，并由此解释了什么叫作一个形式语言的语句"在模型中为真"（true in a model）。给出一个形式语言的模型，就意味着为该形式语言建立了语义真理论。虽然塔斯基仍然称自己的真理论为"定义"，但实际上他所关注的已是真之规律。为避免说谎者悖论，塔斯基把语言分成对象语言和元

---

[1] 蒂摩西·威廉姆森：《知识及其限度》，刘占峰，陈丽 译，陈波 校，人民出版社2013年版。
[2] 参见 Tarski A, "The concept of truth in formalized languages", in Tarski A. *Logic, Semantics, Metamathematics (Papers from 1923 to 1938)*. Translated by Woodger J H. Oxford: Clarendon Press, 1956, pp. 152-278.
[3] 参见 Horsten L, *The Tarskian Turn: Deflationism and Axiomatic Truth*. Cambridge MA: MIT Press, 2011, pp. 15-16.

语言，并认为只有在元语言中才能定义对象语言的真谓词。后来，克里普克的真理论克服了塔斯基真理论在真谓词分层上的不足，使对象语言不仅能够包含真谓词，而且只包含独一无二的真谓词。但无论是塔斯基的真理论还是克里普克的真理论，在定义真谓词时都需要依赖一种丰富的元理论。然而问题在于，倘若要继续定义元理论的真谓词，就不得不依靠更加丰富的元元理论，可是人们无法对丰富的元理论一直追溯下去。假设现有一个理论能够囊括人们的全部知识，那么很明显已不可能再找到更丰富的元理论来定义这个知识理论的真。这是语义真理论的不足。

公理化真理论把真视为不加定义的初始谓词，也需要依赖某种能够为真谓词提供句法对象的基底理论（base theory）。但是与语义真理论的元理论不同，基底理论并不要求必须具有丰富性。通常，语义真理论的元理论需包含集合论或其他强理论，而公理化真理论的基底理论只需皮亚诺算术理论（Peano arithmetic，PA）或更弱的理论即可。不过语义真理论和公理化真理论并不是互不相干的，事实上很多公理化真理论都是来自语义真理论的启发。

第三，公理化体现语义真理论并揭示语义真理论中隐含的结论。

公理化真理论试图通过关于真谓词的公理和规则来刻画真，语义真理论则试图通过在元语言中为对象语言的真谓词给出适当的解释来刻画真。乍看之下二者完全不同，但实际上彼此关联甚密。由于公理化真理论的建立往往受到语义真理论的指引，故而公理化真理论常宣称自己体现了某种语义真理论。例如，根据戴维森的提议所建立的公理化真理论体现了塔斯基的真之语义定义[1]，费弗曼的公理化真理论体现的是带有强三值赋值模式的克里普克语义理论[2]，哈尔巴赫的公理化真理论则能够体现有限层次的修正理论[3]。正因如此，一些公理化真理论的研究者认为他们的工作是"对语义真理论的公理化"。

除了体现语义真理论和检验语义真理论在多大程度上满足了它们所预期

---

[1] Davidson D, "The folly of trying to define truth", *Journal of Philosophy*, Vol. 93, No. 6, 1996, pp. 263-278.
[2] Feferman S, "Reflecting on incompleteness", *The Journal of Symbolic Logic*, Vol. 56, No. 1, 1991, pp. 1-49.
[3] Halbach V, "A system of complete and consistent truth", *Notre Dame Journal of Formal Logic*, Vol. 35, No. 3, 1994, pp. 311-327.

刻画的真之规律，公理化真理论还为系统讨论语义真理论的性质奠定了基础。利用现代逻辑的研究方法，公理化真理论能够揭示语义真理论最初所不能提供的一些隐含结论，特别是关于真理论和基底理论之间关系的结论，以及通过比较不同真理论的算术强度，为评说语义真理论提供依据。

第四，公理化实现了与真概念哲学观点的新互动。

紧缩论是当今关于真概念的一种重要的哲学观点，它认为真是无本质的，因而可以把真当作初始概念。尽管看起来下定义的方法会更适合紧缩论，因为一旦给出了明确的真之定义，就能通过定义项消除真，但紧缩论者还是更倾向于选择公理化真理论。一方面，有不少紧缩论者确实采用了塔斯基 T-模式的某种形式来作为理解紧缩论的基础，也即作为公理；另一方面，下定义会因为依赖丰富的元理论而陷入无穷倒退，但公理化免去了这样的麻烦。因此，有学者把紧缩论直接看成对公理化真理论的哲学解释。

如果确如紧缩论所言，真是无本质的概念，那么向基底理论中引入真谓词和公理，所得公理化真理论就不应比基底理论多出任何不含真谓词的新结论。公理化真理论的研究者把这一要求称为"保守性"（conservativity）。支持紧缩论的人都希望公理化真理论能够满足保守性，从而公理化真理论可以作为对紧缩论的技术支持。但是很遗憾，大多数公理化真理论并不满足保守性，这就促使紧缩论者进一步反思保守性和紧缩论的主张。

还有一些紧缩论者认为，真是用于表达无穷合取（infinite conjunctions）和无穷析取（infinite disjunctions）的工具。因为在可数语言中，互不等值的无穷合取和无穷析取是不可数的，因而无法为所有的语句表达。公理化真理论恰好有助于说明哪些无穷合取和无穷析取可以通过真谓词表达。不过公理化真理论最引人注目的结果之一是它对 PA 反射原则（reflection principle）的证明，现在这已成为紧缩论的一个新话题[①]。

第五，公理化以单一真谓词完成了对 PA 反射原则的迭代和闭包。

哥德尔第二不完全性定理指出，PA 的一致性陈述在 PA 中是不可证的。但是从 PA 出发，人们可以有条不紊地加强 PA，逐步获得越来越强的理论。

[①] Tennant N, "Deflationism and the Gödel phenomena", *Mind*, Vol. 111, 2002, pp. 551-582.

加强的方法是引入反射原则，也即引入 PA 的一个语句集：$\text{Bew}_{\text{PA}}(\ulcorner\varphi\urcorner) \to \varphi$，其中 φ 是 PA 语言中的语句，$\ulcorner\varphi\urcorner$ 是语句 φ 的名字，$\text{Bew}_{\text{PA}}(x)$ 是 PA 的可证明谓词，表示 x 所代表的语句在 PA 中是可证的。如果令 PA + R 表示以反射原则加强 PA 后所得新理论，那么同样可以向 PA + R 中继续添加 PA + R 的反射原则。这个过程可至无穷，费弗曼称之为"公理系统的递归进程"[①]。

反射原则还有一种被叫作"整体反射原则"（global reflection principle）的形式：$\forall x(\text{Bew}_{\text{PA}}(x) \to T(x))$，其中 $T(x)$ 是一元真谓词。整体反射原则的含义清楚明了，表示凡 PA 中可证明的语句都是真的，它表达了 PA 的一致性。但是引入整体反射原则也就引入了真谓词，因而必须对真谓词加以规定，也即是必须引入某种形式的公理化真理论。我们在随后的小节里将会看到，当公理化真理论满足一定条件的时候，由公理化真理论就能直接导出 PA 的整体反射原则。因此，公理系统的递归进程可以不借助反射原则，而只借助真谓词及其公理。事实上，公理化真理论不仅能完成有限层次的反射迭代，还能完成无穷层次的迭代，甚至能实现 PA 的反射闭包（reflective closure）[②]。更重要的是，在这整个过程中都只需借助单一的真谓词以及关于真谓词的公理。

5.1.2 公理化真理论的"出发地"

上一小节我们概述了支持公理化真理论的五个主要理由，但有人可能会对第五个理由感到疑惑，因为它并不像是一个与真概念相关的问题。反射原则的意义在于，由于它体现了 PA 的一致性并且 PA 本身确实是一致的，因此承认 PA 实际上也就是承认了 PA 的反射原则，从而承认 PA + R，依此类推。所以，PA 其实并非看起来那样简单，而是包含了一系列隐含的结果，这些结果形成了一个十分庞大且复杂的体系。但仅仅通过一个公理化真理论，复杂的体系就得到了体现，这足以说明公理化真理论的强大魅力。正如费弗曼所说："多年来，我一直希望给出一个更现实、更清晰的有限生成过程。"[③]为了

[①] Feferman S, "Transfinite recursive progressions of axiomatic theories", *The Journal of Symbolic Logic*, Vol. 27, No. 3, 1962, pp. 259-316.

[②] Feferman S, "Reflecting on incompleteness", *The Journal of Symbolic Logic*, Vol. 56, No. 1, 1991, pp. 1-49.

[③] Feferman S, "Reflecting on incompleteness", *The Journal of Symbolic Logic*, Vol. 56, No. 1, 1991, p. 1.

达成所愿，费弗曼提出的新方法正是公理化真理论。所以，处理反射原则其实是公理化真理论的一个出发地。

公理化真理论的另一个出发地在戴维森那里。戴维森在以真理论说明他的意义理论时，曾评论过塔斯基的真之定义。他认为塔斯基的真之定义并没有涉及经验的东西，为了免去不必要的偏见，我们可以省略塔斯基定义的最后一步①。后来，戴维森还更进一步地明确指出："如果我们发现'定义'这个词与谓词是初始的这个思想不协调，我们可以抛弃这个词，这不会改变系统。但是为了承认语义谓词是初始的，我们可以放弃塔斯基把递归说明变为明确定义的最后一步，并把所得结果看作公理化真理论。"②

戴维森的出发地和费弗曼的出发地显然是不一样的，一个是为了说明意义理论，另一个是为了简化递归进程，但他们提出的公理化真理论却最终殊途同归。事实上，公理化真理论还有第三个出发地。弗里德曼和希尔德认为，虽然塔斯基不可定义性定理和说谎者悖论说明 T-模式表达的真之直观理解存在漏洞，但不应就此放弃，而应勇于迎接挑战，改善朴素的真之直观理解，使真变成能够避免矛盾的精妙概念。为此，弗里德曼和希尔德明确提出了公理化的方法。他们给出了一个关于真谓词直观原则的清单，清单中的每一条原则都来自对 T-模式的弱化处理。弗里德曼和希尔德详细考察了各条原则的不同组合，对其中一致和不一致的组合进行了分类，并且他们还特地强调了他们的哲学中立态度，强调他们只为解决带有哲学动机的逻辑问题③。由此可见，弗里德曼和希尔德的出发地与戴维森和费弗曼的出发地确实均不相同。但我们也将看到，从三个地方走来的公理化真理论最后汇聚在一起，共同形成了今天真理论大家庭的新领域。

5.1.3 基底理论和记法约定

公理化真理论把真视为初始谓词，那么什么是真谓词能够作用的对象

---

① Davidson D, "The folly of trying to define truth", *Journal of Philosophy*, Vol. 93, No. 6, 1996, p. 277.
② Davidson D, *Truth and Predication*. Cambridge MA: Harvard University Press, 2005, p. 31.
③ Friedman H, Sheard M, "An axiomatic approach to self-referential truth", *Annals of Pure and Applied Logic*, Vol. 33, 1987, pp. 1-3.

呢？也即何为真之载体。历史上关于真之载体的哲学争论很多，但无论是何种意见，它们都试图对真所能作用的对象做出描述。因此，凡能为真理论提供真之载体的理论都应叫作基底理论。对公理化真理论而言，基底理论的作用是为表达真之公理提供担保。比如，通过基底理论要能够说明否定、合取等句法结构的含义。此外，我们把真谓词添加到基底理论的语言中，使真谓词作用于基底理论语句的名字，那么基底理论就必须能够为语句命名。为了方便，公理化真理论通常是以皮亚诺算术 PA 作为基底理论，并借助哥德尔编码技术对语句命名和表达句法结构。但需要注意的是，并非只有 PA 才可作为基底理论，弱于 PA 的罗宾逊算术或强于 PA 的 ZF 集合论都可以作为基底理论。

本章仍以 PA 作为基底理论。我们令 $\mathcal{L}_{\mathrm{PA}}$ 表示 PA 的语言，它的非逻辑符号包括个体常元符号 $\overline{0}$，一元函数符号 S，二元函数符号 $+$ 和 $\times$。PA 有一个标准模型 $\mathfrak{N}$，它以自然数集 N 为论域，将上述非逻辑符号分别解释为数 0，后继函数，以及加法和乘法函数。$\mathcal{L}_{\mathrm{PA}}$ 的闭项 $\overline{0}, S(\overline{0}), S(S(\overline{0})), S(S(S(\overline{0}))), \cdots$ 称为数字，可依次记为 $\overline{0}, \overline{1}, \overline{2}, \overline{3}, \cdots$，它们在标准模型的解释下就是全体自然数。一个语句 φ 若是在模型 $\mathfrak{N}$ 中为真，就记为 $\mathfrak{N} \models \varphi$。$\mathcal{L}_{\mathrm{PA}}$ 的谓词符号只有等词符号 $\equiv$，它不含一元真谓词符号 T，若把 T 添加到 $\mathcal{L}_{\mathrm{PA}}$ 中，就得到语言 $\mathcal{L}_{\mathrm{T}}$。

如果 φ 是公式，那么 $\ulcorner\varphi\urcorner$ 表示 φ 的哥德尔编码。由于 $\ulcorner\varphi\urcorner$ 是数，因此用 $\mathcal{L}_{\mathrm{PA}}$ 表达出来就是数字 $\overline{\ulcorner\varphi\urcorner}$。为表述方便，在不引起混淆的情况下，我们将不再区分编码和编码的数字。

如果 $\varphi(x)$ 包含自由变元 x，我们用 $\ulcorner\varphi(\dot{x})\urcorner$ 表示以 x 的取值的哥德尔编码替换 $\varphi(x)$ 中的变元 x 之所得结果的编码。符号 $x(\dot{y}/v)$ 是一个在 PA 中可定义的三元函数，当它作用于公式、数和变元的哥德尔编码时，将得到以 y 的取值的哥德尔编码替换公式中的变元所得结果的编码。此外，$\dot{\neg}$ 也是一个函数符号，由它所表示的函数在 PA 中也可定义，当此函数作用于某个公式 φ 的哥德尔编码时，将得到该公式的否定公式 $\neg\varphi$ 的哥德尔编码，即 $\dot{\neg}(\ulcorner\varphi\urcorner) = \ulcorner\neg\varphi\urcorner$。类似地，还可以给出 $\dot{\wedge}$、$\dot{\forall}$、$\dot{T}$、$\dot{\equiv}$、$\dot{S}$ 等。

公式 $\mathrm{At}_{\mathrm{PA}}(x)$、$\mathrm{Sent}_{\mathrm{PA}}(x)$、$\mathrm{Bew}_{\mathrm{PA}}(x)$ 在 PA 中是可定义的，其含义分别为：x 所编码的是 $\mathcal{L}_{\mathrm{PA}}$ 的原子语句、语句以及 PA 中的可证明语句。如果将公式中

的下标由"PA"改为"T",则分别表示$\mathcal{L}_T$的原子语句、语句以及相应的真理论中的可证明语句。还有一个公式$Val^+(x)$是需要的,它可以看作$\mathcal{L}_{PA}$原子语句的真谓词,并且它在 PA 中也是可定义的[①]。

5.2 类型的公理化真理论

公理化真理论的一个至关重要的问题是:如何选择真之公理?为了避免说谎者悖论,塔斯基规定 T-模式只能适用于对象语言的语句,这就是类型的真理论(typed truth),也即保持语言分层的真理论。按照塔斯基的要求,一个恰当的真之定义必须包含对象语言 T-模式的所有实例,那么如果采用公理化的方法,把这些 T-模式的实例转变为真之公理,我们就得到了去引号理论。

5.2.1 去引号理论

在 PA 中添加全体具有如下形式的$\mathcal{L}_T$语句作为真之公理:

$$T(\ulcorner\varphi\urcorner)\leftrightarrow\varphi$$

其中φ是$\mathcal{L}_{PA}$语句,这说明φ中不含T谓词,因此是类型的真理论,并且由于这个真理论只有这一种真之公理,它体现了真谓词的所谓"去引号直觉",即:假设或断言语句φ,就是假设或断言"φ"是真的;反之亦然。所以人们通常称之为去引号理论。又由于其真之公理恰好是塔斯基的 T-模式,所以人们习惯于将其简记为 TB⌐(其中 TB 是对 Tarski biconditionals 的缩写)。

不难证明,TB⌐是一致的。我们可以为 TB⌐构造一个模型$\mathfrak{M}=\langle\mathfrak{N},\mathcal{E}\rangle$,其中$\mathfrak{N}$就是 PA 的标准模型,$\mathcal{E}$是自然数集$N$的一个满足特定条件的子集,以此作为对$T$谓词的解释,通常可以令$\mathcal{E}=\{\ulcorner\varphi\urcorner|\mathfrak{N}\vDash\varphi,\varphi\in\mathcal{L}_{PA}\}$,$\mathfrak{M}$显然满足 TB⌐的所有真之公理。值得注意的是,我们虽然为 TB⌐建立了模型,并且可以说明什么叫 TB⌐的语句在模型中为真,但这并不意味着我们放弃了公理化的道路。我们把真处理成谓词,并以公理规定它,这是在语形上。而建立

[①] 以上给出的所有函数和谓词在形式算术中的严格定义,可参见 Boolos G S,Burgess J P,Jeffery R C,*Computability and Logic*. Cambridge: Cambridge University Press,2007;也可参见熊明,《算术、真与悖论》,科学出版社 2017 年版。

模型则是由于 TB⌈本身作为形式系统，对其可以采用现代逻辑的研究方法做出语义说明。尽管二者确实都涉及真，但一个说的是语形真，另一个说的是语义真。

模型$\mathfrak{M}$表明 TB⌈适合于 PA 的标准解释，这对 TB⌈而言不失为一个优点。莱特格布（H. Leitgeb）曾为理想真理论拟定过八条标准，适合于标准解释便是其中之一[①]。但 TB⌈的缺点在于演绎力太弱，塔斯基本人就明确指出 TB⌈是"高度不完全的系统"[②]。我们可以在 TB⌈中证明如下陈述成立：

对$\mathcal{L}_{PA}$的任意语句φ，TB⌈⊢¬$(T(\ulcorner\varphi\urcorner)\wedge T(\ulcorner\neg\varphi\urcorner))$。

因为在 TB⌈中，TB⌈⊢¬$(\varphi\wedge\neg\varphi)$是成立的，那么当$\varphi$是$\mathcal{L}_{PA}$语句时，根据 TB⌈的公理$T(\ulcorner\varphi\urcorner)\leftrightarrow\varphi$和$T(\ulcorner\neg\varphi\urcorner)\leftrightarrow\neg\varphi$就能证明该陈述。

这就说明，矛盾律的任何实例在 TB⌈中都是成立的。但尽管如此，我们却无法进一步证明上述陈述的如下普遍形式在 TB⌈中也成立：

$$\forall x(\text{Sent}_{PA}(x)\to\neg(T(x)\wedge T(\neg x)))$$

假设该陈述在 TB⌈中可以证明，那么必定存在一个有穷长的非空公式序列$\mathcal{P}$是关于该陈述的一个形式证明。因为$\mathcal{P}$是有穷长的，所以$\mathcal{P}$中最多只能包含有穷多条 TB⌈真之公理的代入实例，即：$T(\ulcorner\varphi_i\urcorner)\leftrightarrow\varphi_i$（$1\leqslant i\leqslant n$）。现在定义一个模型$\mathfrak{M}=\langle\mathfrak{N},\mathcal{E}\rangle$，使得$\mathcal{E}=\{\ulcorner\varphi_i\urcorner|\mathfrak{N}\vDash\varphi_i,1\leqslant i\leqslant n\}$。很显然，$\mathfrak{M}$能够满足出现在$\mathcal{P}$中的所有真之公理，因此$\mathfrak{M}$是恰含上述$n$个真之公理代入实例的 TB⌈子系统的模型。但是只要在$\mathcal{L}_{PA}$中任选一个其编码不在$\mathcal{E}$中出现的语句ψ，就能立刻知道$\mathfrak{M}$不满足¬$(T(\ulcorner\psi\urcorner)\wedge T(\ulcorner\neg\psi\urcorner))$。所以，假设不成立。

由上述证明可以看到，凡是必须以全称量化表达的真之规律都是在 TB⌈中不可证的。当然，我们也可以考虑把矛盾律作为新的公理添加进 TB⌈，而且不只是矛盾律，还可以添加排中律等其他一些重要的真之规律。但是究竟应该添加什么和不添加什么，似乎还缺少更充足的依据。所以，尽管塔斯基也承认"对公理化进程来说，没有什么东西在本质上是错误的，而且可能还

[①] Leitgeb H, "What theories of truth should be like (but cannot be)", *Philosophy Compass*, Vol. 2, No. 2, 2007, pp. 277-283.

[②] Tarski A, "The concept of truth in formalized languages", in Tarski A. *Logic, Semantics, Metamathematics (Papers from 1923 to 1938)*. Translated by Woodger J H. Oxford: Clarendon Press, 1956, p. 257.

会证明它能适用于各种目的"[1]，但如何添加新的公理，这让塔斯基认为公理化真理论"具有相当偶然的特征"[2]，并最终成为塔斯基拒绝公理化的理由。

塔斯基为克服 TB⌐弱演绎力缺陷所采取的措施是在逻辑基础中允许"无穷归纳规则"（rule of infinite induction），也即允许形式系统的证明是一个无穷长的公式序列。但这等于放弃了形式系统证明序列的可判定性，所以塔斯基的主张其实并未获得普遍的认可。添加新的真之公理势在必行。戴维森指出："如果把公理限制为塔斯基说明真之定义所需要的递归条款，就能够避免公理系统偶然性的危险。"[3]由此，我们就得到了组合理论。

5.2.2　组合理论

借助哥德尔编码，$\mathcal{L}_{PA}$ 中的真语句集可以转变成数集，如果令 $\mathcal{E}$ 表示这样的真语句数集，那么按照塔斯基的真之定义，$\mathcal{E}$ 需满足如下递归条款：

$n \in \mathcal{E}$，当且仅当

（1）对于闭项 s 和 t 使得 $n = \ulcorner s \equiv t \urcorner$，有 s 和 t 的取值相同。

（2）对于 $\mathcal{L}_{PA}$ 语句 φ 使得 $n = \ulcorner \neg \varphi \urcorner$，有 $\ulcorner \varphi \urcorner \notin \mathcal{E}$。

（3）对于 $\mathcal{L}_{PA}$ 语句 φ 和 ψ 使得 $n = \ulcorner \varphi \wedge \psi \urcorner$，有 $\ulcorner \varphi \urcorner \in \mathcal{E}$ 并且 $\ulcorner \psi \urcorner \in \mathcal{E}$。

（4）对于 $\mathcal{L}_{PA}$ 语句 $\forall v \varphi$ 使得 $n = \ulcorner \forall v \varphi \urcorner$，有对任意闭项 t，$\ulcorner \varphi(t/v) \urcorner \in \mathcal{E}$。

塔斯基真之定义递归条款的特征是组合性（compositionality），它把复杂语句的真归结为简单语句的真。所以人们通常把由上述条款转变而成的真之公理称为组合公理，所形成的真理论叫作组合理论。具体来说，其公理如下：

（CT1）　　$\forall x(\mathrm{At}_{PA}(x) \rightarrow (T(x) \leftrightarrow \mathrm{Val}^+(x)))$

（CT2）　　$\forall x(\mathrm{Sent}_{PA}(x) \rightarrow (T(\dot{\neg}x) \leftrightarrow \neg T(x)))$

（CT3）　　$\forall x \forall y(\mathrm{Sent}_{PA}(x \dot{\wedge} y) \rightarrow (T(x \dot{\wedge} y) \leftrightarrow T(x) \wedge T(y)))$

（CT4）　　$\forall v \forall x(\mathrm{Sent}_{PA}(\dot{\forall}vx) \rightarrow (T(\dot{\forall}vx) \leftrightarrow \forall y T(x(\dot{y}/v))))$

---

[1] Tarski A, "The semantic conception of truth: And the foundations of semantics", *Philosophy and Phenomenological Research*, Vol. 4, No. 3, 1944, p. 352.

[2] Tarski A, "The concept of truth in formalized languages", in Tarski A. *Logic, Semantics, Metamathematics (Papers from 1923 to 1938)*. Translated by Woodger J H. Oxford: Clarendon Press, 1956, p. 258.

[3] Davidson D, *Truth and Predication*. Cambridge MA: Harvard University Press, 2005, p. 32.

把 CT1 至 CT4 添加到 PA 中,所得理论记为 CT↾(其中 CT 是 compositional truth 的缩写)。不难看出,矛盾律和排中律都是 CT2 的推论,因此 CT↾ 克服了 TB↾ 的不足。同时,我们还可以证明 TB↾ 的所有真之公理都是在 CT↾ 中可证的,所以 TB↾ 是 CT↾ 的真子理论。

在 CT↾ 的一致性方面,我们可以证明 TB↾ 的模型 $\mathfrak{M}$ 也是 CT↾ 的模型。只需证明 $\mathfrak{M}$ 满足 CT↾ 的所有真之公理即可,以 CT2 为例:假设 $\mathfrak{M}$ 满足 $T(\ulcorner\neg\varphi\urcorner)$,那么根据对 T 谓词的解释可知 $\ulcorner\neg\varphi\urcorner \in \mathcal{E}$,于是根据 $\mathcal{E}$ 的定义有 $\mathfrak{N} \models \neg\varphi$,此时根据 $\mathfrak{N}$ 对 $\neg$ 的定义可得 $\mathfrak{N} \not\models \varphi$,因此 $\ulcorner\varphi\urcorner \notin \mathcal{E}$,从而有 $\mathfrak{M}$ 不满足 $T(\ulcorner\varphi\urcorner)$,进而有 $\mathfrak{M}$ 满足 $\neg T(\ulcorner\varphi\urcorner)$;反之亦然。其余真之公理类似可证。

通过上述证明我们看到,由于 CT↾ 建立在经典逻辑的基础上,因此 CT2 表明了 CT↾ 的 T 谓词是经典二值的,也即对任意语句 φ,φ 和 $\neg\varphi$ 有且只有一个为真。因此在 CT↾ 中,我们可以把语句 φ 为假直接理解为 φ 不为真,这正是 CT2 所记述的 $\neg T(\ulcorner\varphi\urcorner)$ 等值于 $T(\ulcorner\neg\varphi\urcorner)$ 的含义。这样一来,关于假的组合公理就可以由上述 CT1 至 CT4 推导出来。总之,CT↾ 是一种能够体现塔斯基经典语义学的公理化真理论,其中每个语句要么为真要么为假,并且复杂语句的真值是通过经典逻辑规则由简单语句的真值得到的。

对于紧缩论者来说,CT↾ 还带来一个好消息,那就是 CT↾ 对基底理论 PA 是保守的。早在 1981 年,科特拉斯基(H. Kotlarski)等人就证明了一个模型论的结果,由它可以导出 CT↾ 的保守性[1]。后来,哈尔巴赫和利(G. E. Leigh)采用证明论的方法分别证明了 CT↾ 的保守性[2],而另一种更好的模型论证明则是由埃纳亚特(A. Enayat)和维瑟在 2015 年的论文中给出的[3],并且由于已知 TB↾ 是 CT↾ 的真子理论,所以 TB↾ 也是 PA 之上保守的。这就说明,确如紧

---

[1] Kotlarski H, Krajewski S, Lachlan A H, "Construction of satisfaction classes for nonstandard models", *Canadian Mathematical Bulletin*, Vol. 24, No. 3, 1981, pp. 283-293.

[2] 哈尔巴赫对 CT↾ 保守性的最初证明可参见 Halbach V, "Conservative theories of classical truth", *Studia Logica: An International Journal for Symbolic Logic*, Vol. 62, No. 3, 1999, pp. 353-370. 但是藤本健太郎指出了哈尔巴赫证明中存在的疏漏,哈尔巴赫也坦言这是一处严重的错误(a serious mistake)而且不易弥补(cannot be easily repaired)。后来利重新证明了这个结论,其证明可参见 Leigh G E, "Conservativity for theories of compositional truth via cut elimination", *The Journal of Symbolic Logic*, Vol. 80, No. 3, 2015, pp. 845-865.

[3] Enayat A, Visser A, "New constructions of satisfaction classes", in Achourioti A, Galinon H, Fernández J M, et al. *Unifying the Philosophy of Truth*, Dordrecht: Springer, 2015, pp. 321-335.

缩论所言，真是无本质的概念，向基底理论中引入真谓词和真之公理并没有给基底理论增加任何不含真谓词的新结论。

但是我们应当注意一点，$CT\restriction$是通过将真之公理直接添加到 PA 中所得，也就是说我们虽然把整个系统的语言由$\mathcal{L}_{PA}$扩大为$\mathcal{L}_T$，但 PA 的算术公理却完全保持不变，这些公理仍然由$\mathcal{L}_{PA}$表达。因此，对于 PA 的如下归纳公理模式：

$$\varphi(\bar{0}) \wedge \forall x(\varphi(x) \to \varphi(S(x))) \to \forall x \varphi(x)$$

其中$\varphi(x)$只能是$\mathcal{L}_{PA}$的公式。也即T谓词不能出现在归纳公理模式中，可是没有任何恰当的理由做出这种限制，归纳公理模式的实例范围应当随着语言的扩大而扩大。倘若取消 $CT\restriction$对归纳公理模式的限制，我们把由此得到的组合理论记为 CT。所以，符号$\restriction$其实是一个限制符号，它表示相应的公理化真理论不允许T谓词出现在归纳公理模式中。今后我们更关心的是 CT 这种归纳公理模式不受限制的真理论。类似还有 TB 和 $TB\restriction$。

取消对归纳公理模式的限制后，如下归纳实例就能为 CT 所承认：

$$T(x(\ulcorner\bar{0}\urcorner/v)) \wedge \forall y(T(x(\dot{y}/v)) \to T(x(S(\dot{y})/v))) \to \forall y T(x(\dot{y}/v))$$

在这个实例中，公式φ取为$T(x(\dot{y}/v))$。根据此前的定义和对记法的约定，不难证明$x(S(\dot{y})/v)$实际上就是$x(\dot{S}(\dot{y})/v)$，因此，我们可以得到：

$$T(x(\ulcorner\bar{0}\urcorner/v)) \wedge \forall y(T(x(\dot{y}/v)) \to T(x(\dot{S}(\dot{y})/v))) \to \forall y T(x(\dot{y}/v))$$

因为在$T(x(\dot{y}/v))$中，x的取值必定是某个公式ψ的编码，v的取值是公式ψ中自由变元的编码，所以不妨把$T(x(\dot{y}/v))$转变为更形象的表达$T(\ulcorner\psi(\dot{y})\urcorner)$，于是归纳公理模式的上述实例可以表示为

$$T(\ulcorner\psi(\bar{0})\urcorner) \wedge \forall y(T(\ulcorner\psi(\dot{y})\urcorner) \to T(\ulcorner\psi(\dot{S}(\dot{y}))\urcorner)) \to \forall y T(\ulcorner\psi(\dot{y})\urcorner)$$

根据组合公理，我们可以把上式所有的T谓词移到公式最前面[①]，从而得到：

$$T(\ulcorner\psi(\bar{0}) \wedge \forall y(\psi(y) \to \psi(S(y))) \to \forall y \psi(y)\urcorner)$$

其直观含义是：归纳公理模式是真的。不仅归纳公理模式，我们还可以类似地证明 PA 的其他公理都是真的。由此通过对 CT 中形式证明的长度施以归纳，

[①] 在我们给出的 CT 公理中只含有关于¬和∧的组合公理，这里还需要关于→的公理：$\forall x \forall y(\text{Sent}_{PA}(x \dot{\to} y) \to (T(x \dot{\to} y) \leftrightarrow (T(x) \to T(y))))$，但它可以由 CT 证明。

就可以证明如下重要结论：$\mathrm{CT} \vdash \forall x(\mathrm{Sent}_{\mathrm{PA}}(x) \to (\mathrm{Bew}_{\mathrm{PA}}(x) \to T(x)))$。也就是说，CT 可以证明 PA 的整体反射原则。

现假设 CT 能证明 $\overline{0} = \overline{1}$ 在 PA 中是可证的，也即有 $\mathrm{Bew}_{\mathrm{PA}}(\ulcorner \overline{0} \equiv \overline{1} \urcorner)$，那么由整体反射原则可以得到 $T(\ulcorner \overline{0} \equiv \overline{1} \urcorner)$。但是在 PA 事实上有 $\neg(\ulcorner \overline{0} \equiv \overline{1} \urcorner)$，于是根据组合公理 CT1 可推知 $\neg T(\ulcorner \overline{0} \equiv \overline{1} \urcorner)$，从而 $\neg \mathrm{Bew}_{\mathrm{PA}}(\ulcorner \overline{0} \equiv \overline{1} \urcorner)$。这就意味着 CT 可以证明 PA 的一致性，但哥德尔第二不完全性定理告诉我们 PA 的一致性无法为 PA 自身所证明，同时由于 $\neg \mathrm{Bew}_{\mathrm{PA}}(\ulcorner \overline{0} \equiv \overline{1} \urcorner)$ 是不含 T 谓词的 $\mathcal{L}_{\mathrm{PA}}$ 语句，所以 CT 不再是 PA 之上保守的。这样的结果对紧缩论的主张无疑是一场打击，但它也激发我们去思考，作为对 PA 的扩充，CT 究竟能达到怎样的算术强度？

现在考虑二阶算术语言 $\mathcal{L}_2$。除了 $\mathcal{L}_{\mathrm{PA}}$ 已有的符号外，$\mathcal{L}_2$ 还包含一个二阶变元的无穷序列 $X_1, X_2, X_3, \cdots$，以及一个初始的二元谓词符号 $\in$。$t \in X$ 是 $\mathcal{L}_2$ 的一类新的原子公式，其中 t 是 $\mathcal{L}_{\mathrm{PA}}$ 的项，X 是 $\mathcal{L}_2$ 的二阶变元。

二阶算术 ACA 以 $\mathcal{L}_2$ 为形式语言，它是对 PA 的扩充，允许 PA 的归纳公理模式适用于 $\mathcal{L}_2$ 的所有公式，并增添一条新的算术概括公理模式：

$$\exists X \forall y (y \in X \leftrightarrow \varphi(y))$$

其中 X 不在 $\varphi(y)$ 中自由出现，并且 $\varphi(y)$ 中也不含任何二阶约束变元。

可以证明，一方面 ACA 经由某种恰当的翻译可嵌入 CT，另一方面 ACA 能以某个特殊公式定义出 CT 的 T 谓词[1]。这说明 CT 的算术强度与 ACA 等价。

以上我们比较完整地介绍了类型公理化真理论的 TB 和 CT 两个理论，由它们我们可以大致看到公理化真理论的基本问题。

首先是一致性，这是对公理化真理论的最基本要求，必须确保由真之公理不会导致悖论。就 TB 和 CT 而言，它们不仅圆满地完成了这个任务，而且它们的模型都建立在 PA 的算术标准模型的基础上。

其次是恰当性，也就是能否推出某一语言的 T-模式。TB 直接以 $\mathcal{L}_{\mathrm{PA}}$ 的 T-模式为公理，其恰当性自不必说。而由于 TB 是 CT 的真子理论，所以 CT 也满足恰当性。

---

[1] 证明的详细过程可参见 Halbach V，*Axiomatic Theories of Truth*. New York: Cambridge University Press, 2011, pp. 94-102.

然后是组合性，这个问题的实质是考察公理化真理论是否能蕴涵某一语言的真之语义原则，它最能体现公理化真理论和语义真理论的关系。通过把塔斯基真之定义的递归条款转变成公理，我们得到了 CT，因此我们可以认为 CT 是对塔斯基语义真理论的公理化。尽管这看起来略显平庸，但我们知道，塔斯基对一阶算术的真之定义可以在二阶算术中完成，而且从 CT 与 ACA 的等价性证明中也能进一步看到，通过把某个特殊公式由二阶算术语言翻译为带真谓词的一阶算术语言，其结果就是 CT。这就比较精确地说明 CT 确能体现塔斯基语义真理论。在这个问题上，CT 显然比 TB 更加优越。

最后是保守性，这是与紧缩论密切相关的问题。但我们已经说明 CT 是非保守的，而且随后还将看到由于 CT 存在明显缺陷，尚有待进一步加强，那么这就意味着无论怎样加强，后续的公理化真理论都将是非保守的。不过保守性并不是公理化真理论必须要满足的性质。

5.2.3 层级理论

类型真理论的特点是区分对象语言（$\mathcal{L}_{PA}$）和元语言（$\mathcal{L}_T$），使得尽管 T 谓词属于语言 $\mathcal{L}_T$，但 T 谓词所能作用的语句只能属于 $\mathcal{L}_{PA}$，这就导致很多直观上为真的语句得不到类型真理论的承认，比如：$T(\ulcorner T(\ulcorner \bar{0} \equiv \bar{0} \urcorner) \urcorner)$。

我们可以采用迭代的方式克服这一不足。为表述方便，不妨暂时将 CT 的 T 谓词记为 T_0，并将 $\mathcal{L}_T$ 记为 $\mathcal{L}_{T_0}$。下面向 $\mathcal{L}_{T_0}$ 中引入一个新的一元谓词 T_1，使得 T_1 能够作用于包含 T_0 的语句，但不能作用于包含 T_1 的语句。然后在 CT 的基础上添加关于 T_1 的组合公理，以及允许 T_1 出现在归纳公理模式中，我们就得到了迭代的组合理论 CT_1。显然在 CT_1 中，我们可以证明 $T_1(\ulcorner T_0(\ulcorner \bar{0} \equiv \bar{0} \urcorner) \urcorner)$。这个迭代的过程可以类似地不断进行下去。以添加到 T_β 为例，β 是一个序数：

$(CT_\beta 1)$ $\forall x(At_{PA}(x) \rightarrow (T_\beta(x) \leftrightarrow Val^+(x)))$

$(CT_\beta 2)$ $\forall x(Sent_{<\beta}(x) \rightarrow (T_\beta(\dot{\neg} x) \leftrightarrow \neg T_\beta(x)))$

$(CT_\beta 3)$ $\forall x \forall y(Sent_{<\beta}(x \dot{\wedge} y) \rightarrow (T_\beta(x \dot{\wedge} y) \leftrightarrow T_\beta(x) \wedge T_\beta(y)))$

$(CT_\beta 4)$ $\forall v \forall x(Sent_{<\beta}(\dot{\forall} v x) \rightarrow (T_\beta(\dot{\forall} v x) \leftrightarrow \forall y T_\beta(x(\dot{y}/v))))$

从上述公理可以看到，T_β谓词可以作用于任何低于β层级的真谓词，但不能作用于T_β本身，因此$CT_\beta 1$至$CT_\beta 4$仍然是遵循了塔斯基语言分层的类型真之公理。然而不难发现，仅有上述公理不足以证明$T_1(\ulcorner T_0(\ulcorner \overline{0} \equiv \overline{0} \urcorner)\urcorner)$。我们还需要添加如下公理：

（$CT_\beta 5$）　　$\forall x(\text{Sent}_\gamma(x) \to (T_\beta(T_\alpha(\dot{x})) \leftrightarrow T_\alpha(x)))$，其中$\gamma < \alpha < \beta$

（$CT_\beta 6$）　　$\forall x(\text{Sent}_\gamma(x) \to (T_\beta(x) \leftrightarrow T_\alpha(x)))$，其中$\gamma < \alpha, \beta$

公理$CT_\beta 5$的直观含义是：高层级的T_β谓词，对于只含低层级T_α谓词的语句的T-模式是成立的。公理$CT_\beta 6$的直观含义是：两个较高层级的T_β谓词和T_α谓词，对低层级语句为真的断定相同。

我们把由上述$CT_\beta 1$至$CT_\beta 6$作为真之公理的真理论记为CT_β，它表示把CT迭代β序数次所得。CT_β虽可以证明$T_1(\ulcorner T_0(\ulcorner \overline{0} \equiv \overline{0} \urcorner)\urcorner)$，但这里涉及两个不同层级的真谓词，在直观上并不完全符合$T(\ulcorner T(\ulcorner \overline{0} \equiv \overline{0} \urcorner)\urcorner)$的含义。而且人们在自然语言中表达："'0 = 0'是真的"是一句真话，也没有在语形上区别真。所以迭代的方法并不能从根本上克服CT的不足。

层级理论的意义在于另一个方面。我们知道，CT在算术强度方面与ACA等价。现在我们对CT进行了迭代，重复前面的证明过程不难发现，每一次迭代都会产生对上一层级的非保守扩充，因此层级理论的算术强度应该是递增的。此时如果对ACA也进行迭代，那么也能得到强度递增的算术系统。

迭代ACA的方式是继续向$\mathcal{L}_2$中添加二阶变元，比如，添加一个二阶变元的新无穷序列$X_1^1, X_2^1, X_3^1, \ldots$，允许PA的归纳公理模式适用于所有新公式，并增添一条新的算术概括公理模式：

$$\exists X^1 \forall y(y \in X^1 \leftrightarrow \varphi(y))$$

其中X^1不在$\varphi(y)$中自由出现，并且$\varphi(y)$中也不含任何新的二阶约束变元。由此所得二阶算术理论记为ACA_1。按照与前面同样的方法，可以证明CT_1的算术强度与ACA_1等价。依次向上迭代，令ε_0是$\{\omega, \omega^\omega, \omega^{\omega^\omega}, \ldots\}$的上确界，其中$\omega$是第一个极限序数，则可以证明$CT\varepsilon_0$的算术强度与$ACA\varepsilon_0$等价[1]。

所以，层级理论的意义就在于，它可以作为比较不同公理化真理论算术

---

[1] Feferman S，"Reflecting on incompleteness"，*The Journal of Symbolic Logic*，Vol.56，No.1，1991，pp. 1-49.

强度的工具。若更进一步，它还能为评说语义真理论提供依据。但若是要克服类型真理论的局限，则必须发展新的公理化真理论。

5.3 无类型的公理化真理论

类型的真理论依赖塔斯基对说谎者悖论的解决方案。强制语言分层、禁止语义封闭等措施，虽然有效地避免了悖论，但也使语言变得不自然，大量完全合理的表达式一下子因为分层而变得无效，例如：$T(\ulcorner T(\ulcorner \overline{0} \equiv \overline{0} \urcorner) \urcorner)$。当人们在自然语言中表达"'0 = 0'是真的"时，人们实际上并不知道这句话是出自自然语言的哪个子语言。所以有人认为，类型的真理论其实无法真正表现出自然语言中真概念最自然、最本质的一面。

塔斯基的方案并非解决说谎者悖论的唯一方案，而且也绝非最佳方案。塔斯基之后涌现出了许多新理论，它们继承和发展了塔斯基的理论，其中影响最大的当属克里普克的不动点理论和赫兹伯格等人的修正理论。这些理论，特别是不动点理论和修正理论，对塔斯基理论最重大的发展就在于，它们突破了塔斯基对语言层次设置的限制，因此它们被称为无类型的真理论（type-free truth）。

公理化真理论不能止步类型理论，也应该向无类型理论迈进。如果说 CT 能够体现塔斯基的理论，那么不动点理论和修正理论又将如何体现呢？但是迈向无类型的公理化真理论意味着允许 T 谓词作用于本身已包含 T 谓词的语句，这就使真理论面临说谎者悖论的风险。事实上，悖论风险并不是无类型真理论面临的唯一困难，还有很多其他的问题也在困扰着无类型真理论。比如：在无类型真理论中可能会证明出基底理论的假语句；或者它的真谓词的外延集只能为空；又或者它是 ω-不一致的（ω-inconsistent）。所有这些困扰都迫使人们还是得设法限制真之原则，而由此形成的各种无类型公理化真理论也可谓各有千秋。下面我们将介绍其中比较重要的几个理论。

5.3.1 去引号理论

无类型去引号理论最直接的真之公理就是取消 TB 对语言的限制，让 T-

模式$T(\ulcorner\varphi\urcorner)\leftrightarrow\varphi$中的$\varphi$是$\mathcal{L}_T$语句。但由于说谎者语句$\lambda$（也即$\neg T(\ulcorner\lambda\urcorner)$当且仅当$\lambda$）会引起矛盾，故而需要从 T-模式中排除$\lambda$的代入实例。不过$\lambda$并非导致矛盾的唯一语句，所以还要设法排除其他类似的语句。直观看来，需要排除的语句很多，但显然又不可能把一切包含T谓词的语句全部排除掉，而且 TB 已经将所有$\mathcal{L}_{PA}$语句的 T-模式实例囊括其中，所以对 TB 真之公理实例的任何扩充都可以视为无类型的去引号理论。于是，摆在无类型去引号理论面前首要的问题就是如何添加新的 T-模式实例。

有人提出了构造去引号语句的极大一致集的方案，霍维奇的极小理论就是其代表。值得注意的是，极小理论并不是真的"极小"，而是"极大"。霍维奇为此设置了三个条件：第一，极小理论不能导致说谎者型悖论；第二，排除掉的实例必须尽可能少；第三，对排除的实例要给出尽可能简单的构造性说明[①]。这看起来并不难实现，但麦吉（V. McGee）很快否定了此方案。

麦吉证明，在基于$\mathcal{L}_T$的理论中，如果允许哥德尔对角化定理，那么任何语句都可以等价于 T-模式的某个实例[②]。具体地说，给定任意$\mathcal{L}_T$语句φ，根据哥德尔对角化定理，我们一定可以找到某个$\mathcal{L}_T$语句ψ，使得能够证明：

$$\psi\leftrightarrow(T(\ulcorner\psi\urcorner)\leftrightarrow\varphi)$$

这是把公式$T(x)\leftrightarrow\varphi$用于哥德尔对角化定理的结果。根据经典逻辑，由上式不难得出：φ等值于$\psi\leftrightarrow T(\ulcorner\psi\urcorner)$。

这就意味着，假设现在我们有一个允许哥德尔对角化定理的无类型去引号理论$\mathcal{S}$，那么不仅$\mathcal{S}$中所有可证明语句的 T-模式实例都在$\mathcal{S}$中，而且即使是对于任何在$\mathcal{S}$中不可判定的语句φ，我们也照样可以要么添加与φ等值的实例，要么添加与$\neg\varphi$等值的实例。因此，一方面，任何一致的去引号语句集都可以扩充成一个极大一致集；另一方面，无类型去引号理论可以达到任意的算术强度，这真是与类型的去引号理论 TB 截然相反的结果。

麦吉还证明，由 TB 出发，经扩充而得的互不相容的去引号语句极大一

[①] Horwich P，*Truth*. Oxford：Basil Blackwell，1990，p. 42.

[②] McGee V，"Maximal consistent sets of instances of Tarski's schema (T)"，*Journal of Philosophical Logic*，Vol. 21，No. 3，1992，pp. 235-241.

致集有不可数多个①。因此,霍维奇的条件其实无法帮助人们在众多极大一致集中做出选择。不仅如此,极大一致集方案还有一个更严重的不足,那就是它们有可能承认算术上为假的语句。总之,麦吉的结论表明,单靠一致性并不能提供令人满意的无类型去引号理论,人们应当考虑增加新的条件,就像盖梯尔案例促使人们探索为 JTB 定义增加新的第四元条件那样。

  类型去引号理论 TB 有一长一短两个特点。长处是具有保守性,这非常符合紧缩论者的期待;短处是弱演绎力。现在无类型去引号理论已经彻底避免了 TB 的短处,于是人们自然希望还能继续扬长。因此,紧缩论者提出把保守性作为新的条件,以形成去引号语句的极大一致保守集,并且不论保守性是不是公理化真理论的合理性质,保守性至少能确保无类型去引号理论对基底理论的可靠性,也即绝不允许承认算术上为假的语句,这无疑是合理的要求。但是西斯林斯基(C. Cieśliński)证明了一个类似麦吉的结论,互不相容的极大一致保守集也有不可数多个②。所以,极大一致保守集也无法产生唯一的无类型去引号理论。

  哈尔巴赫另辟蹊径,他不再试图寻找某种极大理论,而把注意力放在对 T-模式的句法限制上。哈尔巴赫指出,塔斯基对语言分层以阻止说谎者悖论,其目的是定义真,但若是不以定义真为目标,而只是想阻止说谎者悖论的推出过程,那就可以采用一种更为简单的限制方式,即限制 T 谓词的负出现(negated occurrence)③。所谓 T 谓词的负出现,是指在 T 谓词前有奇数个否定词,否则就叫作 T 谓词的正出现。比如,说谎者语句 λ(等值于 $\neg T(\ulcorner \lambda \urcorner)$)就包含了 T 谓词的负出现,这恰是导致说谎者悖论的关键因素;而 $T(\ulcorner T(\ulcorner \bar{0} \equiv \bar{0} \urcorner) \urcorner)$ 则只包含 T 谓词的正出现。哈尔巴赫方案的核心就是要限制 T 谓词的负出现。

  为此,哈尔巴赫提出了无类型的正真去引号理论,其真之公理模式如下:

---

 ① McGee V, "Maximal consistent sets of instances of Tarski's schema (T)", *Journal of Philosophical Logic*, Vol. 21, No. 3, 1992, pp. 235-241.

 ② Cieśliński C, "Deflationism, conservativeness and maximality", *Journal of Philosophical Logic*, Vol. 36, No. 6, 2007, pp. 695-705.

 ③ Halbach V, "Reducing compositional to disquotational truth", *The Review of Symbolic Logic*, Vol. 2, No. 4, 2009, pp. 786-798.

$T(\ulcorner\varphi\urcorner)\leftrightarrow\varphi$，其中$\varphi$是$\mathcal{L}_T$语句且只含$T$谓词的正出现

哈尔巴赫将其命名为 PTB，意为 positive Tarski biconditionals 的缩写。很显然，在 PTB 中，$T(\ulcorner T(\ulcorner \bar{0}\equiv\bar{0}\urcorner)\urcorner)$是可证的，并且 PTB 对所要排除的 T-模式实例也给出比较简单的说明，从而很容易排除说谎者语句。哈尔巴赫已证明了 PTB 的一致性，但目前尚不清楚 PTB 有着怎样的算术强度。

哈尔巴赫还设法进一步扩充了 PTB。由于 PTB 限制了 T-模式实例必须是$\mathcal{L}_T$语句，因此φ中不含自由变元。如果令φ可以是$\mathcal{L}_T$公式，就得到了一致的塔斯基模式（uniform Tarski biconditionals）：

$\forall x(T(\ulcorner\varphi(\dot{x})\urcorner)\leftrightarrow\varphi(x))$，其中$\varphi(x)$是$\mathcal{L}_T$中只包含$T$谓词的正出现的公式，且$\varphi(x)$中最多只有$x$这一个自由变元。

由于此模式也强调T谓词的正出现，所以由它作为真之公理仍然是得到关于无类型的正真去引号理论，通常简记为 PUTB。不难证明，PTB 是 PUTB 的真子理论。哈尔巴赫为 PUTB 构造了基于算术标准解释的模型，这又是 PUTB 的一个好的性质。此外，哈尔巴赫还证明 PUTB 具有很高的算术强度。唯一美中不足的是 PUTB 所提供的T谓词仍然不具有组合性。

在此之前，我们曾认为 TB 不具有组合性是由于其演绎力太弱，但 PUTB 却表明演绎力和组合性之间并非因果关系。PUTB 和 TB 不具有组合性的关键点在于单由 T-模式推不出全称量化语句，但所有的组合公理却都是用全称量化语句表达的。因此，有人提出以模式推理模式，主张削弱组合性，把组合性表达成公理模式而不是全称量化语句[1]。例如，关于合取的组合公理：

公理模式：$T(\ulcorner\varphi\wedge\psi\urcorner)\leftrightarrow T(\ulcorner\varphi\urcorner)\wedge T(\ulcorner\psi\urcorner)$，其中$\varphi,\psi\in\mathcal{L}_T$
全称量化：$\forall x\forall y(\text{Sent}(x\dot{\wedge}y)\rightarrow(T(x\dot{\wedge}y)\leftrightarrow T(x)\wedge T(y)))$

可以证明，一旦以公理模式重新表达组合性，那么去引号理论就是完全能够具备这种弱组合性的[2]。但是无论如何，无法直接证明组合公理，还是成为很多人拒绝去引号理论的理由。

---

[1] Eder G, "Remarks on compositionality and weak axiomatic theories of truth", *Journal of Philosophical Logic*, Vol. 43, No.2-3, 2014, pp. 541-547.

[2] 关于类型的去引号理论的弱组合性证明，可参见①。关于无类型的去引号理论的弱组合性证明，可参见李晟：《一种无类型的弱公理化真理论及其扩充》，《重庆理工大学学报（社会科学）》2017年第1期，第13-17页。

为了得到令人满意的无类型组合理论，不妨直接推广类型组合公理，取消其语言分层限制。接下来，我们将只考虑对 CT 的推广。

5.3.2 弗里德曼和希尔德理论

允许 CT 的组合公理适用于 $\mathcal{L}_T$ 语句，可以立刻得到：

（FS1）　　$\forall x(\text{At}_{\text{PA}}(x) \rightarrow (T(x) \leftrightarrow \text{Val}^+(x)))$

（FS2）　　$\forall x(\text{Sent}_T(x) \rightarrow (T(\neg x) \leftrightarrow \neg T(x)))$

（FS3）　　$\forall x \forall y(\text{Sent}_T(x \wedge y) \rightarrow (T(x \wedge y) \leftrightarrow T(x) \wedge T(y)))$

（FS4）　　$\forall v \forall x(\text{Sent}_T(\forall v x) \rightarrow (T(\forall v x) \leftrightarrow \forall y T(x(\dot{y}/v))))$

很明显，真之公理 FS2 到 FS4 正是对 CT2 到 CT4 的推广，这从 $\text{Sent}_T(x)$ 的下标可以直接看出。但 FS1 和 CT1 却完全相同，并没有推广任何东西。因为对 $\mathcal{L}_T$ 来说，其原子语句不仅包括 $\mathcal{L}_{\text{PA}}$ 的原子语句（即等式），还应包括含 T 谓词的原子语句。取消对语言的分层，原子语句和复合语句就理应一视同仁。因此，直观看来，至少还应加入对含 T 谓词原子语句的说明：

（FS5）　　$\forall x(\text{Sent}_T(x) \rightarrow (T(\dot{T}(\dot{x})) \leftrightarrow T(x)))$

然而只要加入 FS5，所得理论就将陷入矛盾。引入闭项 $t = \ulcorner \lambda \urcorner$，使得 λ 就是语句 $\neg Tt$。假设 λ 是真的，即 $T(\ulcorner \lambda \urcorner)$，根据 λ 的定义可得到 $T(\ulcorner \neg Tt \urcorner)$，由此根据 FS2 可得到 $\neg T(\ulcorner Tt \urcorner)$，于是再根据 FS5 便得到 $\neg T(\ulcorner \lambda \urcorner)$，从而矛盾；若假设 λ 不是真的，也能类似推出矛盾。

但我们能注意到，在上述推导矛盾的过程中只需借助 FS2 和 FS5，也就是说此二者不相容，必须加以限制。我们有三种可能的限制方案。第一种是直接抛弃 FS5，并把所得理论记为 FSN。不难证明，CT 是 FSN 的真子理论。哈尔巴赫还证明了 FSN 是 CT 的算术保守扩充，因而 FSN 的算术强度等价于 ACA，这也说明 FSN 在算术上是可靠的[①]。尽管 FSN 确实不乏一些好的性质，但作为一种无类型真理论，它无法证明 $T(\ulcorner T(\ulcorner \bar{0} \equiv \bar{0} \urcorner) \urcorner)$ 却是明显的缺陷，因此绝不能轻易放弃 FS5。所以，后两种方案都是在保留 FS5 的基础上形成的。

[①] Halbach V, "A system of complete and consistent truth", *Notre Dame Journal of Formal Logic*, Vol. 35, No. 3, 1994, pp. 311-327.

其中，第二种方案保留 FS5，但削弱其功能，第三种方案则保留 FS5，并削弱 FS2 的作用。下面将详细介绍后两种方案，以及由它们得到的公理化真理论。

首先看第二种方案。如果把 FS5 的等值式分成两个蕴涵式，那么我们可以得到如下两条真之原则：

（T-Del）　　$\forall x(\text{Sent}_T(x) \to (T(\underset{.}{T}(\dot{x})) \to T(x)))$

（T-Rep）　　$\forall x(\text{Sent}_T(x) \to (T(x) \to T(\underset{.}{T}(\dot{x}))))$

弗里德曼和希尔德证明，如果将 T-Rep 和 T-Del 分别单独添加到 FSN 中，所得结果都满足一致性[①]。但哈尔巴赫指出，T-Del 和 T-Rep 均不是令人满意的真之原则。一方面，在 FSN + T-Del 中仍无法证明 $T(\ulcorner T(\ulcorner \overline{0} \equiv \overline{0} \urcorner) \urcorner)$，因此增加 T-Del 并未解决 FSN 的实际问题；另一方面，存在一个 $\mathcal{L}_T$ 语句 φ，使得由 FSN + T-Rep 能够证明 $T(\ulcorner T(\ulcorner \varphi \urcorner) \urcorner) \land T(\ulcorner T(\ulcorner \neg \varphi \urcorner) \urcorner)$[②]。这就意味着在 T 谓词的内部，两个相互否定的语句可以同时为真。尽管在某些特殊的逻辑中，确实能够允许这样的情况出现，但我们现在是在经典逻辑中讨论 T 谓词，并且由于保留了 FS2，所以 T 谓词事实上也应该是经典二值的。

从另一个角度来说，FSN + T-Rep 面临的主要问题是内外逻辑不相同。所谓某个真理论 S 的内逻辑（inner logic），顾名思义就是指该真理论中 T 谓词内部的逻辑，也即指集合 $\{\varphi | S \vdash T(\ulcorner \varphi \urcorner)\}$；而外逻辑（outer logic）则是指 T 谓词外部的逻辑，也即指集合 $\{\varphi | S \vdash \varphi\}$。之所以要求内外逻辑相同，主要是因为内外逻辑间的任何差异都可能导致 T 谓词改变对句子的理解。比如，假设外逻辑是经典逻辑，它承认矛盾律 $\neg(\varphi \land \neg\varphi)$，但内逻辑却有 $T(\ulcorner \varphi \land \neg\varphi \urcorner)$，这意味着人们无法再由 T 谓词演绎出一个句子所陈述的事实，这显然颠覆了人们对真的直观理解，是非常不合理的结果。所以，我们有必要要求内外逻辑保持同一，莱特格布认为这是理想真理论的另一条重要标准[③]。

[①] 在弗里德曼和希尔德的原始文献中，他们共研究了 9 个系统。FSN + T-Rep 等值于 B 系统，FSN + T-Del 等值于 C 系统。详细内容可参见：Friedman H, Sheard M, "An axiomatic approach to self-referential truth", *Annals of Pure and Applied Logic*, Vol. 33, 1987, pp. 6-11.

[②] Halbach V, "A system of complete and consistent truth", *Notre Dame Journal of Formal Logic*, Vol. 35, No. 3, 1994, pp. 314.

[③] Leitgeb H, "What theories of truth should be like (but cannot be)", *Philosophy Compass*, Vol. 2, No. 2, 2007, p. 282.

保持真理论S的内外逻辑同一，也就是要让S满足如下的等值式：
$$S \vdash T(\ulcorner \varphi \urcorner) \Leftrightarrow S \vdash \varphi$$
不难看出，T-模式是可以使内外逻辑保持同一的。事实上，塔斯基的语义真理论是内外逻辑相同的，我们此前已经介绍过的公理化真理论 TB 和 CT 也是内外逻辑相同的。但对 FSN 不能再通过 T-模式使内外逻辑相同，所以我们考虑将上述等值式削弱为两条推理规则：

（NEC）　　　由φ可以推出$T(\ulcorner \varphi \urcorner)$，其中$\varphi \in \mathcal{L}_T$

（CONEC）　　由$T(\ulcorner \varphi \urcorner)$可以推出$\varphi$，其中$\varphi \in \mathcal{L}_T$

哈尔巴赫证明，PUTB 能够对上述两条规则封闭[①]，因此 PUTB 也可以看作一种内外逻辑相同的真理论。我们期待 FSN 也有类似的结果。

把这两条规则添加到 FSN 中，就得到了弗里德曼和希尔德理论 FS，它是一种十分重要的无类型公理化真理论。也即
$$FS = FSN + NEC + CONEC$$
满足如上形式的 FS 理论是由哈尔巴赫最早提出的[②]。但哈尔巴赫之所以将其命名为弗里德曼和希尔德（Friedman-Sheard）理论，是因为弗里德曼和希尔德曾从另一个角度先于哈尔巴赫提出过一个与之等价的系统。

弗里德曼和希尔德从关于T谓词的直观原则的清单中，选取如下原则构成了一个极大一致集，并且他们也是以 PA 作为基底理论[③]：

（PRE-Refl）　　$\forall x(\text{Sent}_T(x) \rightarrow (\text{Bew}_{\text{PRE}}(x) \rightarrow T(x)))$

（Base$_T$）　　$\forall x \forall y(\text{Sent}_T(x \dot{\rightarrow} y) \rightarrow (T(x \dot{\rightarrow} y) \rightarrow (T(x) \rightarrow T(y))))$

（T-Cons）　　$\forall x(\text{Sent}_T(x) \rightarrow (\neg(T(x) \wedge T(\dot{\neg} x))))$

（T-Comp）　　$\forall x(\text{Sent}_T(x) \rightarrow (T(x) \vee T(\dot{\neg} x)))$

（U-Inf）　　$\forall v \forall x(\text{Sent}_T(\dot{\forall} v x) \rightarrow (\forall y T(x(\dot{y}/v)) \rightarrow T(\dot{\forall} v x)))$

[①] Halbach V, "Reducing compositional to disquotational truth", *The Review of Symbolic Logic*, Vol. 2, No. 4, 2009, p. 796.

[②] Halbach V, "A system of complete and consistent truth", *Notre Dame Journal of Formal Logic*, Vol. 35, No. 3, 1994, pp. 311-327.

[③] 弗里德曼和希尔德一共提出了 8 个极大一致集，与 FS 等价的这个极大一致集是其中的第四个，被命名为 D。参见 Friedman H, Sheard M, "An axiomatic approach to self-referential truth", *Annals of Pure and Applied Logic*, Vol. 33, 1987, p. 6.

(E-Inf) $\quad \forall v \forall x(\text{Sent}_T(\dot{\exists}vx) \to (T(\dot{\exists}vx) \to \exists y T(x(\dot{y}/v))))$

(T-Intro) 　　由φ可以推出$T(\ulcorner\varphi\urcorner)$，其中$\varphi \in \mathcal{L}_T$

(T-Elim) 　　由$T(\ulcorner\varphi\urcorner)$可以推出$\varphi$，其中$\varphi \in \mathcal{L}_T$

(¬T-Intro) 　由$\neg\varphi$可以推出$\neg T(\ulcorner\varphi\urcorner)$，其中$\varphi \in \mathcal{L}_T$

(¬T-Elim) 　由$\neg T(\ulcorner\varphi\urcorner)$可以推出$\neg\varphi$，其中$\varphi \in \mathcal{L}_T$

哈尔巴赫证明了上述真之原则集与 FS 公理和规则的等价性[1]。这里需要说明一下 PRE-Refl 的含义和作用。PRE 即不含归纳公理模式的 PA，PRE-Refl 是关于 PRE 的整体反射原则，它可以作为证明 FS 真之公理的工具。另外，由于 CT 可以直接证明 PA 的整体反射原则，同时 FS 是 CT 的真扩充，所以 FS 也能证明 PRE-Refl。

但是我们知道，弗里德曼和希尔德提出真之原则极大一致集的初衷是通过考察各条原则的不同组合以区分一致和不一致。而哈尔巴赫提出 FS 理论的初衷则与之不同。哈尔巴赫注意到大多数无类型的公理化真理论都是基于非经典的语义结构，因此他想提出一种能够称得上经典的无类型公理化真理论[2]。这两条途径最终汇聚于 FS。我们还知道，FS 是对 CT 所做的无类型化推广，并且按照戴维森的建议，CT 可以体现塔斯基的语义真理论。而 FS 是无类型理论，它显然已无法再体现塔斯基的语义真理论，那么 FS 是否也与某种语义真理论有关呢？

在前面的章节中，我们已经详细地阐述过修正理论。本节将对与上述结论相关的修正理论的内容进行简要叙述，并按照哈尔巴赫的方式调整一些记法，以便更好说明 FS 与修正理论的关系。

首先定义修正算子$\varGamma$。令$\mathcal{E} \subseteq \mathcal{N}$，修正算子$\varGamma$使得

$$\varGamma(\mathcal{E}) = \{\ulcorner\varphi\urcorner | \langle \mathfrak{N}, \mathcal{E}\rangle \vDash \varphi, \varphi \in \mathcal{L}_T\}$$

根据$\varGamma$的定义，集合$\mathcal{E}$可视为对T谓词的某种解释，而$\varGamma(\mathcal{E})$则是经由修正

---

[1] Halbach V, "A system of complete and consistent truth", *Notre Dame Journal of Formal Logic*, Vol. 35, No. 3, 1994, p. 316.

[2] Halbach V, "A system of complete and consistent truth", *Notre Dame Journal of Formal Logic*, Vol. 35, No. 3, 1994, p. 312.

过后的解释。不难验证，Γ是$\mathcal{N}$的幂集$\mathcal{P}(\mathcal{N})$上的运算，并且根据Γ的定义，可以证明如下去引号等值式是成立的：

$$\langle \mathfrak{N}, \Gamma(\mathcal{E}) \rangle \vDash T(\ulcorner\varphi\urcorner) \Leftrightarrow \langle \mathfrak{N}, \mathcal{E} \rangle \vDash \varphi$$

其次按如下方式定义Γ的迭代作用：

$$\Gamma^0(\mathcal{E}) = \mathcal{E}$$

$$\Gamma^{n+1}(\mathcal{E}) = \Gamma(\Gamma^n(\mathcal{E}))$$

关于修正算子Γ，我们可以证明以下三个引理是成立的：

（1）对任意$\mathcal{E}_1, \mathcal{E}_2 \subseteq \mathcal{N}$，如果$\Gamma(\mathcal{E}_1) = \Gamma(\mathcal{E}_2)$，那么$\mathcal{E}_1 = \mathcal{E}_2$。

（2）对任意$\mathcal{L}_T$语句φ，并且对任意$n \geq 1$，都有

$$\langle \mathfrak{N}, \Gamma^n(\mathcal{E}) \rangle \vDash T^n(\ulcorner\varphi\urcorner) \Leftrightarrow \langle \mathfrak{N}, \mathcal{E} \rangle \vDash \varphi$$

（3）对任意$n \geq 1$和任意$\mathcal{E} \subseteq \mathcal{N}$，$\Gamma^n(\mathcal{E}) \neq \mathcal{E}$。

这三个引理的直观含义是清楚的。引理（1）表明修正算子Γ是单值的；引理（2）是对去引号等值式的推广，其中$T^n(\ulcorner\varphi\urcorner)$是$n$个$T$谓词迭代的简记；引理（3）则是表明连续修正一定不会出现循环。

但上述修正过程有一个不足，它需要依赖对T谓词的起始解释，可如何选择这个起始的解释却缺少足够的哲学根据。弗里德曼和希尔德在最初的论文中是以空集作为对T谓词的起始解释的，虽然确实也能由此构造出模型，但他们并没有进一步解释什么叫作T谓词的外延为空[1]。或许这恰是贯彻了他们所说的"保持哲学中立"的态度，但也因此留下了哲学理解上的疑难。

哈尔巴赫提出了一种新的修正过程。既然在我们当前的讨论框架下，T谓词的外延必定是自然数集$\mathcal{N}$的某个子集$\mathcal{E}$，并且既然要保持哲学中立，那就不必非要选出某个$\mathcal{E}$来充当对T谓词的起始解释，$\mathcal{N}$的任何子集都有资格成为这个起始解释。修正过程的作用就是从所有的起始解释中排除那些不恰当的解释。因此修正算子Γ可以作用于$\mathcal{P}(\mathcal{N})$上的任何集合，也即

$$\Gamma[\mathcal{P}(\mathcal{N})] = \{\Gamma(\mathcal{E}) | \mathcal{E} \subseteq \mathcal{N}\}$$

类似地，Γ的迭代作用也可以重新定义为

---

[1] Friedman H, Sheard M, "An axiomatic approach to self-referential truth", *Annals of Pure and Applied Logic*, Vol. 33, 1987, p. 11.

$$\varGamma^0[\mathcal{P}(\mathcal{N})] = \mathcal{P}(\mathcal{N})$$
$$\varGamma^{n+1}[\mathcal{P}(\mathcal{N})] = \varGamma[\varGamma^n[\mathcal{P}(\mathcal{N})]]$$

我们可以证明$\varGamma$具有反序性，也即对任意$m, n \in \mathcal{N}$，如果$m \leqslant n$，那么必有：$\varGamma^n[\mathcal{P}(\mathcal{N})] \subseteq \varGamma^m[\mathcal{P}(\mathcal{N})]$。

可以通过施归纳于$\varGamma$的迭代作用次数k来证明。当$k = 1$时，由于$\varGamma^0[\mathcal{P}(\mathcal{N})] = \mathcal{P}(\mathcal{N})$，所以很明显有$\varGamma^1[\mathcal{P}(\mathcal{N})] \subseteq \varGamma^0[\mathcal{P}(\mathcal{N})]$。假设当$k \leqslant l$时都成立，现在设$\mathcal{E}_{l+1}$是$\varGamma^{n+1}[\mathcal{P}(\mathcal{N})]$的任一成员，于是存在$\mathcal{E}_l \in \varGamma^n[\mathcal{P}(\mathcal{N})]$使得$\varGamma(\mathcal{E}_l) = \mathcal{E}_{l+1}$。由归纳假设可知$\varGamma^n[\mathcal{P}(\mathcal{N})] \subseteq \varGamma^{n-1}[\mathcal{P}(\mathcal{N})]$，所以有$\mathcal{E}_l \in \varGamma^{n-1}[\mathcal{P}(\mathcal{N})]$。于是这就得到了$\mathcal{E}_{l+1} = \varGamma(\mathcal{E}_l) \in \varGamma^n[\mathcal{P}(\mathcal{N})]$。

$\varGamma$的反序性表明，随着$\varGamma$的迭代作用，$\varGamma^n[\mathcal{P}(\mathcal{N})]$中的集合将越来越少。也就是说，随着修正过程的不断进行，对T谓词的解释将越来越少。例如，包含$\emptyset$的解释在$\varGamma$第一次作用后被排除，包含⌜$T(⌜\overline{0} \equiv \overline{1}⌝)$⌝的解释在$\varGamma$第二次作用后被排除。总之，每次迭代作用后都将排除掉一些不恰当的解释。因此，经由修正算子$\varGamma$迭代作用后所剩下的解释一定是更加恰当的解释，而且这不需要预设起始解释的恰当性，省去了哲学讨论上的麻烦。

但是修正过程并不能无限进行，也即不存在无穷序列$\mathcal{E}_0, \mathcal{E}_1, \mathcal{E}_2, \cdots$，使得对任意$n \in \mathcal{N}$，都有$\varGamma(\mathcal{E}_{n+1}) = \mathcal{E}_n$。那么根据反序性可知，在进行$\omega$次$\varGamma$迭代作用之后，将不会再有对$T$谓词的任何解释，具体说来就是$\varGamma^\omega[\mathcal{P}(\mathcal{N})] = \emptyset$。

以上的引理和结论，我们只给出了直观的叙述，其具体证明可以从本书前面的章节或从哈尔巴赫的工作中获得[①]。接下来，我们将介绍 FS 理论最核心的一个结论：FS 能将如上修正理论公理化至第一个极限序数ω，从而$\varGamma^n[\mathcal{P}(\mathcal{N})]$中的每个集合都可以作为对 FS 某个子理论的$T$谓词的解释。

FS 的子理论 FS_n可定义如下：

（1） FS_0即为 PA，不同在于此时的 PA 已是由$\mathcal{L}_T$表达，也即允许T谓词出现在归纳公理模式中。

（2） FS_1即为 FSN。

[①] 哈尔巴赫的详述及证明可参见 Halbach V, *Axiomatic Theories of Truth*. New York: Cambridge University Press, 2011, pp. 148-161.

(3) FS_{n+1}的公理和规则与 FS 完全相同，差别在于 NEC 和 CONEC 最多只能作用于n个不同的语句。

不难看出，FS 的子理论是通过限制 NEC 和 CONEC 的作用对象而得到。例如，FS_2就是在 FSN 的基础上只允许 NEC 和 CONEC 作用一个不同语句。

下面证明对任意$n\in\mathcal{N}$，以及对任意$\mathcal{E}\subseteq\mathcal{N}$，都有

$$\mathcal{E}\in\Gamma^n[\mathcal{P}(\mathcal{N})] \iff \langle\mathfrak{N},\mathcal{E}\rangle\vDash FS_n$$

可通过施归纳于n来证明。归纳基始分为两种情形。

第一种情形：$n = 0$。也即当$\Gamma^0[\mathcal{P}(\mathcal{N})] = \mathcal{P}(\mathcal{N})$，$FS_0 = $ PAT 时，由于 PAT 中虽然有T谓词，但T谓词并不受到真之公理和规则的管束，所以$\mathcal{P}(\mathcal{N})$中的任何集合$\mathcal{E}$都是对 PAT 中T谓词的解释；反之亦然。

第二种情形：$n = 1$。先证明从左到右的方向。对任意$\mathcal{E}\in\Gamma^1[\mathcal{P}(\mathcal{N})]$，可以通过施归纳于$FS_1$中证明的长度，只需验证$\langle\mathfrak{N},\mathcal{E}\rangle$满足$FS_1$的所有真之公理。对于$\mathcal{E}\in\Gamma^1[\mathcal{P}(\mathcal{N})]$，根据$\Gamma$的定义，存在$\mathcal{E}'\in\Gamma^0[\mathcal{P}(\mathcal{N})]$，使得$\Gamma(\mathcal{E}') = \mathcal{E}$。不难验证 FS1，因为原子语句$s\equiv t$中不含$T$谓词，所以有

$\langle\mathfrak{N},\mathcal{E}\rangle\vDash T(\ulcorner s\equiv t\urcorner) \iff \ulcorner s\equiv t\urcorner\in\mathcal{E} = \Gamma(\mathcal{E}')$ （T谓词的解释）

$\iff \langle\mathfrak{N},\mathcal{E}'\rangle\vDash s\equiv t$ （Γ的定义）

$\iff \mathfrak{N}\vDash s\equiv t$ （由上一步可得）

$\iff \langle\mathfrak{N},\mathcal{E}\rangle\vDash Val^+(\ulcorner s\equiv t\urcorner)$ （Val^+的定义）

对于 FS2：

$\langle\mathfrak{N},\mathcal{E}\rangle\vDash T(\ulcorner\neg\varphi\urcorner) \iff \ulcorner\neg\varphi\urcorner\in\mathcal{E} = \Gamma(\mathcal{E}')$ （T谓词的解释）

$\iff \langle\mathfrak{N},\mathcal{E}'\rangle\vDash\neg\varphi$ （Γ的定义）

$\iff \langle\mathfrak{N},\mathcal{E}'\rangle\nvDash\varphi$ （由上一步可得）

$\iff \ulcorner\varphi\urcorner\notin\Gamma(\mathcal{E}') = \mathcal{E}$ （Γ的定义）

$\iff \langle\mathfrak{N},\mathcal{E}\rangle\nvDash T(\ulcorner\varphi\urcorner)$ （T谓词的解释）

$\iff \langle\mathfrak{N},\mathcal{E}\rangle\vDash\neg T(\ulcorner\varphi\urcorner)$ （由上一步可得）

其余联结词和量词真之公理可类似验证。

再证明从右到左，也即证明若$\langle\mathfrak{N},\mathcal{E}\rangle\vDash FS_1$，则存在$\mathcal{E}'\in\Gamma^0[\mathcal{P}(\mathcal{N})]$，使得$\Gamma(\mathcal{E}') = \mathcal{E}$。下面定义一个集合$\mathcal{E}'$：

$$\mathcal{E}' = \{\ulcorner\varphi\urcorner \mid \ulcorner T(\ulcorner\varphi\urcorner)\urcorner\in\mathcal{E}, \varphi\in\mathcal{L}_T\}$$

根据$\mathcal{E}'$的定义，$\ulcorner\varphi\urcorner\in\mathcal{E}'$当且仅当$\ulcorner T(\ulcorner\varphi\urcorner)\urcorner\in\mathcal{E}$。因为$\mathcal{E}'$是$\mathcal{N}$的子集，所以很明显有$\mathcal{E}'\in\varGamma^0[\mathcal{P}(\mathcal{N})]$。现在通过施归纳于语句的复杂度来证明$\varGamma(\mathcal{E}')=\mathcal{E}$。

对于原子语句$T(\ulcorner\varphi\urcorner)$：

$\ulcorner T(\ulcorner\varphi\urcorner)\urcorner\in\mathcal{E} \Leftrightarrow \ulcorner\varphi\urcorner\in\mathcal{E}'$ （$\mathcal{E}'$的定义）

$\qquad\qquad\Leftrightarrow \langle\mathfrak{N},\mathcal{E}'\rangle\vDash T(\ulcorner\varphi\urcorner)$ （T谓词的解释）

$\qquad\qquad\Leftrightarrow \ulcorner T(\ulcorner\varphi\urcorner)\urcorner\in\varGamma(\mathcal{E}')$ （$\varGamma$的定义）

对于复合语句$\neg\varphi$：

$\ulcorner\neg\varphi\urcorner\in\mathcal{E} \Leftrightarrow \langle\mathfrak{N},\mathcal{E}\rangle\vDash T(\ulcorner\neg\varphi\urcorner)$ （T谓词的解释）

$\qquad\Leftrightarrow \langle\mathfrak{N},\mathcal{E}\rangle\vDash\neg T(\ulcorner\varphi\urcorner)$ （根据 FS2）

$\qquad\Leftrightarrow \langle\mathfrak{N},\mathcal{E}\rangle\nvDash T(\ulcorner\varphi\urcorner)$ （由上一步可得）

$\qquad\Leftrightarrow \ulcorner\varphi\urcorner\notin\mathcal{E}$ （T谓词的解释）

$\qquad\Leftrightarrow \ulcorner\varphi\urcorner\notin\varGamma(\mathcal{E}')$ （归纳假设）

$\qquad\Leftrightarrow \langle\mathfrak{N},\varGamma(\mathcal{E}')\rangle\nvDash T(\ulcorner\varphi\urcorner)$ （T谓词的解释）

$\qquad\Leftrightarrow \langle\mathfrak{N},\varGamma(\mathcal{E}')\rangle\vDash\neg T(\ulcorner\varphi\urcorner)$ （由上一步可得）

$\qquad\Leftrightarrow \langle\mathfrak{N},\varGamma(\mathcal{E}')\rangle\vDash T(\ulcorner\neg\varphi\urcorner)$ （根据 FS2）

$\qquad\Leftrightarrow \ulcorner\varphi\urcorner\in\varGamma(\mathcal{E}')$ （T谓词的解释）

其余联结词和量词的情形类似可证，从而证明了$\varGamma(\mathcal{E}')=\mathcal{E}$。

现在假设$n\leqslant k$时都成立，对归纳步骤的证明仍然分为两个方向：

先看从左到右。假设$\mathcal{E}\in\varGamma^{k+1}[\mathcal{P}(\mathcal{N})]$，由$\varGamma$的反序性有$\mathcal{E}\in\varGamma^k[\mathcal{P}(\mathcal{N})]$。根据归纳假设，显然有$\langle\mathfrak{N},\mathcal{E}\rangle$是$\mathrm{FS}_k$的模型，故而只需证明在$\mathrm{FS}_k$中多使用一次 NEC 和 CONEC 规则还能保持$\langle\mathfrak{N},\mathcal{E}\rangle$是模型。又因为$\mathcal{E}\in\varGamma^{k+1}[\mathcal{P}(\mathcal{N})]$，所以必定存在某个$\mathcal{E}'\in\varGamma^k[\mathcal{P}(\mathcal{N})]$，使得$\varGamma(\mathcal{E}')=\mathcal{E}$。

如果是多使用一次 NEC 规则，那么有

$\mathrm{FS}_k\vdash\varphi \Rightarrow \mathcal{E}'\in\varGamma^k[\mathcal{P}(\mathcal{N})], \langle\mathfrak{N},\mathcal{E}'\rangle\vDash\varphi$ （归纳假设）

$\qquad\qquad\Rightarrow \mathcal{E}'\in\varGamma^k[\mathcal{P}(\mathcal{N})], \langle\mathfrak{N},\varGamma(\mathcal{E}')\rangle\vDash T(\ulcorner\varphi\urcorner)$ （前述引理（2））

$\qquad\qquad\Rightarrow \langle\mathfrak{N},\mathcal{E}\rangle\vDash T(\ulcorner\varphi\urcorner)$ （$\varGamma(\mathcal{E}')=\mathcal{E}$）

如果是多使用一次 CONEC 规则，那么有

$\mathrm{FS}_k\vdash T(\ulcorner\varphi\urcorner)$

$\qquad\Rightarrow \mathcal{E}'\in\varGamma^k[\mathcal{P}(\mathcal{N})], \langle\mathfrak{N},\mathcal{E}'\rangle\vDash T(\ulcorner\varphi\urcorner)$ （归纳假设）

$$\Rightarrow \mathcal{E}' \in \Gamma^{k-1}[\mathcal{P}(\mathcal{N})], \langle \mathfrak{N}, \mathcal{E}' \rangle \vDash T(\ulcorner\varphi\urcorner) \quad (\Gamma\text{的反序性})$$

$$\Rightarrow \Gamma(\mathcal{E}') \in \Gamma^{k}[\mathcal{P}(\mathcal{N})], \langle \mathfrak{N}, \Gamma(\mathcal{E}') \rangle \vDash T(\ulcorner\varphi\urcorner) \quad (\text{归纳假设})$$

$$\Rightarrow \mathcal{E}' \in \Gamma^{k-1}[\mathcal{P}(\mathcal{N})], \langle \mathfrak{N}, \mathcal{E}' \rangle \vDash \varphi \quad (\text{前述引理（2）})$$

$$\Rightarrow \Gamma(\mathcal{E}') \in \Gamma^{k}[\mathcal{P}(\mathcal{N})], \langle \mathfrak{N}, \Gamma(\mathcal{E}') \rangle \vDash \varphi \quad (\text{由上一步可得})$$

$$\Rightarrow \langle \mathfrak{N}, \mathcal{E} \rangle \vDash \varphi \quad (\Gamma(\mathcal{E}') = \mathcal{E})$$

再看从右到左。假设$\langle \mathfrak{N}, \mathcal{E} \rangle \vDash \mathrm{FS}_{k+1}$，下面定义一个集合$\mathcal{E}'$：

$$\mathcal{E}' = \{\ulcorner\varphi\urcorner \mid \ulcorner T(\ulcorner\varphi\urcorner)\urcorner \in \mathcal{E}, \varphi \in \mathcal{L}_T\}$$

由归纳基始第二种情形可知$\Gamma(\mathcal{E}') = \mathcal{E}$，现在只需证明$\mathcal{E}' \in \Gamma^{k}[\mathcal{P}(\mathcal{N})]$，那么根据归纳假设，实际上就是要证明$\langle \mathfrak{N}, \mathcal{E}' \rangle \vDash \mathrm{FS}_k$。

我们知道，对任意$\mathcal{L}_T$语句φ，如果有$\mathrm{FS}_k \vdash \varphi$，那么只需再多使用一次NEC规则便可得到$T(\ulcorner\varphi\urcorner)$，根据FS子理论的定义也就有$\mathrm{FS}_{k+1} \vdash T(\ulcorner\varphi\urcorner)$。按照我们的假设$\langle \mathfrak{N}, \mathcal{E} \rangle \vDash \mathrm{FS}_{k+1}$，因此有$\langle \mathfrak{N}, \mathcal{E} \rangle \vDash T(\ulcorner\varphi\urcorner)$。又因为已经证明$\Gamma(\mathcal{E}') = \mathcal{E}$，所以有$\langle \mathfrak{N}, \Gamma(\mathcal{E}') \rangle \vDash T(\ulcorner\varphi\urcorner)$。根据前述引理（2），即得$\langle \mathfrak{N}, \mathcal{E}' \rangle \vDash \varphi$。

以上我们就证明了FS与修正理论的关系[①]。我们看到FS的每个子理论都有基于$\mathfrak{N}$的模型，对于FS的每个子理论来说，这无疑是好的性质，并且根据紧致性定理，由FS的每个子理论有模型马上可以得知FS本身有模型，因而FS是一致的公理化真理论，在其中不会导致说谎者悖论。具体而言，我们可以证明说谎者语句λ及其否定都是FS中的不可证的语句。再加上FS的内外逻辑同一，以及由它提供的T谓词满足经典的二值性。这些性质都为FS大大加分。

但是FS也有严重缺陷。首先，根据麦吉的证明[②]，FS是ω-不一致的，这就意味着FS不适合PA的标准解释。之所以认为这是一个缺陷，不仅因为它

[①] 这个重要结论最早是由哈尔巴赫证明的。但是在他1994年的论文和2011年的著作中，哈尔巴赫定义FS子理论的方式略有不同，后者在定义FS_1时引入了关于基底理论的整体反射原则。我们在本节定义的FS子理论采用的是哈尔巴赫在1994年的论文中所采用的那种方式，并且为了方便阅读，我们补充了一些证明的细节。哈尔巴赫原始的论述及证明可参见Halbach V, "A system of complete and consistent truth", *Notre Dame Journal of Formal Logic*, Vol. 35, No. 3, 1994, pp. 316-319; Halbach V, *Axiomatic Theories of Truth*. New York: Cambridge University Press, 2011, pp. 154-158.

[②] McGee V, "How truthlike can a predicate be? A negative result", *Journal of Philosophical Logic*, Vol.14, No.4, 1985, p. 399-402.

达不到莱特格布提出的标准，更重要的还在于，不适合 PA 的标准解释也就等于 T 谓词彻底改变了基底理论的含义，这对紧缩论者来说不会是想要的结果。不过 FS 在算术上仍是可靠的，它不会证明出 PA 中的假语句。

其次，FS 无法证明关于 T 谓词迭代的全称量化语句。例如，$\overline{0} \equiv \overline{0}$ 在 FS 中虽然是成立的，并且根据 NEC，对任意 $n \in \mathcal{N}$，我们也能够证明 $T^n(\ulcorner \overline{0} \equiv \overline{0} \urcorner)$ 成立，但是我们无法证明 $\forall n(T^n(\ulcorner \overline{0} \equiv \overline{0} \urcorner))$ 也成立。也就是说，我们无法证明 $T^\omega(\ulcorner \overline{0} \equiv \overline{0} \urcorner)$。之所以认为这是一个缺陷，是因为它表明 FS 只能对 T 谓词迭代有限次，因而作为一种无类型理论，FS 事实上没有真正实现"类型自由"。

最后，让我们再来看一看 FS 的算术强度。由于 FS 是 ω-不一致的，所以我们不可能在任何 ω-一致的算术理论中定义 FS 的 T 谓词。但我们知道，FS 的任意子理论 FS_n 都有基于 PA 标准解释的模型，因而都是 ω-一致的，那么我们可以尝试以和此前证明 CT 算术强度相同的方式寻找与 FS_n 等价的算术理论。哈尔巴赫证明，FS 可以通过定义层级理论 CT_n 的 T 谓词把 CT_n 归约为 FS_n，从而说明 FS_n 的算术强度等价于 ACA_n。在此基础上，如果令 CT_ω 表示 $\bigcup_{n \in \omega} CT_n$，那么可以证明 FS 与 CT_ω 的算术强度等价，也即等价于 ACA_ω[1]。这可以作为对 FS 为何只能实现 T 谓词的有限层次迭代的一种解释。

5.3.3 克里普克和费弗曼理论

为了能够得到令人满意的无类型组合理论，在把 CT 无类型化推广为 FSN 的过程中我们发现，FSN 不能处理 $T(\ulcorner T(\ulcorner \overline{0} \equiv \overline{0} \urcorner) \urcorner)$ 这种最基本的 T 谓词迭代。然而引入关于 T 谓词原子语句的组合公理 FS5 将导致与 FS2 相冲突。这时我们有两条路可以选择：一条是保留 FS2 并削弱 FS5，由此我们得到了弗里德曼和希尔德理论 FS，但我们发现 FS 有明显的缺点；另一条就是保留 FS5 但削弱 FS2，由此我们将得到克里普克和费弗曼（Kripke-Feferman）理论 KF。

KF 可能是当前最流行的一种公理化真理论，最早由费弗曼提出[2]，它体现了带强三值赋值模式的克里普克语义结构。但正如克里普克并不是只给出

---

[1] Halbach V, *Axiomatic Theories of Truth*. New York: Cambridge University Press, 2011, pp. 161-171.

[2] Feferman S, "Reflecting on incompleteness", *The Journal of Symbolic Logic*, Vol. 56, No. 1, 1991, pp. 1-49.

了一个单独的语义真理论,而是提供了构造语义真理论的一般性方法,KF 理论也是作为一系列公理化真理论的代表。

我们知道,FS 理论的 T 谓词是经典二值的,它把一个语句的假等同于该语句否定的真。也即 FS 不允许真值间隙(truth-value gap)与真值过剩(truth-value glut)。但是为了维持经典二值,FS 牺牲了 T 谓词的无穷迭代。KF 所代表的正是与 FS 相对的、能维持 T 谓词无穷迭代但需要牺牲经典二值性的真理论。

允许语句并非非真即假,也就是允许真值间隙,因此必须修改经典的二值赋值模式,体现在公理化真理论中就是要修改关于否定词¬和 T 谓词相互作用的真之公理。如此所得的公理化真理论就不能像 CT 和 FS 那样,只给出有关真的公理,还必须明确给出有关假的公理。例如,在 FS 中,我们只给出了关于合取为真的公理 FS3,也即 $T(\ulcorner\varphi\wedge\psi\urcorner)$ 当且仅当 $T(\ulcorner\varphi\urcorner)\wedge T(\ulcorner\psi\urcorner)$。此时如果需要考虑为假的情况,借助 FS2 就可知 $T(\ulcorner\neg(\varphi\wedge\psi)\urcorner)$ 当且仅当 $\neg T(\ulcorner\varphi\urcorner)\vee\neg T(\ulcorner\psi\urcorner)$,故而为假的情况可以从为真的情况推出。但这依赖 T 谓词的经典二值性。倘若放弃了二值性,就不得不重新拟定为假的情况的公理。

KF 的通常做法是以强三值赋值模式取代经典二值模式,但需要注意,我们通过强三值赋值模式只是为了拟定 T 谓词的公理,也即我们只改变真理论的内逻辑,而外逻辑仍旧保持为经典逻辑。

强三值赋值模式在经典二值模式的真和假的基础上,允许一个语句拥有第三种可能的语义值,以否定和合取为例,其真值表如下:

¬		∧	1	/	0
1	0	1	1	/	0
/	/	/	/	/	0
0	1	0	0	0	0

真值表中的"/"表示第三值。从真值表可以看出,φ 为真当且仅当 $\neg\varphi$ 为假,并且 φ 为假当且仅当 $\neg\varphi$ 为真,但是由 φ 不为真得不出 $\neg\varphi$ 为真,因为还有第三值情形的存在。也就是说,如果我们以 $T(\ulcorner\varphi\urcorner)$ 表示 φ 为真,以 $T(\ulcorner\neg\varphi\urcorner)$ 表示 φ 为假,那么很显然 $\neg T(\ulcorner\varphi\urcorner)$ 并不等价于 $T(\ulcorner\neg\varphi\urcorner)$。合取也是类似。

第 5 章 公理化真理论

因此，在强三值赋值模式中，对语句的真和假的递归条款必须同时给出。如果令 $\mathcal{E}$ 表示 $\mathcal{L}_T$ 真语句数集，按照强三值赋值模式，则 $\mathcal{E}$ 需满足如下递归条款：

$n \in \mathcal{E}$，当且仅当

（1）对于闭项 s 和 t 使得 $n = \ulcorner s \equiv t \urcorner$，有 s 和 t 的取值相同。

（2）对于闭项 s 和 t 使得 $n = \ulcorner \neg(s \equiv t) \urcorner$，有 s 和 t 的取值不同。

（3）对于 $\mathcal{L}_T$ 语句 φ 使得 $n = \ulcorner \neg\neg\varphi \urcorner$，有 $\ulcorner \varphi \urcorner \in \mathcal{E}$。

（4）对于 $\mathcal{L}_T$ 语句 φ 和 ψ 使得 $n = \ulcorner \varphi \wedge \psi \urcorner$，有 $\ulcorner \varphi \urcorner \in \mathcal{E}$ 并且 $\ulcorner \psi \urcorner \in \mathcal{E}$。

（5）对于 $\mathcal{L}_T$ 语句 φ 和 ψ 使得 $n = \ulcorner \neg(\varphi \wedge \psi) \urcorner$，有 $\ulcorner \neg\varphi \urcorner \in \mathcal{E}$ 或者 $\ulcorner \neg\psi \urcorner \in \mathcal{E}$。

（6）对于 $\mathcal{L}_T$ 语句 $\forall v \varphi$ 使得 $n = \ulcorner \forall v \varphi \urcorner$，有对任意闭项 t，$\ulcorner \varphi(t/v) \urcorner \in \mathcal{E}$。

（7）对于 $\mathcal{L}_T$ 语句 $\forall v \varphi$ 使得 $n = \ulcorner \neg \forall v \varphi \urcorner$，有存在闭项 t，$\ulcorner \neg\varphi(t/v) \urcorner \in \mathcal{E}$。

根据上述条款，我们可以类似地给出强三值赋值模式的满足关系，为了区别经典二值模式的满足关系，我们用 "$\vDash_{SK}$" 表示强三值赋值模式下的满足，用不加下标的 "$\vDash$" 表示经典二值模式下的满足。上述条款的特征仍然是组合性的，它也把复杂语句的真归结为简单语句的真，不同之处在于真和假各自独立。如果把上述条款转变成真之公理，就得到：

（KF1） $\forall x(\mathrm{At}_{PA}(x) \to (T(x) \leftrightarrow \mathrm{Val}^+(x)))$

（KF2） $\forall x(\mathrm{At}_{PA}(x) \to (T(\dot{\neg} x) \leftrightarrow \neg \mathrm{Val}^+(x)))$

（KF3） $\forall x(\mathrm{Sent}_T(x) \to (T(\dot{\neg}\dot{\neg} x) \leftrightarrow T(x)))$

（KF4） $\forall x \forall y(\mathrm{Sent}_T(x \dot{\wedge} y) \to (T(x \dot{\wedge} y) \leftrightarrow T(x) \wedge T(y)))$

（KF5） $\forall x \forall y(\mathrm{Sent}_T(x \dot{\wedge} y) \to (T(\dot{\neg}(x \dot{\wedge} y)) \leftrightarrow T(\dot{\neg} x) \vee T(\dot{\neg} y)))$

（KF6） $\forall v \forall x(\mathrm{Sent}_T(\dot{\forall} v x) \to (T(\dot{\forall} v x) \leftrightarrow \forall y T(x(\dot{y}/v))))$

（KF7） $\forall v \forall x(\mathrm{Sent}_T(\dot{\forall} v x) \to (T(\dot{\neg}(\dot{\forall} v x)) \leftrightarrow \exists y T(\dot{\neg} x(\dot{y}/v))))$

正如 CT 的真之公理是由塔斯基的赋值模式转变而来，上述 KF1 到 KF7 是由强三值赋值模式转变而来。但是如果作为无类型公理化真理论的真之公理，KF1 到 KF7 还有不足之处，它们还无法处理 $T(\ulcorner T(\ulcorner \bar{0} \equiv \bar{0} \urcorner) \urcorner)$。所以我们可以在此基础上进一步拟定如下两条关于 T 谓词原子语句及其否定语句的公理：

（KF8） $\forall x(\mathrm{Sent}_T(x) \to (T(\dot{T}(\dot{x})) \leftrightarrow T(x)))$

（KF9） $\forall x(\mathrm{Sent}_T(x) \to (T(\dot{\neg}(\dot{T}(\dot{x}))) \leftrightarrow T(\dot{\neg} x)))$

相应地，我们还可以向强三值赋值模式中增加两条关于T谓词原子语句及其否定语句的语义条款：

（8）对于$\mathcal{L}_T$语句$T(\ulcorner\varphi\urcorner)$使得$n = \ulcorner T(\ulcorner\varphi\urcorner)\urcorner$，有$\ulcorner\varphi\urcorner \in \mathcal{E}$。

（9）对于$\mathcal{L}_T$语句$\neg T(\ulcorner\varphi\urcorner)$使得$n = \ulcorner\neg T(\ulcorner\varphi\urcorner)\urcorner$，有$\ulcorner\neg\varphi\urcorner \in \mathcal{E}$。

如果将上述 KF1 到 KF9 添加到 PA 中，并允许T谓词出现在归纳公理模式中，那么我们就得到了 Kripke-Feferman 理论 KF。对比 KF 和 FS 不难发现，KF 放弃了 FS2，但它引入的 KF8 正是 FS 放弃的 FS5。由于有 KF8，KF 显然能够克服 FS 在T谓词迭代方面的不足，能证明$\forall n(T^n(\ulcorner\overline{0} \equiv \overline{0}\urcorner))$成立。

事实上，KF 的演绎力相当高。我们知道，FS 的算术强度等价于 ACA_ω，但 FS 止步于有限层次的算术迭代。KF 则不然，它不仅突破了无穷层次，而且直接达到了ε_0，故而 KF 的算术强度等价于 $ACA\varepsilon_0$[①]。这也就意味着 KF 能够证明 FS 的一致性，从这一点来说，KF 无疑是更强于 FS 的真理论。但是 FS 并非 KF 的子理论，因为 KF 无法证明 FS2。同样地，FS 也不能证明 KF8。这就表明，从真理论的角度来说，KF 和 FS 是相互独立的。

通过观察 KF 的真之公理不难发现，所有T谓词均不在否定词的辖域中，这就说明 KF 只允许T谓词的正出现，从而与 PUTB 的T谓词相似。我们知道在组合性方面，PUTB 并不能证明正真的组合性，但 KF 恰恰是以这一性质作为真之公理，因此我们可以把 KF 看作正真的组合理论。从这个角度来说，KF 和 PUTB 的关系就像极了 CT 和 TB 的关系。事实上，我们确实可以证明 PUTB 是 KF 的子理论[②]。不同的是，在 PUTB 中可以定义出 KF 的T谓词[③]。这是 TB 无法比拟的能力，从而充分展示了无类型理论的强大。

如果说 FS 的真之公理体现了经典的真，那么 KF 的真之公理所体现的就是有根基的真（grounded truth），即$T(\ulcorner\varphi\urcorner)$是成立的，仅当$\varphi$本身已在基底理

[①] 费弗曼对这一结论的证明参见 Feferman S，"Reflecting on incompleteness"，*The Journal of Symbolic Logic*，Vol. 56，No. 1，1991，pp. 1-49；哈尔巴赫的证明参见 Halbach V，*Axiomatic Theories of Truth*. New York: Cambridge University Press，2011，pp. 203-211。

[②] 根据坎蒂尼证明过的一个结论，可以马上得到 PUTB 是 KF 的真子理论，可参见 Cantini A，"Notes on formal theories of truth"，*Zeitschrift fur Mathematische Logik und Grundlagen der Mathematik*，Vol. 35，1985，pp. 97-130。

[③] Halbach V，"Reducing compositional to disquotational truth"，*The Review of Symbolic Logic*，Vol. 2，No. 4，2009，pp. 792-793。

第5章 公理化真理论

论中得以证明。克里普克最早从语义理论的角度阐释了有根基的真[1]，费弗曼则为有根基的真提供了一种公理化的阐释[2]。所以，KF 通常被看作对克里普克语义理论的公理化重述。

下面将介绍 KF 最核心的结论，展示它与克里普克语义理论的密切联系：任给 KF 的模型 $\mathfrak{M}$，其中对 T 谓词的解释 $\mathcal{E}$，在基于强三值赋值模式的克里普克理论中恰好是作为 T 谓词的外延，即克里普克不动点；并且如果把基底理论按照标准模型 $\mathfrak{N}$ 来解释，那么任意的带强三值赋值模式的克里普克语义理论都可以转变为 KF 的模型。

在前面的章节中，我们已经详细地阐述过克里普克的不动点理论。本节将对与 KF 的上述核心结论相关的不动点理论的内容再做一简要叙述，并按照哈尔巴赫的方式调整一些记法，以便更好说明 KF 与不动点理论的关系。

首先定义一个跳跃算子 Θ。令 $\mathcal{E} \subseteq \mathcal{N}$，跳跃算子 Θ 使得

$$\Theta(\mathcal{E}) = \{\ulcorner\varphi\urcorner | \langle\mathfrak{N}, \mathcal{E}\rangle \vDash_{SK} \varphi, \varphi \in \mathcal{L}_T\}$$

类似于修正算子 Γ 的情形，在 Θ 的定义中，集合 $\mathcal{E}$ 同样是视为对 T 谓词的某种解释，Θ 是 $\mathcal{N}$ 的幂集 $\mathcal{P}(\mathcal{N})$ 上的运算。与 Γ 不同在于，Θ 的每一次作用依据的是强三值赋值模式，从而 T 谓词的内逻辑不再是经典逻辑。可以证明，Θ 具有单调性，也即对任意 $\mathcal{E}_1, \mathcal{E}_2 \subseteq \mathcal{N}$，都有

$$\mathcal{E}_1 \subseteq \mathcal{E}_2 \Rightarrow \Theta(\mathcal{E}_1) \subseteq \Theta(\mathcal{E}_2)$$

由 Θ 的单调性可以证明不动点的存在性：对 $\mathcal{P}(\mathcal{N})$ 上的跳跃运算 Θ，如果 Θ 是单调的且满足条件 $\mathcal{E} \subseteq \Theta(\mathcal{E})$，那么 Θ 的不动点存在。

不动点有一个好的性质，它能够使 T-模式成立，也即可以证明：如果 $\mathcal{E} \subseteq \mathcal{N}$ 是跳跃算子 Θ 的不动点，那么对任意 $\mathcal{L}_T$ 语句 φ，都有

$$\langle\mathfrak{N}, \mathcal{E}\rangle \vDash_{SK} T(\ulcorner\varphi\urcorner) \Leftrightarrow \langle\mathfrak{N}, \mathcal{E}\rangle \vDash_{SK} \varphi$$

接下来证明对 KF 而言最核心的结论。对任意 $\mathcal{E} \subseteq \mathcal{N}$，都有

$$\mathcal{E} = \Theta(\mathcal{E}) \Leftrightarrow \langle\mathfrak{N}, \mathcal{E}\rangle \vDash KF$$

先证明从左向右。可通过施归纳于 KF 的证明序列的长度，只需证明

---

[1] Kripke S, "Outline of a theory of truth", *Journal of Philosophy*, Vol. 72, No. 19, 1975, pp. 690-716.
[2] Feferman S, "Reflecting on incompleteness", *The Journal of Symbolic Logic*, Vol. 56, No. 1, 1991, pp. 1-49.

$\langle \mathfrak{N}, \mathcal{E} \rangle$ 满足 KF 的所有真之公理。

对于 KF1:

$$\langle \mathfrak{N}, \mathcal{E} \rangle \vDash T(\ulcorner s \equiv t \urcorner) \Leftrightarrow \ulcorner s \equiv t \urcorner \in \mathcal{E} = \Theta(\mathcal{E}) \quad (T\text{谓词的解释})$$
$$\Leftrightarrow \langle \mathfrak{N}, \mathcal{E} \rangle \vDash_{SK} s \equiv t \quad (\Theta\text{的定义})$$
$$\Leftrightarrow \mathfrak{N} \vDash s \equiv t \quad (\text{由上一步可得})$$
$$\Leftrightarrow \langle \mathfrak{N}, \mathcal{E} \rangle \vDash \mathrm{Val}^+(\ulcorner s \equiv t \urcorner) \quad (\mathrm{Val}^+(x)\text{的定义})$$

对于 KF2:

$$\langle \mathfrak{N}, \mathcal{E} \rangle \vDash T(\neg \ulcorner s \equiv t \urcorner) \Leftrightarrow \neg \ulcorner s \equiv t \urcorner \in \mathcal{E} = \Theta(\mathcal{E}) \quad (T\text{谓词的解释})$$
$$\Leftrightarrow \langle \mathfrak{N}, \mathcal{E} \rangle \vDash_{SK} \neg(s \equiv t) \quad (\Theta\text{的定义})$$
$$\Leftrightarrow \mathfrak{N} \vDash \neg(s \equiv t) \quad (\text{由上一步可得})$$
$$\Leftrightarrow \langle \mathfrak{N}, \mathcal{E} \rangle \vDash \neg \mathrm{Val}^+(\ulcorner s \equiv t \urcorner) \quad (\mathrm{Val}^+(x)\text{的定义})$$

对于 KF3:

$$\langle \mathfrak{N}, \mathcal{E} \rangle \vDash T(\ulcorner \neg\neg\varphi \urcorner) \Leftrightarrow \ulcorner \neg\neg\varphi \urcorner \in \mathcal{E} = \Theta(\mathcal{E}) \quad (T\text{谓词的解释})$$
$$\Leftrightarrow \langle \mathfrak{N}, \mathcal{E} \rangle \vDash_{SK} \neg\neg\varphi \quad (\Theta\text{的定义})$$
$$\Leftrightarrow \langle \mathfrak{N}, \mathcal{E} \rangle \vDash_{SK} \varphi \quad (\text{由上一步可得})$$
$$\Leftrightarrow \ulcorner \varphi \urcorner \in \Theta(\mathcal{E}) = \mathcal{E} \quad (\Theta\text{的定义})$$
$$\Leftrightarrow \langle \mathfrak{N}, \mathcal{E} \rangle \vDash T(\ulcorner \varphi \urcorner) \quad (T\text{谓词的解释})$$

对于 KF7:

$$\langle \mathfrak{N}, \mathcal{E} \rangle \vDash T(\ulcorner \neg \forall x \varphi(x) \urcorner)$$
$$\Leftrightarrow \ulcorner \neg \forall x \varphi(x) \urcorner \in \mathcal{E} = \Theta(\mathcal{E}) \quad (T\text{谓词的解释})$$
$$\Leftrightarrow \langle \mathfrak{N}, \mathcal{E} \rangle \vDash_{SK} \neg \forall x \varphi(x) \quad (\Theta\text{的定义})$$
$$\Leftrightarrow \exists d \in \mathcal{N}, \langle \mathfrak{N}, \mathcal{E} \rangle \vDash_{SK} \neg \varphi(\bar{d}) \quad (\text{由上一步可得})$$
$$\Leftrightarrow \exists d \in \mathcal{N}, \ulcorner \neg \varphi(\bar{d}) \urcorner \in \Theta(\mathcal{E}) = \mathcal{E} \quad (\Theta\text{的定义})$$
$$\Leftrightarrow \exists d \in \mathcal{N}, \langle \mathfrak{N}, \mathcal{E} \rangle \vDash T(\ulcorner \neg \varphi(\bar{d}) \urcorner) \quad (T\text{谓词的解释})$$
$$\Leftrightarrow \langle \mathfrak{N}, \mathcal{E} \rangle \vDash \exists x T(\ulcorner \neg \varphi(\dot{x}) \urcorner) \quad (\text{由上一步可得})$$

对于 KF9:

$$\langle \mathfrak{N}, \mathcal{E} \rangle \vDash T(\ulcorner \neg T(\ulcorner \varphi \urcorner) \urcorner)$$
$$\Leftrightarrow \ulcorner \neg T(\ulcorner \varphi \urcorner) \urcorner \in \mathcal{E} = \Theta(\mathcal{E}) \quad (T\text{谓词的解释})$$

$$\Leftrightarrow \langle \mathfrak{N}, \mathcal{E} \rangle \vDash_{SK} \neg T(\ulcorner \varphi \urcorner) \quad (\Theta 的定义)$$
$$\Leftrightarrow \ulcorner \neg \varphi \urcorner \in \mathcal{E} \quad (由上一步可得)$$
$$\Leftrightarrow \langle \mathfrak{N}, \mathcal{E} \rangle \vDash T(\ulcorner \neg \varphi \urcorner) \quad (T 谓词的解释)$$

其余真之公理的情形类似可证。

再证明从右向左。现假设 $\langle \mathfrak{N}, \mathcal{E} \rangle$ 是 KF 的模型，只需证明 $\mathcal{E}$ 是跳跃算子 Θ 的不动点。可通过施归纳于语句 φ 的结构复杂度。

对于 $\mathcal{L}_{PA}$ 原子语句及其否定的情形，我们选证原子语句本身并推理如下：

$$\ulcorner s \equiv t \urcorner \in \mathcal{E} \Leftrightarrow \langle \mathfrak{N}, \mathcal{E} \rangle \vDash T(\ulcorner s \equiv t \urcorner) \quad (T 谓词的解释)$$
$$\Leftrightarrow \langle \mathfrak{N}, \mathcal{E} \rangle \vDash \mathrm{Val}^+(\ulcorner s \equiv t \urcorner) \quad (根据 KF1)$$
$$\Leftrightarrow \mathfrak{N} \vDash s \equiv t \quad (\mathrm{Val}^+(x) 的定义)$$
$$\Leftrightarrow \langle \mathfrak{N}, \mathcal{E} \rangle \vDash_{SK} s \equiv t \quad (由上一步可得)$$
$$\Leftrightarrow \ulcorner s \equiv t \urcorner \in \Theta(\mathcal{E}) \quad (\Theta 的定义)$$

对于含 T 谓词原子语句及其否定的情形，我们选证否定形式并推理如下：

$$\ulcorner \neg T(\ulcorner \varphi \urcorner) \urcorner \in \mathcal{E} \Leftrightarrow \langle \mathfrak{N}, \mathcal{E} \rangle \vDash T(\ulcorner \neg T(\ulcorner \varphi \urcorner) \urcorner) \quad (T 谓词的解释)$$
$$\Leftrightarrow \langle \mathfrak{N}, \mathcal{E} \rangle \vDash T(\ulcorner \neg \varphi \urcorner) \quad (根据 KF9)$$
$$\Leftrightarrow \ulcorner \neg \varphi \urcorner \in \mathcal{E} \quad (T 谓词的解释)$$
$$\Leftrightarrow \langle \mathfrak{N}, \mathcal{E} \rangle \vDash_{SK} \neg T(\ulcorner \varphi \urcorner) \quad (由上一步可得)$$
$$\Leftrightarrow \ulcorner \neg T(\ulcorner \varphi \urcorner) \urcorner \in \Theta(\mathcal{E}) \quad (\Theta 的定义)$$

对于复杂语句 $\neg\neg\varphi$ 的情形可推理如下：

$$\ulcorner \neg\neg\varphi \urcorner \in \mathcal{E} \Leftrightarrow \langle \mathfrak{N}, \mathcal{E} \rangle \vDash T(\ulcorner \neg\neg\varphi \urcorner) \quad (T 谓词的解释)$$
$$\Leftrightarrow \langle \mathfrak{N}, \mathcal{E} \rangle \vDash T(\ulcorner \varphi \urcorner) \quad (根据 KF3)$$
$$\Leftrightarrow \ulcorner \varphi \urcorner \in \mathcal{E} \quad (T 谓词的解释)$$
$$\Leftrightarrow \ulcorner \varphi \urcorner \in \Theta(\mathcal{E}) \quad (归纳假设)$$
$$\Leftrightarrow \langle \mathfrak{N}, \mathcal{E} \rangle \vDash_{SK} \varphi \quad (由上一步可得)$$
$$\Leftrightarrow \langle \mathfrak{N}, \mathcal{E} \rangle \vDash_{SK} \neg\neg\varphi \quad (由上一步可得)$$
$$\Leftrightarrow \ulcorner \neg\neg\varphi \urcorner \in \Theta(\mathcal{E}) \quad (\Theta 的定义)$$

其余联结词和量词的情形类似可证。

需要注意的是，在上述证明中，语句的结构复杂度并不按通常定义，而是关于语句的正复杂度（positive complexity），即原子语句及其否定语句的正复杂度为 0；$\neg\neg\varphi, \forall x\varphi, \neg\forall x\varphi, \exists x\varphi, \neg\exists x\varphi$ 的正复杂度是 φ 的正复杂度加 1；$\varphi\wedge\psi, \neg(\varphi\wedge\psi), \varphi\vee\psi, \neg(\varphi\vee\psi)$ 的正复杂度是 φ 和 ψ 的正复杂度的最大值加 1。

从上述结论的证明中我们还可以看到，KF 的模型都是基于 $\mathfrak{N}$ 的，这就意味着 KF 适合于 PA 的标准解释，因而是 ω-一致的。这显然是 KF 优于 FS 的另一个优点。此外，由 KF 的一致性可知，KF 定不会导致说谎者悖论。事实上，说谎者语句在 KF 中是不可判定的。直到目前，我们所看到的几乎全是 KF 的优点，似乎已经表明 KF 就是理想的真理论，但是很遗憾 KF 也是不完美的。

我们把 KF 建立在经典逻辑的基础上，但 KF 的真之公理却是根据强三值赋值模式拟定的，这就使得 KF 的外逻辑和内逻辑不同一。我们知道，对真理论而言，其内外逻辑是否同一乃是一条很重要的衡量标准，因为它直接关乎 T 谓词是否会造成对语句理解的偏差。我们当然希望能弥补 KF 的这一不足，而对无类型理论来说，最好的弥补办法是引入 NEC 和 CONEC 规则，因为 T-模式会导致说谎者悖论。我们已经知道，作为 KF 的子理论，PUTB 可以对 NEC 和 CONEC 规则封闭，因而 PUTB 是可以做到内外逻辑同一的。但若是令 KF 也对此二规则封闭，则必然导致矛盾。这就说明 KF 的内外逻辑是本质的不同一。

KF 放弃了 FS2，也就等于同时放弃了 T-Cons 和 T-Comp，此二者分别表达了关于 T 谓词的一致性原则和完全性原则。对于一种理想的真理论来说，这两条原则都是直观可接受的，也是理应要满足的，特别是一致性原则。因此我们可以考虑将 T-Cons 和 T-Comp 分别添加到 KF 中，由此得到的两个 KF 的扩充理论都是一致的[①]，但也都是内外逻辑不同一的。不难证明如下结论成立：

$$\text{KF} + \text{T-Cons} \vdash \lambda \wedge \neg T(\ulcorner\lambda\urcorner)$$
$$\text{KF} + \text{T-Comp} \vdash \neg\lambda \wedge T(\ulcorner\lambda\urcorner)$$

其中的 λ 就是说谎者语句。这很明显是两个奇怪的结论，它使得在 KF + T-Cons

---

① Halbach V, *Axiomatic Theories of Truth*. New York：Cambridge University Press，2011，p. 199.

中，一方面认可说谎者语句，但另一方面又不承认说谎者语句是真的。这就是由内外逻辑不同一而导致在句子含义理解上出现麻烦的一个典型例证，霍斯顿认为这是"哲学上不可靠的标志"[①]。正因如此，为了使内外逻辑保持同一，哈尔巴赫和霍斯顿把 KF 的外逻辑转变为偏逻辑（partial logic），建立了 PKF 理论[②]。但是 PKF 的问题在于彻底放弃了经典逻辑，这就又引发了一些新的争议[③]。

除此外，KF 还有一些重要的变体。费弗曼选用的强三值赋值模式并不是唯一可行的模式。藤本健太郎研究了基于弱三值赋值模式的 KF 理论[④]，而坎蒂尼则采用了超赋值模式[⑤]。所以，KF 实际上是这一系列公理化真理论的代表。但无论是基于何种赋值模式，都无法改变 KF 内外逻辑不同一的事实。因此，内外逻辑不同一始终是 KF 的不能令人满意之处。

到现在，我们一共介绍了五个具有代表性的公理化真理论，分别是：类型的去引号理论 TB、类型的组合理论 CT 及其迭代的层级理论、无类型的正真去引号理论 PUTB、无类型的弗里德曼和希尔德理论 FS、无类型的克里普克和费弗曼理论 KF。我们看到了它们各自的特点，但也知道它们各有局限。于是，我们可以提出一个自然的问题：谁是最优的公理化真理论呢？在本章前面的叙述中，已经多次提及莱特格布（H. Leitgeb）为理想真理论拟定了八条标准：

（1）应把真处理成谓词；

（2）如果把真理论添加到数学理论或经验理论中，那么真理论应能够证明数学理论或经验理论为真；

（3）真谓词不应受到类型的限制；

（4）T-模式应不受限制地推出；

[①] Horsten L, *The Tarskian Turn: Deflationism and Axiomatic Truth*. Cambridge MA：MIT Press，2011，p. 127.

[②] Halbach V, Horsten L, "Axiomatizing Kripke's theory of truth"，*The Journal of Symbolic Logic*，Vol. 71，No. 2，2006，pp. 677-712.

[③] Halbach V, *Axiomatic Theories of Truth*. New York：Cambridge University Press，2011，pp. 277-280.

[④] Fujimoto K, "Relative truth definability of axiomatic truth theories"，*The Bulletin of Symbolic Logic*，Vol. 16，No. 3，2010，pp. 305-344.

[⑤] Cantini A, "A theory of formal truth arithmetically equivalent to ID_1"，*The Journal of Symbolic Logic*，Vol. 55，No. 1，1990，pp. 244-259.

（5）真应是组合的；

（6）真理论应适合于标准解释；

（7）外逻辑和内逻辑应保持同一；

（8）外逻辑应是经典逻辑[①]。

很显然，在我们已经介绍的这五个公理化真理论中，没有任何一个能够完全满足以上八条标准。事实上，今后也不会有新的理论能够完全满足。因为根据塔斯基不可定义性定理，标准（4）和其余七条不相容，所以我们只能寄望于尽可能多地满足这些标准。由于类型理论全都不满足标准（3），而无类型理论满足，因此我们可以由此认定无类型理论必定优于类型理论。另外，由于去引号理论都不满足标准（5），而组合理论满足，所以我们又能由此认定组合理论必定优于去引号理论。但是在 FS 和 KF 之间无法再做进一步比较。一方面，FS 和 KF 都满足标准（1）（2）（3）（5）（8）；另一方面，由于 FS 有（7）无（6），而 KF 有（6）无（7），并且（6）与（7）在 FS 和 KF 之间是不可调和的。因此，无论是从可满足的标准的数量上，还是从不满足的标准的重要性上，我们都不得不承认 FS 和 KF 都有很好的性质，也都各有缺憾，但是孰优孰劣，却只能取决于研究者个人的目的。哈尔巴赫认为，如果我们透过公理化真理论更倾向于关注的是基底理论的性质，那么我们应当首选 KF，而如果是更倾向于关注真概念的性质，则应当首选 FS[②]。

尽管 FS 和 KF 确实是风格迥异的两个公理化真理论，它们在关键性质上可谓完全相反：FS 内外逻辑同一但 ω-不一致，KF 内外逻辑不同一却 ω-一致。但实在没必要花力气让二者一决高下，因为当我们只把它们作为一种真理论而不管它们具有什么特殊的性质时，它们所表现出的功能可以说几乎完全相同。

5.4 公理化真理论的应用

公理化真理论提供了保持 T 谓词一致性的方法和结论。这些方法不仅适用

[①] Leitgeb H, "What theories of truth should be like (but cannot be)", *Philosophy Compass*, Vol. 2, No. 2, 2007, pp. 277-283.

[②] Halbach V, *Axiomatic Theories of Truth*. New York: Cambridge University Press, 2011, p. 211.

于 T 谓词，对于其他谓词，只要它们遵循着类似于真之原则的规律，那么这些方法对这些新的谓词就都是适用的。因此，公理化真理论关于 T 谓词的结论也都可以自然地推广到新的谓词上。

蒙塔古（R. Montague）提出过一个关于模态谓词的著名悖论，后来通常称之为"知道者悖论"（paradox of the knower）[①]。这个悖论与说谎者悖论很相似，它借助下面两条模态原则，我们用 N 表示一元模态谓词：

（N-Out）　　$N(\ulcorner\varphi\urcorner)\to\varphi$

（N-Nec）　　由 φ 可以推出 $N(\ulcorner\varphi\urcorner)$

与公理化真理论一样，在这里我们仍直接以 PA 作为基底理论，并把经由 N 谓词扩充 $\mathcal{L}_{PA}$ 后所得语言记为 $\mathcal{L}_N$。于是不难有如下推导：

（1）$\kappa\leftrightarrow N(\ulcorner\neg\kappa\urcorner)$　　　　（基底理论中可证）

（2）$N(\ulcorner\neg\kappa\urcorner)\to\neg\kappa$　　　　（N-Out 的代入实例）

（3）$\kappa\to\neg N(\ulcorner\neg\kappa\urcorner)$　　　　（由（2）根据命题逻辑可得）

（4）$\neg\kappa$　　　　　　　　　（由（1）（3）根据命题逻辑可得）

（5）$N(\ulcorner\neg\kappa\urcorner)$　　　　　　（由（4）根据 N-Nec 可得）

（6）κ　　　　　　　　　　（由（1）（5）根据命题逻辑可得）

推导中的（4）和（6）显然矛盾，但并不是 N 谓词才独有。如果把 N 改为 T，那么上述模态原则 N-Out 即为 T-模式的一部分，而 N-Nec 即为 NEC 规则。根据弗里德曼和希尔德的分类，由包含 T-模式的该部分与 NEC 规则在内的真之原则集是不相容的[②]。

我们知道，N-Out 和 N-Nec 在通常的正规模态算子逻辑中是重要的特征公理和推理规则，因此蒙塔古悖论的发现实际上说明，如果以谓词表达模态，那么即使最基本的模态系统也将陷入矛盾。但只要看到 T 谓词与 N 谓词之间存在的相似性，我们就不难想到可以利用对 T 谓词的技术来处理 N 谓词。比如，我们可以采用语言分层的方法，把 N-Out 和 N-Nec 中的 φ 限制为禁止迭代的语句，

[①] Montague R, "Syntactical treatments of modality, with corollaries on reflexion principles and finite axiomatizability", *Acta Philosophica Fennica*, Vol. 16, 1963, pp. 135-142.

[②] Friedman H, Sheard M, "An axiomatic approach to self-referential truth", *Annals of Pure and Applied Logic*, Vol. 33, 1987, p. 14.

那么由公理化真理论 TB 的结论就能知道,限制后的模态原则必能保持一致性。

然而,这真的是一种好的方法吗?

5.4.1 模态与真的相互作用

在哲学讨论中,模态概念与真概念总是相互关联的。例如:"所有的分析真都是必然的""知识是有证成的真信念",等等。因此,我们有必要让一个形式系统既有 T 谓词也有 N 谓词。可以考虑在基底理论中加入以下公理和规则:

(T-schema) $T(\ulcorner\varphi\urcorner)\leftrightarrow\varphi$,其中 φ 中不含 T 谓词

(N-Out) $N(\ulcorner\varphi\urcorner)\to\varphi$,其中 φ 中不含 N 谓词

(N-Nec)   由 φ 可以推出 $N(\ulcorner\varphi\urcorner)$,其中 φ 中不含 N 谓词

乍一看来,这个理论一定是可接受的。因为根据 TB,由类型的 T-schema 显然不会导致悖论,而 N-Out + N-Nec 事实上弱于 T-schema,所以也是安全的。但就是这样一个看似安全的理论,却能不可避免地导致矛盾:

(1) $\kappa\leftrightarrow\neg T(N(\ulcorner\kappa\urcorner))$ (基底理论中可证)

(2) $T(N(\ulcorner\kappa\urcorner))\leftrightarrow\neg\kappa$ (由(1)根据命题逻辑可得)

(3) $T(N(\ulcorner\kappa\urcorner))\leftrightarrow N(\ulcorner\kappa\urcorner)$ (T-schema 代入特例)

(4) $N(\ulcorner\kappa\urcorner)\leftrightarrow\neg\kappa$ (由(2)(3)根据命题逻辑可得)

(5) $N(\ulcorner\kappa\urcorner)\to\kappa$ (N-Out 代入特例)

(6) $\neg N(\ulcorner\kappa\urcorner)$ (由(4)(5)根据命题逻辑可得)

(7) $T(N(\ulcorner\kappa\urcorner))\leftrightarrow N(\ulcorner\kappa\urcorner)$ (T-schema 代入特例)

(8) $\neg T(N(\ulcorner\kappa\urcorner))$ (由(6)(7)根据命题逻辑可得)

(9) κ (由(1)(8)根据命题逻辑可得)

(10) $N(\ulcorner\kappa\urcorner)$ (由(9)根据 N-Nec 可得)

上述推导的(6)和(10)显然构成矛盾。哈尔巴赫认为,这个矛盾的原因在于 T 谓词和 N 谓词之间缺乏相互限制[1]。也就是说,虽然我们限制了 T-schema 出现 T 谓词,但是允许其中出现 N 谓词,如 $T(N(\ulcorner\kappa\urcorner))$;同样地,虽

---

[1] Halbach V, "How not to state T-sentences", *Analysis*, Vol. 66, No. 4, 2006, p. 278.

然我们不允许在 N-Out 和 N-Nec 中出现N谓词，但是允许出现T谓词，如$N(\ulcorner\kappa\urcorner)$，其中$\kappa$是含有$T$谓词的语句。所以，哈尔巴赫认为正是这种间接迭代破坏了语言分层。哈尔巴赫提出的解决方案是继续加强限制，即除了限制T-schema中不得出现T谓词，还要限制其中不得出现N谓词，对 N-Out 和 N-Nec 也一样[①]。

哈尔巴赫的方案对于避免矛盾是有效的，它同时表明，语言分层并不等于限制迭代。在只有单独一个T谓词的情况下，二者可以等同，然而一旦引入N谓词就必须真正弄清语言的层次。事实上不难发现，T-schema 中的φ是语言$\mathcal{L}_N$的语句，而 N-Out 和 N-Nec 中的φ则是语言$\mathcal{L}_T$的语句，这就不清楚T谓词和N谓词究竟是属于对象语言还是元语言，这一点在上述理论中是混淆的。所以，上述理论本身并不是一种合格的类型理论。只有把T谓词和N谓词所能作用的语句全部限制为$\mathcal{L}_{PA}$语句，也就是按照哈尔巴赫的方案执行，才能避免矛盾。但是这样一来，也就等于永远禁止了模态谓词和真谓词的交流互动，彻底地割裂了模态与真，尽管规避了矛盾，却显然得不偿失。

我们应当考虑一种新的方案，在这种方案中，要能够兼顾模态与真。为此我们不妨简单比较一下如下两条原则：

（T-Out）　　$T(\ulcorner\varphi\urcorner) \rightarrow \varphi$

（N-Out）　　$N(\ulcorner\varphi\urcorner) \rightarrow \varphi$

初看起来，这两条原则只有形式上的差别，但如果仔细追问其含义，二者其实有所不同。一般说来，我们通过 T-Out 表达的是T谓词的一种去引号特征，也即当假设或断言一个语句φ是真的时，其实就是假设或断言该语句本身。也就是说，T-Out 中不作为引号名字出现的语句φ，只是表达φ本身，而不对φ是否为真做出判断。但是 N-Out 的情况通常就不同了，它往往需要做出对φ为真的判断。比如，当把N谓词解释为"必然"时，那么 N-Out 实际上表达了"凡必然的都是真的"；若是解释为"知识"，我们又用 N-Out 表达了"知识蕴涵真"；而如果解释为"可证明"，那么 N-Out 所表达的就是反射原则。由此可见，N-Out 其实并不表达一种去引号特征，而是表达了真。所

[①] Halbach V, "How not to state T-sentences", *Analysis*, Vol. 66, No. 4, 2006, p. 279.

以，当我们试图在同一个理论中既考虑T谓词又考虑N谓词时，我们有必要澄清二者的差别，以避免混淆：

（T-Out）　　$T(\ulcorner\varphi\urcorner)\rightarrow\varphi$

（N-Out′）　$N(\ulcorner\varphi\urcorner)\rightarrow T(\ulcorner\varphi\urcorner)$

对 N-Nec 也可做相应地改述：

（N-Nec′）　由$T(\ulcorner\varphi\urcorner)$可以推出$N(\ulcorner\varphi\urcorner)$

现在，我们把经由改述过后的模态原则用于对蒙塔古悖论的推导过程中，便能得到如下推导序列：

（1）$\kappa\leftrightarrow N(\ulcorner\neg\kappa\urcorner)$　　　　　　（基底理论中可证）

（2）$N(\ulcorner\neg\kappa\urcorner)\rightarrow T(\ulcorner\neg\kappa\urcorner)$　　　　（N-Out′的代入实例）

（3）$\kappa\rightarrow\neg N(\ulcorner\neg\kappa\urcorner)$　　　　　　（由（2）根据命题逻辑可得）

（4）$\neg\kappa$　　　　　　　　　　　（由（1）（3）根据命题逻辑可得）

（5）$N(\ulcorner\neg\kappa\urcorner)$　　　　　　　　（由（4）根据 N-Nec′可得）

（6）κ　　　　　　　　　　　　（由（1）（5）根据命题逻辑可得）

尽管推导中的（4）和（6）仍是矛盾的，但与此前不同，这里要想得到矛盾还需颇费一番周折。首先，在由（2）到（3）的推导中，我们需要假设$\kappa\rightarrow\neg T(\ulcorner\neg\kappa\urcorner)$是成立的，也即假设$T(\ulcorner\neg\kappa\urcorner)\rightarrow\neg\kappa$；其次，在由（4）到（5）的推导中，为了能够适用于 N-Nec′，我们还需假设由$\neg\kappa$可以推出$T(\ulcorner\neg\kappa\urcorner)$。因此，在上述推导过程中，我们实际上需要假设如下两条真之原则：

（T-Out）　　$T(\ulcorner\varphi\urcorner)\rightarrow\varphi$

（T-Intro）　由φ可以推出$T(\ulcorner\varphi\urcorner)$

但是根据弗里德曼和希尔德的分类，由 T-Out 和 T-Intro 组成的真之原则集是不相容的[①]。这就说明，在蒙塔古悖论的推导中，真正导致矛盾的应该是T谓词。霍斯顿甚至认为："实际上只有一个悖论性概念，那就是真。所有说谎者型悖论都体现着真概念的悖论性。"[②]

[①] Friedman H, Sheard M, "An axiomatic approach to self-referential truth", *Annals of Pure and Applied Logic*, Vol. 33, 1987, p. 14.

[②] Horsten L, "An axiomatic investigation of provability as a primitive predicate", in Halbach V, Horsten L. *Principles of Truth*, Frankfurt: Ontos Verlag, 2002, p. 215.

尽管霍斯顿的这一看法在哲学上还有待商榷,但他确实指出了一个现象,真概念的确在模态概念的背后发挥着某种作用。所以,我们可以还原出模态原则背后的真之原则,把模态谓词的悖论风险转移给真谓词,最终以真理论的一致性实现模态与真的互动,而这种一致的真理论正是公理化真理论所能提供的。本章的最后将介绍公理化真理论在这个领域的应用。

5.4.2 基于公理化真理论的模态理论

由于蒙塔古悖论的发现,人们对模态概念的逻辑研究始终更倾向于采用算子方法。算子与谓词的区别在于,算子是通过作用于语句本身而得到新的语句,谓词则是通过作用于语句的名字而得到新的语句。但是算子方法面临所谓"量化问题"(quantification problem),它无法表达诸如"所有客观规律都是必然的"这样的语句,并且要实现模态与真的相互作用,必须要有一种能够表达模态谓词的合适方式,因为在一个理想的真理论中,真概念应当表示成谓词。所以,自蒙塔古悖论以来,人们一直在探寻用谓词表达模态的合适方式[1]。迄今为止,最成功的尝试当属斯特恩(J. Stern)基于公理化真理论所做的工作[2]。

斯特恩提出了一种表达模态谓词的策略:我们不能规定任何能够使 $N(\ulcorner\varphi\urcorner)$ 和 φ 发生转换的模态公理或推理规则,也就是说,位于模态语句 $N(\ulcorner\varphi\urcorner)$ 中的引号形式 $\ulcorner\varphi\urcorner$ 和 φ 本身之间的变换只能通过 T 谓词迂回地实现[3]。斯特恩的这一策略的核心在于,取消了模态谓词的加引号和去引号功能。因而凡是涉及加减引号的模态原则都必须引入 T 谓词。于是,通常模态算子逻辑的特征公理 T、4、E 以及必然化规则 Nec 就应该表达如下:

(T) $\forall x(\text{Sent}_{TN}(x) \to (N(x) \to T(x)))$

(4) $\forall x(T(\dot{N}(\dot{x})) \to N(\dot{N}(\dot{x})))$

---

[1] 关于以谓词方法表达模态概念的研究概观,可参见李晟:《以谓词表达模态》,《哲学动态》2018 年第 11 期,第 96-101 页。

[2] Stern J, *Toward Predicate Approaches to Modality*. Cham:Springer,2016.

[3] Stern J, "Modality and axiomatic theories of truth I: Friedman-Sheard", *The Review of Symbolic Logic*, Vol. 7, No. 2, 2014, p. 277.

（E）　　$\forall x(T(\neg(N(\dot{x})))\to N(\neg(N(\dot{x}))))$

（Nec）　由 $T(\ulcorner\varphi\urcorner)$ 可以推出 $N(\ulcorner\varphi\urcorner)$，其中 $\varphi\in\mathcal{L}_{TN}$

其中，公式 $\text{Sent}_{TN}(x)$ 表示 x 所编码的是 $\mathcal{L}_{TN}$ 的语句，而 $\mathcal{L}_{TN}$ 是在 $\mathcal{L}_{PA}$ 的基础上同时添加 T 谓词和 N 谓词所得。特征公理 K 直接表示为

（K）　　$\forall x\forall y(\text{Sent}_{TN}(x\dot{\to}y)\to(N(x\dot{\to}y)\to(N(x)\to N(y))))$

此外，还有三条辅助公理是需要的：

（Reg$_N$）　$\forall v\forall x\forall s\forall t(\text{Sent}_{TN}(\dot{\forall}vx)\to$

$(\text{Val}^+(\ulcorner s\equiv t\urcorner)\to(N(x(s/v))\leftrightarrow N(x(t/v))))$

（ND）　　$\forall s\forall t(\neg\text{Val}^+(\ulcorner s\equiv t\urcorner)\to N(\ulcorner s\not\equiv t\urcorner))$

（BF）　　$\forall v\forall x(\text{Sent}_{TN}(\dot{\forall}vx)\to(\forall y N(x(\dot{y}/v))\to N(\dot{\forall}vx)))$

其中，Reg$_N$ 是替换原则的形式化的表示，这是为了确保模态语境是外延的；ND 的含义是，如果两个项的取值不同，那么这两个项就必然不同，这是表明了差异的必然性；BF 是对 ω-规则的形式化表示，它允许我们从对全称量化语句每个实例的必然性，推导出该全称量化语句自身的必然性。

以上公理和规则是斯特恩用以构造模态理论的一般性原则，他称为"理论非特设原则"（theory-unspecific principle），它们是任何模态理论都需要的。但根据真理论的不同，还有一些原则是"理论特设"的。

斯特恩首先建立了基于 Friedman-Sheard 理论的模态理论 MFS，对于这个模态理论来说，它的理论特设原则是

（IA）　　$\forall x(\text{Sent}_{TN}(x)\to(N(\dot{T}(\dot{x}))\leftrightarrow T(\dot{N}(\dot{x}))))$

它表示对语句而言，其真之必然等价于必然之真，它体现了 T 谓词与 N 谓词的相互作用。之所以把 IA 作为基于 FS 的模态理论的特设原则，一方面在于，IA 模拟了 FS 中最关键的真之原则 FS2：$\forall x(\text{Sent}_T(x)\to(T(\neg x)\leftrightarrow\neg T(x)))$；另一方面在于，IA 避免了在公理中直接引入和消去 T 谓词或 N 谓词。这些不仅与 FS 的特征相符合，而且我们将说明，IA 确实起着关键的作用。

模态理论 MFS 可以表示如下：

$$\text{MFS}=\text{FS}+\text{Reg}_N+\text{ND}+\text{BF}+\text{IA}+\text{K}+\text{T}+4+\text{E}+\text{Nec}$$

从 MFS 的构成不难看出，MFS 试图建立的是正规模态算子逻辑 S5 系统的谓词版本。事实上确实可以证明，S5 的定理经过翻译都是 MFS 的定理。

在从言模态（*de dicto* modality）的意义上，我们可以定义一个基于 $\mathcal{L}_{PA}$ 的多模态语言 $\mathcal{L}_{PA}^{\square\blacksquare}$，其中"□"是模态算子，"■"是真算子。于是有

$$\varphi::= p|\neg\varphi|\varphi\wedge\psi|\square\varphi|\blacksquare\varphi$$

其中，$p \in At_{PA}$。

由此可定义一个翻译函数 $\tau: \mathcal{L}_{PA}^{\square\blacksquare} \to \mathcal{L}_{TN}$，使得

$$\tau(\varphi):=\begin{cases} \varphi, & \text{当}\varphi\text{是}\mathcal{L}_{PA}\text{原子语句} \\ \neg\tau(\psi), & \text{当}\psi\text{是}\neg\psi \\ \tau(\psi)\wedge\tau(\chi), & \text{当}\varphi\text{是}\psi\wedge\chi \\ T\ulcorner\tau(\psi)\urcorner, & \text{当}\psi\text{是}\blacksquare\varphi \\ N\ulcorner\tau(\psi)\urcorner, & \text{当}\varphi\text{是}\square\varphi \end{cases}$$

接下来定义基于 $\mathcal{L}_{PA}^{\square\blacksquare}$ 的 PAS5 理论，这个理论是在 PA 的基础上通过增加正规模态算子逻辑关于□的特征公理和规则，以及如下关于■的特征公理所得

（Tr） $\blacksquare\varphi \leftrightarrow \varphi$

显然，在通常的模态算子逻辑中，Tr 公理会导致模态算子■坍塌，但是由于正规模态逻辑在 S5 系统中事实上只考虑模态而不考虑真，因此 Tr 并无不妥。

应该说，PAS5 与 S5 是完全等同的，只不过 PAS5 是以 PA 充当了 S5 中的经典命题逻辑。斯特恩证明，对任意 $\varphi \in \mathcal{L}_{PA}^{\square\blacksquare}$，都有[1]

$$\text{PAS5} \vdash \varphi \Rightarrow \text{MFS} \vdash \tau(\varphi)$$

这就证明了模态理论 MFS 在翻译的意义上确实保持了 S5 的定理集。事实上还可以证明更一般的结论，当从 MFS 中去掉一些模态特征公理，分别形成谓词版本的 K 系统、T 系统、S4 系统时，根据同样的翻译也能证明这些谓词版本的模态理论能够保持相应算子系统的定理集。

在语义学方面，斯特恩模仿 S5 系统的可能世界语义学，为 MFS 构造了模态修正理论。首先定义框架 $F=\langle W, R \rangle$，这与模态算子逻辑通常的可能世界语义学的做法并无不同，W 是可能世界集，R 是 W 上的二元可及关系。其

---

[1] Stern J, "Modality and axiomatic theories of truth I: Friedman-Sheard", *The Review of Symbolic Logic*, Vol. 7, No. 2, 2014, pp. 286-287.

次定义基于框架F的赋值函数$f: W \to \mathcal{P}(\mathcal{N})$，使得每个可能世界$w \in W$被指派$\mathcal{N}$的一个子集，作为在该可能世界上对$T$谓词的解释，$F$之上的全体赋值函数的集合记为$\mathrm{Val}_F$。最后定义对$N$谓词的解释，
$$Y_w = \bigcap_{v \in \langle v \in W | wRv \rangle} f(v)$$

不难看到，Y_w也是$\mathcal{N}$的一个子集，它是对所有与w有可及关系的可能世界v上的T谓词的解释求交集而得到。对于一个语句φ，如果其编码$\ulcorner\varphi\urcorner$在$f(v)$中，那么我们可以根据对$T$谓词的解释而知道$\varphi$是真的，如果$\ulcorner\varphi\urcorner$在所有与$w$有可及关系的这种$f(v)$中，那么根据定义，$\ulcorner\varphi\urcorner$就在$Y_w$中，因而有$\varphi$是必然的。很显然，这样的定义完全符合模态算子逻辑的语义学对□算子所做的解释，Y_w确实是可能世界w上对N谓词的合适解释。

相应地，还可以定义$F, w \vDash_f \varphi$，它表示在基于框架F的赋值函数f作用之下，语句φ在w上是可满足的；以及$F, f \vDash \varphi$，它表示语句φ在所有w上都是可满足的。这就完成了模态算子逻辑可能世界语义学在谓词背景下的推广。

我们注意到，T谓词在w上的解释$f(w)$是$\mathcal{N}$的一个子集，而此前在修正理论中，我们也是用$\mathcal{N}$的子集作为对T谓词的解释，然后定义了修正算子。现在可以很自然地想到在w上推广修正算子。于是可定义修正算子$\varGamma_F$如下：
$$[\varGamma_F(f)](w) = \{\ulcorner\varphi\urcorner | F, w \vDash_f \varphi, \varphi \in \mathcal{L}_{\mathrm{TN}}\}$$
可见$\varGamma_F$是Val_F上的运算。$\varGamma_F$的迭代作用类似定义：
$$\varGamma_F^0(f) = f$$
$$\varGamma_F^{n+1}(f) = \varGamma_F(\varGamma_F^n(f))$$

但如前所述，这样的修正算子依赖于对T谓词的起始解释，为了避免这个麻烦，我们可以定义更一般的修正算子，让修正算子$\varGamma_F$作用于Val_F，也即
$$\varGamma_F[\mathrm{Val}_F] = \{\varGamma_F(f) | f \in \mathrm{Val}_F\}$$
类似地，$\varGamma_F$的迭代作用也可以重新定义为
$$\varGamma_F^0[\mathrm{Val}_F] = \mathrm{Val}_F$$
$$\varGamma_F^{n+1}[\mathrm{Val}_F] = \varGamma_F[\varGamma_F^n[\mathrm{Val}_F]]$$

此外，我们也可以证明$\varGamma_F$具有反序性，以及$\varGamma_F^\omega[\mathrm{Val}_F]$为空。那么这就启发我们，模态理论MFS可以将模态修正理论公理化至第一个极限序数ω。事

实上，确实可以证明如下重要结论[1]：

$$f \in \Gamma^n[\text{Val}_F] \iff F, f \vDash \text{BMFS}_n$$

这里的 BMFS 是从 MFS 去掉公理 T、4、E 所得，也即相当于谓词版本的模态算子逻辑 K 系统。BMFS$_n$ 则是模仿 FS$_n$ 定义的 BMFS 的子理论。值得一提的是，理论特设原则 IA 在证明中起到了关键的作用。

在此基础上，还可以证明 T 公理对应于框架的自返性，4 公理对应于框架的传递性，以及 E 公理对应于框架的欧几里得性[2]。这些结论与模态算子逻辑所取得的结果完全一致。不得不说，以公理化真理论作为模态理论的基础，这一基本方略是奏效的。但是，FS 毕竟是一个很特殊的公理化真理论，它的优点和缺点都很鲜明，很难说模态理论的建立一定不是 FS 特殊性的偶然结果。为了打消这个顾虑，斯特恩特意选取了与 FS 大相径庭的 KF，并由 KF 建立了也能够保持模态算子逻辑 S5 系统定理集的模态理论 MKF[3]。

我们已经知道，KF 的特点在于放弃了 T 谓词内逻辑的经典二值性，它允许有一些语句在 KF 中是不可判定的，因此并不是对所有语句 φ 都有 $T(\ulcorner\neg\varphi\urcorner)$ 等值于 $\neg T(\ulcorner\varphi\urcorner)$。对于满足这个条件的语句，比如，所有的 $\mathcal{L}_{\text{PA}}$ 语句，我们称之为完全且一致的（total and consistent），并用 tc(x) 来表示 x 所编码的语句是完全且一致的。我们希望，对于这样的语句，它们的必然化也能保持完全且一致。于是下面的这条理论特设原则是 MKF 需要的：

(TcR$_N$)　　由 tc($\ulcorner\varphi\urcorner$) 可以推出 tc($\ulcorner N(\ulcorner\varphi\urcorner)\urcorner$)，其中 $\varphi \in \mathcal{L}_{\text{TN}}$

不过对 TcR$_N$ 的合理性目前还缺少更充分的哲学辩护，MKF 需要 TcR$_N$ 更多是出于工具性的目的。同样作为工具性的特设原则还有

(RN)　　$\forall x(\text{Sent}_{\text{TN}}(x) \to (T(N(\dot{x})) \leftrightarrow N(x)))$

它表示对语句而言，其必然之真等价于必然，它体现了 T 谓词与 N 谓词的相互作用。之所以把 RN 作为基于 KF 的模态理论的特设原则，一方面在于，RN

---

[1] Stern J, "Modality and axiomatic theories of truth I: Friedman-Sheard", *The Review of Symbolic Logic*, Vol. 7, No. 2, 2014, pp. 290-291.

[2] Stern J, "Modality and axiomatic theories of truth I: Friedman-Sheard", *The Review of Symbolic Logic*, Vol. 7, No. 2, 2014, p. 292.

[3] Stern J, "Modality and axiomatic theories of truth II: Kripke-Feferman", *The Review of Symbolic Logic*, Vol. 7, No. 2, 2014, pp. 299-318.

模拟了 KF 中最关键的真之原则 KF8：$\forall x(\text{Sent}_T(x) \to (T(\dot{T}(\dot{x})) \leftrightarrow T(x)))$；另一方面在于，RN 坚持了 KF 的设计理念，也即 KF 允许 T-模式适用于 T 谓词原子语句，现在增加了新的 N 谓词，自然也就希望 T-模式同样能够适用于 N 谓词原子语句。事实上，RN 也确实将起着关键性作用。

但值得注意的是，由于有第三值存在，所以在 KF 中有关真的公理与有关假的公理是不可相互导出的。于是就 T 谓词原子语句而言，除了需要 KF8，还必须有 KF9：$\forall x(\text{Sent}_T(x) \to (T(\dot{\neg}(\dot{T}(\dot{x}))) \leftrightarrow T(\neg x)))$。那么相应地也必须考虑 N 谓词原子语句的否定情形，我们可以有两个选择：

（方案一）　　$\forall x(\text{Sent}_{TN}(x) \to (T(\dot{\neg}(\dot{N}(\dot{x}))) \leftrightarrow N(\neg x)))$

（方案二）　　$\forall x(\text{Sent}_{TN}(x) \to (T(\dot{\neg}(\dot{N}(\dot{x}))) \leftrightarrow \neg N(x)))$

方案一是对 KF9 的直接模拟，但这显然是不合理的，因为"并非必然"并不等值于"必然并非"，而是应该等值于"可能并非"。然而目前我们尚未给出能够用于表示可能的谓词。尽管在正规模态算子逻辑中，$\diamond p$（$\diamond$ 是可能算子）确实等值于 $\neg \square \neg p$，但这依赖于经典逻辑的二值性。可是 KF 允许真有间隙。事实上，我们只能证明对于所有完全且一致的语句，上述可能与必然之间的等值关系才是成立的[①]。方案二初看起来并没有违背 KF 对 T 谓词的限制，似乎是可行的，但方案二还是会不可避免地导致矛盾[②]。因此，我们必须增加可能谓词。

令 P 表示一元可能谓词，将它添加到 $\mathcal{L}_{TN}$ 中便得到 $\mathcal{L}_{TNP}$。现在用新语言重新表达前面给出的有关 N 谓词的模态原则，同时引入下列关于 P 谓词的原则：

（Reg$_P$）　　$\forall v \forall x \forall s \forall t(\text{Sent}_{TNP}(\dot{\forall}vx) \to$
　　　　　　　$(\text{Val}^+(\ulcorner s \equiv t \urcorner) \to (P(x(s/v)) \leftrightarrow P(x(t/v)))))$

（RP）　　　$\forall x(\text{Sent}_{TNP}(x) \to (T(\dot{P}(\dot{x})) \leftrightarrow P(x)))$

（DN）　　　$\forall x(\text{Sent}_{TNP}(x) \to (T(\dot{\neg}(\dot{N}(\dot{x}))) \leftrightarrow P(\neg x)))$

（DP）　　　$\forall x(\text{Sent}_{TNP}(x) \to (T(\dot{\neg}(\dot{P}(\dot{x}))) \leftrightarrow N(\neg x)))$

（TcR$_P$）　 由 tc($\ulcorner \varphi \urcorner$) 可以推出 tc($\ulcorner P(\ulcorner \varphi \urcorner) \urcorner$)，其中 $\varphi \in \mathcal{L}_{TNP}$

[①] Stern J, *Toward Predicate Approaches to Modality*. Cham：Springer，2016，p. 160.

[②] Stern J，"Modality and axiomatic theories of truth II: Kripke-Feferman"，*The Review of Symbolic Logic*，Vol. 7，No. 2，2014，p. 305.

其中，Reg_P是相应于Reg_N的关于替换原则的形式化表示，这是为了确保P谓词在模态语境下也是外延的；RP是相应于RN的关于P谓词原子语句的理论特设原则；DN与DP分别补充了在KF背景下处理N谓词原子语句的否定情形和P谓词原子语句的否定情形的模态原则；TcR_P则相应于TcR_N。

于是，模态理论MKF可以表示如下：

MKF = KF + Reg_N + Reg_P + ND + BF

　　　+ RN + RP + DN + DP + K + T + 4 + E + Nec + TcR_N + TcR_P

从MKF的构成可以看出，MKF也是试图建立正规模态算子逻辑S5系统的谓词版本。事实上按照与MFS相同的方式，确实可以证明MKF保持了S5的定理集[1]。这样就从语形的角度说明了，尽管FS和KF是迥异的公理化真理论，但它们在构建模态理论方面的能力是相同的。

再看语义学方面，斯特恩模仿S5系统的可能世界语义学，为MKF构造了模态不动点理论。框架、赋值函数、对N谓词的解释与MFS的语义学相同，但需增加对P谓词的解释：

$$Z_w = \bigcup\nolimits_{v \in \{v \in W | wRv\}} f(v)$$

不难看到，Z_w也是N的一个子集，不同于Y_w之处在于，它是对所有与w有可及关系的可能世界v上的T谓词的解释求并集而得到。对于一个语句φ，如果其编码$\ulcorner\varphi\urcorner$在$f(v)$中，那么根据对$T$谓词的解释可以知道$\varphi$是真的，如果$\ulcorner\varphi\urcorner$至少在一个与$w$有可及关系的这种$f(v)$中，那么根据定义，$\ulcorner\varphi\urcorner$就在$Z_w$中，因而有$\varphi$是可能的。很显然，这样的定义也符合模态算子逻辑的语义学对◇算子所做的解释，因而Z_w确实是可能世界w上对P谓词的合适解释。

接下来先推广模态背景下的强三值赋值模式[2]，再定义模态跳跃算子Θ_F：

$$[\Theta_F(f)](w) = \{\ulcorner\varphi\urcorner | F, w \vDash_{SK}^{f} \varphi, \varphi \in \mathcal{L}_{TNP}\}$$

Θ_F也是Val_F上的运算。类似还可以证明，Θ_F具有单调性，并且不动点一定

---

[1] Stern J, "Modality and axiomatic theories of truth II: Kripke-Feferman", *The Review of Symbolic Logic*, Vol. 7, No. 2, 2014, p. 306.

[2] Stern J, "Modality and axiomatic theories of truth II: Kripke-Feferman", *The Review of Symbolic Logic*, Vol. 7, No. 2, 2014, pp. 309-310.

存在[①]。由此可以证明 MKF 中最核心的结论，对任意 $f \in \mathrm{Val}_F$，都有[②]

$$\Theta_F(f) = f \Leftrightarrow F, f \vDash \mathrm{BMKF}$$

这里的 BMKF 也是从 MKF 去掉公理 T、4、E 所得，也即相当于谓词版本的模态算子逻辑 K 系统。特别值得一提的是，理论特设原则 RN、DN、RP 和 DP 在证明中起到了至关重要的作用。此外，T 公理对应于框架的自返性，4 公理对应于框架的传递性，以及 E 公理对应于框架的欧几里得性，也是成立的。

这样一来，我们就从语义的角度也说明了，尽管 FS 和 KF 是迥异的公理化真理论，甚至在关键性质上完全相反，但是当我们只把它们作为一种真理论而不管它们具有什么特殊的性质时，它们确实表现出了几乎完全相同的功能。

我们认为，公理化真理论的模态应用，对于公理化真理论来说是十分重要且必要的。任何一种理论至少可以包含两条发展路径：一条可称之为"向内"的路径，它主要关注该理论本身；另一条则可以称为"向外"的路径，它尝试让该理论与其他理论发生联系。比如，经典命题逻辑，我们既可以研究经典命题逻辑的各种形式系统及其内定理和元定理，这是第一条路径，也可以考虑对它进行扩充和变异，这是第二条路径。公理化真理论在过去三十多年所走的正是第一条路径，并且在这个阶段形成了若干公理化真理论的形式系统。但是至今并未产生一种能够类似于 ZF 在公理集合论中具有主导地位那样的公理化真理论，而且这些公理化真理论究竟孰优孰劣，确实还缺少评判的标准。

我们在前面列举了由莱特格布拟定的八条标准，但是我们也看到了并没有任何一种公理化真理论能够全部满足这些标准。这并不意味着莱特格布提出的这些标准不合理，事实上不同的学者常常在各自的研究中提及并支持莱特格布的八条标准，因此确实是公理化真理论自身的问题。哈尔巴赫和霍斯

---

① Stern J, "Modality and axiomatic theories of truth II: Kripke-Feferman", *The Review of Symbolic Logic*, Vol. 7, No. 2, 2014, p. 310.

② Stern J, "Modality and axiomatic theories of truth II: Kripke-Feferman", *The Review of Symbolic Logic*, Vol. 7, No. 2, 2014, p. 312.

顿后来也提出过一套新标准，包括"融贯性""去引号和语义上升""组合性""保持日常推理"以及"哲学理由"五个维度[①]。但是哈尔巴赫和霍斯顿明确指出，试图以这五个维度的标准去评测公理化真理论，这种做法是不明智的。因为目前尚不清楚如何依据这五个维度去为公理化真理论打分，而且不同的研究者对各个维度也总会有自己不同的倾向。哈尔巴赫和霍斯顿的看法是恰当的，但是这也就等于承认了公理化真理论的多样性，那么再追求一种占主导地位的理论也就失去了必要性。

事实上，哈尔巴赫和霍斯顿的标准与以往最大的不同之处在于，他们强调了对公理化真理论的哲学理由，认为应该把公理化真理论嵌入到一个更广泛的哲学背景中，这对于真之公理的选择是有益的。然而，试图以一种成功的哲学理由加强公理化真理论，这多少与公理化真理论早期的做法不一致。弗里德曼和希尔德明确提出了"哲学中立"，只考虑逻辑问题，不关心哲学问题；戴维森的建议虽然是出于哲学的考虑，但他对真之公理的选择却没有依据更多的哲学辩护；费弗曼也是如此，而且费弗曼提出真之公理的出发点原本也不在哲学问题上。但是我们曾经提到，从三个地方走来的公理化真理论最后汇聚在一起，而现在知道，它们汇聚的地方其实正是它们的哲学理由。真之公理来源于语义真理论的真之定义条款，这不仅是戴维森的提议，而且是公理化真理论哲学理由的重要方面，因此我们可以把所谓"哲学理由"理解为语义真理论。或许正因如此，费希尔（M. Fischer）和哈尔巴赫等学者反思了公理化真理论体现语义真理论的标准问题，提出了"相似性"（similarity）"证明论强度"（proof-theoretic strength）以及"范畴性"（categoricity）三个衡量标准[②]。

但是这还是无法说明 FS 和 KF 究竟孰优孰劣。倒不是不能承认公理化真理论的多样性，只是这多样性中是否也能统一？公理化真理论的模态理论应用恰恰就让我们看到了这个"多样性中的统一"。虽然缺乏判别优劣的标准，

[①] Halbach V, Horsten L, "Norms for theories of reflexive truth", in Achourioti T, Galinon H, Fernández J M, et al. *Unifying the Philosophy of Truth*, Dordrecht: Springer, 2015, pp. 263-280.

[②] Fischer M, Halbach V, Kriener J, et al., "Axiomatizing semantic theories of truth?", *The Review of Symbolic Logic*, Vol. 8, No. 2, 2015, pp. 257-278.

我们暂时还无法明确地比较 FS 和 KF 这两种风格迥异的公理化真理论的高下，但我们可以确定的是，这两种公理化真理论所代表的哲学背景和依据是不同的。然而在基于公理化真理论的模态理论中我们看到，以"相反"的公理化真理论为基础能够建立起"相同"的模态理论，这说明至少在以真刻画模态的问题上，公理化真理论并不需要借助它们的哲学背景和依据，从而说明了公理化真理论的确能够保持哲学上的中立。这就是公理化真理论的第二条路径。

通过模态应用，我们看到了把模态逻辑建立在真理论的基础上的可能性，也即以公理化真理论和语义真理论分别作为模态逻辑的语形基础和语义基础。当然，这样的模态理论过于复杂，并不利于模态逻辑的进一步研究。不过基于公理化真理论的模态理论仍然具有重要的理论意义，因为它们很好地说明，真概念为什么能称得上是逻辑学的基本概念，而追求一种精确严格且无矛盾的真概念又是何等的重要。把模态逻辑建立在真理论的基础上，不仅体现了真概念的基础地位，而且有可能真正揭示出模态概念与真概念的逻辑关系，这对哲学问题的讨论将无疑是意义重大的。

第 6 章　多元真理论

在本书前面几章所讨论的真理论中,总体而言,无论是传统真理论、紧缩真理论还是语义真理论、公理化真理论甚至语用真理论,都明确地或隐含地主张只有一个真概念、真谓词与真性质,寻找对"真"给出统一的定义与解释,这种观点或理论我们谓之一元真理论或真之一元论。与一元真理论相对的则是多元真理论或真之多元论。

多元真理论产生于 20 世纪 90 年代,其首倡者为赖特,林奇则是重要代表人物。多元真理论的基本观点是:真不是一元的,存在不同种类的真,命题可以有不同的成真方式。在该观点下涵盖了不同形式的多元真理论,其中最为主流的一种是性质多元论,即主张存在多个实质的真性质(至少包括表征的和非表征的)。多元真理论是关于真之本质的形而上学理论,在当代分析哲学中引起广泛关注与讨论,已成为真理论研究的新趋势之一。

6.1　多元真理论的理论动机

整体而言,多元真理论的理论动机主要源于两个方面:一是传统真理论中面临的范围问题(scope problem),即传统真理论无法为命题提供统一的实质性解释。二是紧缩真理论引起的挑战,随着紧缩真理论的兴起与盛行,真不再被认为是哲学研究中重要的概念,这被对真具有浓厚兴趣的哲学家视为一种逃避,他们试图恢复真的形而上学地位,构建可行的实质真理论。多元真理论认为,主张真不止一个,而是可以多个,既可以避免传统真理论面临的范围问题,又可以避免将真平凡化,从而恢复真的重要地位。

6.1.1　从真之一元论到真之多元论

林奇根据"真有一个本质还是多个本质"将真理论划分为真之一元论与

真之多元论。前者认为真之本质有且只有一个，传统真理论包括符合论、融贯论、实用论原则上均持此观点。但由于它们自身的形而上学或认识论特征致使它们并不是全域适用的，因此林奇等多元论者抛弃了真之一元论设想，转而提出真在不同论域有不同的本质。

符合论认为真是一种语言与实在的关系，一个命题（或信念、判断、语句）为真，当且仅当它符合一个事实；融贯论的基本观点是，信念之真取决于该信念与其信念体系中的其他信念是否融贯或一致；实用论则从命题（或信念、判断）在实际生活中的效用出发，认为真命题是那些有实效的命题。无论对真进行何种定义，符合论、融贯论、实用论都试图给出真的统一定义，它们具有如下共识：

（C）所有的真命题无论其内容如何都以同样的方式为真，即存在一个性质 F（符合、融贯、有用）使得命题 p 据此为真。

该共识明示或隐含如下观点：当人们思考与谈论"真"时，人们认为他们思考和谈论的是同一对象。基于此，传统真理论认为有且仅有一个真概念或真性质，寻求对"真"进行统一定义。因此，若"真"有本质，那么，真之本质有且仅有一个，且这一本质适用于所有的命题。

然而，无论是符合论还是融贯论、实用论都不可避免地面临着范围问题的诘难，即传统真理论无法为命题的真提供一个统一的解释。究其根源在于符合论、融贯论、实用论具有不同的形而上学承诺：符合论通常被认为是实在论的，而融贯论、实用论则是反实在论的，并且承诺了某种认识约束。

先看符合论。尽管不同版本的符合论在具体细节上呈现出不同，但它们都坚守如下核心洞见："不是我们语言中的东西，也不是我们心智中的东西，而是外部世界的东西，使得我们描述这个世界状况的命题为真或为假"[①]。反思这一核心洞见，显然它蕴含了如下论断：

（R）命题要为真，某种事实（facts）或对象（objects）必须获得，并且所讨论的事实或对象独立于认知而存在。

根据论断（R），命题的真值取决于世界实际上是怎样的。这使得符合论

[①] 陈波：《没有"事实"概念的新符合论（上）》，《江淮论坛》2019年第5期，第5-12页。

第6章 多元真理论

解释下的命题遵循二值原则：一个命题（或信念、判断、语句）有且只有两种真值，要么为真，要么为假。显然，物理论域的命题遵循二值原则，即便是超出我们认知范围不能被判定的那一类命题同样具有一种客观的真值，比如："当前宇宙中恒星的数量是偶数"，它或真或假只取决于那个独立于我们而存在着的实在。但当我们把视域转向道德论域时，事情就发生了改变。某些道德命题的真值是不确定的，比如，针对电车难题给出的命题"杀死一个人拯救五个人是道德上正确的选择"显然是真值不确定的，无法根据是否与某种道德事实符合判断其真假，也没有哪个哲学家会承认该命题所表达的事实存在。同样的问题在数学论域亦然。

再看融贯论与实用论。融贯论与实用论是反实在论的，这表现在它们不再诉诸语言外的"使真者"来解释真之本质，或者说它们认为无论是否存在外在的世界，命题的真假都与之无关。在放弃诉诸外部事实解释真之后，融贯论和实用论转向了从认识论角度解释真，它们认为真与人的认知状态和认知能力紧密关联，真在很大程度上是一种认识问题。也因此，它们又被统称为认识真理论（epistemic theories of truth）。按柯卡姆的说法，融贯论（布拉德雷和布兰沙德的理论）和实用论（詹姆士的理论）是关于真的证成理论（justification theory）。证成理论的核心观点是，命题的真与命题所具有的某种特征 a 正相关，并且它是否具有该特征是人的认知能力可以判断的[①]。命题为真的条件在于它是可证成的，换言之，只要命题在原则上是可以证成的，它就是真的。这意味着人们在原则上可以执行一个证成程序，通过该程序可以获得有关主张已经被核实的结果。于是，认识真理论在将真定位于认识论的过程中使得真受到"认识约束（epistemic constraint，即命题的真不可能超越原则上所有可能的证据）"[②]。林奇指出，认为真在某些论域受到认识上的约束是合理的，但认为这种约束适用于所有论域则是非常不可信的[③]。因为有

[①] Kirkham R L, *Theories of Truth: A Critical Introduction*. Cambridge MA: MIT Press, 1992, p. 26.

[②] 参见 Wright C, *Truth and Objectivity*. Cambridge MA: Harvard University Press, 1992, pp. 41, 74; Wright C, "Minimalism, deflationism, pragmatism, pluralism", in Lynch M P. *The Nature of Truth: Classic and Contemporary Perspectives*, Cambridge MA: MIT Press, 2001, p. 765.

[③] 林奇通过构建类似于菲奇可知性悖论论证了全面的认知约束是有问题的。具体参见 Lynch M P, *Truth as One and Many*. Oxford: Oxford University Press, 2009, pp. 42-43.

一些命题显然超出了人类的认知范围，既无法判断这些命题是否具有特征 a 也无法判断它们不具有该特征。比如，就命题"当前宇宙中恒星的数量是偶数"而言，由于宇宙的浩瀚无垠和人类的渺小，想要通过一定的程序断定该命题的真假是十分困难的。

"也许对传统辩论正确的说法是，它没有任何进展是因为实际上所有的主角都在说局部合理的东西，思考不同的范式，思考不同的真理论域，他们的错误是过度延伸。"[1]赖特的这一说法是有道理的，确实，符合论似乎只适用于物理领域的命题（或判断、信念、语句），却不适用于数学和道德领域，而融贯论似乎更适用于数学与道德领域。

这告诉我们，当前问题的关键在于，任何一种传统的真理论都不具有解释上的普适性，都只能解释局部范围内命题的真，F 仅对于某一论域的命题是充分必要的，但不足以解释所有命题的真。对此，一种可能的回应是，在某些论域，如涉及日常对象或物理对象的论域，命题因具有符合性质或关系为真；而在道德、数学等不存在道德、数学事实而又适真的论域，使命题为真的则是融贯等认识性质。多元论者主张通过将不同论域命题的真诉诸不同的性质 $F_1, \cdots, F_n$ 使得所有适真的命题都得到解释。

6.1.2　从真之紧缩论到真之实质论

无论是符合论、融贯论还是实用论，都认为"真"是一种实质的性质，认为"真"是有本质的，因此，传统真理论也称为实质真理论。不同于实质真理论，紧缩真理论认为"真"实际上不具有任何形而上学内涵，符合论等传统真理论的本质追寻本身是误导性的，"真"是可以消去的。由于其反形而上学的立场，紧缩真理论在当代真理论研究中盛行并从某种意义上占据着主导地位，任何支持其他观点的实质论者在提出不同的真理论之前都需要提供紧缩真理论是错误的证据[2]。

一般认为，"真"是哲学、逻辑学的核心概念，在各种哲学项目中发挥着

---

[1] Wright C, "A plurality of pluralisms", in Pedersen N J L L, Wright C. *Truth and Pluralism: Current Debates*, Oxford: Oxford University Press, 2013, p. 124.

[2] Edwards D, *The Metaphysics of Truth*. Oxford: Oxford University Press, 2018, p. 41.

不可或缺的解释作用，"真"与信念、知识、实在、意义等哲学概念都有着紧密的联系，例如，真信念是知识追求的目标，真命题是对实在的如实描述，真是信念的规范，真的信念解释了依据该信念的实践如何能成功，等等。在实质论者看来，如果"真"与这些概念相联系，那么对真的形而上学解释必定会为这些概念提供实质性内容，"揭示真的本质将会揭示许多其他哲学核心主题的重要事实——理性、认知证成、信念、断言、理论成功、成功行动、沟通、逻辑、解释、实在，等等"[1]。

与之相对，紧缩真理论否认真是一种真实的性质，因为"若某一性质 P 是某一现象 Q 的重要和有信息的解释的一部分，那么 P 就是一个真正和独特的性质"[2]。按紧缩真理论者的观点，如果真在哲学解释中具有重要的解释作用，那么关于真的一些事实就超出了对等值模式的实例的理解所揭示的，因此，若承认真具有解释作用，那么就承认了真是一种实在的性质，所以，紧缩论者一般都否认真具有解释作用。

在真与其他概念不具有实质性关系的情况下，就不需要从这种关系中获得关于真的理解，因为基于等值模式（E）的无穷实例可以解释所有关于真的事实，这正是极小主义真理论的基础性命题所蕴含的深层内涵，即等值模式的实例是解释上基础的和在先的，所有涉及真谓词的事实都可以基于等值模式的实例得到解释。

就紧缩论者否认真的解释作用这一点来说，通过当前紧缩论和实质论热烈讨论的一个主题也可以看出，即"真作为信念的规范"。长久以来，真被认为是信念（断定）的规范，规范主义者认为真为信念的正确性提供了一个最基本的标准，正确的信念就是真的信念[3]，更准确的表述为：

（TN）相信命题 p 是正确的，当且仅当，命题 p 是真的（应该相信且仅相信真信念）[4]。

---

[1] Wyatt J, "The many (yet few) faces of deflationism", *The Philosophical Quarterly*, Vol. 66, No.263, 2016, p. 372.
[2] Lynch M P, *Truth as One and Many*. Oxford: Oxford University Press, 2009, p. 113.
[3] Gibbard A, "Truth and correct belief", *Philosophical Issues*, Vol. 15, No. 1, 2005, p. 338.
[4] "正确的"是一个规范性语词，具有"应该""好的"等涵义，相信命题 p 是正确的，意味着"应该相信命题 p"或者"相信命题 p 是好的"。结合（TN）的右侧，就有我们应该相信为真的信念。比起假的信念，我们更应该相信那些真的信念，因为真信念比假信念具有积极的规范意义。

实质真理论主张真具有实质性的内容，并以此为基础解释真的规范性特征，或者认为真概念中具有规范性内涵。紧缩真理论是否可以解释真的规范性特征？霍维奇承认真是信念的规范，但将真谓词作为一个纯粹的语法谓词去表述信念的规范，其论证如下[①]：

存在着许多具体的信念规范（不涉及真的事实），

（1）相信"雪是白的"是正确的，当且仅当雪是白的；相信"玫瑰是红的"是正确的，当且仅当玫瑰是红的；相信"地球是圆的"是正确的，当且仅当地球是圆的；……

上述一系列信念规范可以被看作如下模式的具体实例：

（B）相信 p 是正确的，当且仅当 p。

通过等值模式（E）可以推出：

（2）相信"雪是白的"是正确的，当且仅当"雪是白的"是真的；相信"玫瑰是红的"是正确的，当且仅当"玫瑰是红的"是真的；相信"地球是圆的"是正确的，当且仅当"地球是圆的"是真的；……

进行概括可以得到

（TN）相信 p 是正确的，当且仅当 p 是真的。

在上述的论证过程中，从具体的信念规范，经过等值模式的替换，便可以推出普遍的规范，因此，(TN)只是我们倾向于接受(B)的无穷实例的概括。在这个过程中真谓词所提供的只不过是一种概括的工具，真概念在本质上不具有任何实质性内涵。

对于霍维奇的上述论证，林奇持反对态度。他指出，作为论证的前提，(B)的具体实例必须保证为真，也就是说，霍维奇的论证想要成功，就需要给出接受(B)的实例的原因[②]。等值模式已为所有的真理论者所接受，但接受(B)的实例的原因是什么？一个信念本身如何解释为什么一个人拥有这个信念是正确的呢？这些，在极小主义的框架下是无法解释的。因此，极小主义被不可接受的(B)的实例所束缚——我们有许多具体的信

[①] Horwich P, "Norms of truth and meaning", in Schantz R. *What is Truth?* Berlin: de Gruyter, 2013, pp. 135-137; Horwich P, "Is truth a normative concept?", *Synthese*, Vol. 195, No.3, 2018, p. 1132.

[②] Lynch M P, "Minimalism and the value of truth", *Philosophical Quarterly*, Vol. 54, No.217, 2004, p.508.

念规范，这些信念并不基于或以一般性的规范性原则（TN）为依据①。一种可能的回应是，(B)的实例的成立是因为 P 所描述的情况与事实相符合，即（B）的一个实例可以改写为：相信"雪是白的"是正确的，因为事实"雪是白的"。但这种解释需要极小主义求助于超出其理论本身所承诺的东西——事实。

相反，实质真理论很容易解释真的规范性特征，即根据真概念的实质性内容去解释"真作为信念的规范"。为什么我们应该相信且只相信为真的信念呢？以符合论为例，符合论告诉我们真的信念是与事实相符合的信念，与事实相符合的信念具有积极的规范意义。如果我们相信此刻屋外正在下雨，而事实上也如此，那么我们会做出应该带雨伞的决定，这显然要比不相信外面正在下雨更能指导我们的行为。

林奇认为，真概念是如此紧密地与其他许多重要的哲学概念联系在一起，但紧缩论者将真概念从哲学家的工具箱中移除了，这使得紧缩论缺乏解释性，不能解释信念的规范与意义，并且以一种方式简化一种理论必然会使其他理论变得更为复杂②。林奇进一步指出，哲学事业需要真概念发挥其解释作用，尽管对真之本质的探索困难重重，但实质论者致力于尽其所能最大化真理论的价值，而不是以消极的态度消解真及其作用。对真概念是一种具有解释力的概念的辩护间接证明了真是一种实质的性质，因为，如果真是其他哲学现象的重要的、有信息的解释的一部分，就有很好的理由认为，关于真，还有比紧缩论者想要承诺的更多的东西要说③。

除了强调真是一个哲学上重要的概念，反对认为真概念是可有可无的外，一些多元论者也对紧缩真理论进行了批评，比如，赖特指出紧缩论内部是不一致的④，爱德华兹则论证了坚持真之紧缩论会导致一种全局紧缩主义（global deflationism），即所有的"语义"概念都将以紧缩的方式处理⑤。

---

① Mcgrath M, "Lynch on the value of truth", *Philosophical Books*, Vol. 46, No. 4, 2010, p. 308.
② Lynch M P, *Truth as One and Many*. Oxford: Oxford University Press, 2009, p. 114.
③ Lynch M P, *Truth as One and Many*. Oxford: Oxford University Press, 2009, p. 113.
④ 参见 Wright C, *Truth and Objectivity*. Cambridge MA: Harvard University Press, 1992, pp. 16-17.
⑤ 参见 Edwards D, *The Metaphysics of Truth*. Oxford: Oxford University Press, 2018, pp. 41-59.

6.2 不同版本的多元真理论

以是否赞同存在普遍的、跨论域的真性质为标准，多元真理论大体上可以分为两类：强多元论（strong pluralism，SP）与温和多元论（moderate pluralism，MP），其主要观点如下：

（SP）存在多个特定论域的性质 $F_1, \cdots, F_n$（$n \geq 2$）使得相应论域的命题为真，但除此之外，不存在为所有真命题共有的真性质；

（MP）存在多个特定论域的性质 $F_1, \cdots, F_n$（$n \geq 2$）使得相应论域的命题为真，并且，存在一个为所有真命题共有的真性质。

强多元论的代表理论主要是赖特的话语多元论（discourse pluralism），温和多元论种类繁多，主要包括二阶功能主义（second-order functionalism）、显现功能主义（manifestation functionalism）、确定多元论（determination pluralism）以及析取多元论（disjunctivism）。其中，显现功能主义和确定多元论的真性质具有独立的本体论地位，而二阶功能主义和析取多元论的真性质是由局部真性质派生的。

多元真理论的分类如图 6.1 所示[①]。

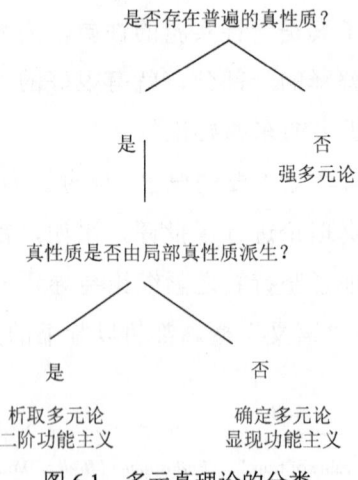

```
              是否存在普遍的真性质？
              ┌──────────┴──────────┐
              是                     否
                                   强多元论

       真性质是否由局部真性质派生？
       ┌──────────┴──────────┐
       是                     否
    析取多元论              确定多元论
    二阶功能主义            显现功能主义
```

图 6.1　多元真理论的分类

[①] Edwards D，*The Metaphysics of Truth*. Oxford: Oxford University Press，2018，p. 129. 这里的分类稍有改动，删除了与本书讨论无关的谓词多元论部分。

6.2.1 话语多元论

赖特通常被认为是首位明确提出多元真理论的哲学家，也是唯一一个提倡强多元论并为之提供实质性理论内涵的多元论者。他的多元论思想主要集中于《真与客观性》一书以及《真：一个传统争论的评论》《最小主义、紧缩主义、实用主义、多元主义》《多元主义的多重性》等论文中。在《真与客观性》中，赖特为了重塑实在论与反实在论之争提出了话语多元论，并在之后的论文中做了补充性阐述，同时对其他学者的批判做出了一些澄清。除了赖特，支持强多元论的学者还有科诺（A. Cotnoir）、金（S. Kim）以及佩德森（N. J. L. L. Pedersen），但他们并未系统地提出不同版本的理论，而是以支持者的身份对强多元论进行了某些方面的辩护。

话语多元论以"最小主义"（minimalism）[1]为基础。"最小主义"指任何陈述句都允许在其上定义最小真谓词，当且仅当一个谓词性质可以正当的理由具有某些相关特征时。这些特征指的是由真与其他概念一起构成的所谓"平凡之理"（platitudes），这些"平凡之理"被进一步简化为（断定性）和（否定性）。换言之，当某一性质能够满足关于真的相对较小的"平凡之理"时就构成了一个实实在在的真性质。赖特给出的所谓"平凡之理"主要有：

（1）断定 p 就是宣称 p 为真。（断定性）

（2）任何适真的内容都有一个显然的否定，它同样是适真的。（否定性）

（3）一个命题为真就是说这个命题与实在相符合。（符合性）

（4）一个命题即使没有被证成，也仍可能是真的，反之亦然。（对立性）[2]

上述"平凡之理"还一起构成对真概念的刻画，被赖特称为"概念的分析理论"（analytical theory of the concept）。概念的分析理论是这样一种定义方法：它通过收集、整合关于目标概念的一套"平凡之理"或者说先验原则以给出目标概念的整体图景，这些先验原则共同地限定了目标概念，同时充

---

[1] 为了与霍维奇的极小主义相区分，我们将赖特的理论谓之"最小主义"，事实上，它们的英文是一样的。

[2] Wright C, *Truth and Objectivity*. Cambridge MA: Harvard University Press, 1992, pp. 34-35. 随后，赖特对真之"平凡之理"进行了扩展，参见 Wright C, "Truth: A Traditional Debate Reviewed", *Canadian Journal of Philosophy*, Vol. 28, No. sup1, 1998, p. 60.

分地描述了它与其他概念的关系及其作用①。根据赖特的说法,通过把握目标概念的相关先验原则就可以对目标概念有一个较为清晰、直观且具有同一性的理解,尽管这不是一种还原性的解释,但同样可以为人们提供某种反省性洞见。

赖特指出,这样定义的真概念是形而上学中立的概念,实在论和反实在论都可以提供满足平凡之理的真性质,这使得关于"真"的多元论成为可能。赖特说:"没有理由期望最低限度的'平凡之理'会限制其解释的独特性。各种各样的谓词都有可能符合真谓词的条件,我们必须接受这样的可能性,即在不同话语领域真谓词可能在重要方面存在差异。"②最小主义的真概念可以跟不同的"平凡之理"结合,当它满足将真与实在联系在一起的原理时,如"一个语句为真就是与事实相符合",真性质具有实在论的意味;当它满足另外一些将真与认知状态分离的原则时,如"一些真理永远不会被知道",真性质则与反实在论的观点相契合③。具体到不同论域,命题本身所携带的某些特征丰富了最小真概念的内涵,不同论域命题所具有的不同特征导致了不同论域对真有不同的进一步的理解。简言之,存在多个满足上述"平凡之理"的性质都被视为真性质,"真"在不同的论域中取决于不同的事物。

特别地,赖特将数学、道德、喜剧等主题的命题的真与命题的"超可断定性"(superassertibility)等同,即认为反实在论论域的真就是"超可断定性"。"超可断定性"是赖特在普特南"合理的可接受性"概念的基础上提出来的:"一个陈述是超可断定的,当且仅当它是能够被确证的并且它的某些确证能够经受住对其世系的任意密切审查以及对我们信息的任意广泛增加或其他形式的改进。"④换言之,一个命题是超可断定的,仅当某个研究它的人能够在现实世界中达到这样一种信息状态,使得一旦对它的接受被证成,那么无论后来接收到多少相关信息,这种证成都不会改变。然而,在实在论论域内,因

---

① Wright C, "Truth: A traditional debate reviewed", *Canadian Journal of Philosophy*, Vol. 28, No. sup1, 1998, pp. 58-61.
② Wright C, *Truth and Objectivity*. Cambridge MA: Harvard University Press, 1992, p. 75.
③ Pedersen N J L L, Wright C, "Pluralist theories of truth", in Zalta E N. *The Stanford Encyclopedia of Philosophy*, 2018, https://plato.stanford.edu/entries/truthpluralist/.
④ Wright C, *Truth and Objectivity*. Cambridge MA: Harvard University Press, 1992, pp. 47-48.

为相关的背景条件未能满足,即在"真"和可获取的证据之间没有任何本质关联,那么"真"就不会允许依据超可断定性进行解释,而"真"的构成相应地也必定会被不同看待。按赖特的说法,当某些语句呈现出"认知命令"(cognitive command)[①]和"广泛的宇宙角色"(wide cosmological role)[②]时,应该被以实在论的方式解释,即真就等于符合。"认知命令"和"广泛的宇宙角色"是赖特通过反思"符合"与"事实"两个概念获得的关于实在论的特征。他说:"我们可以看看除了与最小约束的联系之外,还有什么其他条件可以解释'符合'概念;在特定情况下,什么是思考"事实"的正确方式。"[③]

赖特强调,话语多元论并不是认为有不同的真谓词 $T_1, T_2, \cdots, T_n$,而是在性质的层面强调普遍的真谓词 T_w 表达的单一的真概念 T_c 根据论域的不同有不同的真性质 T_p,因此,赖特的话语多元论有一个真谓词,一个真概念,多个真性质[④]。这使得话语多元论兼具统一性与多样性,其表现在:"真概念中的统一性由分析理论提供,而其多元论则由这一事实来担保:构成该理论的诸原则允许可变的集体实现。"[⑤]

值得一提的是,赖特提出话语多元论的主要目的是为实在论与反实在论提供争论的基础。实在论与反实在论的争论可以被富有成效地重塑为关于相关话语是否需要一个实在论的稳健的真性质。赖特本人支持超可断定性,于是实在论和反实在论的争论可以表述为,在相关的话语领域中是否有任何理

[①] 赖特认为:"当哲学家们试图通过符合来表达关于局部话语的实在论立场时,他们正在努力捕捉一个与实在论相关的特征,即认知命令。话语显示出认知命令"当且仅当话语中的意见分歧是先验的,除非由于有争议的话语中的模糊性或可接受性标准,或者可以说是由于证据阈值的变化而可以原谅,否则会涉及一些可以恰当地为认知缺陷的东西"。简单地说,认知命令的实质是要刻画世界和语言之间纯粹的表征关系,即世界呈现出什么样子,人们在正常的表征模式下所形成的反应应该是一致的,除非某些先天的因素导致了分歧。参见 Wright C,*Truth and Objectivity*. Cambridge MA: Harvard University Press,1992,pp. 92-93.

[②] 赖特认为,话语呈现出认知命令仅是其承载实在论承诺的必要条件,因此,赖特用广泛的宇宙角色作补充。一个对象具有广泛的宇宙角色,意味着它可以根据相关的客观事态解释其他现象而不是诉诸人们的信念,如果一种对象不具备这一特性,那么它将具有狭窄的宇宙角色。参见 Wright C,*Truth and Objectivity*. Cambridge MA: Harvard University Press,1992,pp. 196- 198.

[③] Wright C,*Truth and Objectivity*. Cambridge MA: Harvard University Press,1992,p. 143.

[④] 赖特最早(1992 年)阐述其理论时并未对真谓词、真概念和真性质做出区分,而在其论述中统一使用真谓词,这也使得有批评者,如佩蒂特(P. Pettit)和塞恩斯伯里(R. M. Sainsbury)将赖特的理论解读为真谓词有不同的含义,"是真的"表达多种概念,指称不同的真性质。对此,赖特在之后的文章中进行了澄清。

[⑤] Wright C,"Minimalism, deflationism, pragmatism, pluralism",in Lynch M P. *The Nature of Truth: Classic and Contemporary Perspectives*,Cambridge MA:MIT Press,2001,p. 761.

由将真与超可断定性分离,如果有,那么实在论赢了;如果没有,则反实在论赢了。

话语多元论作为第一个被提出的多元真理论,具有重要的理论意义。但与此同时,它也招致了一些批评与反对,主要的批评者是林奇。首先,林奇批评赖特的理论更倾向于是一种紧缩论。按林奇的分析,赖特的真概念具有的统一性仅是种伪装的统一,其真概念实际上类似于"中午天空的颜色"这样伪装的确定描述。"中午天空的颜色"是一种确定的描述,但可以在不同的语境下指称不同的对象,同样,在不同的论域中,确定的真概念挑选出不同的真性质。简言之,真概念一方面具有确定性,另一方面具有可变性,确定的是真概念的含义,变化的是真概念挑选出来的性质。因此,对不同论域语句真的谈论将分别被还原为对超可断定性和符合的谈论,而真语句之间并不共有某一性质且根据该性质命题为真,这正是紧缩论的主张[①]。其次,林奇认为,将不同论域的真解释为超可断定、符合等不同的性质容易引起真概念的歧义性问题,即在语义上"超可断定性"与"符合"具有不同的涵义,"赖特把真的多元论全部委托给不同的论域即习规的集体可变性,难免过于'世俗化',以致使'真'具有很大歧义性"[②]。当然,赖特的话语多元论也与其他多元论一样,面临混合问题,这在下文将详细讨论。

6.2.2 二阶功能主义

为了调和真概念的普遍性与真性质的多样性之间的矛盾,或者说兼容真之一元论与多元论,林奇借鉴了心灵哲学中功能主义的多重实现理论,提出了功能主义真理论。根据心灵哲学中的功能主义,心理状态是一种功能,是由它在认知系统中发挥的功能作用而形成的状态。心理状态被工作描述(job description)或因果角色(causal role)定义,比如,疼痛,是由"疼痛可以产生痛苦""疼痛是不好的""疼痛会让人产生焦虑以及想摆脱这种状态的欲

[①] Lynch M P, *Truth as One and Many*. Oxford: Oxford University Press, 2009, pp. 61-65.
[②] 陈晓平:《心灵、语言与实在:对笛卡尔心身问题的思考》,人民出版社 2015 年版,第 335 页。

望"（它们是关于疼痛的"平凡之理"，构成疼痛的日常概念）一起定义的，由它们一起构成了疼痛的工作描述。在任何特定的有机体中，可以实现这一功能或扮演这一角色的对象（低阶物理系统、基质、状态、性质）可能与其他有机体是不同的，这使得心理状态具有"可多重实现"的特性。如疼痛可以由人类所具有的某种神经实现，也可以由其他动物身上不同的神经实现，甚至可能由外星人身上的某种不同的物理性质实现。在不同的有机体上，疼痛等心理性质的多重实现依赖于不同的物理性质的拥有。功能主义注重的是功能作用的实现，而非实现此功能的对象，其实现方式并不是唯一的，心理性质和其实现者之间是一对多的关系。

将心理性质作为类比对象，林奇主张真本质上也是一种功能角色。说真是一种功能性质，即说真是一种被其功能作用定义的性质，实现真之功能就是要满足某种工作描述。因此，说一个命题为真或者说具有真性质是因为该命题实现了真所具有的功能。因此，命题的真值条件可以刻画如下：

（FT）$(\forall p)$命题p是真的，当且仅当p拥有实现真之功能的性质F。

在功能主义解释下，功能是可多重实现的，实现真之功能的性质有多个，而不是一个。因此，将真纳入功能主义框架，一方面可以保证真概念的同义性，另一方面又可以实现命题为真方式的多样性。

将真解释为一种功能性质，就必须明确真的功能作用或角色，即给出真的工作描述。在心灵哲学的功能主义中，疼痛等心灵性质的功能是由"疼痛可以产生痛苦""疼痛是不好的"等相关的平凡之理一起描述和刻画的。类似地，真的功能也由关于真的平凡之理一起构成。关于真的平凡之理，一方面，在沿袭赖特基于其概念分析理论的基础上，林奇强调它们一起构成了关于真概念的刻画，但这些原则并不是简单的罗列，在这些原则中，真概念与其他概念（如事实、命题等）相互联系、构成了一个概念网络；另一方面，在功能主义解释下，关于真的平凡之理也是对真所具有的功能或职责的描述。林奇认为，关于真的平凡之理包括但不限于如下两组[1]：

---

[1] Lynch M P, "A functionalist theory of truth", in Lynch M P. *The Nature of Truth: Classic and Contemporary Perspectives*, Cambridge MA: MIT Press, 2001, pp. 730-731.

（A）

命题 p 是真的，当且仅当 p。

命题 p 是假的，当且仅当并非 p。

命题是为真或为假的东西。

每一个命题都有一个否定。

一个命题可以是合理但不真的，也可以是真的但不合理的。

真命题表征或符合事实，而假命题则不然。

事实是使得命题为真的东西。

（B）

断言 p 为真意味着人们相信 p。

只有当 p 为真时人们才知道 p。

诚实的人通常讲真话。

故意断言你知道是假的东西是撒谎。

在说明了何谓真之功能之后，还需要进一步说明如何实现真之功能。林奇借鉴了刘易斯定义理论词项的方法和兰姆塞公式（兰姆塞-刘易斯方法）来说明如何实现真之功能以及如何确定实现真之功能的性质。具体如下：

（F）x 具有实现真之功能的性质 $\leftrightarrow \exists t_1[A(t_1 \cdots O_1, \cdots, O_m) \& x$ 拥有性质 $t_1]$

其中，x 表示任意原子命题，t_1 是真的变元。它的意思是，命题 x 是真的，当且仅当，存在性质 t_1 它在 A 所描述的结构中与其他性质即 O 类性质相互联系，并且 x 具有性质 t_1。（F）告诉我们实现真之功能是怎么一回事儿，以及如何找出实现真之功能的具体性质。

值得一提的是，最初林奇是通过兰姆塞-刘易斯方法直接给出真的功能定义，后来他意识到这样定义的真实际上是将真等同于实现者性质，这并不是一种好的选择。因为如果将真等同于某个论域中的实现者性质（符合、融贯或其他），这一还原论做法将导致面临与赖特理论相同的挑战。因此，为了避免上述问题，林奇将真定义为一种二阶性质[1]，即

---

[1] Lynch M P, "Truth and multiple realizability", *Australasian Journal of Philosophy*, Vol. 82, No. 3, 2004, p. 394. 也可参见 Lynch M P, "Rewrighting pluralism", *The Monist*, Vol. 89, No. 1, 2006, p. 76.

二阶真：真性质 = 具有实现真之功能性质的性质。

在这一定义下，"真"严格地表示一种独特的功能性质。当命题具有实现该功能（角色）的性质时命题为真，但这并不意味着真等同于实现该功能的性质，此时的真是一种统率实现者的功能性质，尽管实现者在不同的论域中会发生变化，但作为表达二阶性质的真概念和二阶的真性质都是统一的，不会随着实现者的改变而改变。总而言之，如果真是二阶功能性质，那么所有真命题都共有同一个真性质，真谓词在每个论域中严格指定该性质，这保证了所有真命题共有一个真性质。

林奇指出，将真等同于一种二阶性质而不是将其等同于实现者性质（符合、超融贯）具有两个优势：一是保留了一元论的优势，二阶性质作为对一阶性质的概括使得"表达高阶性质的真概念则是趋同的和单义的"[①]，将真解释为一种二阶功能性质，就不会导致随着语境的改变"真"语词具有不同的涵义和指称；二是抓住了多元论的直觉，通过功能的多重实现，保证了命题成真方式的多样性。总之，林奇把真看作一种可多重实现的二阶性质的做法为达到真之一元论与多元论的统一提供了可能方法。然而，将真解释为一种二阶性质是否合理呢？首先，二阶真概念的稳定性和单义性是有限的，将随着人们对实现者认识的变化而变化[②]。其次，更为严重的一个问题是，二阶的真性质是在一阶实现者的基础上派生出来的，而真的平凡之理是关于"真"且用于识别"真"的先验原理，在将由相关的平凡之理识别出的符合等性质的基础上定义一个二阶的真势必导致该二阶性质与真无关[③]。对此，林奇本人也表达了相同的担忧。二阶真性质是平凡之理所刻画的真概念所表达的真性质吗？或者说，二阶真性质是否具有平凡之理刻画的关于真的特征呢？答案显然是否定的。平凡之理是瞄准真的，但当前满足平凡之理的是实现者性质，而不是真本身，于是，二阶性质作为一阶实现者性质的概括并不与真性质相同一。

[①] 陈晓平：《心灵、语言与实在：对笛卡尔心身问题的思考》，人民出版社2015年版，第337页。
[②] 陈晓平：《心灵、语言与实在：对笛卡尔心身问题的思考》，人民出版社2015年版，第337-338页。
[③] Edwards D, *The Metaphysics of Truth*. Oxford: Oxford University Press, 2018, p. 130.

6.2.3 显现功能主义

基于二阶功能主义的上述问题，林奇提出了一种新的功能主义真理论——显现功能主义。在整体上，新的理论依然建立在功能主义的基础上，一个命题为真依然是因为该命题实现了真所具有的功能，即命题的真值条件不变，主要的修正体现在刻画真之功能的原理、实现真之功能的性质（局部性质）和真之间的关系、真的定义等方面。

在显现功能主义中，林奇给出了不同于二阶功能主义的平凡之理来刻画真之功能，同时赋予了平凡之理一个新的名称"自明之理"（truisms）。出于简洁性，林奇通常将关于真的自明之理称为三条核心原理（core truism），除此之外的原理统称为一般原理。林奇的核心原理如下[①]。

客观性原理：命题 p 是真的，当且仅当，对于信念 p，事物正如 p 所是；

信念规范原理：相信命题 p 表面上是正确的，当且仅当，命题 p 是真的；

探究目标原理：在其他条件相同的情况下，真信念是有价值的探究目标。

除了上述三条核心原理，功能主义框架中其他真的自明之理主要有："所有的命题要么为真要么为假""命题 p 是真的当且仅当 p""只有真命题才能被知道""真在有效推理中得到保存"等，我们称之为一般原理。核心原理的地位是由其普遍接受性以及基础性确立的，否认它们会造成重大的理论损失。林奇并不排除部分一般原理可以纳入核心原理中，但有些看起来并不符合大众直观，有些并不能被哲学家们广泛接受，所以哪些可以纳入核心原理还有待商榷。较之于之前的自明之理，核心原理更为直观，不同于哲学家们通过哲学论证得出的相关原则，它们是普通大众持有的信念，是默认的、不证自明的、前概念性的。

在功能主义框架下，核心原理一起刻画了真之功能。具体来说，真具有客观地表征世界的功能，规范信念的功能，以及为认知实践树立正确方向的功能，这是基于对核心原理的功能主义解释抽离出来的真之功能。

根据命题的相关事实（主要包括命题的内容、构成命题的概念，特别是

[①] Lynch M P, *Truth as One and Many*. Oxford: Oxford University Press, 2009, p. 70.

概念所指称的实体），林奇给出了如下几种实现真之功能的性质：符合、超融贯（supercoherent）、共一致（concordance）。

符合：命题"a 是 F"是真的，当且仅当，<a>所指称的对象具有<F>所指称的性质[1]。

超融贯：命题 p 是超融贯的，当且仅当，命题 p 在某个知识阶段是融贯的，并且在任何知识发展阶段都是融贯的[2]。

共一致：命题 p 是共一致的，当且仅当，命题 p 与整个道德框架超融贯，同时，该框架内与道德判断相关的非道德判断为真[3]。

为了避免二阶功能主义的困难，林奇直接将真等同于功能角色——显现真：真性质是一种本质上具有真之特征（truish features）或实现真之功能的性质[4]。

在这里，林奇引入了"真之特征"这一新的概念，林奇的真之特征看似是一个新的概念，但实际上它只是真之功能的另一种说法。真之特征同真之功能一样，也是由核心原理一起刻画的，是从核心原理中提取的关于真的特征或者说是根据真之功能规定的。可以说，真之功能和真之特征在某种程度上是对同一个对象的不同角度的刻画，如果把真所具有的全部功能视为真的特征，真之特征就等同于真之功能。

由此，我们可以看出，林奇是基于核心原理直接将真看作相关特征的总和。起初，林奇将核心原则解释为真的名义本质，并将它们定位为寻找真之本质的出发点，而现在，林奇直接将核心原则等同于真之本质："我们注意到，认为我们关于真的自明之理给了我们真的名义本质是合理的。更为传统的理论则在别处寻找真的实质本质。但还有另一种选择：为什么不把真的特征视为构成真的实质本质以及它的名义本质，至少部分如此？"[5]但这一做法的合法性何在？一般来说，某一对象的名义本质与其实质本质是不一样的。以水为例，水是一种由 H_2O 分子构成的物质，这被认为是水的实质本质，水的本

---

[1] Lynch M P，*Truth as One and Many*. Oxford：Oxford University Press，2009，p. 22.
[2] Lynch M P，*Truth as One and Many*. Oxford：Oxford University Press，2009，p. 40.
[3] Lynch M P，*Truth as One and Many*. Oxford：Oxford University Press，2009，p. 176.
[4] Lynch M P，*Truth as One and Many*. Oxford：Oxford University Press，2009，p. 74.
[5] Lynch M P，*Truth as One and Many*. Oxford：Oxford University Press，2009，pp. 73-74.

质的重要性在于它解释了水之所以为水以及与其他对象做出区分。但水的（日常）概念并不是据此被人们理解，人们所理解的水的概念是，水是流动的，水是透明的等，这些构成了水的名义本质。在水的例子中，水的名义本质和实质本质显然是不同的。类比于水，传统真理论者通常认为，真属性有许多不被其（日常）概念所揭示的特征，比如，在日常生活人们关于真的概念并不会体现命题与事实的符合内涵。同样，真如果有本质，那么，真的本质一定解释了"雪是白的"为何为真，并将为真的命题得以与假命题区分开来，一旦揭示了真的本质，哲学家就可以据此给出真的哲学概念。因此，一般认为，名义本质和实质本质并不相同。所以，很多学者认为林奇关于名义本质与实质本质等同的说法不合常规，需要给出合理的解释。

我们认为，林奇的这一说法或做法在功能主义框架下是合理的。因为功能属性一般由它们的功能作用定义，也就是说，由它们相关特征的总和定义，这些特征被认为是它的基本特征，作为一种功能性质，真的本质在于其功能，因此，将关于真的核心原则等同于对真之本质的规定可以是合理的。

与二阶真性质相比，上述对真性质刻画的最大不同是林奇不再利用实现性质来定义真，这使得真不再是一种二阶性质，而是随附于实现者的一阶性质。需要注意的是，尽管真不再是一种二阶性质，依然不能将真等同于不同论域中的实现性质。不同论域的实现性质是作为具体的实现真之功能的对象起作用的，而真性质是随附在具体的实现性质中的一种普遍的、不受论域限制的为所有真命题共有的性质。

随着真之定义的改变，真与实现者之间不再是实现关系，而是代之以显现关系，实现者与真之间是显现与被显现的关系，或者说真内在于符合等性质之中。对于显现关系，林奇定义如下：

"性质 F 内在于性质 M，或被性质 M 显现，仅当 F 的概念上的本质特征先验的是 M 的特征的子集。"[①]

林奇对"概念上的本质特征"之涵义做了进一步的规定："F 的概念上的本质特征是 F 的本质特征，并且 F 的概念上的本质特征（1）是 F 的部

---

① Lynch M P, *Truth as One and Many*. Oxford: Oxford University Press, 2009, p.74.

分名义本质；（2）是概念上必然的特征；（3）有助于将 F 与其他性质区分开来。"①

这里的 F 表示真性质，M 表示符合、超融贯、共一致等显现性质。首先，如前所述，名义本质指的是真的日常概念或直觉，而核心原理是从关涉真的日常概念中挑选出来的，所以，真在概念上的本质特征自然构成了真的部分名义本质。其次，概念上的本质特征是作为概念上必然的东西成立的，如果真概念缺乏真在概念上的本质特征，那么真概念就不是关于真的概念，而是关于其他对象的概念②。此外，根据亚里士多德关于本质的看法，某对象的本质就是使其是其所是的东西，因此，一个性质区别于其他性质的关键在于它们的本质特征的不同，真在概念上的本质特征也是真的本质特征，由此，真概念的本质特征足以将真与其他性质区分开来。

6.2.4 确定多元论

爱德华兹将使得不同论域命题为真的性质与真之间的关系刻画为一种确定与被确定的关系，进而提出了确定多元论。

爱德华兹注意到"真"和"赢"两者之间具有极大的相似性。赢（成为赢家）这一令人非常渴望的性质，可以通过各种不同的方式获得，这取决于所玩的（竞争性）游戏。在台球比赛中获胜（如在对手面前击黑球）和在赛跑中获胜（第一个冲过终点线）是非常不同的。尽管"赢"是由在不同游戏中拥有的其他性质决定的，但"赢"的性质似乎是不变的。但"赢"不同于"制胜"的性质，并且也不是"制胜"性质的一部分。对于每一个特定的游戏，都会有一个"制胜"的性质，这个性质的拥有者会自动拥有"赢"的性质。以台球为例，"赢"性质可以定义为在你的对手之前射中黑球（当然是在射中你自己所有的球之后）。类比于赢，爱德华兹认为，"赢"和"制胜"之间的关系为统一真的多元论直觉和一元论直觉提供了一种模式，即无论考虑哪一

---

① Lynch M P, "Three questions for truth pluralism", in Pedersen N J L L, Wright C. *Truth and Pluralism: Current Debates*, Oxford: Oxford University Press, 2013, p. 31.

② Newhard J, "Alethic functionalism, manifestation, and the nature of truth", *Acta Analytica*, Vol. 29, 2014, p. 355.

个话语论域，真总是一样的，与此同时，使命题为真的性质从一个论域到另一个论域是不同的，就像让玩家成为赢家的性质在不同的比赛中会发生变化一样。简而言之，游戏的种类是多种多样的，不同的游戏在不同规则体系下确定获胜的方式也不尽相同，但它们的目标是一致的，都是为了赢。在将真与赢类比的情况下可以发现，命题的种类也是多种多样的，根据主题不同可以划分为不同的论域，并且不同种类的命题被确定为真的方式也是不同的，但它们都为真。通过这一类比，爱德华兹获得了关于真在同时保持多样性和统一性方面的直觉，这为构建一种可行的多元真理论提供了可能方法。

爱德华兹的计划是，通过给出赢的相关理论以获得关于真的理论。对于赢，有如下直觉：一方面，赢是一个统一的、普遍的性质，是所有比赛共同的目标，在不同比赛之间并不呈现出任何差别与不同；另一方面，尽管不同种类比赛的目标是一致的，但其通达目标的方式是不一样的。这暗示着赢具有双重特征：统一性（是所有比赛的目标）和多样性（不同的比赛制胜的方式不同）。因此，构建赢的相关理论必须满足统一性与多样性的双重约束，而满足双重约束的最好方法是认为每一类比赛都存在一个确定性质（determining property），是否拥有该性质决定是否拥有普遍的赢性质。同时，由于比赛类别的差异，不同的比赛有不同的确定性质，比如，在玩游戏 x 时：如果一个人拥有性质 F，那么他就赢了（拥有赢的性质）。以国际象棋和赛跑为例，其赢得比赛的条件如下。

国际象棋：如果一个人拥有将死对手国王的性质，那么他就赢了。

赛跑：如果一个人拥有第一个冲到终点的性质，那么他就赢了。

爱德华兹强调，尽管特定于比赛的某一性质决定了比赛获胜的性质，但本质上确定性质不能等同于赢这一性质，因为，赢是统一的、普遍的，确定性质是多样的，确定性质的本质由相关比赛的游戏规则确定，而赢则是通过一系列耗尽其相关特征的原则一起刻画的，这决定了赢的性质和确定赢的性质二者在根本上是不同的，不能简单地把赢等同于确定赢的性质。对于赢这一性质，爱德华兹认为，赢这一性质是不可以还原的，无法用其他性质来解释。

类比于赢的上述理论，爱德华兹提出了能够兼容真的多样性与统一性的真之确定多元论。正如赢是比赛的目标，真是信念的目标。在这里，与赢一样，真是由关于真的一系列平凡之理一起刻画的，并且真是统一的、普遍的、不可还原的。爱德华兹所列出的平凡之理主要有[①]：

真是探究目标的性质；

真是一种不同于核验的性质；

真是一种不同于确保可断定性的性质；

命题 p 是真的，当且仅当 p；

具有真性质就是如实地描述是其所是；

断定 p 就是表示 p 具有真性质；

"a 是 F" 是真的，当且仅当 a 所指称的对象具有 F 所指称的性质。

那么，真作为信念的目标是如何获得的呢？或者说是什么决定了命题（信念内容）为真呢？类比于上述赢的理论，爱德华兹认为，命题的真是通过拥有一种其他性质而获得的，即确定性质。因此，命题为真的条件如下：

在话语论域 x：如果命题 p 具有性质 F，那么 p 是真的[②]。

例如，

在物理论域：如果命题 p 符合事实，那么 p 是真的；

在数学论域：如果命题 p 与基本公理相融贯，那么 p 是真的；

在道德论域：如果命题 p 是超可断定的，那么 p 是真的[③]。

基于一个论域中只有一个确定性质（这是多元论的一个基本前提[④]），可以得到命题的真值条件，

在话语论域 x：命题 p 是真的，当且仅当，命题 p 具有性质 F[⑤]。

[①] Edwards D, "Truth, wining, and simple determination pluralism", in Pedersen N J L L, Wright C. *Truth and Pluralism: Current Debates*, Oxford: Oxford University Press, 2013, p. 117.

[②] Edwards D, "Truth, wining, and simple determination pluralism", in Pedersen N J L L, Wright C. *Truth and Pluralism: Current Debates*, Oxford: Oxford University Press, 2013, p. 116.

[③] Edwards D, "Truth, wining, and simple determination pluralism", in Pedersen N J L L, Wright C. *Truth and Pluralism: Current Debates*, Oxford: Oxford University Press, 2013, p. 118.

[④] 根据多元真理论，论域与性质 F 之间具有一种适配性，命题根据所属论域的不同示例不同的性质 F，这种适配性可以表示为：存在论域 $D_1, \cdots, D_n$ ($n \geq 2$) 以及性质 $F_1, \cdots, F_n$ ($n \geq 2$)，如果命题 $p \in D_i$，且 p 示例 F_i，那么 p 为真；如果命题 $p \in D_i$ 且 p 为真，那么 p 示例 F_i。

[⑤] Edwards D, "Truth, wining, and simple determination pluralism", in Pedersen N J L L, Wright C. *Truth and Pluralism: Current Debates*, Oxford: Oxford University Press, 2013, p. 118.

具体到上述实例，有，

在物理论域：命题 p 是真的，当且仅当，p 与事实相符合；

在数学论域：命题 p 是真的，当且仅当，p 与基本公理相融贯；

在道德论域：命题 p 是真的，当且仅当，p 是超可断定的[1]。

爱德华兹强调，在上述双条件句中，条件句的右侧相比左侧在解释上具有优先性，是确定性质决定了命题的真，但反之不然。例如，在道德论域中，是因为命题 p 是超可断定的，所以命题 p 为真，而不是因为命题 p 是真的，所以命题 p 是超可断定的。这体现了确定性质和真之间的奠基关系，命题的真要基于局部性质，这是所有温和多元论的特征。

至此，爱德华兹构建了确定多元论的大概框架。不过，关于这一理论有几个问题需要进一步讨论。

首先，确定多元论属于一元论还是多元论？根据多元论的基本观点——真在不同的论域有不同的本质，确定多元论属于多元论。但爱德华兹又强调，一个关于真的"平凡之理"的完整列表就为真之本质提供了详尽的、完整的描述，该列表所刻画的真具有唯一性、普遍性，并且无法被还原为其他性质，按这种解释，则确定多元论属于一元论。事实上，这体现了确定多元论的矛盾之处，其他形式的温和多元论也面临同样的问题。不过多元论者普遍认为，普遍真奠基（ground）于局部性质之上，只有在具有局部真性质的情况下命题才为真，这意味着局部性质是形而上学更为基础的性质，从这个意义上讲，温和多元论更偏向于多元论[2]。

其次，确定多元论框架下的真无法被还原为其他性质，是否意味着确定多元论是一种原初主义理论[3]？爱德华兹拒绝将确定多元论视为一种原初主义真理论，认为二者在描述真上存在着质的区别：原初主义主张真无法还原

---

[1] Edwards D, "Truth, wining, and simple determination pluralism", in Pedersen N J L L, Wright C. *Truth and Pluralism: Current Debates*, Oxford: Oxford University Press, 2013, p. 118.

[2] Pedersen N J L L, Wright C, "Pluralism about truth as alethic disjunctivism", in Pedersen N J L L, Wright C. *Truth and Pluralism: Current Debates*, Oxford: Oxford University Press, 2013, p. 102.

[3] Edwards D, *The Metaphysics of Truth*. Oxford: Oxford University Press, 2018, p. 125. 也可参见 Edwards D, "Truth, wining, and simple determination pluralism", in Pedersen N J L L, Wright C. *Truth and Pluralism: Current Debates*, Oxford: Oxford University Press, 2013, p. 116.

背后的深层原因是认为无法为之提供满意的解释，而确定多元论认为通过一系列的平凡之理可以提供满意的解释，只是无法提供还原论的解释而已[①]。当然，这只是爱德华兹自己的说辞，戴维森则对此有另外的看法："在大多数情况下，哲学家选择出来予以注意的概念，比如真、知识、信念、活动、原因、好的和对的，乃是我们拥有的最基本的概念。没有这些概念，（我倾向于说）我们就会根本没有概念……如同摩尔、罗素和弗雷格主张的，塔斯基证明的那样，真乃是一个不可定义的概念。这并不是说，关于它我们不能说出任何富有揭示性的东西，因为通过把它与其他诸如信念、欲望、原因和活动这样的概念联系起来，我们能够对它做一些揭示性的说明。真的不可定义性也不意味着这个概念是神秘的、歧义的或不值得信赖的。"[②]

6.2.5 析取多元论

析取多元论也叫析取主义，是将真等同于一种由不同论域的局部真性质作为析取支的析取性质的多元真理论。佩德森、赖特是析取多元论的主要支持者。

假设存在论域 $D_1, \cdots, D_n$（$n \geq 2$），以及满足核心原理的特定论域的性质 $F_1, \cdots, F_n$（$n \geq 2$），那么析取真可以定义为

$$(T\vee)(\forall p)(T\vee(p) \leftrightarrow ((F_1(p) \wedge D_1(p)) \vee \cdots \vee (F_n(p) \wedge D_n(p))))$$

其中，$F_n(p)$ 表示 p 具有性质 F_n，$D_n(p)$ 表示 p 属于论域 D_n。根据(T∨)，命题为真，当且仅当 p 或者属于论域 D_1 并且具有性质 F_1，或者 p 属于论域 D_2 并且具有性质 F_2……或者 p 属于论域 D_n 并且具有性质 F_n。

相比其他形式的多元真理论，析取多元论在内容和形式上都较为简单，既没有引入"实现""显现""确定"这些复杂的概念来刻画局部真性质与真之间的关系，更没有为"真是什么？"提供深刻的答案，仅是在某些满足核心原理的性质的基础上运用逻辑手段规定了一个普遍性的析取性质。不过，关于析取多元论仍有如下几点值得注意与讨论。

[①] Edwards D, *The Metaphysics of Truth*. Oxford: Oxford University Press, 2018, p.171.
[②] 戴维森：《试图定义真乃是愚蠢的》，王路 译，《世界哲学》2006年第3期，第90-98页。

首先，析取多元论是不完整的。不同论域的真性质具体有哪些，析取多元论并未给出具体的解释。诚然，其他多元真理论也对 $F_1, \cdots, F_n$ 等局部真性质的数量持开放态度，但析取多元论需要给出 $F_1, \cdots, F_n$ 的完整解释，这是因为析取真是以它们为基础来定义的，如果局部真性质是不完整的，相应地，以它们为基础的真之定义也是不完整的。对此，析取多元论需要进一步完善具体的细节。

其次，有学者认为在（T∨）双条件的右边提到的"论域"对正确地判断命题的真假至关重要，因为缺少对命题论域的限制，会出现假命题为真的情况[①]。根据多元真理论的基本观点，不存在使得所有命题据以为真的性质，存在的是 $F_1, \cdots, F_n$ 等局部真性质，它们是相对于某个论域的真性质。这意味着一个命题仅拥有某个论域的性质不足以判断其为真，这是因为该性质可能是属于其他论域的性质，而一个命题为真必须具有命题所属论域的真性质。如果不限制命题的论域，那么在判断命题的真假时可能会得到错误的结果。这是因为尽管多元论主张不同的论域有不同的真性质，但没有严格规定一个命题不能同时拥有多个特定论域的真性质，比如，"雪是白的"这一物理论域的命题在具有符合性质的同时也是超可断定的，只要该命题符合现实，就可以作为在当前阶段以及后续的阶段的相关证据证成该命题。没有理由假设每一个特定论域的真性质只能为它们所属论域内的命题拥有，也就是说，没有任何理论反对超可断定性不能被一个涉及物质世界状态的命题所拥有。为了更清楚地说明这一点，假设符合事实是论域 D_1 的真性质，超可断定性是论域 D_2 的真性质。现在考虑一个属于论域 D_1 的命题 p，它是超可断定的，但不具有符合性质。问：p 为真吗？由于它缺乏其论域的真性质，它应该为假，但是，在不限制命题论域的情况下，真可以被定义为

$$(T\vee *)(\forall p)(T\vee(p)\leftrightarrow(F_1(p)\vee\cdots\vee F_n(p)))$$

根据该定义，p 为真。这是因为 p 虽然不具有符合性质，但它是超可断定的，根据该定义，只要命题具有任何一个析取支，该命题就具有普遍的真性质。这一结果使得很多假命题为真，这是令人难以接受的。此外，如果真

---

① Edwards D, "On alethic disjunctivism", *Dialectica*, Vol. 66, No.1, 2012, p. 203.

被定义为（TV*），那么，根据（TV*），命题 p 在这种情况下为假，p 不满足任何一个析取支，即 p 不具有性质 F_1，并且不具有性质 F_2……并且不具有性质 F_n。由于多元论对局部真性质的数量持开放态度，加上析取多元论并没有给出 $F_1, \cdots, F_n$ 的完整解释，于是，在没有论域限制的情况下，要判断命题为假是十分困难的。不过，在真之定义或真值条件中增加对命题的论域限制的做法事实上是不必要的。一般认为，对命题论域的限制已经隐含在命题的具体实例中。根据多元论的基本观点，任意具体的原子命题都有其论域归属（复合命题需要进一步讨论），这也是多元论的基本出发点，正是基于不同种类的命题属于不同的论域才有了真是"多"的主张。可以说，命题本身自带论域限制，于是，用佩德森和赖特的话说，无须在真之定义或真值条件中乏味地展现出来[①]。

6.3 多元真理论面临的问题

作为最近二十年来兴起且仍在发展中的真理论，多元真理论不可避免地面临一些问题，这些问题有一些是不同版本的理论独有的，有一些则是所有多元论共有的。在本节，我们主要讨论混合复合问题和实质性问题，这也是多元真理论面临的两个主要问题。

6.3.1 混合复合问题

混合问题是指由于一个命题或推理中包含了属于不同论域的命题或概念而产生的命题或推理整体的论域不明。该问题主要源于多元论对"论域"的承诺。论域是命题的集合或类，由不同的命题构成的集合或类就构成了不同的论域。根据多元真理论，一个论域就代表了一种类型的命题，也代表了一种成真方式，因此，不同的论域有不同的真性质，比如，物理领域的真命题可能具有"符合"的真性质，数学领域的真命题可能具有"融贯"的真性质。

[①] Pedersen N J L L, Wright C, "Pluralism about truth as alethic disjunctivism", in Pedersen N J L L, Wright C. *Truth and Pluralism: Current Debates*, Oxford: Oxford University Press, 2013, p. 92. 见注释 13。

就此而言，论域是多元真理论的重要概念。

混合问题有多种类型，主要包括混合复合问题、混合推理问题、混合原子问题等，其中最具代表性的是混合复合问题。混合复合问题由塔波莱特（C. Tappolet）在 2000 年的论文中提出，旨在反对赖特的强多元论，它也是强多元论在很长一段时间内被认为是没有前途而受到忽视的主要原因之一。

混合复合问题又可以分为混合合取、混合析取等多种类型，其中以混合合取最为典型，该难题对如何解释来自不同论域的命题构成的复合命题的真提出了挑战。考虑如下命题：

（1）雪是白的并且醉酒驾驶是违法的。

使该合取命题为真的两个支命题属于不同的论域，按多元论的基本思想，这两个支命题有不同的真性质。那么，该合取命题在什么意义上为真？我们既不能在符合的意义上解释整个命题的真，也不能在超融贯或超可断定的意义上解释。鉴于此，塔波莱特认为："混合合取需要以更进一步的方式为真……但这样的话每一个合取支都必须以同样的方式为真。这是从一个平凡之理中得出的结论：一个合取命题是真的，当且仅当它的合取支是真的。因此，问题再次出现，为什么这种进一步的为真方式不是我们唯一需要的？"[1]塔波莱特的质疑意味着存在不同于符合和超融贯或超可断定的第三种性质，而且这个性质是普遍的，既可以解释物理论域的命题也可以解释道德论域的命题。普遍真的假设足以解释所有论域的命题，这与多元论者"不同的论域有不同的真性质"的观点相矛盾。换言之，承认普遍真性质使其他真性质变得多余，从而削弱了多元论的立场。

由于强多元论与温和多元论在"是否存在普遍的真性质"上持不同立场，相应地，它们处理混合复合问题的方法也有所不同。基于仅存在局部真性质，不存在普遍真性质的主张，强多元论的解决方案在于寻找适合复合命题的局部真性质；而温和多元论因为承认普遍的真性质，其解决方案重在解释混合复合命题如何具有这一普遍的真性质。

---

[1] Tappolet C, "Truth pluralism and many-valued logics: A reply to Beall", *Philosophical Quarterly*, Vol. 50, No. 200, 2000, p. 385.

根据强多元论只存在局部真性质的主张，为复合命题提供某种局部的真性质是一种自然的选择。因此，强多元论解决混合复合问题主要有两种不同的方案：一是在标准论域之外设立逻辑论域，使得复合命题具有逻辑论域的真性质；二是假设每种类型的复合命题都具有各自不同的真性质。

第一种方案是从论域的角度试图为复合命题设置逻辑论域（D_L）以及其特定的真性质（记为 T_L）。这一方案背后的逻辑从爱德华兹的如下话语中可以看出，"当我们谈论复合命题与其组成部分之间的关系时，我们有理由认为我们是在逻辑话语的论域内运作的：是适当的逻辑规则决定了正确的关系。沿着真之多元论的思路思考，这里的真性质将是在逻辑论域中等同于真的任何性质"[1]。但该方案遭遇了定义逻辑论域和逻辑真性质的困难[2]。如果将逻辑论域定义为"任何包含逻辑成分的命题都属于逻辑论域"，那么将会出现一个两难的困境：一方面，根据这一定义，$\neg\neg p$ 属于逻辑论域，但它与在内容上等价的原子命题 p 却不属于，这让人难以接受；另一方面，如果说 $\neg\neg p$ 不属于逻辑论域，而是和 p 属于相同的论域，这又与逻辑论域的定义相矛盾。就定义逻辑真性质而言也存在同样的问题：对于标准论域而言，它们的真性质是根据该论域的命题的特征来确定的，例如，物理论域的命题具有表征事实的特征，据此，可以根据逻辑论域命题的特征来确定逻辑真性质。根据对复合命题的普遍理解，复合命题的真值取决于其逻辑成分，于是可以把逻辑真定义为这样一种性质：一个命题具有逻辑成分且根据逻辑规则为真。在这一定义下，同样会出现一个两难困境：一方面，根据定义，$p\wedge p$ 具有 T_L，而 p（假设 p 属于物理论域）具有符合性质，这让人难以接受；另一方面，如果说 $p\wedge p$ 具有符合性质，则违反了对逻辑真的定义。

另一种方案是为不同类型的复合命题找寻不同的真性质。该方案是基于复合命题之间的区分。尽管复合命题都具有逻辑成分，但它们具有的逻辑成分是不一样的。例如，合取命题和析取命题，在逻辑成分上存在差异，其真值条件也不相同，将它们无差别地归为一个论域无法体现它们之间的差别。

---

[1] Edwards D, "Truth-conditions and the nature of truth: Re-solving mixed conjunctions", *Analysis*, Vol. 69, No. 4, 2009, p. 685.

[2] 周振忠：《真之多元论的混合合取难题》，《逻辑学研究》2021 年第 1 期，第 71-81 页。

因此，根据它们的真值条件可以确定它们各自不同的真性质。根据复合命题的真值条件，合取命题具有合取真（conjunction-truth），记为 T∧，析取命题具有析取真（disjunction-truth），记为 T∨，类似地，其他类型的复合命题也具有独特的真性质。以合取命题、析取命题为例，它们分别具有如下真性质：

（T∧）$p_1 \wedge \cdots \wedge p_n$ 为真，当且仅当，所有的合取支都为真（具有所属论域的局部性质）；

（T∨）$p_1 \vee \cdots \vee p_n$ 为真，当且仅当，至少有一个析取支为真（具有所属论域的局部性质）。

对于合取真和析取真存在不同的理解。一种解释认为 T∧ 和 T∨ 本身不是任何具体合取命题和析取命题的真性质，仅是对它们真性质的普遍描述，确定合取命题和析取命题的真性质要具体到命题的逻辑形式以及原子命题的内容，即每一类型的合取命题和析取命题都通过其真值条件引入相应的真性质。比如，假设 p 属于 D_1 且具有真性质 T_1，q 属于 D_2 且具有真性质 T_2，r 属于 D_3 且具有真性质 T_3，则命题 $p \wedge q$ 为真当且仅当 p 为 T_1 且 q 为 T_2，命题 $p \wedge q \wedge r$ 为真当且仅 p 为 T_1 且 q 为 T_2 且 r 为 T_3[①]。复合命题的逻辑形式以及原子命题的语义内容都会影响复合命题的真性质。基于复合命题形式的多样性，以及简单的复合命题还可继续迭代形成更为复杂的复合命题，该种解释必然会造成真性质在数量上的膨胀。尽管多元论并没有明确限制局部真性质的数量，但基于本体论的简洁性要求，这种膨胀是令人惊讶甚至无法接受的。

金和佩德森则视 T∧ 和 T∨ 分别为任一形式的合取命题和析取命题的真性质[②]。这种解释将合取命题和析取命题的真值条件视为它们的真性质，$p_1 \wedge \cdots \wedge p_n$ 为真在于它示例了合取性质，$p_1 \vee \cdots \vee p_n$ 为真在于它示例了析取性质，但并不对不同类型的合取命题和析取命题做出区分。无论哪种类型的合取命题（析取命题）只要能满足为真的条件，该命题就具有合取真（析取真），这是因为复合命题作为原子命题的真值函项其所具有的逻辑形式以及某些事

---

① Cotnoir A J, "Generic truth and mixed conjunctions: Some alternatives", *Analysis*, Vol. 69, No. 3, 2009, pp. 473-479.

② Kim S, Pedersen N J L L, "Strong truth pluralism", in Wyatt J, Pedersen N J L L, Kellen N. *Pluralisms in Truth and Logic*, Cham: Palgrave Macmillan, 2018, pp. 107-130.

实（某些原子命题具有真性质或者所有的原子命题都具有真性质）决定了命题的真假，而原子命题具体属于哪个论域，具有什么真性质对决定复合命题的真假是不重要的。

这种解释虽然为复合命题增加了真性质，且不会像第一种解释那样造成真性质在数量上的无限膨胀，但这并不意味着该解释就是合理的。一般来说，当某一对象 Q 具有独立的解释作用的时候，可以认为 Q 是真正的实体，因此，要引入复合命题的真性质最好能够证明它们具有独立的解释作用。事实上，它们并不具有独立的解释价值，这表现在复合命题的真可以诉诸它们的真值条件，没有必要通过真值条件承诺额外的实体[1]。

不同于强多元论，温和多元论主张除了各种局部的真性质以外，还存在着不分论域的适用于所有真命题的真性质，前者谓之"多"，后者谓之"一"，因此，真是"多"与"一"的统一。因为承认存在普遍的真性质，因此，对于复合命题，温和多元论者的回应策略是，复合命题无论混合与否都可以具有普遍的真性质。尽管如此，温和多元论不能只是简单地说复合命题具有普遍的真性质，而是需要对复合命题如何具有这一普遍真性质做出说明和解释。整体而言，同强多元论的解释策略类似，温和多元论的方案也分为两类，一类主张将复合命题的真看作原子命题的真值函项，以递归的方式解释复合命题，另一类主张对复合命题的真予以实质性解释（即寻找使复合命题为真的性质 F）。前者主要见于二阶功能主义，后者则以显现功能主义为主。下面，我们分别以二阶功能主义和显现功能主义为例来讨论这两种策略。

在二阶功能主义中，林奇主张对原子命题进行功能主义的解释，而对复合命题的真值采取传统的递归解释（这一策略被林奇在显现功能主义中放弃）。以合取命题和析取命题为例，

（F∧）$p_1 \wedge \cdots \wedge p_n$ 为真，当且仅当，所有的合取支都具有各自论域实现真之功能的性质（即所有的合取支都为真）；

（F∨）$p_1 \vee \cdots \vee p_n$ 为真，当且仅当，至少有一个析取支具有各自论域实现真之功能的性质（即至少一个合取支为真）。

---

[1] 周振忠：《真之多元论的混合合取难题》，《逻辑学研究》2021 年第 1 期，第 71-81 页。

根据上述解释，纯复合命题和混合复合命题都可以用相同的方式得到解释，这一解释并不关心原子命题具有何种真性质，只要它们为真即可。比如，命题"雪是白的且玫瑰是红的"为真，是因为命题"雪是白的"和"玫瑰是红的"都实现了真之功能；命题"雪是白的且酒驾是违法的"为真，同样是因为命题"雪是白的"和"酒驾是违法的"都实现了真之功能。混合复合命题并不对二阶功能主义产生特别的威胁。

不同于二阶功能主义，在显现功能主义中，林奇不同意将复合命题视为一种逻辑装置，认为对复合命题采取递归的解释策略并没有直接回应塔波莱特的质疑，也没有能把握多元论的基本观点。根据多元论的基本观点，命题 p 为真在于存在性质 F 使得它为真。据此，塔波莱特的担忧可以理解为多元论无法确定使得复合命题为真的那个性质是什么，或者说无法确定复合命题是在什么意义上为真。要回应塔波莱特的质疑就要回答复合命题是在什么意义上为真这个问题。于是，林奇提出了"平凡真"这一概念：

平凡真：x 为平凡真，仅当，x 的真是由真本身自我显现[①]。

林奇认为，复合命题为真在于具有真本身作为其显现性质。进一步可以问，复合命题是如何获得这一显现性质的呢？林奇并没有给出详细的解释，他只说复合命题的真值随附于原子命题的真值，称为"弱依据原则"。对此，国内学者周振忠给出了进一步阐释：尽管命题 $p \wedge q$ 为真不是因为它具有 p 或 q 所具有的局部真，但取决于 p 和 q 皆为真，进而间接地依赖于 p 和 q 的局部真性质，局部真构成了 $p \wedge q$ 为真的间接的本体论依据[②]。

应该说，林奇对复合命题采取实质性解释的策略并不十分成功。首先，林奇的策略是在显现功能主义框架下的特定方案，无法运用于其他温和的多元真理论。其次，有些复合命题为真并不依赖于任何非平凡真，比如，考虑"如果 p，那么 p"这一形式的命题，它之所以为真完全在于其逻辑形式。再次，"'平凡真'概念的引入似乎能够解决混合难题，然而这种做法的代价是十分明显的，它使得低阶的真性质成为多余：既然平凡真是所有真命题都具

[①] Lynch M P, *Truth as One and Many*. Oxford: Oxford University Press, 2009, p. 90.
[②] 周振忠：《真之多元论的混合合取难题》，《逻辑学研究》2021年第1期，第71-81页。

有的真性质，为何还需要假设不同的领域有不同的低阶真性质呢？既然真本身可以显示真，为何还需要低阶的真性质去显示它呢？"①

6.3.2 实质性问题

由于强多元论更接近紧缩论，因此，关于实质性问题，主要是就温和多元论而言的。

如前所述，温和多元论者反对紧缩真理论将"真"平凡化、琐碎化，旨在赋予真实质性内涵，构建一种可行的实质真理论。一般而言，实质真理论包括如下核心论点：真是一种实质的性质并且是一个具有解释作用的概念。说真是一种实质的性质是什么意思呢？围绕这一问题有很多争论，但如下解释是没有争议的：实质的真为命题增加了某些内容且这些内容并不是关于真的为大众默认的普遍直觉。这一解释是相对于紧缩真理论所断言的"真谓词并未给命题增加任何内容"而言的。至于真概念的解释作用，多元真理论若要在此问题上反对紧缩真理论，就有必要说明多元真理论的真是一种具有解释作用的概念，如若不然，对紧缩真理论的反对将是没有理由的。然而，不幸的是，一方面，温和多元论并未给出关于"真"的任何实质性解释；另一方面，在承诺了多种局部真性质存在的情况下，"真"在解释上可能变成多余的。

在真之本质方面，符合论、融贯论、实用论试图通过给出命题的充分必要条件（命题 x 是真的当且仅当 x 是 F）来给出真之所以为真的本质。然而，多元真理论不能沿袭上述方法给出"真"的定义，这是因为如果沿袭上述方法会获得符合真、超融贯真等多个真概念，从而面临真概念的歧义性问题和混合问题。就如苏格拉底追问善是什么，他不是问男人的善，也不是问女人的善，更不是问任何个别人的善，而是追问作为普遍性质的善。同样，当追问"真是什么？"的时候，也不是问符合的真和超融贯的真，而是想要找到为所有命题所具有的、普遍的真。温和的多元论者注意到了这个问题，因此，

---

① 周振忠：《功能主义多元论》，《中山大学学报（社会科学版）》2020 年第 4 期，第 134-140 页。

他们在主张成真方式多样性的同时主张真在本质上是统一的、普遍的，这迫使他们采取一种不同于还原论的方法定义真，该方法就是概念的分析理论。

为了说明问题，以林奇功能主义真理论中给出的三条核心原理为例。核心原理一起构成了对真的刻画和规定，一方面保证了真概念的统一性，另一方面为探究真之本质提供某种方向和出发点[①]。但在真之本质问题上，多元论者并未给出合理的解释。显现功能主义的做法是将核心原理（林奇认为是真的名义本质）等同于真的实质本质，即认为真是一种本质上具有真之特征或实现真之功能的性质。另一多元论者爱德华兹则指出，平凡之理给出了关于真之本质的完整的描述，在该描述下并不存在真的还原论解释。对此，我们认为，首先，需要指出的是，上述原理一起对真的刻画不能等同于对真之本质的刻画。比如，我们可以很好地理解水的概念（水是透明的、流动的等），但不必了解关于其深层本质的所有事实（水的构成）。其次，用核心原理一起定义真是否为真提供了实质性内涵？我们认为，该定义方法并没有提供一个实质性的真定义，因为用本来就为大众默认的普遍信念刻画真并没有给命题的真增加任何实质性内容。谢尔（G. Sher）持有相同的看法，她指出任何基于平凡之理的真理论都是非批判和非实质的[②]。因此，我们有理由认为多元论的真性质并不是实质的，而这正是紧缩真理论的主张。

现在来看温和多元论框架下的真是否能很好地发挥解释作用。温和多元论如要为其实质论立场辩护，至少要论证真概念具有解释作用，即证明真是对某现象的重要的、富有信息的解释的一部分。传统真理论可以诉诸真之本质去解释其他哲学现象，然而，温和多元论因其"一"与"多"共存的形式使其在真概念的解释性上遭遇了挑战。多元论的核心主张是存在多个使得不同论域命题为真的其他性质，因此，在不同的局部真性质存在的情况下，温和多元论面临的一个问题是：在与真相关的哲学项目中，是真本身还是局部性质在解释中发挥作用？如果温和多元论不能证明是真本身而不是局部性质

[①] 对待"平凡之理"的态度主要有两种：修正主义的和非修正主义的。修正主义对大众所具有的某些普遍信念持怀疑的态度，提倡对其进行修改；非修正主义主张哲学不应修改大众的基本直觉或普遍信念，除非有非常有力的理论或实践理由赞成修改。显然，多元论者普遍采取了后一种态度。

[②] Sher G, "Functional pluralism", *Philosophical Books*, Vol. 46, No.4, 2005, p.315.

在发挥解释作用，那么温和多元论的实质论立场将会遭受质疑。以成功行动为例，一般而言，具有真信念的人更有可能在目标导向的活动中取得成功。据此，实质论者认为，真具有解释作用，特别是在成功论证（success argument）中，信念的真解释了拥有真信念的认知主体为何比拥有假信念的认知主体在大多数情况下更容易获得成功。进一步，我们可以追问，相比假的信念，为何真的信念更能促使行动的成功？对符合论者来说，他们可以诉诸命题与事实的符合关系；而对于温和多元论来说，真正发挥解释作用的似乎并不是真本身而是局部性质。比如，假如玛丽相信"机场在西南方向"，她坐上了去西南方向的出租车，而机场确实在西南方向，玛丽的信念正确地表征了事实使她成功地找到了机场。在这里，解释玛丽行为成功的并不是"真"而是正确表征对象的"符合"性质。类似地，在其他情况下，解释玛丽行为成功的可以是"融贯"或者"超融贯"等局部性质，这取决于玛丽的信念属于哪个论域。可以看出，真在目标导向的活动的成功中并未发挥任何实质性的作用，这使得真成为多余的附属品。这个问题，正如霍顿（M. Horton）和波斯顿（T. Poston）针对功能主义真理论做出的如下批评："如果所有相关的解释都只能诉诸低阶的实现者性质，那么对真性质的实在论承诺就会遭到破坏。这一点很重要，因为它与紧缩论一致，即真的概念是一个功能性的、但空洞的、在解释上无意义的概念。"[①]

对此，林奇的策略是，如果能证明真相较于不同的局部性质能发挥"不同的解释"，那么就足以说明真具有解释力[②]。林奇并不否认局部性质在成功论证中的解释作用，而是指出"真"拥有局部性质所不具有的解释作用，比如，"真"可以用于解释共性，"真"解释了有效推理之间的共性即它们都具有保真性。在这个普遍的例子中，局部的性质是有论域限制的，自然不能解释所有有效推理的共性，特别是混合推理。这一点确实如林奇所说，问题是，由于真不具有实质性内涵，即便用于解释其他现象也不能为之增加有用的信息。这种局面是真的统一性与多样性的冲突导致的，为了把不同论域中的真

[①] Horton M, Poston T, "Functionalism about truth and the metaphysics of reduction", *Acta Analytica*, Vol. 27, 2012, p. 17.

[②] Lynch M P, *Truth as One and Many*. Oxford: Oxford University Press, 2009, pp. 122-123.

统一起来，真必须是宽泛的和平常的，真越平凡，能够满足它的局部性质就越多[①]。

总之，从上述论证可以看出，多元真理论既未给出一个关于真的实质性定义，也不能论证真在解释上发挥了应有的作用。就此而言，多元论更倾向于是一种紧缩真理论，而不是实质真理论。因此，在构建一种可行的实质真理论的意义上，多元真理论是不成功的。此外，与紧缩真理论在本体论承诺上的简洁性相比，多元真理论不仅特设了不同论域的本体论立场，承诺了多种局部性质的存在，还必须承认"一"与"多"之间的关系。过多的本体论假设不仅没有实现多元论者的理论目标，还增加了多元真理论的复杂度，因此，即使在范围问题成立的情况下，相较于紧缩真理论，多元真理论也不具有理论优势。多元论者若要证明多元真理论相较于紧缩真理论是一种具有吸引力的替代选择，当务之急就是解决实质性问题。

---

① 刘靖贤：《弗雷格逻辑主义研究》，社会科学文献出版社2020年版，第178页。

参 考 文 献

艾耶尔：《语言、真理与逻辑》，尹大贻 译，上海译文出版社 1981 年版。
伯特兰·罗素：《逻辑与知识》，苑莉均 译，张家龙 校，商务印书馆 1996 年版。
伯特兰·罗素：《我们关于外间世界的知识》，陈启伟 译，上海译文出版社 2006 年版。
伯特兰·罗素：《意义与真理的探究》，贾可春 译，商务印书馆 2009 年版。
蔡曙山：《语言、逻辑与认知》，清华大学出版社 2007 年版。
陈波：《悖论研究（第二版）》，北京大学出版社 2017 年版。
陈波：《奎因哲学研究：从逻辑和语言的观点看》，生活·读书·新知三联书店 1998 年版。
陈波：《理性的执着：对语言、逻辑、意义和真理的追问》，北京师范大学出版社 2014 年版。
陈波：《逻辑哲学研究》，中国人民大学出版社 2013 年版。
陈波：《没有"事实"概念的新符合论（上）》，《江淮论坛》2019 年第 5 期，第 5-12 页。
陈波：《苏珊·哈克的基础融贯论》，《武汉科技大学学报（社会科学版）》2018 年第 2 期，第 163-169 页。
陈波：《推荐者序：苏珊·哈克的基础融贯论》，载苏珊·哈克：《证据与探究：对认识论的实用主义重构（修订版）》，刘叶涛，张力锋 译，陈波 审校，中国人民大学出版社 2018 年版，第 15 页。
陈晓平：《心灵、语言与实在：对笛卡尔心身问题的思考》，人民出版社 2015 年版。
陈智斌，熊明：《布尔悖论的雅布鲁展开式》，《华南师范大学学报（社会科学版）》2019 年第 4 期，第 183-188 页。
戴维森：《试图定义真乃是愚蠢的》，王路 译，《世界哲学》2006 年第 3 期，第 90-98 页。
蒂摩西·威廉姆森：《知识及其限度》，刘占峰，陈丽 译，陈波 校，人民出版社 2013 年版。
杜国平：《经典逻辑与非经典逻辑基础》，高等教育出版社 2006 年版。
冯·赖特：《知识之树》，陈波，胡泽洪，周祯祥 译，生活·读书·新知三联书店 2003 年版。
冯棉：《可能世界与逻辑研究》，华东师范大学出版社 1996 年版。
冯棉：《哲学逻辑与逻辑哲学》，华东师范大学出版社 1991 年版。
弗雷格：《弗雷格哲学论著选辑》，王路 译，商务印书馆 1994 年版。
高贝贝，胡泽洪：《极小主义真理论的基本思想与理论特征》，《世界哲学》2019 年第 4 期，第 153-159 页。
格雷林：《哲学逻辑引论》，牟博 译，涂纪亮 校，中国社会科学出版社 1990 年版。
弓肇祥：《真理理论：对西方真理理论历史地批判地考察》，社会科学文献出版社 1999 年版。

桂起权：《当代数学哲学与逻辑哲学入门》，华东师范大学出版社 1991 年版。

韩慧云：《真理论论证中的预设性谬误：以融贯论为例》，《自然辩证法研究》2021 年第 6 期，第 3-7 页。

郝兆宽：《逻辑与形而上学：思想史研究第五辑》，上海人民出版社 2008 年版。

何向东：《广义模态逻辑及其应用》，人民出版社 2005 年版。

胡军：《知识论》，北京大学出版社 2006 年版。

胡泽洪：《逻辑真理论研究论纲》，《华南师范大学学报（社会科学版）》2018 年第 3 期，第 167-170 页。

胡泽洪，崔云云：《显现：功能主义真理论的重要概念》，《华南师范大学（社会科学版）》2022 年第 1 期，第 192-197 页。

胡泽洪，张家龙：《逻辑哲学研究》，广东教育出版社 2013 年版。

黄华新：《逻辑与自然语言理解》，吉林人民出版社 2000 年版。

贾承国：《融贯性作为真之定义的逻辑分析》，《贵州工程应用技术学院学报》2023 年第 5 期，第 77-83 页。

贾可春：《罗素意义理论研究》，商务印书馆 2005 年版。

江怡：《维特根斯坦》，湖南教育出版社 1999 年版。

金岳霖：《知识论》，商务印书馆 1996 年版。

鞠实儿：《面向知识表示与推理的自然语言逻辑》，经济科学出版社 2009 年版。

奎因：《真之追求》，王路 译，生活·读书·新知三联书店 1999 年版。

李晟：《一种无类型的弱公理化真理论及其扩充》，《重庆理工大学学报（社会科学）》2017 年第 1 期，第 13-17 页。

李晟：《以谓词表达模态》，《哲学动态》2018 年第 11 期，第 96-101 页。

李晟，胡泽洪：《模态逻辑与真理论》，《学术研究》2022 年第 7 期，第 36-43 页。

李娜：《数理逻辑的思想与方法》，南开大学出版社 2006 年版。

李娜，李晟：《公理化真理论研究新进展》，《哲学动态》2014 年第 9 期，第 91-95 页。

李娜，孙新会：《紧缩真理论的多元化发展》，《重庆理工大学学报（社会科学）》2016 年第 3 期，第 7-12 页。

刘大为：《公理化真与说谎者悖论》，《哲学研究》2018 年第 5 期，第 119-125 页。

刘大为：《论紧缩真理论的保守性困境》，《自然辩证法研究》2021 年第 9 期，第 108-114 页。

刘奋荣：《动态偏好逻辑》，科学出版社 2010 年版。

刘靖贤：《弗雷格逻辑主义研究》，社会科学文献出版社 2020 年版。

刘晓力：《理性的生命：哥德尔思想研究》，湖南教育出版社 2000 年版。

刘叶涛：《论作为认识论核心概念的"证成"：苏珊·哈克基础融贯论及其解题功能评析》，《湖北大学学报（哲学社会科学版）》2010 年第 5 期，第 51-56 页。

刘壮虎：《自指性命题的逻辑构造》，《哲学研究》1993 年增刊，第 5-12 页。

参 考 文 献

罗素：《人类的知识》，张金言 译，商务印书馆 1983 年版。

马蒂尼奇：《语言哲学》，牟博 译，商务印书馆 1998 年版。

迈克尔·达米特：《形而上学的逻辑基础》，任晓明，李国山 译，中国人民大学出版社 2004 年版。

彭媚娟：《代语句真理论可行稳致远吗？》，《逻辑学研究》2021 年第 4 期，第 16-26 页。

彭媚娟：《代语句真理论探析：兼论真谓词的语言功效》，《学术研究》2019 年第 9 期，第 34-39 页。

彭媚娟：《极小主义理论探析》，《重庆理工大学学报（社会科学）》2014 年第 10 期，第 25-30，36 页。

彭漪涟：《事实论》，广西师范大学出版社 2015 年版。

任晓明，桂起权：《非经典逻辑系统发生学研究》，南开大学出版社 2011 年版。

尚新建：《实用主义是相对主义吗？——评威廉·詹姆斯的真理观》，《中国高校社会科学》2014 年第 5 期，第 50-64，158 页。

邵强进：《逻辑真》，复旦大学出版社 2016 年版。

斯蒂芬·里德：《对逻辑的思考：逻辑哲学导论》，李小五 译，张家龙 校，辽宁教育出版社 1998 年版。

苏珊·哈克：《逻辑哲学》，罗毅 译，张家龙 校，商务印书馆 2003 年版。

苏珊·哈克：《意义、真理与行动：实用主义经典文选》，陈波 等 译，东方出版社 2007 年版。

苏珊·哈克：《证据与探究：对认识论的实用主义重构》，刘叶涛，张力锋 译，陈波 审校，中国人民大学出版社 2018 年版。

唐纳德·戴维森：《真与谓述》，王路 译，上海译文出版社 2007 年版。

唐晓嘉，郭美云：《现代认知逻辑的理论与应用》，科学出版社 2010 年版。

涂纪亮：《从古典实用主义到新实用主义：实用主义基本观念的演变》，人民出版社 2006 年版。

涂纪亮：《皮尔斯文选》，涂纪亮，周兆平 译，社会科学文献出版社 2006 年版。

涂纪亮，陈波：《蒯因著作集（第 1 卷）》，中国人民大学出版社 2007 年版。

涂纪亮，陈波：《蒯因著作集（第 2 卷）》，中国人民大学出版社 2007 年版。

涂纪亮，陈波：《蒯因著作集（第 3 卷）》，中国人民大学出版社 2007 年版。

涂纪亮，陈波：《蒯因著作集（第 4 卷）》，中国人民大学出版社 2007 年版。

涂纪亮，陈波：《蒯因著作集（第 5 卷）》，中国人民大学出版社 2007 年版。

汪子嵩，范明生，陈村富，等：《希腊哲学史（第三卷）》，人民出版社 2014 年版。

王浩：《逻辑之旅：从哥德尔到哲学》，邢滔滔，郝兆宽，汪蔚 译，浙江大学出版社 2009 年版。

王路：《"是"与"真"：形而上学的基石》，人民出版社 2003 年版。

王路：《弗雷格思想研究》，商务印书馆 2008 年版。

王路：《论"真"与"真理"》，《中国社会科学》1996 年第 6 期，第 113-125 页。

王路：《逻辑方圆》，北京大学出版社 2009 年版。

王路：《语言与世界》，北京大学出版社 2016 年版。

王巍：《真理论的新进展：最小主义及其批评》，《自然辩证法研究》2004 年第 2 期，第 34-38，56 页。

王西华：《跳出古典符合真理论的窠臼：奥斯汀的"约定符合论"真理观》，《江南大学学报（人文社会科学版）》2013 年第 3 期，第 30-38 页。

威廉·詹姆士：《实用主义：一些旧思想方法的新名称》，陈羽纶，孙瑞禾 译，商务印书馆 1983 年版。

维特根斯坦：《逻辑哲学论》，郭英 译，商务印书馆 1962 年版。

文兰：《解一个古老的悖论》，《科学》2003 年第 4 期，第 51-54 页。

熊明：《赫兹伯格语句及其构造》，《哲学动态》2020 年第 9 期，第 96-103 页。

熊明：《说谎者悖论的恶性循环》，《哲学研究》2018 年第 11 期，第 109-115 页。

熊明：《算术、真与悖论》，科学出版社 2017 年版。

熊明：《塔斯基定理与真理论悖论》，科学出版社 2014 年版。

亚里士多德：《工具论》，李匡武 译，广东人民出版社 1984 年版。

亚里士多德：《形而上学》，吴寿彭 译，商务印书馆 1959 年版。

杨玉成：《奥斯汀：语言现象学与哲学》，商务印书馆 2002 年版。

张家龙：《罗素的逻辑与哲学探究》，中国社会科学出版社 2021 年版。

张家龙：《逻辑史论》，中国社会科学出版社 2016 年版。

张家龙：《模态逻辑与哲学》，中国社会出版社 2003 年版。

张建军：《当代逻辑哲学前沿问题研究》，人民出版社 2014 年版。

张建军：《逻辑悖论研究引论》，南京大学出版社 2002 年版。

张清宇，郭世铭，李小五：《哲学逻辑研究》，社会科学文献出版社 1997 年版。

张清宇：《逻辑哲学九章》，江苏人民出版社 2004 年版。

张庆熊：《经典实用主义的问题意识：论皮尔士、詹姆斯、杜威之间的关联和区别》，《云南大学学报（社会科学版）》2014 年第 4 期，第 18-30 页。

张燕京：《真与意义：达米特的语言哲学》，河北大学出版社 2011 年版。

张之沧：《"实用主义真理观"辨析》，《求是学刊》2004 年第 3 期，第 25-30 页。

赵艺，熊明：《真与悖论的逻辑分析：从目的论解释到定量描述》，《世界哲学》2018 年第 2 期，第 152-159 页。

郑毓信，林曾：《数学·逻辑与哲学》，湖北人民出版社 1987 年版。

周北海：《模态逻辑导论》，北京大学出版社 1997 年版。

周礼全：《逻辑：正确思维和有效交际的理论》，人民出版社 1994 年版。

周祯祥：《必然、蕴涵、世界与关系》，北京师范大学出版社 2017 年版。

周振忠：《功能主义多元论》，《中山大学学报（社会科学版）》2020 年第 4 期，第 134-140。

周振忠：《塔斯基的真理论与符合论》，《自然辩证法研究》2005 年第 8 期，第 41-44，83 页。

周振忠：《真之多元论的混合合取难题》，《逻辑学研究》2021年第1期，第71-81页。

周志荣：《真谓词的不可定义性问题的根源》，《逻辑学研究》2020年第5期，第48-60页。

朱建平：《逻辑哲学与哲学逻辑》，苏州大学出版社2014年版。

邹崇理：《自然语言逻辑研究》，北京大学出版社2000年版。

Alston W P, "Truth: Concept and Property", in Schantz R. *What is truth?* Berlin: de Gruyter, 2002, pp. 11-26.

Armour-Garb B, "A minimalist theory of truth", *Metaphilosophy*, Vol.44, No.1-2, 2013, pp. 53-57.

Armour-Garb B, Beall J C, "Deflationism: The basic", in Armour-Garb B, Beall J C. *Deflationary Truth*, Chicago: Open Court Press, 2005, pp. 1-29.

Austin J L, "Truth", in Lynch M P. *The Nature of Truth: Classic and Contemporary Perspectives*, Cambridge, MA: MIT Press, 2001, pp. 25-40.

Båve A, "Why is a truth-predicate like a pronoun?", *Philosophical Studies*, Vol. 145, 2009, pp. 297-310.

Belnap N, "Gupta's rule of revision theory of truth", *Journal of Philosophical Logic*, Vol. 11, No.1, 1982, pp. 103-116.

Blackburn S, Simmons K, *Truth*. New York: Oxford University Press, 1999.

Blackburn S, *Truth: A Guide*. New York: Oxford University Press, 1984.

Blanshard B, "Coherence as the nature of truth", in Lynch M P. *The Nature of Truth: Classic and Contemporary Perspective*, Cambridge, MA: MIT Press, 2001, pp. 103-121.

Blanshard B, "Coherence theories", in Lynch M P. *The Nature of Truth: Classic and Contemporary Perspective*, Cambridge, MA: MIT Press, 2001, pp. 97-102.

Boolos G S, Burgess J P, Jeffery R C, *Computability and Logic*. Cambridge: Cambridge University Press, 2007.

Bradley F B, *Essays on Truth and Reality*. Oxford: Oxford University Press, 1914.

Cantini A, "A theory of formal truth arithmetically equivalent to ID_1", *The Journal of Symbolic Logic*, Vol. 55, No. 1, 1990, pp. 244-259.

Cantini A, "Notes on formal theories of truth", *Zeitschrift fur Mathematische Logik und Grundlagen der Mathematik*, Vol. 35, No. 2, 1985, pp. 97-130.

Cieśliński C, "Deflationism, conservativeness and maximality", *Journal of Philosophical Logic*, Vol. 36, No. 6, 2007, pp. 695-705.

Cook R T, "Patterns of paradox", *Journal of Symbolic Logic*, Vol. 69, No. 3, 2004, pp. 767-774.

Cotnoir A J, "Generic truth and mixed conjunctions: Some alternatives", *Analysis*, Vol. 69, No. 3, 2009, pp. 473-479.

Davidson D, "The folly of trying to define truth", *Journal of Philosophy*, Vol. 93, No. 6, 1996, pp. 263-278.

Davidson D, *Truth and Predication*. Cambridge, MA: Harvard University Press, 2005.

Devitt M, *Realism and Truth*. Princeton: Princeton University Press, 1990.

Eder G, "Remarks on compositionality and weak axiomatic theories of truth", *Journal of Philosophical Logic*, Vol. 43, No. 2-3, 2014, pp. 541-547.

Edwards D, "How to solve the problem of mixed conjunctions", *Analysis*, Vol. 68, No. 2, 2008, pp. 143-149.

Edwards D, "On alethic disjunctivism", *Dialectica*, Vol. 66, No. 1, 2012, pp. 200-214.

Edwards D, "Truth, wining, and simple determination pluralism", in Pedersen N J L L, Wright C C. *Truth and Pluralism: Current Debates*, Oxford: Oxford University Press, 2013, pp. 113-122.

Edwards D, "Truth-conditions and the nature of truth: Re-solving mixed conjunctions", *Analysis*, Vol. 69, No. 4, 2009, pp. 684-688.

Edwards D, *The Metaphysics of Truth*. Oxford: Oxford University Press, 2018.

Enayat A, Visser A, "New constructions of satisfaction classes", in Achourioti T, Galinon H, Fernández J M, et al. *Unifying the Philosophy of Truth*, Dordrecht: Springer, 2015, pp. 321-335.

Feferman S, "Reflecting on incompleteness", *The Journal of Symbolic Logic*, Vol. 56, No. 1, 1991, pp. 1-49.

Feferman S, "Transfinite recursive progressions of axiomatic theories", *The Journal of Symbolic Logic*, Vol. 27, No. 3, 1962, pp. 259-316.

Feferman S, Jr Dawson J W, Kleene S C, et al., *Kurt Gödel: Collected Works, Volume I (Publications 1929—1936)*. Oxford: Oxford University Press, 1986.

Field H, "Correspondence truth, disquotational truth, and deflationism", in Lynch M P, *The Nature of Truth: Classic and Contemporary Perspectives*, Cambridge, MA: MIT Press, 2001, pp. 483-504.

Field H, "Deflationist views of meaning and content", in Armour-Garb B, Beall J C. *Deflationary Truth*, Chicago: Open Court Press, 2005, pp. 166-212.

Field H, "The deflationary conception of truth", in MacDonald G, Wright C. *Fact, Science and Morality: Essays on A. J. Ayer's Language, Truth and Logic*, Oxford: Basil Blackwell, 1986, p.60.

Fischer M, Halbach V, Kriener J, et al., "Axiomatizing semantic theories of truth?", *The Review of Symbolic Logic*, Vol. 8, No. 2, 2015, pp. 257-278.

Friedman H, Sheard M, "An axiomatic approach to self-referential truth", *Annals of Pure and Applied Logic*, Vol. 33, 1987, pp. 1-21.

Fujimoto K, "Relative truth definability of axiomatic truth theories", *The Bulletin of Symbolic Logic*, Vol. 16, No. 3, 2010, pp. 305-344.

Garson J, *Modal Logic for Philosophers*. New York: Cambridge University Press, 2006.

Gibbard A, "Truth and correct belief", *Philosophical Issues*, Vol. 15, No. 1, 2005, pp. 338-350.

Gödel K, *On the completeness of the calculus of logic*. Vienna: University of Vienna, 1929.

Grover D, "Inheritors and paradox", *Journal of Philosophy*, Vol. 74, No. 10, 1977, pp. 590-604.

Grover D, "Prosentences and propositional quantification: A response to Zimmerman", *Philosophical Studies*, Vol. 35, No. 2, 1979, pp. 289-297.

Grover D, "Truth: Do we need it?", *Philosophical Studies*, Vol. 40, No. 1, 1981, pp. 69-103.

Grover D, *A Prosentential Theory of Truth*. Princeton: Princeton University Press, 1992.

Grover D, Camp J, Belnap N, "A prosentential theory of truth", *Philosophical Studies*, Vol. 27, No. 2, 1975, pp. 73-125.

Gupta A, "Truth and paradox", *Journal of Philosophical Logic*, Vol. 11, No. 1, 1982, pp. 1-60.

Gupta A, Belnap N, *The Revision Theory of Truth*. Cambridge, MA: MIT Press, 1993.

Gupta A, *Empirficism and Experience*. New York: Oxford University Press, 2006.

Haack S, *Philosophy of Logics*. Cambridge: Cambridge University Press, 1978.

Halbach V, "A system of complete and consistent truth", *Notre Dame Journal of Formal Logic*, Vol. 35, No. 3, 1994, pp. 311-327.

Halbach V, "Conservative theories of classical truth", *Studia Logica: An International Journal for Symbolic Logic*, Vol. 62, No. 3, 1999, pp. 353-370.

Halbach V, "How not to state T-sentences", *Analysis*, Vol. 66, No. 4, 2006, pp. 276-280.

Halbach V, "Reducing compositional to disquotational truth", *The Review of Symbolic Logic*, Vol. 2, No. 4, 2009, pp. 786-798.

Halbach V, *Axiomatic Theories of Truth*. New York: Cambridge University Press, 2011.

Halbach V, Horsten L, "Axiomatizing Kripke's theory of truth", *The Journal of Symbolic Logic*, Vol. 71, No. 2, 2006, pp. 677-712.

Halbach V, Horsten L, "Norms for theories of reflexive truth", in Achourioti T, Galinon H, Fernández J M, et al. *Unifying the Philosophy of Truth*, Dordrecht: Springer, 2015, pp. 263-280.

Heidelberger H G, "The indispensability of truth", *American Philosophical Quarterly*, Vol. 5, No. 3, 1968, pp. 212-217.

Herzberger H G, "Naive semantics and the liar paradox", *Journal of Philosophy*, Vol. 79, No. 9, 1982, pp. 479-497.

Herzberger H G, "Notes on native semantics", *Journal of Philosophical Logic*, Vol. 11, No. 1, 1982, pp. 61-102.

Herzberger H G, "Paradoxes of grounding in semantics", *Journal of Philosophy*, Vol. 67, No. 6, 1970, pp. 145-167.

Hilary P, "Naturalism, realism, and normativity", *Journal of the American Philosophical Association*, Vol. 1, No. 2, 2015, pp. 312-328.

Horsten L, "An axiomatic investigation of provability as a primitive predicate", in Halbach V, Horsten L. *Principles of Truth*, Frankfurt: Ontos Verlag, 2002.

Horsten L, *The Tarskian Turn: Deflationism and Axiomatic Truth*. Cambridge, MA: MIT Press, 2011.

Horton M, Poston T, "Functionalism about truth and the metaphysics of reduction", *Acta Anal*, Vol. 27, 2012, pp. 13-27.

Horwich P, "A defense of minimalism", *Synthese*, Vol. 126, No. 1-2, 2001, pp. 149-165.

Horwich P, "A minimalist critique of Tarski on truth", in Beall J, Armour-Garb B. *Deflationism and Paradox*, Oxford: Clarendon Press, 2005, pp. 75-84.

Horwich P, "Is truth a normative concept?", *Synthese*, Vol. 195, No. 3, 2018, pp. 1127-1138.

Horwich P, "Norms of truth and meaning", in Schantz R. *What is Truth?* Berlin: de Gruyter, 2013, pp. 135-137.

Horwich P, *Meaning*. New York, Oxford University Press, 1998.

Horwich P, *Theories of Truth*. Hanover: Dartmouth Press, 1994.

Horwich P, *Truth Meaning Reality*. New York: Oxford University Press, 2010.

Horwich P, *Truth*. New York: Oxford University Press, 1998.

Horwich P, *Truth*. Oxford: Basil Blackwell, 1990.

Hsiung M, "Boolean paradoxes and revision periods", *Studia Logica*, Vol. 105, No. 5, 2017, pp. 881-914.

Hsiung M, "Designing paradoxes: A revision-theoretic approach", *Journal of Philosophical Logic*, Vol. 51, No. 4, 2022, pp. 739-789.

Hsiung M, "Equiparadoxicality of Yablo's paradox and the liar", *Journal of Logic, Language and Information*, Vol. 22, No. 1, 2013, pp. 23-31.

Hsiung M, "Unwinding modal paradoxes on digraphs", *Journal of Philosophical Logic*, Vol. 50, No. 2, 2020, pp. 319-362.

Hughes G E, Cresswell M J, *An New Introduction to Modal Logic*. New York: Routledge, 1996.

Jacquette D, *Philosophy of Logic*. Amsterdam: Elsevier, 2007.

Johnson L E, *Focusing on Truth*. New York: Routledge, 1992.

Kapus J, "The liar and the prosentential theory of truth", *Logique et Analyse*, Vol. 34, 1991, pp. 283-291.

Kim S, Pedersen N J L L, "Strong truth pluralism", in Wyatt J, Pedersen N J L L, Kellen N. *Pluralisms in Truth and Logic*, Cham: Palgrave Macmillan, 2018, pp. 107-130.

Kirkham R L, *Theories of Truth: A Critical Introduction*. Cambridge MA: MIT Press, 1992.

Kleene S C, *Introduction to Metamathematics*. New York: Van Nostrand, 1952.

Körner S, *Philosophy of Logic*. Berkeley: University of California Press, 1976.

Kotlarski H, Krajewski S, Lachlan A H, "Construction of satisfaction classes for nonstandard models", *Canadian Mathematical Bulletin*, Vol. 24, No. 3, 1981, pp. 283-293.

Kremer P, "Comparing fixed-point and revision theories of truth", *Journal of Philosophical Logic*, Vol. 38, No. 4, 2009, pp. 363-403.

Kripke S, "Outline of a theory of truth", *Journal of Philosophy*, Vol. 72, No. 19, 1975, pp. 690-716.

Künne W, *Conceptions of Truth*. Oxford: Clarendon Press, 2003.

Leigh G E, "Conservativity for theories of compositional truth via cut elimination", The *Journal of Symbolic Logic*, Vol. 80, No. 3, 2015, pp. 845-865.

Leitgeb H, "What theories of truth should be like (but cannot be)", *Philosophy Compass*, Vol. 2, No. 2, 2007, pp. 276-290.

Lynch M P, "A functionalist theory of truth", in Lynch M P. *The Nature of Truth: Classic and Contemporary Perspectives*, Cambridge, MA: MIT Press, 2001, pp. 723-750.

Lynch M P, "Minimalism and the value of truth", *Philosophical Quarterly*, Vol. 54, No. 217, 2004, pp. 497-517.

Lynch M P, "Rewrighting pluralism", *The Monist*, Vol. 89, No. 1, 2006, pp. 63-84.

Lynch M P, "Three questions for truth pluralism", in Pedersen N J L L, Wright C D. *Truth and Pluralism: Current Debates*, Oxford: Oxford University Press, 2013, pp. 21-41.

Lynch M P, "Truth and multiple realizability", *Australasian Journal of Philosophy*, Vol. 82, No. 3, 2004, pp. 384-408.

Lynch M P, *The Nature of Truth: Classic and Contemporary Perspectives*. Cambridge MA: MIT Press, 2001.

Lynch M P, *Truth as One and Many*. Oxford: Oxford University Press, 2009.

Martin R L, *Recent Essays on Truth and the Liar Paradox*. New York: Oxford University Press, 1984.

McGee V, "How truthlike can a predicate be? A negative result", *Journal of Philosophical Logic*, Vol. 14, No. 4, 1985, pp. 399-410.

McGee V, "Maximal consistent sets of instances of Tarski's schema(T)", *Journal of Philosophical Logic*, Vol. 21, No. 3, 1992, pp. 235-241.

McGee V, *Vagueness and Paradox: An Essay on the Logic of Truth*. Indianapolis: Hackett, 1991.

Mcgrath M, "Lynch on the value of truth", *Philosophical Books*, Vol. 46, No. 4, 2010, pp. 302-310.

Montague R, "Syntactical treatments of modality, with corollaries on reflexion principles and finite axiomatizability", *Acta Philosophica Fennica*, Vol. 16, 1963, pp. 135-142.

Newhard J, "Alethic functionalism, manifestation, and the nature of truth", *Acta Analytica*, Vol. 29, 2014, pp. 349-361.

Newman A, *The Correspondence Theory of Truth*. Cambridge: Cambridge University Press, 2002.

Oms S, "Minimalism, supervaluations and fixed points", *Synthese*, Vol. 197, No. 1, 2020, pp. 139-153.

Pedersen N J L L, Wright C D, "Pluralism about truth as alethic disjunctivism", in Pedersen N J L L, Wright C D. *Truth and Pluralism: Current Debates*, Oxford: Oxford University Press, 2013, pp. 87-112.

Pedersen N J L L, Wright C D, "Pluralist theories of truth", in Zalta E N. *The Stanford Encyclopedia of Philosophy*, 2018, https://plato.stanford.edu/entries/truth-pluralist/.

Quine W V, *Philosophy of Logic*. Englewood: Prentice-Hall, Inc., 1970.

Quine W V, *Pursuit of Truth*. Cambridge: Harvard University Press, 1992.

Rabern L, Rabern B, Macauley M, "Dangerous reference graphs and semantic paradoxes", *Journal of Philosophical Logic*, Vol. 42, No. 5, 2013, pp. 727-765.

Ramsey F P, "Deflationary views and their critics", in Lynch M. *The Nature of Truth: Classic and Contemporary Perspectives*, Cambridge, MA: MIT Press, 2001, pp. 419-422.

Ramsey F P, "The nature of truth", in Lynch M P. *The Nature of Truth: Classic and Contemporary Perspectives*, Cambridge, MA: MIT Press, 2001, pp. 433-446.

Ramsey F P, Moore G E, "Fact and propositions", *Aristotelian Society Supplementary*, Vol.7, No. 1, 2013. pp. 153-206.

Rescher N, *The Coherence Theory of Truth*. Oxford: Oxford University Press, 1973.

Rescher N, *Topics in Philosophical Logic*. Dordrecht: Reidel Publishing Company, 1968.

Russel B, "On the nature of truth", *Proceedings of the Aristotelian Society*, Vol. 7, No. 1, 1907, pp. 28-49.

Schantz S, *What is Truth*. Berlin: de Gruyter, 2002.

Schindler T, "Deflationary theories of properties and their ontology", *Australasian Journal of Philosophy*, Vol. 100, No. 3, 2022, pp. 443-458.

Sher G, "Functional pluralism", *Philosophical Books*, Vol. 46, No. 4, 2005, pp. 311-330.

Soames S, *Understanding Truth*. New York: Oxford University Press, 1998.

Stern J, "Modality and axiomatic theories of truth I: Friedman-Sheard", *The Review of Symbolic Logic*, Vol. 7, No. 2, 2014, pp. 273-298.

Stern J, "Modality and axiomatic theories of truth II: Friedman-Sheard", *The Review of Symbolic Logic*, Vol. 7, No. 2, 2014, pp. 299-318.

Stern J, *Toward Predicate Approaches to Modality*. Cham: Springer, 2016.

Stoljar D, Damnjanovic N, "The deflationary theory of truth", *The Stanford Encyclopedia of Philosophy*, 1997, https://plato.stanford.edu/entries/truth-deflationary/.

Strawson P F, *Philosophical Logic*. London: Oxford University Press, 1967.

Tappolet C, "Truth pluralism and many-valued logics: A reply to Beall", *Philosophical Quarterly*, Vol. 50, No. 200, 2000, pp. 382-385.

Tarski A, "The concept of truth in formalized languages", in Tarski A. *Logic, Semantics, Metamathematics (Papers from 1923 to 1938)*. Translated by Woodger J H. Oxford: Clarendon Press, 1956, pp. 152-278.

Tarski A, "The semantic conception of truth and the foundation of semantics", *Philosophy and Phenomenological Research*, Vol. 4, No. 3, 1944, pp. 341-376.

Tarski A, *Logic, Semantics, Metamathematics (Papers from 1923 to 1938)*. Translated by Woodger J H. Oxford: Clarendon Press, 1956.

Tennant N, "Deflationism and the Gödel phenomena", *Mind*, Vol. 111, 2002, pp. 551-582.

Visser A, "Semantics and the liar paradox", in Gabbay D, Guenthner F. *Handbook of Philosophical Logic, Volume IV: Topics in the Philosophy of Language*, Dordrecht: Springer, 1989, pp. 617-706.

Walker R C S, "The coherence theory", in Lynch M. *The Nature of Truth: Classic and Contemporary Perspectives*, Cambridge, MA: MIT Press, 2001, pp. 123-158.

Walker R C S, *The Coherence Theory of Truth: Realism, Anti-realism, Idealism*. London: Routledge, 1989.

Walker R C S, "The coherence theory of truth", in Glanzberg M. *The Oxford Handbook of Truth*, Oxford: Oxford University Press, 2018, pp. 219-237.

Wen L, "Semantics paradoxes as equations", *Mathematical Logic*, Vol. 23, No. 1, 2001, pp. 43-48.

Wolfram S, *Philosophical Logic: An Introduction*. London: Routledge, 1989.

Wright C, "A plurality of pluralisms", in Pedersen N J L L, Wright C D. *Truth and Pluralism: Current Debates*, Oxford: Oxford University Press, 2013, p. 123.

Wright C, "Minimalism, deflationism, pragmatism, pluralism", in Lynch M. *The Nature of Truth: Classic and Contemporary Perspectives*, Cambridge, MA: MIT Press, 2001, pp. 751-788.

Wright C, "Truth: A traditional debate reviewed", *Canadian Journal of Philosophy*, Vol. 28, No. sup1, 1998, pp. 31-74.

Wright C, *Truth and Objectivity*. Cambridge, MA: Harvard University Press, 1992.

Wyatt J, "The many (yet few) faces of deflationism", *The Philosophical Quarterly*, Vol. 66, No. 263, 2016, pp. 362-382.

Yablo S, "Paradox without self-reference", *Analysis*, Vol. 53, No. 4, 1993, pp. 251-252.

Yablo S, "Truth and reflection", *Journal of Philosophical Logic*, Vol. 14, No. 3, 1985, pp. 297-349.

Young J O, "The coherence theory of truth", in Zalta E N, Nodelman U. *The Stanford Encyclopedia of Philosophy*, 2024, https://plato.standford.edu/archives/sum2024/entries/truth-coherence/.

Young J O, "A defence of the coherence theory of truth", *Journal of Philosophical Research*, Vol. 26, 2001, pp. 89-101.

Zimmerman M J, "Propositional quantification and the prosentential theory of truth", *Philosophical Studies*, Vol. 34, 1978, pp. 253-268.

索 引

A

阿莫尔-伽布 93
埃纳亚特 195
艾斯顿 92
艾耶尔 61
奥斯汀 4

B

柏拉图 4
半归纳构造理论 7
包容性 32
保守性 188
保真性 2
保证性标准 38
贝尔纳普 6
悖论 2
闭包 188
闭语句 68
辩护问题 40
波斯顿 269
不纯的融贯论 36
不动点定理 136
不动点理论 106
布尔悖论 146
布尔函数 151
布尔连接词 125
布尔语句网 147
布尔值运算 139
布尔组合 146

布拉德雷 5
布兰德 129
布兰沙德 5
布里奇曼 42

C

层级理论 199
超赋值模式 114
超可断定性 246
超穷赫兹伯格悖论 7
超穷循环说谎者 152
超融贯 253
陈述 25
成功行动 51
诚实者语句 118
抽象实体 24
初始谓词 187
传统真理论 4
纯去引号论 65
从言模态 229
存在量词 64

D

达姆尼亚诺维奇 97
代动词 77
代名词 77
代入解释 64
代形容词 77
代语句理论 5
戴维森 7

单调递增　114
单调性　114
等值模式　90
笛卡儿　4
递归　108
递归程序　115
递增性　114
迭代　188
定义　186
定义的真理论　7
杜威　5
断定　3
对角线方法　109
对角线引理　124
对象解释　64
对象语言　62
多元真理论　8

E

额外真　47
额外真理　47
二阶功能主义　244
二阶量词　64
二阶算术语言　197
二阶性质　250
二阶真　251
二值语义　108
二值原则　239

F

反紧缩论　6
反射原则　188
反实在论　238
反序性　209
范·弗拉森　114

范畴性　235
范围问题　237
非经典逻辑　12
非语义实体　97
菲尔德　6
费弗曼　7
费希尔　235
分析命题　24
分析哲学　2
分子事实　21
弗雷格　1
弗里德曼　7
符合　22
符合论　2
符合真理论　15
负事实　22
复合事实　21

G

盖梯尔案例　186
概念的分析理论　245
哥德尔　6
哥德尔编码　108
哥德尔的不完全性定理　7
哥德尔第二不完全性定理　188
哥德尔对角化定理　201
哥德尔语句　124
格雷林　23
格罗弗　6
给定语句　67
工具　48
工具主义　48
公理化真理论　3
公理系统的递归进程　189
功能主义　248

功能主义真理论 248
共一致 253
古德曼 42
古普塔 6
古普塔极限规则 162
古普塔极限规则精细化 163
古普塔修正序列 141
固定句 66
关联 23
关联符合 23
观念论 37
广博性 31
广泛的宇宙角色 247
广义布尔函数 172
广义的逻辑真理论研究 12
归纳构造理论 6
规约性陈述 37

H

哈尔巴赫 7
哈克 3
海德尔伯格 82
合取真 264
和谐 23
赫兹伯格 6
赫兹伯格极限规则 163
赫兹伯格修正序列 141
赫兹伯格语句 170
赫兹伯格语句网 171
黑格尔 4
亨普尔 5
胡克 42
话语多元论 244
怀疑 43
混合复合问题 261

混合合取 262
混合析取 262
混合问题 248
霍顿 269
霍斯顿 7
霍维奇 6

J

基本陈述 37
基本信念 40
基础论 41
基础融贯论 40
基底理论 187
基始语句 37
极小主义理论 5
极小主义真理论 90
集合论 187
假设 50
价值 48
解释基础性 93
解释模式 94
解释上的普适性 240
金 245
紧缩真理论 3
经典逻辑 11
经验论 37
局部真性质 244
巨环 121
詹姆士 5

K

卡尔纳普 37
卡片悖论 7
开语句 68
坎普 6

柯卡姆　27
科诺　245
科特拉斯基　195
可能世界语义学　229
克雷默　122
克里普克　6
克里普克语义结构　214
克里特岛人悖论　68
克林　88
克林强三值赋值　135
库克　129
扩展逻辑　11

L

拉本　129
莱布尼茨　4
莱布尼茨同一律　104
莱谢尔　9
莱特格布　221
赖特　9
兰姆塞　5
兰姆塞-刘易斯方法　250
郎福德　82
类型的公理化真理论　192
类型真理论　7
类型组合公理　204
理论非特设原则　228
理论逻辑　12
理性规则　120
理智的观念　43
理智主义者　46
利　195
量化问题　227
林奇　9
刘易斯　42

论域　238
罗宾逊算术　191
罗蒂　42
罗素　1
罗素悖论　110
逻辑　9
逻辑论域　263
逻辑命题　40
逻辑语义学　6
逻辑哲学　12
逻辑真　24
逻辑真理论　9

M

马丁　111
麦吉悖论　7
麦吉形式　178
麦吉语句　128
满意　48
满足　68
蒙太古　223
蒙太古悖论　223
米德　42
描述约定　26
命题　3
命题量化　81
命题指称　57
模态不动点理论　233
模态概念　224
模态谓词　225
模态修正理论　229
模型　186
模型论　111
莫里斯　42
目标域　34

索 引

N
内逻辑　205
纽拉特　5

O
偶然说谎者语句　133

P
派生信念　40
判断　4
佩德森　245
皮彻　23
皮尔士　5
皮尔斯　5
皮亚诺算术理论　187
偏逻辑　221
平凡真　266
平凡之理　245
普特南　42

Q
蒯因　5
奎因　5
恰当性　198
强多元论　244
强化说谎者悖论　9
强模式　89
强三值赋值模式　114
情境　54
去引号论　5
去引号语句的极大一致集　201
全称概括规则　94
全称量词　64
全局紧缩主义　243
确定多元论　244

R
认识约束　239
认识真理论　239
认知等价　71
认知证成　40
融贯　4
融贯论　3
融贯性　4
融贯真理论　15
冗余论　56
弱紧缩论　6
弱模式　88
弱三值赋值模式　114
弱性质　97

S
塞拉斯　42
石里克　37
实用论　3
实用主义　41
实用主义真理论　8
实在论　238
实证主义融贯论　37
实质恰当性　91
实质性问题　267
实质真理论　3
使有效　47
使真者　31
事实　4
事实真　24
事态　4
首语反复　75
授权性标准　38
数学命题　40

双面真的紧缩论　6
说谎者悖论　7
斯宾诺莎　4
斯特恩　227
斯托尔雅　97
素朴构造　118
素朴语义学　118
算术语言　107
算子　227
算子方法　227

T

塔波莱特　262
塔尔斯基　1
塔斯基　1
塔斯基的不可定义性定理　7
塔斯基等值式　131
塔斯基定理　6
塔斯基模式　7
塔斯基语义　111
藤本健太郎　7
替代解释　64
同步布尔悖论　157
图像说　23

W

外逻辑　205
完全的认知等价　71
王路　1
威廉姆森　186
维瑟　129
维特根斯坦　4
未给定语句　67
谓词　3
谓词的影子　96

温和多元论　244
文兰悖论　127
稳健的紧缩论　6
沃克　28
无根的　116
无根性　88
无类型的公理化真理论　200
无类型真理论　7
无类型组合理论　203
无穷悖论　127
无穷归纳规则　194
无穷合取　188
无穷合取　69
无穷命题逻辑　106
无穷析取　188
无穷序列　117
伍卓夫　111

X

西斯林斯基　202
希尔德　7
析取多元论　244
析取真　264
系统　28
狭义的逻辑　12
狭义的逻辑真理论研究　12
先行词　79
显现功能主义　244
显现关系　254
显现真　253
相互衍推　29
相互依赖　29
相容　28
相似性　235
效果　47

索　引

效用　48
谢尔　268
信念　3
信念集　4
行为后果　47
形式化　7
形式语义学　106
形式真理论　7
形式正确性　91
性质多元论　237
修正规则　118
修正理论　6
修正序列　118
序列　68

Y

雅布鲁　127
雅布鲁悖论　7
亚里士多德　4
衍推　29
杨　28
一阶性质　254
一元真理论　8
一致　28
一致性　31
异常逻辑　11
意义理论　2
意义使用论　102
应用逻辑　12
英语*　72
有根的　116
有根基的真　216
有根性　85
有穷悖论　127
有效性　2

有用的　45
语境　54
语境真理论　9
语境主义解悖方案　9
语句　3
语句的正复杂度　219
语句网　106
语形　2
语形逻辑　12
语形真　8
语形真理论　8
语言层次理论　6
语言分析　2
语言约定　27
语言哲学　2
语义　2
语义封闭　116
语义封闭性　110
语义论　3
语义逻辑　12
语义上升　62
语义上溯　66
语义学　186
语义真　8
语义真理论　3
语用　2
语用逻辑　12
语用学转向　8
语用真　8
语用真理论　8
元理论　187
元逻辑　12
元语言　62
元元理论　187
原初主义理论　258

原初主义真理论　258
原子命题　18
原子事实　18
约定表列　129
约定符合论　4

Z

再现符合　23
哲学逻辑　12
真　1
真的规范性特征　242
真的解释作用　241
真的透明性　56
真理　1
真理论　3
真理论悖论　7
真理论的塔斯基转向　186
真谓词　3
真谓词的分层理论　106
真信念　44
真语句　8
真语句集　107
真之本质　9
真之不可定义性定理　6
真之定义　3
真之对应论　15
真之多元论　9
真之检验方法　3
真之紧缩论　56
真之理论　3
真之去引号论　65
真之冗余论　56
真之一元论　9
真之语义学概念　107
真之原则最大一致集　207

真之载体　3
真值　2
真值过剩　214
真值间隙　114
真作为信念的规范　241
整体反射原则　189
证明论强度　235
证实　47
知道者悖论　223
指称函数　129
指称解释　64
指示约定　26
自明之理　252
自由变元　68
自指语句　124
综合命题　24
组合公理　194
组合理论　194
组合性　194
最大一致集　33
最大一致子集　32
最小不动点　116
最小主义　245
最小真谓词　245

其他

n-圈说谎者　126
PA　187
thatt　72
T-等值式　6
T-模式　6
T-约定　131
T谓词的负出现　202
ZF 集合论　191

后　　记

　　2017年，我作为首席专家成功申获主持国家社会科学基金重大项目"逻辑真理论的历史源流、理论前沿与应用研究"，经过课题组成员五年多的合作研究，项目于2023年顺利完成并以"良好"等级结项，本书即为该项目的最终结项成果之一。

　　值项目完成和书稿出版之际，我首先要衷心感谢自始至终对本项目的研究工作给予深度指导的恩师张家龙先生。张老师是逻辑学界德高望重的前辈、知名逻辑学家、中国逻辑学会原会长，长期以来对我本人及华南师范大学的逻辑与哲学学科的发展都给予了全方位的指导，作为弟子，祝张老师健康长寿、幸福安康！

　　在本项目的申报与研究过程中，得到了逻辑与哲学界诸位师友的鼎力支持。王路教授、任晓明教授、熊明教授、赵艺教授在项目的申报中提供了很好的思路并应邀担任子课题负责人，鞠实儿教授、陈波教授、邹崇理教授、桂起权教授、何向东教授、张建军教授、蔡曙山教授、周北海教授、杜国平教授、翟锦程教授、黄华新教授、刘新文教授等都为本项目的研究提供了宝贵的意见和建议，我所在的华南师范大学逻辑学团队更是为项目的完成做了大量的工作。事实上，除了上面所列，还有很多的逻辑与哲学界同仁都从各个方面对本项目的研究提供了直接或间接的帮助。对此，谨表示由衷的感激，并期待大家继续不吝赐教。

　　本书对相关研究成果进行了精简。全书由我负责拟定写作框架、确定写作大纲，在课题组相关成员完成初稿后，再由我进行统稿和修订。各章的撰写分工如下：第0、1章由胡泽洪撰写；第2章由胡泽洪、彭媚娟、高贝贝、王巍撰写；第3、4章由熊明撰写；第5章由李晟撰写；第6章由崔云云、胡泽洪撰写。

逻辑真理论是一个学科交叉、牵涉面广、内容较为前沿的研究领域，本书只是选取了一些较为重要的专题进行研究。毫无疑问，无论是研究的深度还是广度都存在不足之处，欢迎学界批评指正。

胡泽洪

2024 年 10 月于广州